人力资源管理名家精品系列教材

Human Resource Management

人力资源管理

孙健敏　主　编

冯静颖
穆桂斌　副主编

科学出版社

北　京

内 容 简 介

本书根据教育部精品课程建设的要求，参考了国内外最新的研究成果，吸收了中国组织管理中的最新案例。系统阐述了人力资源管理的基本原理和基本技术。本书体系完整、结构清晰、案例丰富、分析角度全面、实用性和可读性强。

本书不仅可以作为人力资源管理专业的教材，还可以作为企事业单位人力资源管理从业人员的培训用书。

图书在版编目（CIP）数据

人力资源管理/孙健敏主编．—北京：科学出版社，2009
（人力资源管理名家精品系列教材）
ISBN 978-7-03-025312-5

Ⅰ.人… Ⅱ.孙… Ⅲ.企业管理-劳动力资源-资源管理-教材 Ⅳ.F272.92

中国版本图书馆 CIP 数据核字（2009）第 147320 号

责任编辑：张 兰 苏雪莲/责任校对：张小霞
责任印制：吴兆东/封面设计：耕者设计工作室

科 学 出 版 社 出版
北京东黄城根北街16号
邮政编码：100717
http://www.sciencep.com

北京中科印刷有限公司 印刷
科学出版社发行 各地新华书店经销

*

2009年8月第 一 版 开本：787×1092 1/16
2024年1月第十五次印刷 印张：23
字数：487 000
定价：56.00元
（如有印装质量问题，我社负责调换）

出 版 说 明

"万事万物都被创造了两次,第一次是意念的创造,第二次是物质的创造。"

策划、组织"人力资源管理名家精品系列教材"让我们开始理解这个颠扑不破的真理。作为这套教材的设计者——这些来自于国内优秀大学、在人力资源管理领域长期从事科研与教学的老师们,早在一年多以前,在他们开始对这项图书"建筑"工程进行第一次意念的创造时,就常常思索:"应该为读者构建一栋怎样的建筑。"作为一家国家级出版社,我们也期望通过一系列的增值工作,让这栋"建筑"更加外形美观、坚实牢固。在作者和出版社一年多的共同努力下,我们终于实现了"第二次的物质的创造"——为读者呈现出了这样一个图书"建筑"的模样:

- 它是功能先进、完备的——这套教材反映了人力资源管理专业各门必修课最完整的内容,包涵了教学大纲所要求的所有必要知识。不仅如此,它还吸收了这个领域内最新的科研和教学成果。这是一套完整、全新的教材。
- 它是造型美观的——书名处采用经典的蓝色作底,暗含了我们想让它成为经典的美好意愿。封面上的拼图组件蕴涵了阅读此书的目的——学习是一个探索真理的过程,每一本书中的知识就像这一个个小拼图,它们帮助读者拼出了对这个学科的真实认识。而书中如"阅读材料"、"讨论与思考"、"成功典范"、"小辞典"等配合正文、形式多样的栏目设计,以及精心巧妙的版式设计都有助于读者消除阅读教材的枯燥感。
- 它是名家建造的——我们相信好的作品总是出于好的作者之手。于是我们通过多次拜访以及反复沟通联系了这些在国内名校人力资源管理领域有着丰富教学与科研经验的名家来编写这套教材。他们积累了多年的一线教学经验,也愿意在这套教材中与读者分享他们的经验与体会。

我们很想知道这栋"建筑"能否让读者您感到满意,因此我们特意在我社网站上开辟了一个论坛,供您与我们交流和沟通。论坛地址是 http://www.sciencep.com/forum/。当然您也可以与我们邮件或电话联系:010-64012800 zhanglan@mail.sciencep.com。

FOREWORD
前　　言

2007年春，科学出版社的张兰编辑找到我，就他们计划推出一套"人力资源管理名家精品系列教材"的设想征求我的意见，同时力邀我参与策划并编写其中的主要课程。听到这个想法，我当时很兴奋。理由有三：

其一，国内有关人力资源管理的各种教材参差不齐，确实需要一套比较标准的、适合大学生使用的教材。根据我们的不完全统计，近年来，国内已经有70多个版本的人力资源管理教材了。在这些教材中，2/3属于翻译版本，真正由国内学者自己撰写且针对高校人力资源管理专业学生的教材还比较匮乏。而翻译的教材缺乏针对性，国内编写的教材在内容方面是混合型的，定位不清，没有区分本科生和研究生或教材与读物的层次，导致有些本该是本科生必须掌握的基本知识点，却没有体现在本科的教材里；相反，有些属于编写者个人观点的、应该在研究生层面作为"研讨"的内容，却大量出现在本科的教材中，使得教师和学生无所适从。

其二，国内学者有责任把自己的教学经验和对人力资源管理的理解，以标准教材的方式呈现给大学生，使他们在掌握基本知识和技能的同时，了解国内在人力资源管理实践方面的现状。要完成这个任务，需要聚集国内各院校的名家，集思广益、博采众长。尽管我国人力资源管理领域的先驱——中国人民大学劳动人事学院已经与复旦大学出版社合作，出版了一套代表国内领先水平的人力资源管理教材，但那套书的一个特点是完全以中国人民大学劳动人事学院的教师为作者队伍，体现的是一个机构的风格和观点。作为全国的通用教材，它还存在一定的局限性。

其三，科学出版社是我国科学技术领域顶级的出版机构，其声誉和编辑人员的高素质足以保证选题的质量和出版物的品位，尤其是出版物的科学性。把提升国内人力资源管理教科书的整体水平作为自己的使命和追求，科学出版社有决心也有能力推出一套高质量的教材。

鉴于以上原因，我欣然接受了邀请。

接受和参与了这个光荣的任务以后，我就作为富布赖特高级访问学者去美国作学术访问了。期间，借助于现代通信技术，我利用网络与张兰编辑和我的编写队伍保持着密切的联系。经过近两年的通力合作，这套书的核心部分——《人力资源管理》终于完成了初稿。

本书具有以下四个方面的特点：

第一，内容的科学性和专业性。本书各章节的内容是根据大学生的培养目标和要求，经过认真讨论和慎重筛选编写的，符合科学性和专业性的特点。书中所介绍的知识和技术基本上是经过研究或实践证明了的，是科学的、可行的。从基本概念、基本原理到基本技术和基本方法，我们认为本书是符合大学生的知识结构和理解水平的，也是大学生应该掌握的。"绪论"中有关人力资源管理体系的图示，有助于大学生系统地把握人力资源管理各职能模块之间的相互关系。

第二，表述的通俗性和简洁性。本书力图通过通俗易懂的表述，把枯燥的概念和技术表述得更具有可读性，同时以精练和简洁的语言，尽量包含丰富的内容。穿插于每章中的"阅读材料"专栏，给读者介绍了很多被实践证明是行之有效的技术和方法，或者是有代表性的观点，是对正文内容的有效扩充。把系统的概念和理论与人力资源管理实践结合起来论述，在一定程度上提高了教材内容的可读性和易于读者理解。

第三，案例的丰富性和及时性。每章都用一个小案例开头，引出各章的主题；以一个完整的案例结尾，作为读者应用各章内容解释和分析实际的练习。案例的选择是用心的，不仅考虑了故事的典型性和针对性，而且体现了时效性，其中20％的案例都是近一年内发生的事情。

第四，结构的完整性和针对性。全书共包括十一章，从工作分析、人力资源规划到绩效管理、劳动关系管理等，涵盖了中国企业在人力资源管理中所有可能遇到的或必须面对的问题，既体现了人力资源管理体系本身的完整性，又针对中国企业人力资源管理的特点，具有直接的指导作用。

本书最后还提供了四个附录，涵盖了从个人特征的自我评价到企业人力资源管理有效性的评价，既可以作为读者认识和了解自我的工具，也可以作为研究的工具。

本书既可以作为相关专业大学生人力资源管理专业课的教材，也可以作为人力资源管理专业人员培训和自我提升的参考书。

本书是集体合作的成果。我本人首先提出编写思想、全书的结构和大纲，并征求了有关专家的意见；在大纲的基础上明确了各章的编写要点，并布置给各位作者。然后，由各作者分头起草初稿。初稿完成后，全体作者一起开会交流，讨论和评价各章内容的合理性和充分性，以及各章节之间的平衡，达成共识，并由各作者进行修改。随后，各章修改稿交由我来审查，就每章的结构、内容、写作风格、案例选用、呈现形

式等提出我的修改意见,再反馈给各作者修改和完善。最后,由冯静颖和穆桂斌帮助我进行全书的修改和定稿。高日光、王震、胡倩、杨涛等协助我对初稿进行了内容和格式的调整以及文字的修改与润色。

各章作者分工如下:第一章由孙健敏、高日光编写;第二章由冯静颖、孙健敏编写;第三、十章由张瑞娟、冯静颖编写;第四、五章由穆桂斌编写;第六、八章由穆桂斌、孙健敏编写;第七章由王碧英、冯静颖编写;第九章由冯静颖编写;第十一章由王碧英、孙健敏编写。全书最后由我定稿。

由于作者水平所限,书中不足之处在所难免,敬请各位读者不吝赐教。

孙健敏

2009 年 4 月 1 日于人大求是楼

CONTENTS
目　　录

出版说明
前言

第一章　绪论 ··· 1
　第一节　人力资源管理的基本概念 ····································· 3
　第二节　人力资源管理的历史阶段与发展趋势 ···················· 9
　第三节　人力资源战略管理 ·· 15
　第四节　人力资源管理从业人员的资质要求 ····················· 26

第二章　工作分析 ·· 37
　第一节　工作分析概述 ·· 38
　第二节　工作分析的方法与流程 ······································ 43
　第三节　工作分析的产出 ··· 54
　第四节　工作设计 ·· 57

第三章　人力资源规划 ·· 71
　第一节　人力资源规划概述 ·· 72
　第二节　人力资源规划的内容与流程 ································ 76
　第三节　人力资源规划的预测技术 ··································· 84
　第四节　人力资源的供求调节 ··· 91
　第五节　人力资源信息系统 ·· 93

第四章　招募与录用 ··· 99
　第一节　人员招募概述 ··· 100
　第二节　招募渠道的选择 ·· 108
　第三节　人员甄选 ··· 117
　第四节　人员录用 ··· 124

第五章　人员测评 ……………………………………………… 131
- 第一节　人员测评概述 …………………………………… 132
- 第二节　人员测评的原理 ………………………………… 135
- 第三节　人员测评的指标体系 …………………………… 142
- 第四节　人员测评的常用工具 …………………………… 146

第六章　培训与开发 …………………………………………… 161
- 第一节　员工培训概述 …………………………………… 162
- 第二节　培训需求分析 …………………………………… 169
- 第三节　培训方式及其选择 ……………………………… 172
- 第四节　培训效果的评估 ………………………………… 180
- 第五节　管理人员的培训开发 …………………………… 182

第七章　职业生涯管理 ………………………………………… 191
- 第一节　职业生涯管理及相关概念 ……………………… 192
- 第二节　职业选择理论 …………………………………… 196
- 第三节　职业发展模式 …………………………………… 201
- 第四节　组织对员工的职业生涯管理策略 ……………… 208

第八章　绩效考核与管理 ……………………………………… 217
- 第一节　绩效管理概述 …………………………………… 219
- 第二节　绩效管理的流程 ………………………………… 222
- 第三节　绩效考核的方法 ………………………………… 231
- 第四节　绩效反馈面谈 …………………………………… 248

第九章　薪酬管理 ……………………………………………… 255
- 第一节　薪酬的基本概念 ………………………………… 256
- 第二节　薪酬体系设计 …………………………………… 263
- 第三节　薪酬模式 ………………………………………… 274
- 第四节　整体薪酬激励计划 ……………………………… 278

第十章　员工福利 ……………………………………………… 291
- 第一节　员工福利概述 …………………………………… 292
- 第二节　员工福利计划与管理 …………………………… 302
- 第三节　弹性福利计划 …………………………………… 308

第十一章	劳动关系管理 ··· 315
第一节	劳动关系的基础知识 ······································ 316
第二节	劳动关系的建立与终止 ···································· 324
第三节	劳动争议的处理 ·· 330

附录 1　工作适应性评价 ·· 343
附录 2　操作岗位工作分析观察表（节选）···················· 347
附录 3　企业人力资源管理有效性评价表 ······················· 351
附录 4　最佳人力资源管理实践评价表 ··························· 355

第一章 绪 论

学习目标

- 理解人力资源和人力资源管理的内涵
- 熟悉人力资源管理的基本功能和活动领域
- 了解人力资源管理的历史沿革和发展趋势
- 了解人力资源管理战略的内涵与作用
- 掌握资质模型的概念、内容和建构方法
- 了解人力资源管理从业人员的资质要求

引导案例

一个高科技公司的人才谋略[①]

大龙公司在创业初期,业务发展多少有些因人而作,但到了二次创业时期,公司必须有自己的发展战略,而且人才配置也必须适应这种战略。

1. 公司内部人才的二次开发

公司内部人才的二次开发,采用的是实践和培训相结合的方式,其培养目标是复合型人才和专业技能人员。按复合型人才的目标对公司的高层管理人员进行培养,公司为他们设计的"实践"是让他们在公司管理岗位上"流动",为他们设计的培训课程有现代企业制度、公司法等;对于公司职能部门的中层管理人员,则让他们成为各部门的专家。

2. 外部人才的引进

外部高层人员的进入面临"介入反应"。高层管理人员的个人素质,包括沟通能力、协调能力以及他们对民营企业的适应能力等,是公司在引进人才时着重考察的因素。

3. 留住人才的关键在于为他们提供生存和发展的空间

引进的高层人员,总裁要向别人介绍他的背景情况,让大家了解他。在他刚开始遇到问题时,总裁会为他制造沟通和协调的机会,使他能够迅速进入状态,与大家建立起融洽的关系。

公司给特殊的高级人才留出一个足够的空间,对高于一定层次的人才,在利益方面给他留下一定的空间。例如,对于从美国回国的医学博士、中文软件开发专家等,一旦被聘入公司,公司就提供他们一套高级住房,并让他们持有技术股份,使他们看到自己在公司的利益与他们对公司的贡献密切相关。

伴随着知识经济的兴起和经济全球化步伐的加快,中国经济不可避免地要面对更大的挑战。这种挑战的直接表现就是作为市场经济主体的企业之间竞争的空前激烈。而企业业务流程的各个环节,从产品的设计、生产到销售、服务等,都离不开"人"的参与。因此,竞争的焦点将更加明显地从资金、产品等物化资源的竞争,转变为人才的竞争。从这个意义上讲,企业中人力资源管理工作的有效性,已经成为促进企业发展的战略性因素。

[①] 孙健敏,李原,张孝宇. 1999. 中国人民大学工商管理MBA案例:人力资源开发与管理卷. 北京:中国人民大学出版社.

第一节 人力资源管理的基本概念

一、人力资源的概念

（一）有关人力资源概念的几种提法

到目前为止，有关人力资源（human resource）的代表性定义大致有以下几种：

（1）人力资源是人类可用于生产产品或提供各种服务的活力、技能和知识（Ivan Berg）。

（2）人力资源是企业内部成员和外部人员，即总经理、员工和顾客等可提供潜在服务及有利于企业预期经营的总和（Nabil Elias）。

（3）人力资源是指企业员工天然拥有并自主支配使用的协调力、融合力、判断力和想象力（彼得·德鲁克）。

（4）本书认为，人力资源是指处在适龄阶段的、具有一定劳动能力（包括体力劳动和脑力劳动），且能为经济和社会发展创造价值的人的全部要素的总和。正如毛泽东所指出的，世间一切事物中，人是第一可宝贵的。一切物的因素只有通过人的因素才能得以开发和利用。因此，人力资源是世界上最为重要的资源。

（二）人力资源的含义

上述说法，都是从某个侧面来描述人力资源所具有的特征。要理解人力资源的含义，必须从其内涵和特性两个方面去分析。

1. 从内涵上看

从内涵上看，人力资源是指具有一定智力劳动能力或体力劳动能力，并且能够推动整个社会和经济发展的人员的总和，这种总和包括数量和质量两个方面。因此，我们也常常把具有智力劳动和体力劳动能力的人的总和称为人力资源。

2. 从特性上看

从特性上看，人力资源作为国民经济资源中的一个特殊部分，具有以下性质特征：

（1）不可剥夺性。人力资源是人类自身固有的属性，不可剥夺，这是人力资源最本质的特征。

（2）时代性。人力资源在其形成过程中，会受到社会发展水平等时代条件的制约，他们只能在时代为他们提供的条件前提下成长和发展。

（3）时效性。任何有生命的活体都有其生命周期，因此，人力资源的形成、开发和使用都要受到时间的制约和限制。人力资源长期闲置或学非所用，都会造成极大的浪费。所以，对人力资源的开发、使用要用当其时。

（4）生物性。人力资源存在于人体之中，是一种活的资源，它与人的自然生理特征密切相关。因此，尊重人的基本的自然属性，并想方设法满足人的基本需要，是人力资源管理和开发的前提。

（5）能动性。人力资源与自然资源不同，人力资源既是开发的对象，又是开发的主体。人力资源具有主观能动性，而不是被动地被开发和利用。人可以根据外部环境的可能性以及自身的条件和愿望，有目的地确定活动的方向，创造性地选择自己的行为。

（6）再生性。同样区别于部分自然资源的非再生性。一般而言，自然资源大部分属于非再生资源，而人力资源在劳动过程中被消耗之后，还能够再生产出来，因此，人力资源是一种可再生资源。它以人身为天然载体，其再生性可以通过人力资源的不断开发来实现，在一段时间内是用之不尽、可重复开发的资源。

（7）增值性。人力资源不仅具有再生性的特点，而且其再生过程也是一种增值的过程。人力资源在开发和使用的过程中，一方面可以创造财富；另一方面通过知识经验的积累、更新，提升自身的价值，从而使组织实现价值增值。

二、人力资源管理的含义

一般来说，人力资源管理（human resource management）包括宏观和微观两个层面。宏观人力资源管理是对一个国家或地区人力资源实施的管理。它是指在全社会范围内，对人力资源的计划、配置、开发与使用的过程和活动。对人力资源进行宏观管理的目的在于调整和改善人力资源整体状况，使之适应社会发展的要求，促进社会经济的良性运行和健康发展。

微观人力资源管理指的是特定组织的人力资源管理。这里的特定组织包括企业、事业单位、政府部门和其他公共部门等各种类型的组织。微观人力资源管理是一套系统，它关注组织中人与人的关系、事（工作）与事的关系、人与事的关系、人与组织的关系，以充分开发人力资源、挖掘人的潜力、调动人的积极性、提高工作效率，实现组织目标的理论、方法、工具和技术的总和（孙健敏，2009）。换言之，人力资源管理是对人力资源获取、整合、保持、开发、控制与调整等方面进行的计划、组织、协调和控制等活动，即通过规划、招聘、甄选、培训、考核、报酬等各种技术与方法，有效地运用人力资源来达成组织目标的活动，其实质是对人的管理。

上述定义，我们可以从以下几个方面去进一步理解：

（1）人力资源管理的根本目的是为了支持组织目标的达成，因此，人力资源管理的各项工作必须为组织的战略服务。

（2）为了实现对人的管理，人力资源管理需要通过对规划、招聘、甄选、培训、考核、报酬等技术方法的运用，达成组织的目标。

（3）人力资源管理不是简单地对人或对事的管理，也不是对生产过程的直接管理，而是通过对人与人之间、事与事之间、人与事之间、人与组织之间相互关系的管理，进而达到间接管理生产过程的目的。通过管理人与人之间的关系，处理相互矛盾，协调相互关系；通过管理事与事之间的关系，优化组织架构，保持流程顺畅；通过管理人与事之间的关系，实现人事相宜，达到人尽其才；通过管理人与组织的关系，实现人与组织相匹配，最终实现管理生产过程的目的。

（4）人力资源管理注重人与事的匹配以及人与组织的适应，但并不是被动或简单地适应，而是为人力资源提供介入组织的合适的职位，通过人与工作的有效匹配，提供给人力资源施展才华的平台。其最终目的是实现组织的目标。

（5）人力资源管理是通过计划、组织、协调和控制等手段，实现人力资源的获取、整合、保持、开发、控制与调整。计划是任何管理活动的基础，详尽、科学的计划为人力资源管理各项工作的开展提供了依据；组织是指使用各种可能的资源实现人与事的匹配、结合；协调是解决人与人之间、人与事之间、事与事之间矛盾的核心；控制是采用制度和文化的手段防止人与人关系、人与事关系以及人与组织关系对抗的各种手段的统称。现代人力资源管理强调不仅通过制度进行管理，更重要的是通过文化和思想进行管理。

（6）人力资源管理不仅仅是人力资源管理者的工作。各层管理人员，尤其是高层管理者都必须直接参与到人力资源管理的活动中来。高层管理人员需要把人力资源管理与组织的经营战略结合起来，在战略层面上考虑人力资源管理问题。高层管理者并不直接从事人力资源管理的各项活动，而是需要从战略的角度对待人力资源管理，在制定企业经营发展战略时，把人力资源作为重要组成部分，从而为制定人力资源政策提供思想基础和价值标准。思想基础用来解释一个组织所作所为的原因；价值标准用于评价这些作为的对错与好坏。

三、人力资源管理的目标与功能

现代人力资源管理，已经超出了传统人力资源管理功能的范畴，正在发挥着战略导向的作用。现代人力资源管理致力于建立一种人员管理和商业管理综合考虑的机制，在与组织的经营战略和发展目标相结合的基础上，运用科学的技术和方法，通过各种手段，创设一种具有同化力和进取精神的企业文化，形成一种能上能下、效率优先、不断创新的管理机制，借助于标准化、程序化的管理方式，为组织成员提供价值充分体现、能力充分施展、潜能充分开发的工作和生活环境，为顾客创造价值，为社会创造财富。

（一）人力资源管理的目标

关于人力资源管理的目标，美国学者 Armstrong 认为主要包括五个方面（Armstrong，1992）：第一，人力资源管理的方针制度应该能够与组织业绩和商业目标紧密结合。第二，人力资源管理的各项具体活动必须相互连贯，对于正在运行中的组织，人力资源管理可以从任何一个环节开始。但是，无论从哪个环节开始，都必须形成一个闭环系统。第三，人力资源管理必须实现组织目标和个人目标的联动，使员工把促进组织的成功当作自己的责任，以达到提高员工个人和组织整体业绩的目的。第四，人力资源管理能够促进文化与组织体系建设，鼓励个人创造性，培养积极向上的作风，为合作、创新和全面质量管理的完善提供适宜的土壤。同时，人力资源管理也能够使组织体系变得反应灵敏、适应性强，进而帮助公司实现竞争环境下的具体目标。第五，人力资源管理能够为员工提供必要的工作和组织条件，为员工充分发挥潜力提供所需的支持。

（二）人力资源管理的功能

组织目标的达成以及组织战略的实现是人力资源管理活动的最终目的。人力资源管理围绕着实现组织战略而展开，它的主要活动可以概括为获取、整合、保持、开发、控制与调整五个方面。

（1）获取。获取是指根据工作和组织的要求，通过招募和录用，选拔出与目标职位相匹配的任职者的过程，具体体现在工作分析、招聘及录用等环节的工作上。

（2）整合。整合是指借助于培训教育等手段实现员工组织社会化的过程。整合的目的是培养员工与组织一致的价值取向和文化理念，并使其逐渐成为组织人，具体体现在新员工上岗引导、企业文化管理等方面。

（3）保持。保持员工的工作积极性和员工队伍的相对稳定性，是"保持"这一工作的主要任务，具体体现为绩效管理、薪酬管理、福利管理、劳动关系管理等活动。

（4）开发。开发是指通过提高员工的知识、技能及态度等资质，实现人力资本保值增值的过程，主要包括员工职业生涯管理、技能和知识培训、员工辅导等活动。

（5）控制与调整。这是对员工的工作行为及工作结果作出评价和鉴定以及反馈和改进的过程，主要体现在绩效管理、工作轮换、劳动关系管理、裁员与外包等活动中。

四、人力资源管理的活动领域

基于以上功能，常见的人力资源管理活动可以概括为八个领域：人力资源规划、工作分析与设计、招募与录用、培训与开发、绩效管理、薪酬与福利、职业生涯管理和劳动关系管理（图1-1）。

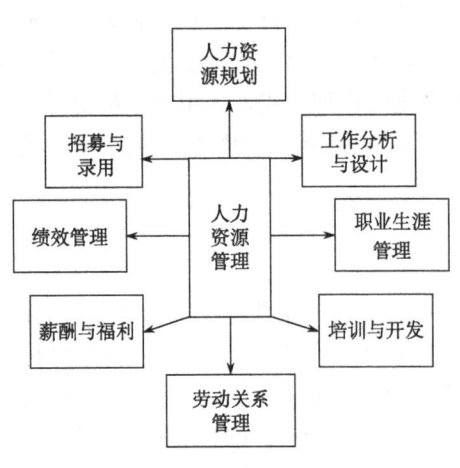

图 1-1 人力资源管理的活动领域及其相互关系

1. 人力资源规划

人力资源规划是对组织的人力资源需求和供给进行有效预测与匹配的过程。其目的在于使人员的供给（无论是内部的还是外部的）在给定的时间内与组织的需求相适应，保证随时满足组织在数量和质量上对人力资源的需求。

2. 工作分析与设计

工作分析通过搜集工作岗位的相关信息，明确界定每个岗位的责任、任务或活动以及工作承担者的任职资格。工作分析的成果体现为工作说明书或工作描述。工作设计则通过对工作内容的再设计，提高工作的丰富性，进而提高员工的工作满意度。

3. 招募与录用

选拔和录用合格乃至优秀的员工是企业占据竞争主动地位的重要环节。从招募渠道的选择、招聘信息的发布，到人员测评技术和最后的录用决策，都属于招募与录用的范畴，其目的是以最快、最省的方式找到最合适的员工。

4. 培训与开发

培训分为岗前培训和在职培训。岗前培训是对新员工进行入职教育，使其掌握基本的职业素养的过程。在职培训是结合员工在实际工作中的表现，对员工欠缺或不足的能力和知识进行培训与提高的过程。毫无疑问，对员工能力的进一步提升和技能的开发是企业实现健康、持续发展的必由之路。

5. 绩效管理

对员工个体和组织整体的绩效进行科学的考核，是保证组织目标实现的有效手段。绩效考核体系可以帮助组织评价员工绩效的优劣，确认导致绩效优劣的因素或原因，以便制定相应的改进措施。绩效考核体系不仅可以帮助绩效不良者找到问题所在、提高绩效水平，同时，也能帮助管理者对绩效优良的员工实施奖励和提升，有利于提高员工的成就感和归属感。

6. 薪酬与福利

薪酬和福利是组织管理的关键战略领域，不仅影响到组织吸引求职者和留住员工的能力，而且受到一个社会的法律和制度的制约。员工激励的实施过程，实际上就是组织满足人的需要的过程，适当的薪酬和福利不仅是对员工工作表现的认可，而且是保证员工基本需要的必要手段。同时，组织的薪酬和福利政策，还必须遵循有关法律和政策的规定，如最低工资标准就限定了组织提供给员工的报酬不能少于这个标准。

7. 职业生涯管理

职业生涯管理主要包括两个方面：一是指个体对自己希望从事的职业、希望就职的组织、希望达到的职业发展目标进行规划和设计，并为实现这一职业目标而积累知识、开发技能的过程。它一般通过选择职业、选择组织、选择工作岗位，使员工在工作中技能得到提高、职位得到晋升、才干得到发挥等来实现。二是指组织帮助员工制定职业生涯规划，建立适合各类员工发展的职业通道，为员工提供适时必要的职业培训和就业指导，帮助员工获得职业上的成功。

8. 劳动关系管理

在现代社会中，个人与组织的关系即表现为雇佣关系或劳动关系。雇主与雇员彼此之间承担着不同的责、权、利,这种关系不仅需要有组织内部的管理制度为依据,更需要有相关的法律为准则。通过各种法律措施、经济措施、行政组织措施以及技术措施等,对人力资源在生产和开发、配置和使用等方面提供保护,保障员工的合法权益,是各类组织和雇主的基本职责。

五、人力资源管理的模式

根据西方的管理经验,人力资源管理具有四种不同的功能模式(Milkovich, Boudreau, 1997)。这四种功能模式,在一定程度上体现了人力资源管理发展变迁的历史脉络。

1. 第一种模式:产业(工业)模式(industrial model),20世纪20~50年代

20世纪20年代,组织中人事部门的出现诞生了第一种人力资源管理模式,即产业模式。这一管理模式着重关注工作规则的建立、职业晋升(发展)阶梯和职业生涯设计、以资历为基础的报酬体系、雇佣关系及绩效评估等。这一时期心理测验的发展及科学管理运动对工作的科学研究,为科学地选拔人员提供了理论上和技术上的支持。

2. 第二种模式:投资模式(investment model),20世纪60~70年代

随着20世纪60年代美国颁布了一系列关于雇用和就业的法令,对公平就业机会的关注成为人力资源投资模式时代的主流。同时,由于白领劳动力的增加、知识型员工的密集出现,产生了大量非工会会员身份的员工,这客观上要求人力资源管理从以劳工关系为重点的管理转变为对人力资源的培训和开发,如给予员工更多的工作自主权、工作丰富化、终生雇用、培训和长期激励等。

3. 第三种模式:参与模式(involvement model),20世纪80~90年代

20世纪80年代,随着全球性的企业竞争和跨国企业、多国企业的出现,人力资源管理的理念和方法也随之发生了很大变化,那些原本西方文化不提倡的工作因素,如强调团队合作、相互信任、目标认同、价值理念一致、对组织的承诺与认同等,成为工作场所的流行术语。这些管理观念和方法迫使企业在人力资源管理中增加决策参与组织沟通等管理手段,通过员工参与,来提高他们的成就感和对组织的忠诚,成为人力资源管理的特征。

4. 第四种模式:高灵活性模式(high-flex model),20世纪90年代

随着现代科学技术的发展,尤其是通信技术和计算机技术的发展,人们的工作方式和生活方式受到了很大的影响,企业管理的方式和企业人力资源管理的方式也发生了相应的变化。进入20世纪90年代,企业重组、流程再造、收购兼并等崭新的管理概念和技术层出不穷,知识经济和网络时代的人力资源管理必须采用高度灵活的模式。没有任何一个组织能够凭借自己一成不变的管理制度或方法保持长久的发展。因此，企业希望借助于"外脑"、聘请顾问、人力资源管理外包、灵活的雇佣关系和工作时间、多样化的报酬和福利方案、权变的组织结构和权力分配等，来保持或提高组织发展的动力，灵活的人力资源管理模式应运而生。

第二节 人力资源管理的历史阶段与发展趋势

人力资源管理实践的历史源远流长，从某种意义上说，自从有了人类的物质生产劳动，就有了人力资源管理活动。只不过在相当长的历史发展阶段，它融合在各种管理活动中，并没有形成专业化或职业化的特征。

人力资源管理作为一种科学的管理理论是近代工业革命的产物，它的每一次变革都是以社会的发展和科学技术的进步为推动力的。

一、关于人力资源管理历史阶段的观点

不同学者对人力资源管理的发展阶段持有不同的看法，其中具有代表性的观点可以分为四类：六阶段论、五阶段论、四阶段论和三阶段论。

（一）六阶段论

六阶段论以华盛顿大学的 French（1998）为代表。French 认为，早在 20 世纪初，现代人力资源管理的内容就已经成形，以后的发展主要是在观念和技术上的变化。这六个阶段分别是：

第一阶段，科学管理运动。以 Taylor 和 Gilbreth 夫妇的管理思想为代表，这个阶段主要关注工作设计、人员的选拔和报酬方案的制定。

第二阶段，工业福利运动。工业福利运动以企业管理中出现了所谓的社会秘书或福利秘书（social secretaries or welfare secretaries）为标志，他们专门负责员工福利方案的制定和实施。员工的待遇和报酬问题成为这一阶段管理者所关心的首要问题。

第三阶段，早期的工业心理学。以 Munsterberg 等为代表的心理学家的研究成果推动了人事管理工作的科学化进程。关于个体心理特征与工作绩效的关系研究、人员选拔中预测效度的提出，使人事管理开始从规范化步入科学化的轨道。

第四阶段，人际关系运动时代。以霍桑实验为代表的人际关系运动，推动了整个管理学界的革命，也影响了人力资源管理的发展。加之第三阶段的工业心理学的推动，人力资源管理开始从以工作为中心转变到以人为中心，把人和组织看成是社会系统。

第五阶段，劳工运动。雇用者与被雇用者的关系，一直是人力资源管理所关注的重点。工会运动的兴起、《瓦格纳法案》的出台、要求缩短工时提高待遇的呼声及集体谈判运动的出现，使得管理者不得不将关注的目光转向工人的利益和权益。

第六阶段，行为科学与组织理论时代。进入 20 世纪 80 年代，组织管理发生了新的变化，对人的管理成为主要任务。从单个的人到组织人，把个人放在组织中进行管理，强调文化和团队的作用，成为人力资源管理的新特征。

(二) 五阶段论

Rowland 和 Ferris (1982) 认为，人力资源管理的发展可以被划分为工业革命时代、科学管理时代、工业心理时代、人际关系时代和工作生活质量时代等五个阶段。

这种观点独特地把"工作生活质量"作为一个时代提出来。所谓工作生活质量，是员工对自己在工作环境中的生理和心理健康状况的知觉。工作生活质量的核心是参与，参与的方式很多，并且还在不断推陈出新。例如，问题解决群体、工会-管理者协作项目、参与式工作设计、利益分享、利润分享、斯坎龙计划、员工持股方案等。因此，20世纪80年代后期，参与管理、民主管理、全面质量管理、授权管理等成为管理学界的时髦话题。

(三) 四阶段论

科罗拉多大学的 Cascio (1995) 等提出了人力资源管理发展的四阶段观点。

1. 第一阶段：档案保管阶段，20 世纪 60 年代

这个阶段的特点是，雇主对员工的关心程度在增加，新员工的录用、岗前教育、个人档案的管理等工作，都由人事部门负责。但这一阶段的人力资源管理缺乏对工作性质和管理目标的明确认识，也没有清晰的条理和制度。

2. 第二阶段：政府职责阶段，20 世纪 70 年代前后

这个阶段的特点是，政府介入和法律规定开始在各方面影响就业和雇用，但企业高层管理者仍将人力资源管理的成本视为非生产性消耗。

3. 第三阶段：组织职责阶段，20 世纪 70 年代末和 80 年代

进入20世纪80年代，企业高层管理者不再认为人事管理是"政府的职责"，而把它真正视为企业自己的"组织职责"了。当然，这种认识的转变有一定的历史背景。首先，心理学、社会学和行为科学日益渗透到企业管理领域，在这种学科交融的基础上形成的理论日益受到企业的重视，并被广泛接受。其次，1972~1982年，美国的生产率平均年增长0.6%，而同期日本、西德和法国则分别增长了3.4%、2.1%和3%，员工的懒散和管理的平庸使企业高层管理者日益忧虑。再次，劳资关系日益紧张。最后，政府官员对企业进行了非公正的干预。加上劳动力的多样化和教育水平的提高，使组织对人的管理更加困难。因此，企业高层管理者被迫从企业内部寻找出路，发现人力资源管理是重要的突破口。20世纪80年代初期，美国和欧洲纷纷出现了人力资源开发和管理组织，人事部门改名为人力资源管理部，企业从强调对物的管理开始转向强调对人的管理。

4. 第四阶段：战略伙伴阶段，20 世纪 90 年代

把人力资源战略作为公司重要的竞争战略，从战略的角度看待人力资源管理问

题，把人力资源管理与公司的总体经营战略联系在一起，这是 20 世纪 90 年代以来人力资源管理的巨大进步。在这个阶段，人力资源管理成为整个企业管理的核心，其原因在于人们已经达成共识：在国际范围内的市场竞争中，无论是大公司还是小公司，要想获得和维持竞争优势，核心的资源是人力资源。80 年代后期，美国各行业开始对这一趋势给以重视，有影响的商业杂志和学术期刊纷纷发表有权威性的文章，讨论这种变化及其可能带来的问题。诸如"人事主管成为新的公司英雄"、"人力资源管理进入新时代"、"人力资源经理不再是公司无足轻重的人物"、"人力资源总监影响首席经营官的决策"等文章，成为反映这个时期特征的重要指标。

（四）三阶段论

Fombrun、Tichy 和 Devanna（1984）根据人力资源管理在组织管理中所扮演的角色和所起的作用，把人力资源管理的发展分为操作性角色时代（19 世纪 90 年代）、管理性角色时代（20 世纪 60 年代）和战略性角色年代（20 世纪 90 年代）等三个阶段，也具有一定的影响。

付亚和与孙健敏（1995）综合分析了现代人力资源管理的发展历史，将人力资源管理分成三个主要的发展阶段：初级阶段、人事管理阶段和人力资源管理阶段。

1. 第一阶段：初级阶段

这个阶段，人力资源管理的理论来源是早期的工业心理学和以泰勒为代表的古典科学管理学派。此时，管理的中心是如何通过科学的工作方法来提高人的劳动效率，大部分的实践活动都是围绕劳工关系展开的。使用最多的术语是劳工关系、工业关系、雇佣关系、劳动管理、人力管理和人事管理等。

2. 第二阶段：人事管理阶段（以工作为中心）

这一阶段，人力资源管理借助于心理学的研究方法和研究结果，强调的是人对工作的适应。此时的人力资源管理主要以工作为中心展开，工作分析、心理测验、绩效考核、职业生涯、管理开发等成为这一阶段人力资源管理活动的主题。

3. 第三阶段：人力资源管理阶段（人与工作的相互适应）

进入 20 世纪 80 年代后期，人力资源管理转变为人与工作的相互适应，或者是以人为中心的管理，强调工作为人服务（包括客户和员工）、人是最大的资本和资源。此时，人力资源战略、组织变革、企业文化、员工权利、灵活的报酬制度和管理制度以及全员持股方案等成为流行术语。

（五）本书的观点

中国人民大学的孙健敏在分析上述各家观点之后，提出了西方人力资源管理的六阶段论。

1. 第一阶段：工业革命时代，19 世纪末之前

这一阶段是人力资源管理思想的萌芽阶段。在这一阶段中，由于没有完全脱离君主统治的观念和工业革命的冲击，人力资源管理还处于传统的窠臼之中，一切以工作为主，忽视人性的存在。

2. 第二阶段：科学管理时代，19 世纪末至 20 世纪 30 年代

这个阶段的管理者由于关心在降低成本的同时增加生产，所以开始重视新的管理方法，将科学原理应用于管理中，与科学管理运动相一致，科学的人事管理也从传统的经验管理模式中建立起来。

（1）规模化生产，自动化生产，降低成本，重视新的管理方法，运用科学管理，强调人对工作的适应。

（2）人力开发，美国陆军大规模征兵，士兵的选拔、训练及配置等措施，影响了企业的人事活动，并得到广泛应用。同时，由于征兵，企业的劳动力不足，从而使劳动者地位提高，各企业开始重视员工的管理问题。

3. 第三阶段：人际关系时代，20 世纪 30～40 年代末

1927～1932 年的霍桑实验，表明了人际关系在提高劳动生产率中的重要性，揭示了对人性的尊重、人的需要的满足、人与人之间的相互作用以及归属意识等对工作绩效的影响，揭开了人力资源管理的新契机。人性化管理成为许多企业在管理中所追求的目标。加上美国《国家劳工关系法案》的颁布，确立了工会的法律地位，使得雇主不能不把员工的利益和合法权益作为重要因素来加以考虑。

这个阶段可以看成是人力资源管理的反省时期。

4. 第四阶段：行为科学时代，20 世纪 40 年代末至 20 世纪 70 年代

霍桑实验的结论在推行很多年后，仍然受到很多批评，具体原因为：①科学严密性不够；②过于强调同事关系与非正式组织；③忽视物质报酬对员工的重要性；④对组织的管理方针和战略难以提供有效的建议。

基于上述缺陷，行为科学开始受到重视。人们试图弄明白霍桑实验的效应究竟是因为行为科学本身的原理所产生的，还是由于霍桑实验本身的问题，从而导致人们对行为科学的重视和进一步研究，主张运用科学事实来研究人的行为、社会现象及心理现象等。主要内容包括：①环境因素对人的行为的影响；②组织行为的特征；③个体行为与群体行为的差异；④薪资制度的合理化；⑤工会地位的提高；⑥员工参与；⑦劳资关系的和谐。

从人际关系时代到行为科学时代，人力资源管理从监督制裁到人性激发、从消极惩罚到积极激励、从专制领导到民主领导、从唯我独尊到意见沟通、从权力控制到感情投资，并努力寻求人与工作的配合。这一阶段是人力资源管理的发展时期。

5. 第五阶段：权变理论时代，20世纪70~90年代

企业运作的环境不应只考虑人性因素，还必须考虑到整体系统的影响因素。因此，上述各学派的观点是不够完善的。整体而言，企业的有效运作取决于下列因素：

$$绩效 = f(员工,组织结构,环境,任务)$$

以此观点，人力资源管理的运作，必须以权变理论为依据，在不同情景下，应采取不同做法，以适应不同的情况。需要考虑的因素包括：①组织与环境的关系；②组织的分化与整合程度；③不同环境下组织的结构形态；④高层领导的经营理念和哲学；⑤业务与工作任务的性质；⑥员工的需求与个人特点。

不难看出，这个阶段已经把人力资源管理作为整个企业管理不可分割的一部分了，并开始从整个组织经营管理的角度来看待人力资源管理问题。这就为20世纪80年代后期强调战略性人力资源管理奠定了基础。

6. 第六阶段：战略管理时代，20世纪90年代至今

传统的企业管理把人力资源管理看成是行政管理，把人力资源成本看成是非业务性的成本。由于环境的变化和全球范围内的竞争不断加剧，这种传统的观点受到了严峻的挑战。从战略的角度思考人力资源问题，把人力资源看成是组织不可多得的重要资源，已经成为各公司主要的竞争手段之一。

二、我国人力资源管理学科的发展

我国人力资源管理学科的发展，来自于三股力量的共同作用（孙健敏，2005）：一是国内学者的推动，包括部分媒体的宣传；二是国内企业特别是民营企业发展的内在要求；三是外资企业的冲击。人力资源管理学科的发展，大致可以分为四个阶段。

第一阶段：新中国成立后到改革开放前。这是计划体制下的人事管理阶段，典型特征是城乡分割的二元化劳动力市场和"低工资、广就业"的政策。人事管理建立在档案、身份和户口三个要素基础上。

第二阶段：1978~1991年。经济体制改革从劳动人事领域展开，报酬制度和用工制度的改革，出现了"停薪留职"、"下海"、"农民工进城"等现象，打破"大锅饭"和"铁饭碗"成为社会发展的基本要求。

第三阶段：1992~1999年。邓小平"南巡"讲话，把中国的改革开放推向一个新的高潮，劳动力市场进一步发展，人才流动成为社会普遍现象，职业介绍机构和猎头公司纷纷兴起。1995年《中华人民共和国劳动法》（以下简称《劳动法》）出台，使得人力资源管理首次面临法律的制约和调节，劳动关系成为人力资源管理的一个突出课题。正是在这个阶段，国家教委正式批准确立了人力资源管理作为一个专业的法定地位。

第四阶段：1999年以后。作为一个独立的专业，人力资源管理开始引起全社会的广泛关注。人们对人力资源管理重要性的认识更加清晰，实践领域对人力资源管理的渴求更加强烈，以《深圳华为技术有限公司基本法》（黄卫伟等，1998）为代表的中国企业实践经验的总结和对中国管理模式的探索，把人力资源管理的作用和价值体

现得异常充分。中国人民大学率先设立了人力资源管理博士点和硕士点，并于2004年正式招收人力资源管理专业博士生。学术研究不断规范，成果不断增多，各种以人力资源管理为主题的研讨会和出版物层出不穷。

但是，在这种繁荣的背后，我们不得不承认人力资源管理还存在一些瑕疵。无论是在研究领域还是在实践领域，都有很多亟待改进之处。研究领域的重应用、少理论（孙健敏，2004），实践领域的盲目崇拜、急功近利（孙健敏，2007），使得我国的人力资源管理出现了层次不齐甚至混乱的局面。从总体上看，我国人力资源管理面临着四个方面的挑战。

科学化：采用规范的、科学的理论和方法实施人力资源管理。

系统化：人力资源管理是整个组织的任务，是一个系统工程，必须统筹规划。

制度化：从过去的经验主义到科学主义、从人治到法治，管理制度的建立是必经的环节。

专业化：人力资源管理属于技术性工作，需要技术专家和管理专家，人力资源从业人员首先应该具有自己的专长。

阅读材料 1-1　21世纪人力资源管理的特点[①]

21世纪人力资源管理既有工业文明时代的深刻烙印，又反映着新经济时代游戏规则的基本要求，从而呈现出新的特点。

1. 知识经济时代是一个人才主权时代，也是一个人才赢家通吃的时代

所谓人才主权时代，就是人才具有更多的就业选择权与工作的自主决定权，而不是被动地适应企业或工作的要求。企业要尊重人才的选择权和工作的自主权，并站在人才内在需求的角度，为人才提供人力资源的产品与服务，赢得人才的满意与忠诚。

所谓"人才赢家通吃"，包含两个方面的含义：一是素质越高、越稀缺、越热门的人才将获得越来越多的工作选择机会，获得的报酬也越高；二是越拥有独特的人才资源优势的企业，越具有市场竞争力，也越容易吸纳和留住一流人才。

2. 员工是客户，企业人力资源管理的新职能就是为员工持续提供客户化的人力资源产品与服务

21世纪，企业要以新的思维来对待员工，要以营销的视角来开发组织中的人力资源。从某种意义上说，人力资源管理也是一种营销工作，即企业要站在员工需求的角度，通过提供令员工满意的人力资源产品与服务来吸纳、留住、激励、开发企业所需要的人才。

[①] 彭剑锋.2000.21世纪人力资源管理十大特点.中国人才,(11).

21世纪的人力资源管理者要扮演工程师、销售员及客户经理的角色。一方面，人力资源管理者要具有专业的知识技能；另一方面，人力资源管理者要具有向管理者及员工推销人力资源产品与服务方案的技能。即通过沟通，使员工对人力资源的产品与服务达成共识。

3. 人力资源管理的重心——知识型员工

21世纪，国家的核心是企业，企业的核心是人才，人才的核心是知识创新者与企业家。人力资源管理面临新三角：知识型员工、知识工作设计以及知识工作系统。人力资源管理要关注知识型员工的特点，其重点是如何开发与管理知识型员工，对知识型员工采用不同的管理策略。

4. 人力资源管理的核心——人力资源价值链管理

21世纪，人力资源管理的核心就是如何通过价值链管理，使人力资本价值得到实现与增值。价值链本身就是对人才激励和创新的过程。价值创造、价值评价与价值分配是价值链管理的三个关键环节。

5. 企业与员工关系的新模式——以劳动契约和心理契约为双重纽带的战略合作伙伴关系

21世纪，企业与员工之间的关系需要靠新的游戏规则来确定，这种新的游戏规则就是劳动契约与心理契约。

6. 人力资源管理在组织中的战略地位上升，管理重心下移

7. 人力资源管理的全球化、信息化

这是由组织的全球化所决定的。组织的全球化，必然要求人力资源管理策略的全球化。具体表现在：员工与经理人才的全球观念的系统整合与管理；人才流动国际化、无国界；人才市场竞争的国际化。

8. 人才流动速率加快，流动交易成本与流动风险增加，人才流向高风险、高回报的知识创新型企业

9. 沟通、共识、信任、承诺、尊重、自主、服务、支持、创新、学习、合作、支援、授权、赋能，将成为人力资源管理的新准则

10. 人力资源管理的核心任务是构建智力资本优势，人力资源管理者的角色多重化、职业化

第三节　人力资源战略管理

快速变化的外部世界使得战略在企业管理中比以往任何时候都更为重要，同时也使得战略的制定与实施更加困难。企业经营战略所确定的目标是由产业方向、经营目标、产品结构、科学技术、工艺水平等具体的发展计划表达的，其中的每一项计划都与特定的人力资源数量、质量和结构分不开。如果企业不能根据战略实施的不同阶段、不同时间，及时提供合乎质量和必要数量要求的劳动力，就无法有效地实

现战略所提出的任务，贻误战机。因此，必须把人力资源管理提升到战略的高度来对待（付亚和，孙健敏，1995）。

人力资源战略管理包含两个层次：一是战略人力资源管理，主要指组织高层领导如何看待人力资源管理、如何把人力资源管理放在战略层面考虑。二是人力资源管理战略，指的是人力资源管理活动如何从长计议，如何把长期和短期效果统筹考虑。本书主要讨论人力资源管理战略。

一、人力资源管理战略的含义

1. 企业战略和企业战略管理

企业战略可以定义为企业在市场经济、竞争激烈的环境中，在总结历史经验、调查现状及预测未来的基础上，为谋求生存和发展而作出的长远性、全局性的谋划或方案。

企业战略管理（strategic management）是指在内部优势和劣势以及外部的机会和威胁一定的情况下，企业为了使自身维持或者取得竞争优势而制定、实施、监控行动计划的动态管理过程，它包括战略制定（包括分析）、战略实施和战略评估三个部分。

总体而言，每一个企业战略都需要在两种力量之间寻求一种平衡：一方面是企业自身所具备的内部优势（strengths）和劣势（weakness）；另一方面就是企业所面临的来自外部环境的机会（opportunities）和威胁（threats）。这样一种寻求平衡的过程，就是我们经常谈到的SWOT分析。那些能够在组织的内部和外部力量之间找到恰当平衡点的公司，往往都能够获得成功。而那些未能寻求到或保持平衡的企业则往往面临失败的命运。

2. 人力资源战略

人力资源战略（human resource strategy）是一种职能战略，通常情况下，它与公司战略、竞争战略一样，同属于企业职能层次的战略。人力资源战略是指组织对人力资源管理的一种方向性的谋划，它是一种旨在充分合理地运用企业各种人力资源，使其发挥出最大优势，以符合企业的战略需求、实现组织目标的各种人力资源使用模式和活动的综合。

人力资源战略是改变企业中行事方式的计划，它们可以是自上而下、由支持变革的管理人员所发起和实施的，也可以是自下而上产生的。一般来说，大多数的人力资源战略都具有清晰的方向性。人力资源的战略管理就是制定、实施和监控这种战略人力资源的过程，人力资源管理战略的目的就是要实现企业人力资源管理活动与企业战略的一致，以保证企业长期稳健地发展。

3. 人力资源战略的类型

人力资源战略指导着企业的人力资源管理活动，它使不同的人力资源管理活动之间能够有效地配合。因此，不同的人力资源战略必然会影响到人力资源的管理活动。不同学者对于人力资源战略的类型有不同的看法，一种有代表性的观点认为，人力资源战略可以分成三种类型：聚集型战略、利用型战略和促进型战略（Schuler，1989）。

（1）聚集型（accumulation）战略：用长远观点看待人力资源管理，注重人才的培训，通过甄选来获取合适的人才。以终身雇用为原则，以公平原则来对待员工，员工晋升速度慢。薪酬是以职务及年资为标准，高层管理者与新员工工资差距不大。

（2）利用型（utilization）战略：用短期观点来看待人力资源管理，主要目的是利用，较少提供培训。企业职位一有空缺，随时进行填补，非终身雇用制，员工晋升速度快，采用以个人为基础的薪酬。

（3）促进型（facilition）战略：把员工看成资源，组织通过提供一定的条件，促进员工个人能力的提升，个人不仅需要具备技术性能力，同时要有良好的人际关系能力。在培训方面，员工个人负有学习的责任，公司只提供协助。通过人力资源管理，促使员工与组织共同成长。

从人力资源战略的分类及其特征中我们可以看出，当企业将人力资源视为一项资产时，就会对员工提供较多的培训，对员工投入更多，如聚集型战略；而当企业将人力资源视为企业的成本时，则不愿意为员工提供培训机会，如利用型战略。

4. 人力资源管理战略的特征

制定与实施人力资源战略的过程是一个管理过程，人力资源战略是实施企业战略的一个重要方面。因此，虽然人力资源管理战略的类型有所差别，但是它们都具有一些共同的特征（沃克，2001）：

（1）人力资源管理战略提出总体方向，包括各种方案或者活动计划，涉及多种职能，有时时限会超过一年。

（2）人力资源管理战略提出实现企业战略行动计划的焦点。行动计划包括多种必需的活动以及方案，而且每一种活动及方案都有具体的责任和期限。

（3）人力资源管理战略与企业中的其他战略一样，也要通过自上而下或者自下而上的方式来制定。

二、人力资源战略与企业战略的关系

从逻辑上看，人力资源战略是整个企业战略的一部分。但在实际工作中，企业战略与人力资源战略往往是分别制定的。从制定方式上看，人力资源战略与企业战略关系类型存在着较大的差异。学者们对人力资源战略和企业战略的关系提出了相似的看法。也有研究者认为，两者之间存在着四种不同层级的联系，分别为行政联系、单向联系、双向联系和一体化联系。也有研究者认为，两者的连接类型可以表述为并列过程、整体过程和单独过程三种（Dyer，Holder，1984）。本书认为，当人力资源管理被提到战略层面以后，两者的关系类型可以划分为以下三种。

1. 整体型

此时的人力资源战略是真正意义上的企业战略的一个组成部分。企业战略制定的过程，同时也是人力资源战略制定的过程。企业战略与人力资源战略是一种动态的、全面的、持续的联系,不存在孰先孰后的问题。作为整体过程,人力资源被作为组织的重要组成部分,在研究环境变化的同时考虑人力资源问题及其他有关问题。人力资源战略直接融入企业战略制定的过程中,这是人力资源战略制定的首选方法(沃克,2001)。

2. 双向型

从总体上看,人力资源战略和企业战略是分开的,但却是同时制定的。双向型与整体型最大的差异表现在制定步骤先后顺序上。企业战略制定小组把已经在考虑中的战略选择告知人力资源职能部门,由人力资源职能部门分析不同战略选择下的人力资源管理方案,然后再把分析结果报告给战略制定小组,最后战略制定小组再把调整后的企业战略传达给人力资源职能部门,后者在此基础上制定相应的人力资源管理战略。从企业战略的制定上看,虽然人力资源管理战略的制定具有整体型战略的特征,但人力资源部门往往处于较为被动的地位。

3. 独立型

这是目前最为常见的关系类型。这种类型的最大特点是人力资源战略与企业战略的制定过程分开,由人力资源职能部门或人力资源战略制定小组单独制定人力资源战略。从时间上看,这种关系类型的战略制定过程可能是同时进行的,也可能是先后进行的,但无论是哪一种,人力资源战略的制定往往会更多地受到企业战略的影响,而企业战略制定过程却有可能忽视人力资源的问题。

我们认为,人力资源战略和企业战略应该是一个相互影响的过程,这也是人力资源战略的本质含义。

三、人力资源战略的制定

1. 人力资源战略的制定途径

人力资源战略的制定主要可以分为自上而下和自下而上两种方式。

(1) 自上而下的制定方式。这种方式往往是由企业管理层或企业聘请的外部顾问先对企业环境进行分析,然后再制定相应的战略对策和具体职能的战略。实施这种人力资源战略的一个关键问题是:要使企业中各层次的员工都与外部力量及变化相协调,促进各个层次计划与组织整体目标的高度一致。

(2) 自下而上的制定方式。这一制定方式是一个逐步积累的过程。自下而上的人力资源战略制定方式要求每一个业务单位或事业部门确定重要的人力资源问题以及对这些问题的分析、预测和评价,然后将其纳入企业需要考虑的长期计划中,经企业层面反复论证和细致分析后决定方案的取舍和实施。

2. 人力资源战略的制定步骤

由于人力资源管理战略与企业战略之间关系的不同,必然会导致人力资源战略制定所要考虑的因素存在一定的差异。人力资源战略的制定,一般要经过三个步骤。

第一步：企业战略分析。首先，企业战略是制定人力资源战略的出发点，它对人力资源管理体系具有决定和指导作用，企业战略类型的差异必然带来人力资源战略的差异。因此，制定人力资源战略之前需要弄清楚企业现行战略是什么。企业战略对人力资源战略的影响将在下一部分作详细说明。

第二步：内外部环境分析。制定人力资源战略的第二步是环境分析。环境分析为人力资源战略的制定提供了依据。在环境分析的过程中，需要从企业内部和外部两个方面去考虑企业所面临的优势、劣势、机会和威胁等。

研究人员对制定人力资源战略时需要考虑的因素有许多不同的看法。有的学者认为，应该从五个方面分析和设计人力资源管理系统，这是确保人力资源管理战略有效实施的关键（Baron，Kreps，1999）。这五个因素是：第一，社会、政治、法律及经济环境；第二，劳动力状况；第三，组织文化；第四，组织战略；第五，生产技术和工作管理。我们认为，Baron 和 Kreps 的观点基本能够说明人力资源战略制定所需考虑的环境因素。其中，外部因素主要包括政治、法律、社会及经济环境，以及劳动力市场发育水平和劳动力自身状况；内部因素主要包括企业战略、组织文化、生产技术水平等。

第三步：制定人力资源战略。环境评价之后，人力资源战略的制定还需要界定本企业人力资源管理方面的使命，设定本企业的人力资源管理方向，并将此结论转化为战略目标和广义的行动过程，包括计划、项目以及程序等，最终制定出企业的人力资源战略。

3. 企业战略对人力资源战略的影响

如上所述，企业战略对人力资源管理体系的设计和实施起着决定性作用，而人力资源战略是企业战略目标实现的有效保障。同时，人力资源战略和企业战略之间的相互配合是实现企业经营目标、提高企业竞争力的关键所在。因此，人力资源战略在不同战略类型的企业中所发挥的作用是不同的。

人力资源战略与企业战略相配合，可以帮助企业增加利用市场的机会，提升企业内部的组织优势，帮助企业实现战略目标（Lewin，Mitchell，1995）。因此，人力资源战略与企业战略实际上是相辅相成的关系，二者互为制约、互为条件。这种关系可以用表 1-1 表示。

表 1-1　人力资源战略与企业战略的关系

企业战略	人力资源战略
我们是什么样的企业	业务中需要什么样的人才
我们的目标	为达到目标需要什么样的组织
强项、弱项、机会、威胁	强项、弱项、机会、威胁与人力资源能力素质关联如何
完成任务的重要成功因素	在何种程度上我们员工的质量、动机、承诺和态度有助或有害于企业成功
主要战略问题	主要人力资源措施

资料来源：马丁·所罗门. 1999. 培训战略与实务. 北京：商务印书馆.

不同的战略类型不仅对雇员所需具备的特定技能有不同的要求，而且对他们所要展现的"角色行为"也有不同的要求（Schuler，Jackson，1987）。因此，企业战略类型的不同必然带来人力资源战略上的差异。企业战略根据不同的标准可以划分为不同的类型。

4. 企业战略和人力资源战略的关系

企业战略可以划分为三种类型：防御型战略、探索型战略和分析型战略，根据企业战略类型的不同，其对应的人力资源战略也有所差异（Miles，Snow，1984）。

1）防御型战略

执行防御型战略的目的是降低企业被攻击的风险，减弱任何已有的竞争性行动所产生的影响。虽然防御性战略通常不会提高公司的竞争优势，但是它有助于加强公司的竞争地位，捍卫公司最有价值的资源及能力不被模仿，维护公司已有的竞争优势。在这种情况下，企业很少对技术和组织结构进行大的调整，这种企业追求以更好和更有效率的方式生产产品或提供服务，注重市场防御，但很少进行研究与开发，需要时常从企业外引进技术。因此，执行防御型战略的企业在人力资源管理战略选择上往往会更偏向于聚集型战略。这种战略下的人力资源管理实践更注重人才的内部培养，强调对员工潜能的开发和技能的培训，在薪酬上更注重内部公平，等等。

2）探索型战略

探索型战略的特征是不断追求新产品和新市场。这种企业比较关注新机遇，往往不断地探索新市场和开发新产品。它们常常是市场变化的引导者和探索者，并以此迫使竞争对手作出反应。因此，执行探索型战略的企业在人力资源战略选择上往往更偏向于利用型战略，即用短期的观点来看待人力资源管理。在人力资源管理实践上较少提供培训，比较注重外部招聘，在薪酬上更多地强调外部公平。

3）分析型战略

采用分析型战略的企业介于以上两者之间，它们常常既会像采取防御型战略企业那样在一些稳定的市场领域内经营，也会像采取探索型战略企业那样出现在一些新的变化的市场领域。虽然它们常常不是市场变化的引导者，但是却能比采取防御型战略企业更快地跟上市场的变化。因此，执行分析型战略的企业在人力资源管理战略选择上采用协助型战略。此种战略介于聚集型战略和利用型战略之间，在人力资源管理实践上兼有两者的特点，在薪酬上强调内外部的公平。

5. 波特竞争战略与人力资源战略

波特在竞争理论分析的基础上，将企业战略分为低成本战略、差异化战略和专一化战略三大类。根据这一分类框架，不同企业战略与人力资源战略的对应关系可以表示如下：

（1）低成本战略是指企业在提供相同的产品或服务时，其成本或费用明显低于行业平均水平或主要竞争对手。它的主要目标是成为本行业中成本最低的生产者，这种战略主要依靠控制一般管理费用，削减在产品研制开发、服务、销售员队伍建设和广告等方面的支出，建设大规模有效的工厂，等等，为企业带来超出本行业平均水平的收益。如果企业能够将这种低于竞争对手的产品和服务的价格保持住，还可以起到阻止其他竞争者进入该市场的作用。

（2）差异化战略是指企业通过向用户提供与众不同的产品或服务来获取竞争优势的战略，其目的是要给人们创造一种印象：本企业的产品或者服务与本行业其他企业的产品和服务是不同的。如果一个企业可以成功地将自己的产品或者服务与其他企业加以区分，它就可以获得超过平均利润的收益。而且，实行差异化战略还可以减少顾客对其价格的敏感性。

（3）专一化战略也叫聚焦战略，是指企业在某个较狭窄的领域内（如某特殊客户群），实施或是低成本，或是差异化，或是两者兼而有之的竞争战略。

科迈斯-麦吉阿（Gomez-Mejia，1998）等根据波特的企业竞争战略分类，探讨了每一类型企业战略最适用的人力资源战略，如表1-2所示。

表1-2　波特的企业战略及其相应的人力资源战略

企业战略	一般组织特征	人力资源战略
低成本战略	持续的资本投资 严密监督员工 经常、详细的成本控制 低成本的配置系统 结构化的组织和责任 方便制造的产品设计	有效率的生产 明确的工作说明书 详尽的工作规则 强调具有技术上的资格证明和技能 强调与工作有关的培训 强调以工作为基础的薪资 用绩效评估作为控制机制
差异化战略	营销能力强 重视产品的开发与设计 基本研究能力强 公司以品质或科技的领导著称 公司的环境可吸引高科技的员工、科学家或具有创造力的人	强调创新和弹性 工作类别广 松散的工作规划 外部招聘 团队为基础的训练 强调以个人为基础的薪资 用绩效评估作为员工发展的工具
专一化战略	结合了成本领先战略和差异化战略、具有特定的战略目标	结合了上述两种人力资源战略

低成本战略非常注重生产的高效率和高效益，因而通常希望雇员对于数量给予高度的关注，把目光放在短期而不是长期，规避风险，乐于接受安定的环境。这种类型的企业战略明确地界定高效率生产所需要的技能，并且会很注意在这些技术领域对员工进行培训和能力开发。因而，实施低成本战略的企业通常需要对工作的职责和任职资格进行清晰的界定，它所需要的是一份很明确的工作描述。它们实行的是以行为为中心的绩效管理系统，薪酬管理主要建立在绩效的基础之上。通常实行内部晋升，在报酬系统中，主管人员与其下属的工资差异很大。

相比较而言，差异化战略对于数量的关注只是适度的，它往往要求员工具有高度的协作精神和创新意识，目光比较长远，在职责界定不很清晰的环境中具有适应性并勇于承担风险。这样，实施差异化战略的企业往往就会利用一些内容较为宽泛的工作描述，来激发员工的创造意识。实行以工作结果为基础的薪酬管理制度，会更多地考虑从企业外部招募员工，并且为其提供更为宽广的职业通道。企业的培训和开发活动主要集中于强化员工彼此之间的团队协作能力和精神方面。报酬系统更加关注基于此而产生的外部公平性，并采取一定的措施鼓励管理人员勇于承担风险。

专一化战略通常是低成本战略和差异化战略的结合，因此人力资源管理战略往往具有以上两者所共有的特点。

6. 方向性战略与人力资源战略

企业为了实现规模的变更，可以通过四种方向性的战略达成。因此，从企业规模的变更方式上，我们可以把企业战略界定为如表1-3所示的四种类型。

表1-3　四种方向性企业战略

集中战略	集中战略是指那些强调既有市场份额或者运营成本的战略
内部成长战略	内部成长战略是指那些关注市场发展、产品开发与研制的战略
外部成长战略	外部成长战略是指那些试图通过横向一体化、纵向一体化或者多元化的方式来实现一体化的战略，常常表现为合并战略或者兼并战略
精简战略	精简战略或者称为剥离战略，通常会在那些面临严重经济困难而想要缩小经营规模的企业中出现

无论是哪种战略类型，只要企业规模发生了变化，都会对人力资源战略产生较为显著的影响。因此，这四种不同方向的战略对人力资源战略的具体要求是不同的。

集中战略注重保持企业既有的技术优势和市场份额。这就需要人力资源战略的负责人在制定企业的员工培训计划时，能够提供一种可以把企业员工所掌握的技能及时、有效地保持下去的方法。薪酬管理的重点往往关注在如何保持、留住拥有这些技能的员工上。同时，绩效考核也应当更加注重行为。

内部成长战略关注的是企业如何不断成长的问题，而要保证企业的不断成长，就需要企业对自己所拥有的人力资源不断地补充新鲜血液，为员工营造一种可以不断进取和创新的环境。企业必须持续不断地招募、调动和提升员工，而向不同的市场进行扩展的结果又会反过来给员工更新技能提供新的契机。在进行绩效评价的过程中，往往需要把行为和结果结合起来考虑。绩效管理侧重于对达成增长目标的奖励。

在外部成长战略中，人力资源战略同样扮演着极为重要的角色。在企业决定实施收购兼并战略时，提升员工处理或解决冲突的技能是非常重要的。任何一种外部成长战略都会包括兼并或者开创新的企业，而新的企业与原有企业的文化不可避免地存在一定的差异。因此，很多人力资源战略在对新成立企业的人力资源管理实践进行整合和标准化的过程中都会遇到困难。人力资源管理实践必须根据每一个经营单位所面临的独特环境，以及两家原本不同的企业在何种程度上可以实现一体化会得到更为理想的结果而有所调整。

四、人力资源战略的实施

人力资源战略的实施可以专门针对具体的人力资源管理实践，它不仅实现了人力资源战略的落地，更为重要的是，人力资源战略也可以作为方向性战略来指导企业进行重大的组织变革。因此，在内部与外部环境变化日益迅速的今天，人力资源战略的实施在组织变革中发挥着极为重要的保障作用。人力资源战略的实施包括以下五个步骤。

1. 明确变革方向

人力资源战略的实施必须首先明确组织变革的方向。因为人力资源战略在协助实现组织变革的过程中，不再仅仅局限于专门职能的行动计划，而是必须丰富自己的内涵，必须能够阐明企业所面临的挑战，而且还要适应环境的变化。这样，它们就可能不是十分清晰、完整，而需要随着外界环境的变化来不断调整和逐步完善。

2. 塑造员工期望

在实施组织变革的过程中，一个关键问题就是要使员工的期望与企业的战略目标保持高度的一致。而人力资源管理战略的实质是使企业人力资源管理与战略相一致的过程，因此，人力资源战略实施的第二步就需要塑造员工的期望，使之与企业的战略变革方向相一致。在一个已经形成强大的主导文化的企业中，人们往往会怀疑变革的必要性和结果，进而产生抵触情绪，阻碍变革的顺利进行。这就需要人力资源管理的关注，在协助完成组织变革的过程中，员工会产生不同的问题，对于这些问题必须加以充分的解答，才可以释清疑团，推动变革的深入。

3. 改造结构、流程

人力资源战略实施的第三步应该是结构和流程的改造。由于企业战略的调整，组织结构和工作流程都会相应地发生变化。

企业的业务流程就是企业集合各类生产要素，制造客户所需产品的一连串活动。一般来说，客户需求是企业作业流程的起点。因此，对企业的改革要以流程为导向，即以客户需求为中心来组织工作。企业组织结构，就是把企业的目标任务分解到部门，再把部门职责分解到职位，然后由众多的部门组成垂直的权力系统和水平的工作协作系统的一个整体机构。组织结构是实现组织目标的手段，所以战略与结构必须紧密结合。特别是结构应当服从战略，如果组织的战略作出了调整，那么就需要调整结构以适应和支持这一变革。而结构的变化必然与工作分工、完成工作任务的方式密切相关。

4. 重构组织文化

在结构和流程改造之后，为了更好地实施组织变革，管理人员还必须改变那些不利于变革的旧有的价值观、信念以及行为规则——员工在其中可能已经非常习惯的企业文化。新旧文化的碰撞是一个必须面对的棘手问题，但是管理人员必须促成二者的融合，才可以顺利实现组织变革。有关的变量包括：是强调风险创新还是认同沉稳扎实；是鼓励合作还是强化竞争；是强调一致还是鼓励多样化，等等。在组织文化的变革中，要根据企业战略的需要，使文化符合战略的方向。要保持和发扬企业文化中对新战略有支持作用的要素，改变那些与新战略相矛盾的方面。

5. 改进人力资源管理体系

在完成以上步骤之后，就需要把总体战略进行细化，包括人员的获取、整合、保持、开发和控制调整等五大体系。人力资源规划、工作分析与设计、招募与录用、培训与开发、绩效管理、薪酬与福利、职业生涯管理和劳动关系管理等八种职能都包括在这五大体系中。这一步骤的核心是将企业战略目标或是人力资源战略目标转化为组织中各个层次的工作绩效期望标准，这种细化为评定和管理企业内部各部门、团队和个人的绩效提供了基本依据。首先，要想使企业战略得到成功的实施，就必须先对组织结构和职位进行科学的分析和设计；其次，人力资源职能需要确保企业获得实现战略目标的合适的人选，这就需要进行人力资源供求分析、人员招聘与录用、员工培训和开发；再次，为了顺利实现企业战略，人力资源管理部门还必须构建起健全、合理的企业绩效考核与薪酬管理系统。另外，为了更好地激发员工的工作积极性、提高员工工作满意度，人力资源管理部门还要考虑到职业生涯管理、劳动关系管理等方面的问题。

阅读材料 1-2 蒙牛乳业总裁牛根生：经营人心就是经营事业[①]

1. 被逼创业

当年从伊利出来，表面来看很平静，实际上内心是翻江倒海的。20多年干企业，而且干的是国有企业，这个时候该做点什么呢？当然，我去过人才市场，也有看看同行或者其他行业有没有用我的地方。后来人家没问我的经历，就问我的年龄，我说43岁。人家说超过40岁的不接待，我就走了。

中国有"一朝天子一朝臣"的说法，我被免职以后，相继有一些中层干部也被免职了。他们找我，说："你被免职以后可以去北大学习，而且带着工资学习，给你租房子，我们被免职干什么去呢？"后来，这种事情多了以后，我就萌生了重新干企业的念头。

2. 人缘真的很重要

过去在伊利，我曾经拿过年薪108万元，那个时候就与中层以上干部分着花这些钱，实际上现在回想起来，当时在国有企业，给我买车的钱我给大家买车了，给我发的奖金我和大家分了，今天办蒙牛的时候才知道这对我的战略意义有多么深远。也正因为如此，这些赋闲在家的干部们想，"牛总的钱都给我们分，我们的钱交给他有什么不放心的"。本着这样一个心态，大家，包括他们的亲戚、朋友和所有的业务关系就把钱拿过来，因为大家都奔我这个人来了。五个月以后，我们的资本金由注册时的100多万元变成了1300万元。其中，花了300万元做广告；花了300万元把承包、租赁、托

---

① http：//www.chinahrd.net/zhi_sk/jt_page.asp? articleid=13801。作者有改编。

管的企业作一些技术改造，作一些设备的调整，作一些能源的配置、资源的配置；还花了300万元建工厂。这一年我记得非常清楚，公司实现自销售收入4300多万元。

3. 资源拥有和支配是两回事

我在与别人合作的时候只要我不吃亏，有利没利我不去考虑，所以我想跟谁合作都能合作成。因为一般合作是互惠互利，而我先不要利。要利干什么？实际上对我来说，资源拥有和支配是两回事。就跟我们上街打车似的，车是出租者的，但是我们打车的目的就是为了坐车。我们之间只有合作、使用或者支配，并没有资产的转移。像我们奶站，过去同行建一个奶站需要40万元，我4万元都没花。因为每一个自然村庄里，每一个养牛的区域里总有有钱的，也总有有权的，有钱的和有权的加起来以后，完全可以做这个奶站，而且做了奶站以后，大家都关心这个奶站，奶站的运作特别好，质量能保证，数量能保证，同时奶站有利益。市场经济既然是个利益驱动的经济，只要让别人有利益，经济驱动的速度自然就快。

4. 企业生死的飞船定律

宇宙飞船有两种命运：一种是摆脱不了地心引力，掉下来；另一种是飞出去，这取决于速度，不能高速成长，只能高速灭亡，没有静止在半空中的状态。这就是飞船定律。

一个企业也是这样，如果没有高速度，到头来，每个市场的蛋糕都没有它的份。我们的军队之所以常胜不败，就是因为在与敌人抢占制高点时，我们总是能首先成功。蒙牛是一个民营股份制企业，深知生死时速的含义，适者生存，羚羊如果跑不过最快的狮子，肯定会成为狮子的美餐，狮子跑不过最慢的羚羊，就会饿死，什么都要抢先，核心理念是一切竞争从速度开始。因此，当我们确定一个目标以后，在变化的市场当中，我们不是修正目标，而是不停地修正手段，一切人力、物力、财力，包括人的思维和情感都朝这个目标自动集中，如果不是这样，蒙牛的发展不会这么快。快者制胜，环境是变化的，变化的速度又是如此之快，与时俱进的企业才能生存壮大，与时俱进的前提在于决策。有关资料证明，1970年的全球500强企业，12年后的1982年就消失了1/3；世界上破产倒闭的大企业，有85%是因为企业家的决策失误造成的。我们的决策方针是，任何人可以在任何时候提出任何意见，这样才能保证大小决策都在正确的轨道上。

5. 经营人心就是经营事业

有一次我儿子跟我说，"爸爸，我的朋友不多，我同学的朋友比较多"。我说"你有朋友吗"？他说"有"。我说有几个呢？他说有两个。我说"这两个为什么成为你的朋友呢"？他说"这两个朋友对我特好"。假设你对所有的人好，所有人就是你的朋友。母子关系，父子关系，为什么能成其为母子关系、父子关系呢？主要是什么关系，大家自己清楚，感情投到儿子身上、投到女儿身上，因为确实是亲的，你不亲他，他肯定不认你。因此感情的培养和投入是非常必要的,我们非常善意地对待我们周边的人,包括我们企业的人、社会的人,只要有投入,肯定有产出,种瓜得瓜,种豆得豆。企业文化、精神文明怎么搞?我想佛教思想也可以搞精神文明,我在食堂写上"太阳之大,真理;君子量大,真理;小人气大,真理"。五六千人,说话的声音都非常低,都害怕做小人,精神文明搞好了。

在用人上,我们是有德有才,破格录用;有才无德,限制录用;无德无才,坚决不用。至于德重要还是才重要,我认为,如果才气很大,德性不好,对企业的破坏性可能非常大;一个人智力有问题,是次品;一个人的灵魂有问题,就是危险品,所以经营人心非常非常的重要。

第四节 人力资源管理从业人员的资质要求

一、资质的基本概念

1973年,美国哈佛大学教授麦克莱兰德在其发表的题为"测量资质而非智力"(*Testing for Competence Rather Than Intelligence*)的论文中,把资质(competence)的概念引进了管理学界。competence 这个词在国内有四种翻译法:胜任力、胜任特征、素质、资质。我们认为,尽管这些用词在表达上有差异,但内涵却是相似的,而翻译为"资质"更为贴切。

麦克莱兰德认为,个人的行为品质和特征比智商更能有效地决定人们工作绩效的优劣,因此应该改变过去那种对人的认知能力进行测试和评价的方法,而是去衡量那些对个体在某一特定工作中的绩效表现有决定性作用的潜在特征。他把这些特征称作资质。

目前,人们对于"资质"还没有形成一个统一的定义,但大家普遍认为资质具有以下特征。

1. 资质是个体的基本特征

资质是个人所具有的与工作相关的一种特征,正是这种特征导致了绩效优异者和绩效不良者之间的区别。这种特征往往是潜在的,相当于浮在水面上的冰山。

2. 资质是一种行为

这种观点强调资质的可观察性,主张资质是一种可以预期并加以衡量的、用来完成和实现工作目标的行为或者行为组合,是人们(在工作中)需要展示的行为模式的组合,而不是工作本身。换言之,是那些导致工作绩效有差异的个人行为构成了资质,这种资质可以被观察、传授、习得和测量。

3. 资质是一种知识/技能

这种观点认为,资质是与工作相关联的一系列知识和技能的组合。也有人将资质

界定为完成日常、战术性工作所需要的职位要求，是那些会对工作产生影响的知识、态度或者技能，它与工作绩效相关并且可以被测量和提升，还可以被转移到完成其他工作任务的过程中。这种可转移的资质是完成任何工作的基础和关键因素。

4. 资质是一种综合体

不能简单地将资质归结为单一维度，它是一个综合体。它是个体所具有的知识、能力、个性、态度和价值观等多种因素的组合。

二、资质模型的内容与评价

所谓资质模型，是指为达成绩效目标所需具备的不同资质要素的结构性组合。由于建立资质模型所采用的方法不同、建立模型的指导思想和出发点不同，因此，针对同样工作所建立起的资质模型可能呈现出不同的形式。

1. 资质模型的基本内容

前面已经提到，资质是资质模型构建的基础，因此，对资质的界定不同将影响到资质模型的结构差异。目前已有的研究成果将资质模型的基本构建集中于知识、能力和态度三个维度，但不同的研究为这三个维度设计的指标体系略有不同。

1）知识

知识是指人们认识自然和社会的成果或者结晶，包括实践知识和理论知识。在资质模型中，知识是指为高质量、高效率地完成工作任务，员工所必须掌握的各种相关知识。知识是整个资质模型的基础，是个体完成工作任务、达成绩效目标的首要条件。

2）能力

能力是个体胜任某项任务的条件和才能。在资质模型中，能力主要包括两部分：完成工作所需要的技能以及由支撑工作任务的各种心智活动衍生出来的能力，如判断能力、创新能力等。能力是整个资质模型的支柱，是资质模型构建的重点。如同对知识的区分一样，不同研究者认为，能力要素也是可以作更进一步的细分的。

3）态度

在资质模型中，态度指的是个体对于自我的认知情况，这是一种相对稳定的心理活动状态，包括个体的价值观、自我知觉及动机等。态度维度下的心理活动与能力维度下的心理活动的区别在于：态度是个体对自我的一种认知状态，是指向任职者自身的；而能力维度下的心理活动则是指向工作的。与能力维度一样，现有研究也对态度作了进一步的细分。

2. 资质模型构建的基本流程

资质模型的构建过程，实际上就是鉴别顺利完成工作所需的核心资质的过程。具体的流程可分为：

（1）定义绩效标准。绩效标准来源很多，可以是工作分析和专家小组，也可以是公司利益的相关个体，如公司的高级主管、核心员工和客户等。

（2）选取分析效标样本。效标样本应当包括绩效优秀和绩效普通的两组员工，通过比较这两组人的特征，从而确定产生绩效差别的原因所在。在选取效标样本的过程中，需要着重考虑三个因素：绩效突出者应当是绝对优秀的；需要找到一个对照群体；样本应当足够大，以满足统计分析的需要。

（3）获取效标样本有关资质的数据资料。这是构建资质模型最关键的一步。可以采用行为事件访谈法、专家小组法、焦点小组法、问卷调查法、全方位评价法、专家系统数据库和观察法等获取效标样本的资质资料。

（4）数据分析和构建资质模型。在前三个步骤基础上获得的信息，属于原始信息，要对其进行统计分析和提炼加工，归纳为有关个人特征的要素，最终形成所谓的"资质词典"，包括所有的资质指标、操作定义及等级化标准等。

（5）验证资质模型。验证资质模型可以采用相关或回归法，也可以采用其他的统计分析方法。通过分析资质要素与已有的优秀绩效及一般绩效的关系，可以对资质模型的有效性进行验证。这一环节的关键在于绩效标准的选择。

（6）应用资质模型。尽管这是整个资质模型构建的最后步骤，但资质模型的形式以及资质词典的应用程度还是应该未雨绸缪。不同的用途决定了资质模型所要求的资质种类和表述形式会有所区别。

3. 资质的识别方法

如何收集与资质相关的各种信息，识别和测评资质，是资质模型构建过程中非常重要的一个环节。现有比较成熟的资质识别方法包括以下几种。

1）行为事件访谈法

行为事件访谈法（behavioral event interview，BEI）是目前建立资质模型应用最广泛、最有效的方法。在实际操作过程中，选取绩效排名前5%~10%的员工作为杰出组，选取排名在后10%~20%的员工作为对照组，对这些员工进行深度访谈。在访谈中，两组员工分别用自己的话描述在工作中最成功和最不成功的事情，然后详细说明当时具体怎么说、怎么想、怎么做以及有何感受等，越具体越好，越详细越好。这些信息将作为后面提炼和归纳资质的原始资料。

BEI具有良好的信度和效度，受过训练的不同编码者采用最高分数和频次进行编码，其一致性保持在74%~80%。尽管访谈的程序是标准化的，但是访谈持续的时间长度并不会对资质评分产生影响。值得注意的是，为了避免误差的产生，BEI应该是一个"双盲"设计过程：访谈者不知道访谈对象是属于绩效杰出者还是属于绩效较差者，被访谈者自身也不清楚自己被归在哪一个样本组。

2）专家小组/焦点小组法

专家小组（expert panels）或者焦点小组（focus groups）法是一种应用非常广泛的资质确认方法。小组成员由熟悉工作的人组成，他们可以是绩效杰出者、客户、人力资源专家或直线经理等，专家小组采取头脑风暴的方式确定在特定工作中绩优者所表现出的个人特征或资质，然后对这些特征进行确认、归纳和提炼，并通过讨论形成统一的结论。尽管专家小组法应用很广泛，但是通常情况下不能产生全部范围的资质特征，甚至会经常错失一些非常重要的资质特征。一般来说，专家小组获得的信息准确率仅相当于BEI的50%左右。

焦点小组是由承担工作的一群人组成的一个讨论小组，他们具有共同的特征。研究者针对某项工作的绩效优异者所表现出的特点，引导小组成员畅所欲言，深入讨论。利用互相启发的优势，研究者可以获得大量的原始信息。

3）调查法

调查法（survey）是一种获取大量统计数据的快捷方式，特别适合于对已有结论的验证。但是调查法的限制也同样突出：它只能提供被调查者对于问卷当中涉及的问题的回答。同时，与专家小组法一样，调查法也经常错失一些对于工作和组织而言非常重要的隐藏资质。尽管能够获取的信息量很大，但是调查法很难获取像BEI那样丰富的原始信息。

三、人力资源管理从业人员的资质要求

面对全球化与经济一体化的挑战，人力资源管理专业人员也面临着新的任务。西方学者提出，在进行传统人力资源管理活动的同时，未来的人力资源管理专业人员还应关注以下问题：①协助组织重新塑造和重新设计，以便更有效地参与市场竞争；②重新定义人力资源管理的功能和组织，使之成为顾客导向、成本合理的组织；③吸引并培养新世纪的人力资源，他们将是21世纪的领导人和经理人；④持续重视成本控制与管理；⑤持续努力成为部门顾客的事业伙伴；⑥避免盲目追随流行或快速解决方案，专注真正可以解决问题的基本方案；⑦坦然面对多元化的挑战。这些新的挑战和任务，无疑对人力资源管理专业人员的任职资格和资质提出了新的要求。

美国学者乌尔里奇（Ulrich，1997）关于人力资源管理从业人员的四种角色在全球有很大影响，这四种角色分别是人事管理专家、业务伙伴、领导者及变革推动者。

人事管理专家角色要求人力资源从业人员具备相应的知识和技能，熟悉人力资源管理的法律法规和有关政策；掌握人力资源管理的流程和各种技术，能为组织的人力资源管理提出适当的解决方案。

业务伙伴角色要求人力资源从业人员不仅仅提供支持服务，更要成为对组织绩效承担责任的管理伙伴，与业务经理一起为组织的绩效承担责任；不仅仅解释什么是禁止的，更应该让全体员工知道什么是组织所鼓励和提倡的；要与管理层一起设计解决问题的方案，而不仅仅是执行这些方案；参与制定企业战略规划，并为达到与组织使命相一致的绩效而努力。

领导者角色要求人力资源从业人员能够正确认识到影响力与正式权力的同等重要地位，他们需要具备相当的影响力，去推动组织的人力资源管理方案的实施；人力资源从业人员带给工作场所的东西不仅要体现在人力资源管理活动上，而且要平衡员工满意度和福利与组织对员工的要求和目标之间的关系。

变革推动者角色要求人力资源从业人员帮助管理层和员工适应组织文化、组织使命、技能要求和工作安全的变革；在组织层面，人力资源从业人员通常是最合格的帮助直线经理应对变革的人员。这种帮助直接体现在人力资源管理方面，比如，招募具

有合适专业技能的人员,及时提供适应新体制的培训,以及根据变化了的职位需求调整薪酬战略等。

国际人事管理协会(IPMA)根据这四种角色,提出了公共部门人力资源管理人员所需要具备的22种资质,其中包括:了解组织的使命和战略目标,熟悉人事管理法规、政策、管理流程和方法,了解客户和企业(组织)文化,了解公立组织的运作环境,将人力资源管理与组织使命和业务绩效相挂钩,了解业务程序,能实施变革以提高效率和效果,了解团队行为和团队运作规律,具有良好的沟通能力,具有创新能力,营造可冒风险的内部环境,平衡相互竞争的价值,具有运用组织建设原理的能力,理解整体性业务系统思维,在人力资源管理中运用信息技术,具有分析能力,可进行战略性和创造性思维,有能力设计并贯彻变革进程,能运用咨询和谈判技巧,具备解决争端的能力,具有建立信任关系的能力,具有营销及代表能力,具有建造共识和同盟的能力,展示为顾客服务的趋向,提倡正直品质,遵循符合职业道德的行为,理解、重视并促进员工的多元化。

Spencer L. M. 和 Spencer S. M. (1993) 认为在人力资源部门中,不同层次的管理者所需具备的资质模型有所不同,经营者(executives)、管理者(managers)与一般员工(employees)需具备不同的资质。经营者需具备战略思考、变革领导和人际管理三方面的能力;管理者需具备灵活性、改变执行、企业创新、人际理解、授权及团队成长六个方面的能力;一般员工需具备灵活性、信息收集的动机、学习能力、成就动机、在时间压力下工作的动机、合作及顾客服务导向等七个方面的能力。

国内人力资源管理资质模型研究起步较晚。国家劳动和社会保障部职业技能鉴定中心与企业人力资源管理师项目办公室于2004年利用岗位分析问卷,调查了我国五个城市800多名从业人员,并将从事人力资源管理工作的参试人员与计算机程序员、办公室职员、客户服务人员以及行政支持人员的一线主管进行比较分析,获得了企业人力资源管理人员的基本资质模型(表1-4)。

表1-4 人力资源管理人员的基本资质模型

知识		技能		工作风格	
基础要求	专业要求	基础要求	专业要求	基础要求	专业要求
1. 劳动法规	1. 战略与规划	1. 学习能力	1. 判断决策	1. 自我控制	1. 影响他人
2. 人力资源管理	2. 招聘与配置	2. 沟通	2. 计划	2. 分析性思维	2. 创新
3. 劳动经济学	3. 岗位分析	3. 协调	3. 专业知识应用	3. 独立性	3. 正直诚信
4. 计算机	4. 员工培训	4. 辅导	4. 发展关系	4. 成就动机	4. 战略性思维
5. 统计和调查	5. 职业生涯管理	5. 阅读理解		5. 应变	
6. 写作	6. 绩效管理	6. 客户服务		6. 关心他人	
7. 组织行为学	7. 薪酬管理	7. 洞察力		7. 可靠性	
8. 研究方法	8. 劳动关系管理	8. 调查统计		8. 团队合作	
	9. 工作安全健康			9. 主动性	
	10. 组织文化				

陈万思(2004)认为,中国企业人力资源管理人员的资质模型可分为两大部分:

基准性资质与鉴别性资质。其中，基准性资质包括人力资源决策、方法创新、人力资源管理信息系统、有效分配、分析问题、解决问题、概念应用、模式创新、获取知识、更新知识与专业知识技能等11个项目；鉴别性资质包括果断、前瞻性、支持他人、以身作则、赢得支持、企业判断、锻炼他人、激励他人、增进士气、号召力、坚持、自信、敢于质疑、活用规章制度、职业偏好与保密性等16个项目。

本章小结

1. 人力资源是指能够推动整个经济和社会发展的具有智力劳动和体力劳动能力的人们的综合，它包括数量和质量两个方面。人力资源管理包括宏观和微观两个概念。

2. 人力资源管理的主要功能为获取、整合、保持、开发、控制与调整等五个方面，其活动领域分别是人力资源规划、工作分析与设计、招募与录用、培训与开发、绩效管理、薪酬与福利、职业生涯管理和劳动关系管理。

3. 人力资源战略指组织中一切与人有关的问题的方向性谋划。人力资源战略的制定按照三个步骤进行：首先应该重点考察企业的战略情况；其次需要考察企业内外部环境状况；最后需要界定本企业人力资源管理方面的使命，并将此结论转化为战略目标和广义的行动过程，最终得到企业的人力资源战略。

4. 人力资源战略的实施包括明确变革方向、塑造员工期望、改造结构和流程、重构组织文化和改进人力资源管理体系五个步骤。

5. 资质模型是指为了完成工作任务、达成绩效目标所要求的一系列不同资质要素的组合，它是区分高绩效者与低绩效者的关键因素，主要内容包括知识、能力和态度三个维度。人力资源管理从业人员具有四个方面的角色：人事管理专家角色、领导者角色、业务伙伴角色和变革推动者角色，同时，还需要具备多方面的资质。

▌中英文对照关键词▐

人力资源 human resource
人力资源管理 human resource management
产业（工业）模式 industrial model
投资模式 investment model
参与模式 involvement model
高灵活性模式 high-flex model
战略管理 strategic management
优势 strengths

劣势 weakness
机会 opportunities
威胁 threats
人力资源战略 human resource strategy
聚集型战略 accumulation strategy
利用型战略 utilization strategy
促进型战略 facilitation strategy
资质 competence

复习思考题

1. 什么是人力资源？如何理解人力资源的含义？
2. 什么是人力资源管理？如何理解人力资源管理的含义？
3. 人力资源管理的功能主要体现在哪些方面？人力资源管理必须达到哪些目标？
4. 现代人力资源管理的发展经历了哪几个阶段？每个阶段的特点各是什么？
5. 什么是人力资源战略？怎样理解人力资源战略和企业战略的关系？
6. 如何制定人力资源战略？人力资源战略实施的步骤有哪些？
7. 什么是资质模型？它包括哪些内容？
8. 人力资源管理从业人员资质要求有哪些？请作简单的评价。

案例分析题

思科的人力资源管理[①]

在美国《财富》杂志2000年的一次排名中，思科当选为信息产业"最吸引员工的公司"。美国著名的《互联网与计算机》杂志在2000年11月3日也将思科评选为"20世纪90年代最有效公司"。思科的人力资源管理有许多经典之处，是成功的硅谷企业的一个缩影。

1. 收购人才

思科通过大规模的收购实现快速的发展。例如，思科在一年的时间内收购的公司曾多达65个，因此，思科称自己是一个 New World。收购可以实现公司的快速增长，但是失败的收购也会让公司慢慢衰败，甚至消亡。1991年新上任的总裁钱伯斯曾经做过王安电脑公司的总裁，由于王安公司的失败而导致公司大量裁人。经他之手裁掉的多达千人，这是他在职业生涯中最不愿意看到的，也是最不能忘怀的经历，这促使他在以后的职业生涯中非常注重避免企业的不良经营所导致的裁员。钱伯斯可以称得上是一个收购专家，他在收购过程中除了考察该企业的技术因素外，还要看能否消化吸收这个公司，其中最重要的一点是这个公司的文化与思科有多大差异。所以每次收购之前，钱伯斯都要带领一个"文化考察团"——由人力资源部成员参与的收购班子，进入被收购的公司考察一番。经过许多次收购，思科的企业文化也渐渐产生融合，形成了今天兼收并蓄的文化特色，但是它始终坚持一个核心的价值观——以客户为中心。思科曾经因为某个客户需要一种技术而去收购了掌握那种技术的一家公司。买公司不稀奇，买完之后让这个公司变成思科的一分子，并能保留这个公司的技术和人才，这才是思科快速成功的一个重要条件。

---

① http：//www.chinahrd.net/zhi_sk/jt_page.asp?articleID=133310.

2. 现身说法

关迟先生出生于台湾地区，1998年加盟思科，出任人力资源总监。他说，一个全面的人力资源经理必须具备四个方面的素质：第一是人事业务熟悉度；第二是对公司人才战略上的考虑，不仅仅要知道公司今天的需要，还要知道公司明天发展需要什么样的人事支持；第三是能够督导公司文化的改变、工作程序的改变；第四是能够做管理者和员工之间的桥梁。

他举例说："我在第一年做主管时，在台湾地区用那种纯美国的方式和一个员工谈话，结果我的话没讲完员工就哭了，这个员工没做多久就辞职了。那时候我对当时工作场所的文化和这个员工的了解很差。这件事给我很深的印象。如果是现在，我就知道怎么做了。这件事给我最大的体会是不要以自己的角度看天下。"

思科发展得非常快，所以招募是一项重要的工作。思科每年成长60%，但是它的能力不是无限制地成长，所以提升整个团队的能力和办事效率是重点。关迟说，他来到思科后一个很深的体会，就是以前他事无巨细都亲自去做，自己也觉得这样没什么不好，说明他能力强。而在思科，做自己最擅长的事才是最有效率的。

3. 以人为本

"思科有一个说法，在思科一年叫狗年，因为狗的寿命是人的寿命的七分之一，而思科一年的发展速度等于其他公司七年。"关迟说，"一个人的性格按西方的说法是智商（IQ）和情商（EQ）。我觉得中国人将人分为内向、外向的观点不能决定事业的成功与否。当一个人做了不适合他性格的工作，他内心的驱动力往往能够帮他克服很多东西，内心的驱动力才能够突破自己。"为什么大部分人这一辈子没有达到他的理想，原因是什么？每个人管理自己的工作首先是管理自己的时间，要知道怎么充分利用公司的资源。

思科的招聘广告是：我们永远在雇人。在Internet世界里，最关键的在于人才的取得和保留。而思科在Internet领域走得非常快，以致人才的供应跟不上思科成长的速度。思科招聘一个人，除了基本条件的要求外，还需要应聘者有领导的特质。因为在思科，每一名员工都是一个单兵作战的单位。例如，CISCO的系统工程师，不是简单地维修产品，工程师可能要到客户那里去作报告，需要有较好的表达能力。所以，思科在招聘时考虑应聘者的综合素质，需要他们有领导的特质和专业精神，对工作的需要和客户的需要都能有敏锐的反应。一个应聘者进入思科一般最少要跟5~8个人交谈，应聘任何职务都要经过这个过程。如果在负责招聘的人中有一个人说NO，那么应聘者就没有机会被录用。

思科在决定人才的待遇和升职时不考虑学历，关迟很干脆地说："如果一个人毕业了十年二十年后，唯一能够对别人说的是——他是清华北大毕业的，这样的人我没有兴趣。"

4. 考核看水平

对员工的考核是人力资源管理最重要的一项内容，思科认为自己的方法多样，非常先进。

思科认为，评估不要一年一次，而是要每周、每月、每季度都评。思科采用目标管理（MBO）的方法，每季度进行一次，其他评估模式每周做一次，而对客户满意度的调查全世界放在一起做。通过三个方面的评估，构成了一个人总的业绩。

思科每年的薪资调整计划根据年度薪资调整考核进行，整个公司制定的总体加薪比例是根据业绩来的。

进入思科的员工接受评估的时间不一样，在思科有三个评估时间：4月、8月和10月，看员工进来的时候靠近哪个时间，他就在哪个时间接受业绩评估。这样做还有一个好处，如果所有员工的评估工作一起做，人力资源部的工作量就很大，而分开做可以在工作量和财务资金上都分散一些压力。

思科每季度会对每一个员工作一个跟踪，通过许多表格进行评估。如一个普通员工，上司每个季度之初都会告诉他3个月内要做的事情。每一个月，思科需要员工自己写上司对自己工作的了解程度，到了第三个月结束后作总结。如果有不足，上司第一个月就应该知道，后面两个月上司只不过是在考核这个员工有没有改进不足。在这种考核制度下，员工很难不明不白地混日子。

5. 稳稳留住人才

思科留住人才的"秘诀"是平等、信任、培训、提高。

思科认为，不平等会让员工有做被雇用者甚至做奴隶的感觉，肯定会把人气走，还不如高层主管放下架子，与普通员工一起同甘共苦。思科坦然承认，工资是按职位来划分的，每个人之间都不同，但在福利方面，普通员工和高层管理者没有差别。思科的总裁钱伯斯也有专机，却是自己掏钱买的，他乘航空公司的飞机出差时都只坐公务舱，从不坐头等舱，即便是乘自己的飞机出差，他也只按一张公务舱的价钱报销，其余自己掏。这种强调"平等"的做法能使员工有"主人"的感觉。

思科认为，老是批评人，会让人郁闷，做事也不会积极，所以思科主张鼓励。鼓励的方式也是有章可循的：总经理和员工定期沟通。定期沟通能使经理层与普通员工之间建立起相互信任的关系。比如说，在工作安排上，思科并不规定非常死的作息时间，而是相信许多员工即便在家里办公也能将工作做好。这是彼此信任后形成的默契，双方都能形成越来越强的责任心。

思科的培训与别的公司有所不同：

一是思科从不将某个员工当重点培养。思科认为，"每个人都是潜在的经理"，如果感觉哪个员工真的优秀，就会派他到海外做短期的培训，或调到海外去工作，是否真的"优秀"，也就能试出来。

二是在任经理现身说法。思科的培训总体上会分为管理培训、互联网学习、销售培训、常用技能培训等。在中国的培训中，思科中国公司的一位副总裁会现身说法，告诉员工在思科如何成功。员工在最初工作的90天内还要参加在亚太区的一次培训，亚太区总裁每次都会现身说法，亲自讲8年前他从一个销售人员做到今天高级副总裁的经历。

三是随时随地接受培训。平常任何时候，思科的员工都可以上公司网页，进行自我培训，公司页面上有详细的培训步骤。在思科，所有的培训都是通过互联网来进行的。

6. 共享远景

思科的文化架构是建立在以客户为本的基础之上的，也是一种平等的、卷起袖子干的文化。

股票分享、共享远景是思科福利的基础。在这方面，公司内部人员在很大程度上是平等的。因此，在业界流传着一个笑话，说思科的薪水太具有鼓励性，担心大家实现了个人经济目标后，会提早退休。思科的薪资结构由三部分构成，一部分为固定薪资，另一部分是奖金，还有一部分是股票（在中国则根据一定的方式比照为现金支付给员工）。薪资的固定部分比奖金多，股票部分是最具诱惑的一部分。加上其他的一些东西，可以说是套餐式的。

案例分析思考题：

1. 思科的人力资源管理特点有哪些？

2. 对思科人力资源管理模式作一评价，并指出该管理模式的优势和不足。

参考文献

陈万思 . 2004. 中国企业人力资源管理人员胜任力模型研究 . 厦门大学博士学位论文

付亚和，孙健敏 . 1995. 企业人力资源管理 . 北京：企业管理出版社

黄卫伟等 . 1998. 走出混沌 . 北京：人民邮电出版社

雷蒙德·诺伊等 . 2001. 人力资源管理：赢得竞争优势 . 刘昕译 . 北京：中国人民大学出版社

彭剑锋 . 2000. 21世纪人力资源管理十大特点 . 中国人才，（11）

孙健敏 . 2004. 多维的人力资源管理主体 . 人力资源开发与管理（人大复印报刊资料），（1）

孙健敏 . 2005. 人力资源管理·中国人民大学中国人文社会科学发展研究报告2005. 北京：中国人民大学出版社

孙健敏 . 2007. 人才管理中的资质模型 . 中国人才，（13）

孙健敏 . 2007. 人力资源管理的十大误区 . 人力资源管理，（5）

孙健敏 . 2009. 中国人民大学硕士研究生课程讲义

孙健敏，李原，张孝宇 . 1999. 中国人民大学工商管理MBA案例：人力资源开发与管理卷 . 北京：中国人民大学出版社

佚名 . 2005. 蒙牛乳业总裁牛根生：经营人心就是经营事业 . http：//www.chinahrd.net/zhi_sk/jt_page.asp？articleid＝13801〔2009-7-21〕

佚名. 2007. 思科的人力资源管理. http：//www.chinahrd.net/zhi_sk/jt_page.asp? articleID= 133310 [2009-7-21]

詹姆斯·W 沃克. 2001. 人力资源战略. 吴雯芳译. 北京：中国人民大学出版社

Armstrong M. 1992. Human resource management：strategy and action. London：Kogan Page

Baron J N, Kreps D M. 1999. Strategic human resources：frameworks for general managers. John Wiley & Sons

Cascio W F. 1995. Managing human resources：productivity, quality of work life, profits. London：McGraw-Hill

Cascio W F. 2003. Managing human resources：productivity, quality of work life, profits. 6th. New York：McGraw-Hill Publishing

Dyer L, Holder G. 1988. A strategic perspective of human resource management. In：Lee D. Human resource management：evolving roles and responsibilities. Washington, D C：Bureau of National Affairs：1~46

Fombrun C J, Tichy N M, Devanna M A. 1984, Strategic human resource management. New York：John Wiley and Sons

French W L. 1998. Human resources management. Boston：Houghton Mifflin Co.

Gomez-Mejia L R. 1998. Managing human resources. Upper Saddle River, N. J.：Prentice Hall

Lee D. 1984. Studying human resource strategy：an approach and an agenda. Industrial Relations

Lewin D. 1997. Workplace dispute resolution. In：Lewin D, Mitchell D J B, Zaidi M A. The human resource management handbook. Part II Greenwich, CT：JAI Press：197~218

Lewin D, Mitchell D J B. 1995. Human resource management：an economic approach. 2nd. Cincinnati, OH：South-Western

Miles R E, Snow C C. 1984. Designing strategic human resources systems. Organizational Dynamics, 31（1）

Milkovich G T, Boudreau J W. 1997. Human resource management. 8th. IL：Irwin

Rowland K M, Ferris G R. 1982. Personnel management. Boston：Allyn & Bacon, Inc

Schuler R S. 1989. Strategic human resource management and Industrial relations. Human Relations, 42（2）：157~184

Schuler R S. 1992. Strategic human resource management：linking the people with the strategic needs of the business. Organizational Dynamics, Summer

Schuler R S, Jackson S. 1987. Linking competitive strategies with human resource management practices. Academy of Management Executive, 1（3）：207~219

Spencer L M, Spencer S M. 1993. Competency at work. New York：John Wiely & Sons

Ulrich D. 1997. Human resource champions. Harvard Business School Press

第二章
工作分析

学习目标
- 了解工作分析的产生和发展
- 理解工作分析的内涵与作用
- 了解非结构化的工作分析方法
- 掌握常见的结构化的工作分析方法
- 掌握工作分析的过程及工作说明书的编写

引导案例

机床周围地板的清洁工作谁来做？[①]

一个机床操作工把大量的液体洒在机床周围的地板上，车间主任叫操作工把洒掉的液体清扫干净，操作工拒绝执行，理由是工作说明书里面并没有包括清扫的条文。车间主任顾不上去查工作说明书上的原文，就找来一名服务工做清扫工作，但服务工同样拒绝，他的理由是工作说明书里没有包括这一类工作。车间主任威胁说要把他解雇，因为这名服务工是分配到车间来做杂务的临时工，服务工勉强同意，但是干完之后立即向公司投诉。

有关人员看了投诉后，审阅了这三类人员的工作说明书：机床操作工、服务工和勤杂工。机床操作工的工作说明书规定：操作工有责任保持机床的清洁，使之处于可操作的状态，但并没有提及清扫地板。服务工的工作说明书规定：服务工有责任以各种方式协助操作工，如领取原料和工具、随叫随到、即时服务，但也没有包括清扫工作。勤杂工的工作说明书中确实包含了各种形式的清扫，但是他的工作时间是从正常工人下班后开始的。

那么机床周围地板的清洁工作到底应该由谁来做呢？现有的工作说明书对这一问题没能解释清楚，由此造成了管理上的困惑。而解决这一难题，根本在于做好工作分析，理清职责的界限和发现职责的真空。

第一节 工作分析概述

一、工作分析的产生和发展

在泰勒等的科学管理研究的基础上，产生了工作分析和工作评价方法，并首先在工商企业中得到推广应用。20世纪20年代，美国以工作评价制度为基础，编制了熟练工人和非熟练工人的工资调整及标准化方案；美国的铁路、运输业实行了以工作分析为基础的员工职级制。截至20世纪30年代，美国采用工作分析方法建立工作评价体系的企业达到了40%左右。

第二次世界大战后，工作分析的理论和方法日趋成熟和完善，随着职位评价、工作分析问卷（PAQ）、职能工作分析（FJA）、关键事件分析技术（CIT）及任务清单/综合职业数据分析系统（TI/CODAP）等职位评价及工作信息收集方法的进一步出现和应用，工作分析在人力资源管理中的基础地位得以确立。20世纪70年代，工作分析已被西方发达国家视为人力资源管理现代化的标志之一，并被人力资源管理专

[①] 中人网．www.chinahrd.net．

家视为人力资源管理的最基本职能。

这一阶段工作分析得到重视的另一个重要原因是美国公民权利法的实施。为了达到公平雇用的要求，在招聘过程中，公司在对候选人进行选拔时所采用的测评项目及其标准必须与候选人未来将要承担的工作内容相关。因此，用人单位必须对工作进行分析，以便为招聘提供工作的基本信息。根据《公平报酬法》，为了能做到同工同酬，针对从事的工作相似的工人，公司必须支付大体接近的工资报酬。判断两项或多项工作之间的性质、职责内容及工作环境等是否具有近似性，也需要通过工作分析才能确定。此外，残疾人就业问题和人体工程学的发展都促进了工作分析技术的发展。工作设计、工具和设备设计、工作方法设计、工作流程设计等领域提出的问题既依赖于工作分析，同时也促进了工作分析的发展。工作分析已成为现代人力资源管理体系中不可或缺的基础部分。正如怀勒·卡赛欧和罗纳德·阿什（Ronald A. Ash）所认为的："工作分析对于人事专家而言，就像钳子对于管道修理工"，"毫无疑问，工作分析仍将在人力资源管理的各项活动中扮演中心的角色。"

二、基本概念

将组织中所有具体的工作任务和工作职责分配给员工是一项具有挑战性的工作，那些分配工作职责的人必须确保员工不会被其所承担的任务压垮，同时还要保证员工的工作量饱和，以保证他们的积极性及组织目标得以实现。此外，职位名称的设置也是员工在组织内部获得地位、权力及公平付酬的一个重要依据。工作分析是组织与工作系统管理的重要基础，它不仅提供了了解、确认工作相关信息的技术手段，更重要的是，它直接影响着组织工作系统的运行效果。

1. 工作任务

工作任务（task）是指工作中围绕某一工作目的而展开的一系列活动单元的组合。如加工零件是一项任务，它可由切、割、焊、铣、刨、磨等若干操作活动单元构成。在工作任务中，可以细分出活动、活动程序、活动要素等更细微的单元。

2. 职责

职责（responsibility）是指特定的工作岗位所应承担的某类工作任务的集合。例如，零件加工工人在加工零件这项职责中可能需要完成的任务包括领取原材料、加工零件、办理成品入库手续等。

3. 职位

职位（position）是工作性质、在组织中的位置或对组织贡献度大小大致接近的一组岗位的统称。如部门经理是一个职位，它所涵盖的岗位可以包括人力资源部经理、采购部经理及后勤部经理等。

4. 工作

工作（job）一般是一个名称，它强调的是一个工作岗位所应承担的任务，而职位更强调的是它在组织中的上下级关系和在组织结构中所处的层级。

5. 职业

职业（occupation）是指某类具有相似特征的、人们赖以为生的工作类型，它不受组织限制，如研究员、工程师及教师等代表了不同的职业。

6. 职系

职系（series）又称为职位簇，是指工作性质大体接近，但工作责任、难易程度不同的一系列职位的总称。如按在企业中的职能分类，薪酬专员、培训专员、出纳及档案管理员等都属于专业行政职系，司机、保洁员及绿化工等都属于服务职系，而钳工、管道工及生产一线的操作岗位都属于操作职系。

7. 职级

职级（rank）是指职责要求和工作任务有所区别的一系列职位所组成的级别或指其中的某一个级别。如车间主任、生产科长及生产部经理是同一职系中的不同职级；国家一级演员与大学教授属于同一职级，他们在职责要求、任职资格及晋升时间等方面具有一定的可比性。

职级的划分使各种工作性质不同的职位级别具有一定的可比性，为职业资格认定及劳动报酬等的制定提供了横向的参照基础。

三、工作分析定义

工作分析是全面了解工作并提取有关工作全面信息的基础性管理活动（付亚和，孙健敏，1995）。通过这一程序，我们可以确定某一工作的任务和性质是什么，以及哪些类型的人（从技能和经验的角度）适合从事这一工作（Dessler, 1996）。通过工作分析所收集到的信息主要包括特定职位应该承担的工作职责、工作环境、工作流程、绩效衡量标准以及对任职者的资质要求等，工作分析的最终产出表现为职位说明书。因此，一份职位说明书一般包含两大类信息：工作说明书（job descriptions）和工作规范（job specifications）。理解工作分析的定义可以从以下三个方面入手：

第一，工作分析是一个过程，是通过选用合适的方法，全面收集与工作相关信息的过程。

第二，工作分析所收集的包括两种类型的信息，一是关于工作本身的描述（工作说明书），包括职位名称、工作职责、工作关联、工作环境及工作流程等；二是关于任职资格方面的内容（工作规范），包括组织对任职者在学历、专业背景、工作经验、职业技能或专业职称等方面的要求。

第三，工作分析的最终产出为职位说明书，这是一种以书面方式系统地表达工作说明书和工作规范内容的文本。

从管理的角度看，工作分析所需要的信息可以归纳为七个问题：

(1) 为什么做（why），即职位设置的目的是什么。

(2) 谁来做（who），即具备哪些任职条件的人才胜任这个职位。任职条件包括个性特征、学历水平、专业背景、技能等级、工作经验，以及职业素质等。

(3) 做什么（what），即该职位的工作内容、结果产出及活动标准是什么，任职者需要承担哪些责任。

(4) 何时做（when），即完成这些职责的时间要求，是否有固定的时间表，活动的频度区分，如"基本不需要加班，可以经常上下班"或"经常需要加班、早到或迟退"。

(5) 在哪里做（where），即履行这些职责的工作地点及工作环境，其中工作环境包括自然环境和社会及心理环境。

(6) 为谁做（whom），即工作中与哪些岗位发生经常性的关联，如向谁请示汇报、工作结果递交给谁、监督和指挥对象是谁，为谁做表明了工作结果的内部客户关系。

(7) 如何做（how），即如何履行这些职责，也即工作规范和流程、工作涉及的机器与设备、工作活动涉及的文件记录及活动的衡量标准等。

四、工作分析在人力资源管理系统中的作用和应用

（一）工作分析的作用

工作分析在人力资源管理中的基础性作用主要体现在以下几个方面：

(1) 增强人力资源规划的准确性和有效性。人力资源规划是对人员在组织的流入和流出、人员结构的变动等进行预测并作出相应准备的过程。人力资源规划的核心工作之一是根据组织发展战略，对现有岗位设置和人力资源配置作一盘点，找出人力资源的需求缺口。而这些信息都需要通过工作分析这一途径获得。

(2) 提高人员招聘和任用效率。为特定岗位挑选合适的员工，并帮助新任人员快速上岗是组织招聘和新员工任用工作的近期目标，也是招聘和任用工作效率的衡量指标。要提高招聘和任用效率，就必须知道相关岗位的任职者需要具备什么样的知识、经验及技能。工作分析为我们提供了这一可能。

(3) 确保所有职责都落实到岗、落实到人。组织是由一系列职责组成的有机体，每一项职责都需要具备一定资质的成员来承担，"有责无人"或"有人无责"对组织目标的实现不利，同时也是人力资源的一种浪费。为保证所有职责都落实到人、各组织成员各司其职，且做到人尽其才，工作分析就变得相当重要。

(4) 有助于组织进行绩效管理。绩效管理是保证组织目标实现的关键环节，是将员工实际绩效与组织所期望的绩效进行对比的过程，不同职位有不同的绩效衡量方法，不同职责有不同的绩效衡量标准。根据工作分析的结果，可以制定各项工作职责的客观标准和考核依据，使绩效评估工作有章可依。

（5）有助于进行组织培训并提高培训效率。培训效果不仅与培训的内容、方式及投入有关，而且与受训对象对培训的需求及其知识接受能力紧密相关。通过工作分析，我们可以清楚地知道岗位对于任职者的资质要求、组织赋予任职者的工作职责及绩效衡量标准，从而可以有的放矢地进行培训。对于那些将接受轮岗和转岗任务的员工也一样，需要清晰地让培训师知道受训对象的工作内容、绩效标准和任职条件。

（6）有助于组织衡量职位价值，为制定公平合理的薪酬福利制度提供依据。通过工作分析，可以帮助组织从职责大小、所需技能、工作环境、风险性和决策影响程度等关键要素上确定不同职位对组织不同的相对价值，从而为付酬及设计福利待遇政策提供依据。对那些承担更重要职责、风险性更大、决策要求更高的职位，组织应给予更高的报酬。

（7）有助于组织及其成员进行职业生涯规划。职业生涯规划的内容就是把个人的技能和愿望与组织内已经存在的，或者将来会出现的机会匹配起来。这种匹配过程要求负责职业生涯规划的人了解每一种工作的技能要求，这样才能保证他们去帮助员工从事各种他们能够获得成功、得到满足的工作。工作分析能够提供职业生涯规划人员所需要的信息。

（二）工作分析的应用

由以上的分析可以看出，具体到人力资源管理领域，工作分析的结果可以运用到人力资源规划、招聘与甄选、人员配置、培训、晋升及职业生涯规划等各个环节上。图2-1表示的是工作分析与其他人力资源管理活动之间的关系。

图2-1 工作分析与其他人力资源管理活动之间的关系

如图2-1所示，工作分析的结果可以应用于人力资源管理的各个模块，它不仅提供了了解、确认工作相关信息的技术手段，更重要的是，它直接影响着组织中人力资源管理系统的运行效果。好的工作分析，可以改善和弥补组织功能的不足，有效避免职责不清、人浮于事、相互推诿及工作程序混乱等常见的组织缺陷，在达成组织绩效的同时降低成本，并为员工带来更高的工作满意度。

第二节　工作分析的方法与流程

一、工作分析方法

工作分析是对现有工作状况的分析，因此，首先必须根据工作分析的目的去收集相关信息。目的与用途不同，决定了工作信息收集的方式和方法也有差异。因此，需要在工作分析的内容确定之后选择适当的分析方法进行工作分析。在工作分析几十年的发展过程中，已经形成了许多成熟的分析方法和相应的信息收集工具，如观察法、问卷法、访谈法及工作日志法等。不同的分析方法有不同的优缺点，在使用成本、信度、效度及应用广泛程度上也存在较大差别。因此，要根据工作分析的目的与内容，本着经济性和目的性的原则选择一种或几种分析方法。

（一）非结构化工作分析方法

1. 观察法

观察法（observation method）是指工作分析人员通过对任职者现场的工作方式和工作内容进行直接或间接的观察并进行记录的方式收集相关工作信息的方法。观察法是一种直观的方法，它可以直接观察到任职者为履行职责所发生的各个动作、每个动作所耗费的时间、动作对任职者体能的大致要求、工作设备和仪器以及工作环境等信息，所得到的信息也不会受到任职者自我报告的影响。因此，观察法尤其适用于主要通过身体活动完成职责的工作岗位的信息收集，如通过观察，我们可以知道车间电焊工的工作环境、工作程序、活动发生的频次、对专业知识和工作经验的要求，以及对任职者体能的大致要求等。观察法也适用于那些行为化的工作分析，借此可以了解任职者在工作中的实际表现和经常碰到的问题，为任职者绩效改善、环境布置和流程优化提供建议。同时，观察法得到的信息还可用于制定培训计划。

由于观察法只能观察到任职者行为中的外显部分，对于其内在的心理反应和思维活动却无法一一准确地观察到。因此，它不适用于以脑力活动为主的工作；不适用于周期长、非标准化、任务量或工作地点经常发生变动的工作；更不适用于以智力活动及心理素质为核心资质特征的工作，如组织中高层管理者、精算师、教授及心理咨询师之类的职位；不适用于各种户外工作；也不适用于高、中级管理人员的工作，等等，这些工作的过程和结果都是不易被观察到的。此外，应用观察法需要注意"霍桑效应"，如果被观察者知道自己处于被观察状态，他的正常工作表现就会发生变化，如在被观察时表现出更积极的一面，或尽力表现出工作中困难的一面。因此，观察法所得到的只能是最表象的信息。

一般来说，在运用观察法时需坚持以下几个原则。

（1）稳定原则：被观察者的工作应该相对稳定，即在一定的周期内，工作内容、程序、对工作人员的要求不会发生明显的变化。

（2）信任原则：尽量获得被观察者的信任。

（3）隐蔽原则：一般情况下，观察者尽可能不要引起被观察者的注意，有特定目的的情况除外。

（4）详尽原则：根据预先确定的目的和将观察的内容，详细地记录所有观察到的资料。

（5）代表性原则：选择样本时注意样本的代表性。

（6）沟通原则：现场观察完毕之后，同被观察者的直接主管沟通观察的结果。

2. 访谈法

访谈法（interview）是工作分析中经常使用的一种方法，它是指工作分析人员通过与任职人员面对面的谈话来收集工作信息的方法。除收集有关工作的一般信息之外，分析人员还可以比较详细地了解有关任职者的工作态度、在工作中的感受等深层次的内容，并根据这些信息来提取有关工作的特征或任职资格的要求。

根据被访者人数多少，访谈法有单独访谈和群体访谈两种形式。无论采用何种访谈法，最重要的是，需要让被访谈者清楚访谈的目的，因为访谈常常被误解为组织有目的地"对员工的工作效率进行评价"。如果被访谈者抱有这样的想法，他们就可能不愿意对自己或下属所承担的工作职责进行详细的描述或说明。因此，访谈之前一定要让被访谈者理解工作分析的真正目的不是针对工作的承担者，而是针对工作任务本身，工作承担者只是信息的提供者。

访谈的主要内容涉及工作设置目的、工作内容、工作性质与范围以及任职者承担的责任。工作设置目的即组织为什么要设立这一工作，根据什么来确立对这一工作的报酬；工作内容，了解该职位对组织目标的贡献程度有多大；工作性质与范围，了解该工作在组织中的地位，与上下级之间的关系，所需的一般技术知识、管理知识、人际知识、需要解决的问题的性质，以及任职者的自主权，这是访谈的核心；任职者所负的责任，涉及组织、战略决策、执行等方面的问题。

在访谈进行之前，需要确定访谈对象，访谈对象应该是熟悉该职位工作的人员。在现实操作中，可以查阅和整理有关工作职责的现有资料，在大致了解职位情况的基础上，访问这些职位的任职者，一起讨论工作的特点和要求。同时，也可以访问有关的管理者和从事相应培训工作的人员。

运用访谈法时，需要做好以下几方面的工作。

（1）合作。确定被访者时，可以与组织相关人员如人力资源经理等作充分的沟通，明确工作分析的目的以及对被访者的条件要求，请组织有关人员协助确定合适的被访者，找到那些对工作最为了解的员工以及最有可能对他们自己所承担的工作的任务和职责进行客观描述的工作承担者。

（2）尊重。尊重被调查人，接待要热情，态度要诚恳，用语要适当。必须尽快地与被访谈者建立起融洽的关系，如以礼貌和尊重的方式了解被访者的姓名、用通俗易懂的语言交谈、简单地介绍访谈的目的、向他们解释被访者是如何确定的等。

（3）互动。营造一种良好的气氛，使被访者感到轻松愉快。当被访者对职责描述

有困难时，可以请他按时间顺序，将开始上班到下班前所做的事情作流水账似的描述；也可以请被访者按照工作任务的重要性大小及发生频率高低将它们一一列举。当被访者表现出列举已经穷尽的迹象时，可以辅助以开放式问题，如"对于以上信息，看看是不是有什么遗漏的？"借此让被访者重新作一简要回顾，同时给被访者以表达其他信息的机会。

（4）倾听。访谈者所扮演的是启发者、引导者及访谈内容记录者的角色，被访者才是对话中的主角。因此，应把时间留给被访者。当出现具有争议性的问题时，访谈者应尽量避免发表个人的观点与看法。

（5）核实。访谈完成后，需要向被访者就访谈要点进行面对面的核实；访谈结束后，要及时整理记录的内容；整理记录后，需要及时将相关文本资料交给被访者本人或其直接上司，进行信息内容和表达的最后核查。

访谈法的优点很明显：①信息量大。而且能够挖掘到问卷法所无法得到的深层次信息。②灵活性高。访谈者可以根据被访者透露出来的信息作深层次的挖掘，这样，访谈不仅可以收集相关的职责信息，而且还可以捕捉到职位设置、职责分配及工作流程是否合理、合作关系是否顺畅等组织运营方面的信息。③适用范围广。来自所有工种、所有知识层次的人员都可以作为被访对象，避免了问卷法中对语义的理解有误或歧义的现象。④控制性强。访谈人员可以根据时间容许及信息的边际增量情况决定何时结束访谈，或何时转换话题。

访谈法也存在不足之处：①时间成本高。完成一个访谈，起码要花半小时到一个小时甚至更长的时间，整理记录又需要一个小时以上，所以完成一个职位的工作分析至少要花三个小时，时间成本很高。②对访谈人员的访谈技巧要求较高。尽管工作分析人员有责任对访谈结果的保密性负责，但有些被访者仍然不愿意敞开心扉，答非所问或避而不谈的现象也有可能出现，使信息不能反映除基本职责以外的深层次信息（如流程设计等），这时就需要访谈者进行巧妙的引导，或采用迂回的方式挖掘信息。访谈中还会经常碰到的现象是：为突出自己所承担的工作的重要性，有些被访者会夸大职位的职责；而有些被访者为推脱责任，故意遗漏某些职责；访谈中还会出现个别被访者发表长篇大论，这时候就需要访谈人员在耐心听取的基础上善于判断，提取有效信息，必要的时候须采取不至于引起被访者反感的方式终止其"高谈阔论"，所有这些都对访谈者的访谈技巧构成了挑战。因此，访谈者需要由有一定经验和技巧的人才能担当，其素质的高低将对访谈结果产生重大影响。

3. 问卷法

问卷法（questionnaire）是指通过让任职者或相关人员填写标准化的工作分析问卷来获得所需信息的方法。一般来说，问卷可分为两类：一类是结构化问卷，另一类是非结构化问卷。

结构化问卷是指经过一定标准化程序所编制的问卷，其中的问题是固定的，并且有标准化答案，这些答案作为问题的选项，让被调查者进行选择或填空，如请回答"担任该职位需要多少年的相关工作经验？"可供选择的答案有1年以内、1～3年、

4~5年等。使用这一方法时，前期的问卷编制难度较大，但一旦编制成功，所收集的信息容易整理、归纳和分析。非结构化问卷是指不规定具体明确的回答项目，而是采用诸如"请描述您所承担的主要职责"之类的问题，让答题者自由回答，属于开放性的问题。这种方法对问卷内容的确定要求不是很高，回答方式多种多样，所收集的信息不太集中，详略不一，难以归类整理。受答题者表达能力和习惯的影响，有时会出现杂乱无章的信息。但非结构化问卷可以获得丰富的信息，对于深入了解实际情况具有不可取代的作用。在实际应用时，可以根据调查目的采用两种问卷类型相结合的方式，既有结构性问题也有开放性问题。

进行问卷设计需注意如下事项：第一，明确要搜集哪些信息，将这些信息设计成问题或项目；第二，每个问题的目的要明确，语言应简洁易懂，必要时可附加说明；第三，问卷的问题应根据工作分析的目的加以调整。工作分析调查问卷样例（节选）见表2-1。

表2-1 样例：工作分析调查问卷（节选）

感谢您在紧张而繁忙的工作中抽空填写本调查表，您填写的完整性和真实性对我们进行工作分析非常重要，因此请留意每个项目后的说明和示例，尽量列举，并可将内容较多的部分写在表格之外，甚至附页说明。如果岗位没有此项内容则可以跳过。谢谢！

填表日期：2009年__月__日，请于__月__日前，将填写完毕的问卷交给本部门联络员。

一、岗位基本情况

现任岗位名称		年龄		最高学历		
所学专业		职称		司龄		年
所在部门		本职工作时间			年	月
直接下级人数		是否有其他兼任的岗位，请写清名称				

二、岗位设置的目的

用一句简练的话描述本岗位工作范围、内容和目的。例如，设备管理员岗位设置的目的是对全公司的生产设备进行保养、维护和维修，保证生产设备的正常运行，尽量降低设备的损耗。

_____

_____。

三、工作职责，请尽量列出本岗位的职责，并按照其重要性加以排序

序号	工作内容	衡量标准	工作接口
1			
2			
3			

四、工作特征 根据岗位及相关情况在每项对应处打"√"，或在括号中填写相应内容

是否经常按时上下班（ 是 否 ）	每周平均加班时间为（ ）小时
1. 是否经常外出 （ 是 否 ）	外出时间占总工作时间的比重（ %）
2. 您是否经常出差 （ 是 否 ）	出差时间占总工作时间的比重（ %）

五、……

问卷法的优点：①可以面面俱到地在短时间内收集到丰富的工作信息；②规范、量化，便于用计算机对结果进行统计分析；③可以收集到准确规范、含义清晰的工作信息；④成本低，工作人员比较容易接受，可以随时安排调查。

问卷法的不足之处：①问卷的编制费时费力，且受问卷编写者实际工作经验及问卷编制水平的影响；②只能收集到面上的、共性的信息，对于个性化的信息可能难以收集，无法进行深入的对话以了解被调查对象的态度和动机等较深层次的信息；③对被调查者的知识水平和表达能力有一定要求；④问卷方式不易引起被调查对象的兴趣，有时会出现任务应付式的简陋回答。因此，一般情况下，除非问卷很长，否则无法获得足够详细的信息。

4. 工作日记/日志法

工作日记/日志法（diary/log）就是要求任职人员对每天所做的工作按照时间顺序进行系统的记录，形成对某一职位工作活动内容的全景描述，为工作分析者根据日志内容作职责信息及其他相关信息提炼的信息收集方法（表 2-2）。

表 2-2　样例：工作日志记录表

时间段		工作任务和活动内容	活动结果	备注
起	止	1.		
		2.		
		3.		
		4.		
		5.		
		……		

日记法能提供工作活动的概要信息，能让工作分析者了解任职者日常的具体工作内容、各项工作的时间分配等资料；对于脑力活动为主或职责组成比较复杂的工作，这种方法比较经济有效；并且如果这种记录很详细，那么经常会提示一些其他方法无法获得或观察不到的细节。一般要求在工作任务比较正常的时间段里，持续记录两个工作周。

但现场日记法也存在一些不足之处：①对工作分析者的分析能力要求较高。由于日志法得到的信息比较零乱、难以组织，部分任职人员可能会夸大自己工作的重要性而多填活动内容，所以要求工作分析人员具有很高的提炼和分析能力，并且最好有相关实践经验或了解实际工作，否则容易出现职责整理遗漏或提炼偏差的问题。②日志法记录的是任职者在某一时间段内的工作活动情况，对于长期性、周期性的工作活动可能无法周全地记录，所以需要在提取记录内容的基础上进行后期的跟踪和补充。③增加员工的负担，因为每天必须抽出一部分时间用来填写工作日志，这会给任职者增加额外的工作负担，因此应该通过事前的沟通让任职者了解记录工作日志的目的和意义。

5. 工作参与法

工作参与法（doing the work）是指由工作分析人员亲自参加工作活动，体验工作的整个过程，从中获得职位分析资料的方法。从理论上讲，要想对某一工作有一个深刻的了解，最好的方法就是亲自去实践。通过实地考察，可以细致、深入地体验、了解和分析从事某种工作的心理因素及工作所需的各种心理品质和行为模型。所以，从获得工作分析资料的质量方面来讲，这种方法比前几种方法效果好。但是这种方法往往受到很多主观和客观条件的制约，难以实施，只有在有条件的情况下才能实施，而且实施规模容易受到限制。因此，工作参与法在实践中运用得不多。

（二）结构化工作分析方法

结构化工作分析方法一般采用标准化问卷的形式，把工作分析所要收集的所有信息分解到结构性问卷的各个问题中，先由任职者填写，然后由工作分析人员将有效信息应用到该职位的工作分析中去。结构化工作分析方法最大的优点是可以利用计算机对每一职位的价值都进行量化，以便对它们进行价值比较，从而为确定薪酬提供依据。

1. 职位分析问卷法

职业分析问卷法（position analysis questionnaire，PAQ）是一种完全结构化的职位分析问卷法，由麦考密克（McCormik）等在20世纪50年代末创立并开始发展，共包括194个项目，同时考虑了任职者和工作两个因素，并将各种工作所需的基础技能与基础行为以一种标准化的形式罗列出来。

194个项目或者职位要素分为六大方面。①信息输入：员工在何处以及怎样得到某一特定职务所需要的信息；②心理过程：完成职务所需要的推理、计划、策划等；③工作输出：员工操作所需要付出的体力活动以及他们所使用的工具和设备；④人际活动：人际信息交流、人际关系、个人联系、管理和相互协调，等等；⑤工作情景与职务关系：工作条件、物资和社会环境；⑥其他方面：工作时间安排、报酬方法、职务要求，以及具体职责。

每一个项目既要求评定其是否成为一个职位的要素，还要在一个评定量表上评定其重要程度。PAQ给出了六个评分标准：①信息使用度（U）；②耗费时间（T）；③适用性（A）；④对工作的重要程度（I）；⑤发生的可能性（P）；⑥特殊计分（S）。

在使用过程中，用上述六个评价要素对所需要的职务进行核查，之后，按照PAQ给出的评分标准，计算出该职位在这些要素上的得分。

职位分析问卷法的优点在于：它按照五个基本领域将工作进行了排序，并且提供了一种量化的分数顺序或评价图。这五个基本领域是：①是否负有决策/沟通/社会方面的责任；②是否执行熟练的技能性活动；③是否伴随有相应的身体活动；④是否操纵汽车/设备；⑤是否需要对信息进行加工。

职位分析问卷法的真正优势在于：问卷的实施者可以根据这五个基本维度对工作进行等级划分，按照这五个方面可以对每一项工作分配一个量化的分数。

职位分析问卷法的不足之处主要表现为：第一，由于职位分析问卷没有对职位的特定工作活动进行描述，因此，职位行为的共同属性就使得任务之间的差异比较模糊；第二，职位分析问卷的可读性不强，只有具备大学文化水平的人才能够理解其中的项目，这给问卷的使用带来了一定程度的限制。

2. 美国劳工部工作分析程序

美国劳工部工作分析程序（department of labor job analysis procedure）也是一种量化的工作分析工具，使用这一方法可以对不同的工作进行量化评价、分类以及比较，这种方法的核心是从信息、人及事三个方面对每个职位进行分析评价。

这种分析方法的基本程序是：先梳理出某特定职位的信息、人及事这三个维度的基本信息，并分别予以归纳总结（表2-3）；接着，根据目标职位的任职者在理论上需要承担哪个层次的活动，赋予其相应的分数；最后，这三项得分的总和就成为此项工作等级的划分基础。

表2-3 美国劳工部工作分析法中所使用的工作承担者基本活动

	信息	人	物
基 本	0 综合	0 指导	0 创造
	1 调整	1 谈判	1 精密加工
	2 分析	2 教育	2 操作、控制
活 动	3 汇编	3 监督	3 驾驶、操作
	4 加工	4 转换	4 处理
	5 复制	5 劝解	5 照料
	6 比较	6 交谈-示意	6 反馈-回馈
	7 服务	7 服务	7 掌握
		8 接受指示、帮助	

注：在确定特定职位在信息、人和事三方面应得"分数"时，首先要通过观察他们的工作，确定该职位履行每一项活动的基本功能是什么，然后根据此表确定该职位在每一活动上的得分。0代表最高分，8代表最低分。

资料来源：加里·德斯勒.1999.人力资源管理.刘昕，吴雯芳等译.北京：中国人民大学出版社.

美国劳工部工作分析程序的结果是一张汇总表（表2-4）。汇总表包括了如下信息：工作名称、所处行业、标准产业分类代码及名称、工作简述、对所承担工作的等级评价，以及对工人能力要求的评价，重点在于所承担工作的等级评价，具有相同分数的工作可以处于相同的工资等级。

表 2-4 基于美国劳工部职位分析技术的一个报告样本

职位分析明细表

1. 职位名称___面粉搅拌工___
2. 所属行业___烘烤制品___
3. 标准行业分类代码和名称___2051 面包和其他烘烤制品___
4. 职位概述：根据工作程序，运用搅拌机将各种原料搅拌成生面团，指导工人面团发酵，以及用手工刀具将面团切成小块。
5. 所执行的各项工作任务的等级：

信息	人	事
5	6	2

6. 任职者特征评价（由工作分析人员填写）

需要的培训时间：	能力：
气质：	兴趣：
身体要求：	环境条件：

资料来源：加里·德斯勒.1999.人力资源管理.刘昕，吴雯芳等译.北京：中国人民大学出版社.

3. 功能性工作分析法

美国劳工部提出功能性工作分析法（functional job analysis，FJA）作为工作分析程序的一个阶段。尽管功能性工作分析法是以美国劳工部工作分析程序为基础的，但是，它所能够提供的信息比劳工部工作分析程序要多，它还涉及工作任务、目的以及工作对任职者的培训要求等方面。具体地说，功能性工作分析法还考虑了以下四个方面的问题：①在执行工作时需要得到多大程度的指导；②在执行工作时需要运用的推理和判断能力应达到什么程度；③完成工作所需要具备的数学能力有多高；④执行工作时所要求的口头及语言表达如何。

此外，功能性工作分析法还需要确定工作的绩效标准以及对任职者的培训要求。因此，在回答这一问卷时，还需回答"为完成这些工作任务并达到绩效要求，任职者还需要哪些培训?"

以上介绍了几种常见的工作分析方法。需要说明的是，收集信息的方法不仅仅限于其中的一种，相反，能综合性地采用几种方法将保证我们得到的信息更全面、更准确。因此，在可能的情况下，我们可以使用几种方法同时获取某一特定职位的信息，也可以考虑从工作小组、任职者本人、直接上司及组织负责人等多个信息源收集信息，还可以在间隔几个工作日后，再次向任职者或其直接上司确认工作分析所获得的内容是否属实及周全。

二、工作分析流程

工作分析是一项技术性很强的工作，需要作周密的准备，同时还需遵循科学合理的操作程序。一般来讲，工作分析的一般程序包括以下环节，如图 2-2 所示。

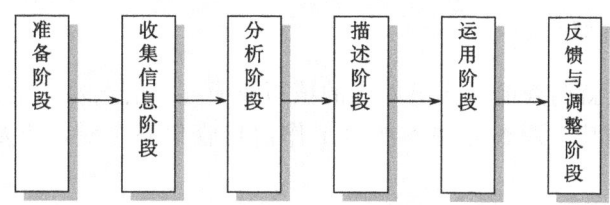

图 2-2　工作分析流程

（一）准备阶段

这一阶段主要解决以下几个问题：

（1）获得管理层的核准。让管理层了解工作分析有助于让他们更清楚员工在做什么，明确工作职责，理顺工作流程，有利于组织加快实现既定目标。

（2）取得员工的认同。告诉员工什么是工作分析，其目的何在。

（3）建立工作分析小组。小组一般由工作分析专家、岗位任职者及上级主管等参加，主要是依据个人的经验、专业知识与个性品质等来决定。一旦小组成员确定之后，赋予他们进行分析活动的权限，以保证分析工作的协调和顺利进行。

（4）明确工作分析的总目标和总任务。根据总目标、总任务，对企业现状进行初步了解，掌握各种数据和资料。

（5）明确工作分析的目的。有了明确的目的，才能正确地确定分析的范围、对象和内容，规定分析的方式、方法，并弄清应当收集什么资料、到哪儿去收集、用什么方法去收集。

（6）明确分析对象。明确分析客体，选择分析样本，以保证分析样本的代表性与典型性。建立良好的工作关系；为了搞好工作分析，还应做好员工的心理准备工作，建立起友好的合作关系。

（二）收集信息阶段

完成第一阶段的准备工作之后，就进入收集信息阶段。

1. 选择信息来源

信息来源一般包括员工、主管、顾客、分析专家、词典、文献汇编等。选择信息来源时应该注意：①不同层次的信息提供者所提供的信息存在差异；②分析人员应站在公正的角度听取不同的信息，不要存有偏见；③使用各种职业信息文件时，要结合实际，不可照搬照抄。

2. 选择收集信息的方法和系统

收集信息有观察法、访谈法及问卷调查法等，针对组织的实际情况及不同的工作

人力资源管理 Human Resource Management

内容，工作分析人员可选取不同的方法。

3. 收集信息的原则

需要任职人员就调查项目作出如实的填写或回答，信息要齐全、准确，不能残缺、模糊，当采用某一调查方法不能将工作信息收集齐全时，应及时用其他方法补充。

4. 收集信息的内容

（1）工作活动信息。包括任职者必须履行的职责有哪些、他们是如何执行的、为什么要执行，以及何时执行等。

（2）工作中人的行为信息。既包括任职者的脑力活动信息，如感知、沟通、决策及撰写等；也包括工作对任职者的体力要求，如搬运、走动、站立及提拉等。

（3）工作所使用的机器、工具、设备及其他辅助工具信息。指工作中生产加工的对象和材料，需要运用的知识及提供的服务等。

（4）工作绩效标准信息。包括工作的质量、数量或每一活动所需耗费的时间等，主要确定用什么标准对任职者的业绩进行评价。

（5）工作背景信息。包括工作的物理环境、工作时间表、工作的组织形式和社会环境、经济激励和非经济激励等。

（6）对任职资格的要求。指工作本身对任职者在知识或技能（包括教育水平、培训经历、工作经验等）和个人特性（包括才能、生理特征、人格品行、兴趣等）等方面的要求。

（三）分析阶段

工作分析是信息的收集、分析及综合等活动连续进行的过程，而分析阶段则是整个工作分析过程的核心。一般地，工作分析阶段包括四个方面的分析。

1. 工作名称分析

工作名称的选择与表达，必须精确，使人一看到工作名称，就可以大致了解其工作内容。如果该工作已完成了工作评价，在工资上已有固定的等级，则名称上可加上等级。

2. 工作规范分析

工作规范分析指对工作任务、工作责任、工作关系与工作强度的分析。

3. 工作环境分析

工作环境分析包括对物理环境、安全环境与社会环境的分析。

物理环境包括室内、室外、湿度、宽窄、温度、震动、油渍、噪声、光度、灰尘及突变等，各有关项目都需要作具体的说明；

安全环境包括工作危险性、劳动安全卫生条件、易患的职业病、患病率及危害程度等；

社会环境则包括与上下级之间的隶属关系以及协作关系等。

4. 从事工作条件分析

从事工作条件分析是指对从事某项具体工作的员工需要必备的知识、经验、技能和心理特征的分析。一般包括：

工作知识，即工作人员为圆满完成某项工作所应具备的实际知识。这种知识应包括任用后为执行其工作任务所需具备的知识，也包括任用前已具备的知识。

智力要求，即执行过程中所需的智力，包括判断、决策、警觉、主动、积极、反应、适应能力等。

熟练及精确度，常用于需要手工操作的工作。

经验，即工作是否需要经验？以何种经验为主？其程度如何？

教育与训练，包括企业内部培训、职业训练、技术训练和一般教育。

身体要求，有些工作对站立、弯腰、半蹲、跪下、旋转等身体活动能力有要求。

工作胜任能力，包括手、指、腿、臂的力量及灵巧程度，感觉辨别能力，记忆、计算及表达能力。

工作分析的内容很多，一切与工作有关的资料均在分析的范围之内，分析人员可视不同的目的，选择全部或部分项目予以分析。

（四）描述阶段

分析工作完成后，还必须将获得的信息予以整理并报告，通常工作分析所获得的信息可以以职位说明书（也叫工作说明书、工作描述）和工作规范（也叫任职资格）的形式来表示。

工作说明书：主要是对某一职位或岗位工作职责的说明，同时也包括职位基本信息、工作联系、工作环境条件等方面的内容。

工作规范：任职者为完成工作所需具备的知识、技术、能力及所应具备的最低条件的书面说明。

（五）运用阶段

只有通过实际的检验，工作分析才具有可行性和有效性。工作分析验证阶段的主要工作包括：

第一，培训运用工作分析结果的人员。他们在很大程度上影响着分析程序运行的准确性、运行速度及费用。因此，对他们进行培训可以提高管理活动的科学性和规范性。

第二，根据工作分析的结果制定各种具体的应用文件，如职位说明书、薪酬制度及考核制度等。

(六)反馈与调整阶段

控制活动贯穿于工作分析过程的始终,组织面临的情况总是在不断地发生着变化,这必然会影响到先前所做工作分析成果的使用时限。因此,分析人员需要不断获取各种反馈意见,修正或更新工作说明书及其他工作分析成果。

第三节 工作分析的产出

如前所述,工作分析结果主要体现为职位说明书,一份完整的职位说明书通常包含两大部分内容:工作描述和工作规范。工作描述以"工作"为主角,而工作规范则以"任职者"为主角,后者以前者的内容为依据,用来回答:要承担这些职责,需要具备哪些个人条件或具有哪些特征的人才能胜任?

一、工作描述

(一)工作描述的主要内容

工作描述(job description)主要是对某一职位或岗位工作职责的说明,同时也包括职位信息、工作联系及工作环境条件等方面的内容。

一张典型的工作描述所包括的内容如表 2-5 所示。

表 2-5 工作描述包含的内容

工作的基本资料	名称、副名称、代码、级别、工资等级、地点、报告关系
工作任务概要	对任务、工作目的、产品或服务的简练而完整的陈述
工具	机器、工具、设备、工作求助
材料	原材料、货物、物质、数据,以及工作中的其他材料
技术和方法	将投入转化为产出的典型方法
指导和控制	有关产出数量和质量,运用的方式方法,员工行为及结果的模式
任务/行为	对所做工作的描述,包括员工与数据,其他人、事,以及那些对完成工作有指导作用的规定之间的关系
环境	工作中的物理、心理和情感因素,雇用条件和状况,与其他工作之间的联系
补充信息	没有包含以上各项中,但对于实现操作目标、限定工作条件来说是必不可少的那些细节

(二)工作描述的编制

编制工作描述时需注意以下事项。

1. 获得高层管理者的支持

工作分析尽管是一项基础性的管理工作,但高层管理者的认同和支持对有效完成工作分析及编写说明书具有决定性的作用，因此这是个"一把手工程"。组织的人力资源管理部门应协助高层管理者筹划制定政策和确定方向，并将这个信息传递给整个组织，以获得一致的支持。

2. 明确工作描述对管理的重要性

工作描述是一种重要的管理工具，组织中任何层级的管理者都需要在自己所辖范围内做好配合、计划、分配、协调及跟踪项目等工作。对于组织而言，工作描述可以作为协调各部分运作的基本引导，使最高管理层能够系统地分配职权、指定责任范围，充分发挥部门之间的整体协调与合作。

3. 工作描述应清楚明确、具体且简洁

在界定工作时，应尽量使用简明的专门动词和名词来描述工作的目的和范围、责任权限的程度和类型，以及技能的要求等。另外，文字措辞应保持一致，文字叙述应简洁、清晰。

4. 工作描述必须随组织结构的变化而不断更新

组织结构发生变化或组织职能发生调整，高层管理者应牵头做好修订工作和描述工作，否则，职责重叠、界限混淆、管理分配不平衡的问题就会出现，而工作缺乏效率、员工缺乏积极性、利润下降等现象亦会相继产生。

二、工作规范

工作规范（job specification）是指为了完成某项特定工作，任职者必须具备的知识、技能、能力及个性特征等（knowledge, skill, ability, other personalities, KSAOs）的目录清单。知识是指为了完成某项工作所必须掌握的各种实施性或程序性的信息；技能是指任职者在完成特定工作时所具有的熟练程度；能力是指任职者具有的比较具有通用性的且比较持久的才能；个性特征是指为达到特定绩效目标所需具备的动力和持久力等人格特征。这里所说的知识、技能、能力和个性特征，都是一些人们通过肉眼无法直接看到的特征，只有在履行职责的过程中把这些特征反映出来，人们才能观察得到。

工作规范是为了完成工作职责，任职者所需具备的知识、技术及能力等基本条件的书面说明。它的应用面很广，如人力资源规划、招聘和录用人员等。图2-3展示了工作规范的主要用途。

工作规范可以通过提供KSAOs信息，为整个公司的人力资源规划提供员工技能清单；在招聘与甄选阶段，负责人员可以利用工作规范所提供的KSAOs信息，制作招聘申请表和测试表；由于从工作规范中得出的信息与工作绩效直接相关，而非针对某个人或特定群体，因此可以为所有的应聘者提供平等的就业机会；同时，这还有利于企业避免某些法律纠纷。另外，由于工作规范是根据与工作本身相关的因素和信息来制定的，所以它可以作为员工薪酬和绩效评估的标准。最后，培训人员还可以将工

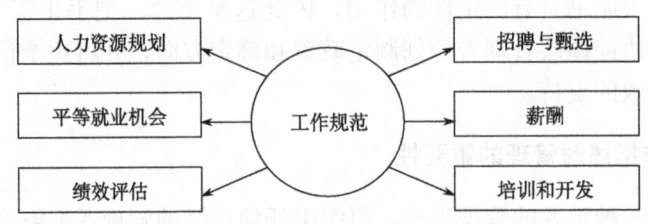

图 2-3　工作规范的主要用途

作规范的要求和员工自身所具备的技能进行比较，找出二者之间的差距，以指导培训工作的良好开展。

三、工作说明书

在现实应用过程中，有关工作职责和任职资格要求往往不能分开，两者因而成为工作分析成果的必要组成部分。综合工作说明书和工作规范的内容所形成的系统性书面文件，我们称之为职位说明书。一般来说，一份典型的职位说明书应包含如表 2-6 所示的基本内容。

表 2-6　职位说明书包含的内容

项目	具体内容
职位基本信息	说明工作的基本信息，如职位名称、代码、直接主管、所属部门、工资等级等
职位设置目的	职位对组织目标的贡献描述
在组织中的位置	特定职位在组织中的位置
工作职责	将工作分解为若干职责，对每一职责进行清晰、明确的描述，这是工作说明书中最主要的内容
衡量指标	评价每一项工作职责结果的指标
工作环境与条件	工作承担者工作的时间、环境等特征
任职资格标准	为完成工作职责，任职者所需具备的基本资格标准，包括学历、专业及经验等

职位说明书的样式见表 2-7。

表 2-7　×××职位的职位说明书

一、职位基本信息					
编号		职位名称		所属部门	
任职人员				所属二级部门	
直属上级		在编人数		工资序列	
编制人		编制时间		批准人	

续表

二、职位设置的目的		

三、工作职责及衡量指标		
序号	工作职责	衡量指标
1		
2		
3		

四、工作关联	
部门内	
部门间	
其他单位	

五、工作特征	
工作的时间特征	
工作的紧张程度	
工作的均衡性	
工作的地点	

六、任职资格要求	
维度	要求
必备学历要求	
必备经验要求	
专业要求	
知识要求	
基本技能	
职位培训	

第四节 工作设计

工作设计将对组织运行的有效性和员工职业生涯产生很大的影响，它不仅影响从事这项工作的人的个人感觉，而且影响其工作行为的外部表现——工作绩效，从而影响整个组织的绩效（孙健敏，2002）。正因为如此，工作设计需要与组织战略及发展目标紧密结合起来。一个组织在作出对工作进行设计或重新设计的决定时，需要考虑很多因素，如环境因素、组织及组织的人力资源因素。也就是说，工作设计的目标是通过对工作进行分配或重新分配，以满足组织和技术的需要，并同时能满足组织员工个人的特定需要。因此，工作设计成功的关键是取得组织发展和员工发展这两种需求之间的平衡（Byars，Rue，2002）。

随着组织管理理论的发展和学科交融趋势的强化，工作设计成为多学科关注的焦点问题，组织理论研究者、工业工程学家，甚至生物科学家也都来关心这个问题，从而使得工作设计表现出不同趋向。例如，源于工业工程和科学管理的工程趋向，旨在改善人与工作任务的适应性、在保证提高绩效的同时降低劳动者的疲劳程度和压力水平的工效学趋向，旨在减少给劳动者带来的生理压力和紧张感、提高员工的舒适度的生物学趋向，以及旨在改善员工的工作满意度、提高工作动机和工作的投入程度以提高工作绩效的心理学趋向（孙健敏，2002）。心理学趋向的工作设计主要考虑工作人员的心理状态对工作绩效的影响（Davis，Walker，1988）。现在我们常见的工作设计方法如针对个体任务进行设计或重新设计的工作轮换、工作扩大化、工作丰富化和工作特征模型，对群体或团队任务进行设计或重新设计的工作团队、工作自治群、质量圈、工作塑造和行动群体等，都属于心理学趋向的工作设计范畴。下面我们将介绍心理学趋向的几种设计方法。

一、个体任务的工作设计

（一）工作轮换

工作轮换（job rotation）也称为交叉培训法，它是指在一定时间后将员工从一个岗位转换到另一个岗位。工作轮换并没有改变工作的实质内容，而是旨在让员工掌握更多的技能，以适应更多岗位的工作，同时通过为员工提供这种新技能的锻炼机会，提高员工对工作的兴趣，减低职业倦怠。工作轮换对于增强组织弹性也很有帮助，假如一个组织过分强调专业化，只训练员工从事一项任务，那么当员工缺勤或离职时，组织将处于无法迅速找到合适替代者的窘境，这样的组织是缺乏弹性的。当然，把每个员工都训练成"万金油"并不总是能够为组织带来竞争优势（安东尼等，2004），同时这也是不现实的。

进行工作轮换应注意以下几个问题：①首先必须对工作进行分析，明确哪些职位之间可以相互轮换。一般来说，职位间的工作轮换首先从在同一个职位类别中的职位开始，然后再考虑不同职位类别之间的工作轮换。②工作轮换必须是有序进行的，以免影响正常的工作秩序和工作效率。③必须充分考虑员工个人的意愿，不能进行强制性的工作轮换。因为部分员工不喜欢过多地尝试新的岗位，而是希望专注于一个领域进行深入发展。

工作轮换的优点在于：①通过丰富员工工作的内容，降低工作枯燥感，激发员工的工作积极性，使员工掌握多种工作技能以提升其自身竞争力。②它为员工提供了一个个体行为适应总体工作流的适宜环境，可增加员工对自己工作成果的认识。③减少员工的离职率。很多员工离职都是由于对目前的工作感到厌倦，希望尝试新的有挑战性的工作，如果能够在公司内部提供给员工流动的机会，使他们有机会从事自己喜欢的有挑战性的工作，他们也许就不会到公司外部寻找机会了。④它给组织也带来了好处。通过这种扩大员工技能范围的做法，组织将拥有职业技能多样化的员工，当出现任职者空缺并且人员填充暂时有困难时，组织就可以将这些员工进行灵活的内部调配,这对于处在快速变化的竞争环境中的企业来说,是具有积极意义的。

当然,工作轮换也存在一些不足之处:①工作轮换会使培训费用上升。因为要使员工在不同于以前的岗位上继续保持同样甚至更高的效率,是需要对其进行多方面的培训和教育的。②当员工在原先的岗位上工作效率已经很高时,如果将其轮换到另一个工作岗位,在刚轮换到新岗位的最初一段时间内,生产力水平会有所下降。③当员工的工作环境改变以后,他就需要重新适应,调整和适应自己与周围人的关系,这需要管理人员付出很多精力来处理这些来自人际关系方面的问题。④工作岗位的轮换是牵一发而动全局的,变动一个员工的工作岗位意味着其他相关联的岗位也会随之变动,从而增加了管理人员的工作量和工作难度。

阅读材料 2-1 松下电器公司的新员工岗位轮换制度(节选)

一、任何新进员工在两年内都要做五项不同的工作,其中有两项工作是必需的:第一是最程序化的生产一线,要让其感受到生产工人的默默无闻、辛勤劳动,以及严格按程序化的规范操作,在生产一线要锻炼三个月;第二是最具有艰辛性、最具有挑战性的销售工作,要让其感受到社会上的人情世故。另外三项是根据每个人的兴趣、爱好、特长再选择的工作,五项工作下来以后,根据每个人工作的成果、对工作的热忱度及爱好,给每位员工以相对适宜的固定性工作。

二、当新进员工在相对固定的工作岗位工作以后,随着工作时间性的推移、工作环境的变化,每个人的工作能力也会随之变化,根据企业的需要、每个人的工作能力再进行岗位轮换,以尽最大的限度发挥员工个人的潜力。

(二)工作扩大化

工作扩大化(job enlargement),即对工作进行横向扩展,使工作内容变得更加多样化。如服装生产加工厂某工段上的员工原来只负责为服装钉上商标,工作扩大化后,他还要负责检查服装的尺码是否正确、接缝处的针脚是否匀称,然后再为服装钉上纽扣和商标。

工作扩大化的途径主要有两个:"纵向工作扩大"和"横向工作扩大"。"扩大"这个名称是指将某种任务和要求纳入职位职责的结构中。通过"纵向工作扩大"来扩大职位职责,意味着原任职人员将承担需要更多责任、权利和自主权的任务或职责,有时甚至意味着某些职能需要从监督人员身上转到一线员工身上;"横向工作扩大"是指增加属于同阶层责任的工作内容,以及增加目前包含在工作职位中的权利。例如,"出纳员"这一职位职责的纵向扩大,可以包括增加资金总额的汇总、把不同面额的钞票分开、收支调整，以及填写现金摘要表等；这一职位的横向扩大可以包括给客户提供资料、处理货品的退换交易，以及训练或协助其他员工等。

工作扩大化的优点很明显：①提高生产效率。因为不必要把产品从一个人手中传给另一个人来节约时间。此外，由于完成的是整个一个产品，而不是在一个大件上单单从事某一项工作，员工工作热情和兴趣的提高增加了他们对工作的投入；工作内容增加，使员工掌握了更多的知识和技能，提高了员工的工作效率。②增加了员工工作的多样性和挑战性，使员工感到工作更有意义，员工的工作积极性在一定程度上得到提高，他们对工作的满意程度也得到提高。IBM公司报告指出，工作扩大化导致工资支出和设备检查的增加，但因质量改进、职工满意度提高而抵消了这些费用；美国梅泰格（Maytag）公司声称通过实行工作扩大化提高了产品质量，降低了劳务成本，提高了工人的满意度，使生产管理变得更有灵活性。

但工作扩大化的实施效果并不总是尽如人意：①尽管工作扩大化在克服专业化过强、工作多样性不足等方面的效果显著，但对于激发员工工作积极性和培养挑战意识并没有太大意义。相反，很多员工并没有感到工作扩大化增加了他们工作的多样性，仅仅只是增加了更多的工作而已，因此，工作扩大化对于提高员工对工作意义和工作重要性的感知可能效果不大。而工作丰富化的引入恰恰弥补了这方面的不足。②在员工尚未对新岗位的工作熟练之前，工作扩大化会使员工短期内的工作效率受到影响。③也有些员工反对工作扩大化，因为他们认为，以前只有一件令人讨厌的工作，在工作扩大化之后，就有两三件令人讨厌的工作了。

（三）工作丰富化

工作丰富化（job enrichment）与工作扩大化相反，是对工作内容的纵向扩展和工作责任的垂直深化。它通过对员工工作动作和时间的研究，将工作分解为若干小范围的、单一化的、标准化的及专业化的操作内容与操作程序，将纵向的工作职责进行重新界定和划分，向员工提供更具挑战性和自主性的工作，增强员工对工作的计划、执行、控制和评估的程度，从而达到提高生产效率和员工满意度的目的。

管理人员如何才可以使员工的工作得以丰富化呢？图2-4具体说明了在工作中应该采取哪些措施来提高员工的潜在动机。

当然，工作丰富化并不适用于所有的工作，因为并不是所有的员工都愿意承担丰富化的工作。一般来说，遵守以下原则可以取得比较好的效果：

（1）必须确认员工绩效低落的原因是激励不足。如果绩效低落是因为生产流程规划不当或者员工训练不足，工作丰富化就没有意义。

（2）不存在其他更容易的改进方法。

（3）如果薪水、工作环境和领导方式等方面让员工不满，工作丰富化也不会有意义。

（4）工作本身应该不具有激励潜力。如果工作本身已经足够有趣，或者已经具有挑战性，实施工作丰富化就不值得。

（5）工作丰富化必须在技术上和经济上可行。

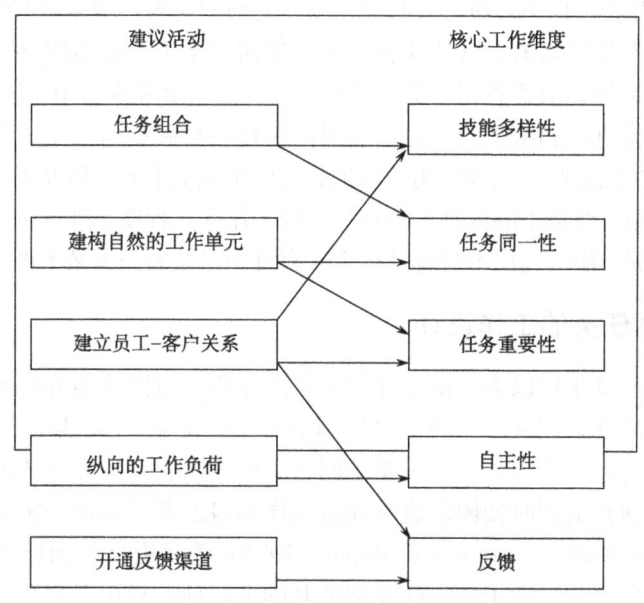

图 2-4 工作丰富化的指导原则

资料来源：斯蒂芬·罗宾斯.1997.组织行为学.北京：中国人民大学出版社.

（6）工作品质必须很重要。工作丰富化的主要收益通常在于工作的质量，而不在于工作的数量。

（7）员工必须愿意接受。有些员工不需要也不希望承担富有挑战性的工作，他们只喜欢单调枯燥的工作，而把兴趣寄托在 8 小时之外。

工作丰富化的方法主要有以下几种：

（1）任务组合，即尽可能地把独立的和不同的工作合成一个整体。管理人员应该尽量先清理现有的、零散的工作任务，把它们组合在一起，形成一种新的、内容更广泛的工作单元，这样就可以增加技术的多样性和任务的同一性。

（2）建构自然的工作单元。这意味着尽可能让集体工作形成一个完整和有意义的整体。工作单元可以根据地理位置、产品或生产线、业务或顾客来划分。让员工负责一个独立而有意义的工作整体，让员工自己对工作进行全面计划、执行和监控，这样就可以使员工感到自己的工作有意义，提高员工的"主人翁意识"。

（3）建立员工-客户关系。客户是指员工的工作产出（包括产出和服务）所指向的对象，也就是接受者。这些客户可能是外部客户也可能是内部客户。当一个员工与客户建立直接的关系时，他们会从客户那里得到重要的反馈，同时也使他们感受到一种自主性。另外，与客户建立直接的关联也需要员工具备为客户服务的技能和人际交往技能，这就意味着技能的多样化。

（4）纵向的工作负荷。所谓纵向的工作负荷就是使员工的工作职责纵向发展，员工不仅仅要做执行性的工作，还要有控制权，而这些责任和控制以前是由更高级的管理人员承担的。这样做的目的是使员工感受到自己所承担的责任，让他们认为工作任务更加重要,也可以弥合工作中"执行"与"控制"之间的鸿沟,增强员工的工作自主性。

(5)开通信息反馈渠道。这意味着尽可能地向员工提供更多的反馈,如成本、产量、质量、组织结构和消费者抱怨等。直接、多角度和迅捷的工作信息反馈有助于员工了解自己的工作进度和绩效状况,从而提高工作质量和提高工作效率。

工作丰富化虽然意味着培训费用的增加、工资报酬的上升,以及工作设施的完善或扩充,但却可以提高对员工的激励水平和员工的工作满意程度,降低员工离职率和缺勤率,况且企业培训费用的支出本身就是提高人力资源素质的一项必不可少的投资。

二、团队/群体任务的工作设计

进入20世纪90年代以来,由于强调团队的作用,以团队为分析单元的工作设计成为主要潮流(Wall, Clegg, 1981; McHugh, 1997; Whitfield, 1997)。工作团队是一种带有自我管理性质的、在组织系统网络中的团队。如何在团队内分派工作,如何在保持一定灵活性的同时使团队成员通过工作本身的联系形成一定的凝聚力,是工作设计需要回答的问题。Campion和Paper(1996)等研究了如何通过改变工作群体的特征来提高工作绩效,在工作特征模型的基础上,他们提出了自我管理、参与、群体构成、任务意义、相互依赖关系、组织气氛、工作流程等因素会影响工作绩效,在工作设计中通过对这些因素的控制,可以控制工作绩效。Hyatt和Ruddy(1997)进一步研究了群体特征和绩效的关系,发现工作群体气氛、对目标的承诺、授权、有效的沟通、群体的信心、相互间的信任、工作规范和角色等因素是工作设计所必须考虑的。人在工作环境中的最重要作用是处理技术的不确定性(Davis, Walker, 1988)。随着现代高技术的日新月异和广泛应用,工作中的不确定性程度会大大增加。换言之,随着工作内容中科技含量的增加,工作中的技术不确定因素会更加复杂。这是工作设计必须解决的问题。

(一)工作团队

工作团队是在群体水平上的工作扩大化。在工作团队里,通常有一位主管直接负责和统筹安排团队所承担的任务,由团队中的核心成员讨论决定完成工作的具体方法、任务分配、工作进程、改进和控制办法及最终期限,团队成员之间有时可进行内部工作轮换。常见的工作团队实践,如某IT系统研发项目及建筑工程项目便常常使用这种工作团队的方式来完成专项任务。

研究表明,一个工作团队的成功首先取决于团队主管和团队成员所意识到的工作期限及他们承担的任务。团队主管被认为是关键性的人物,他不仅需要保证团队工作的重点与组织整体目标保持一致,为项目成功做好规划,而且还需要对团队绩效进行管理和评估,并对团队成员进行指导和培训。

工作团队方法的实行也会给组织管理带来一定的挑战。例如,组织管理者经常会感受到工作团队的使用冲击了他们的权力和权威,而且,如果团队成员的数目过大,容易产生小利益团体。因此,假如能对团队主管的职责进行清晰的界定,同时控制好团队成员的数目,那么,组织成功地运用工作团队来完成工作任务是一种很好的工作设计。

（二）工作塑造

常见于管理者的一个误区是：工作杰出的员工一定对自己的工作很满意，然而组织中不乏的一个现象却是很多工作出色的优秀员工另谋他求。薪酬并不是这类人员离职的首要影响因素，这一点在研究界和实践界已经达成共识。那么，究竟是什么原因导致他们离职？Butler 和 Waldroop 的研究表明，只有当工作真正符合并满足这些员工内心所怀有的生活兴趣，也即当员工在工作的同时能感受到"乐在其中"时，他们才会留在这个组织。显然，管理者需要真正去理解和把握员工满意度的心理内容。

Butler 建议管理者做到以下几个要项：一是发掘最有价值员工的深层兴趣；二是协助这些员工实践并且共同建立模式；三是与他们一起塑造能达成企业目标的角色。借由 Butler 所建立的模型与各企业顶尖人才的数据库，他整理出八种商业核心功能（business core function）：专业技术的应用（application of expertise）、定量分析（quantitative analysis）、建立理论和进行概念化思考（theory development & conceptual thinking）、创造性成果（creative production）、咨询和指导（counseling & mentoring）、对人和人际关系进行管理（managing people and relationships）、对企业的控制（enterprise control），以及通过语言和观念产生影响（influence through languages and ideas）。这八种核心功能分别代表跨领域的顶尖专业人才的共通"专长"。通过了解组织中人才的深层兴趣（如某员工具备对"创造性成果"的兴趣，管理者可请他在计划初期就参与策划，让他有机会贡献自己的观点与想法；再如，某员工具备"对人和人际关系进行管理"的兴趣，管理者则可逐渐增加工作过程中他所负有的管理责任），企业将能塑造这些人所能承诺投入的工作，管理者也就有更大的可能留住那些被认为是最有价值的员工。

在进行工作塑造时，需要掌握以下几个重点：一是双方必须认同"商业核心才能"的内容；二是双方必须清楚组织的目标；三是在工作塑造的同时，必须把"商业核心才能"的内容与组织目标作为指导方向；四是注意人才自我实践的要素，即对工作的热诚（passion）、与工作伙伴的联系（connection）、工作成就（achievement）及执行权力（power）。因此，从某种意义上说，"工作塑造"更在于建构一个能帮助员工实现"乐在其中"的工作环境和人文环境。

（三）整合观

Campion 等（Campion，Thayer，1987，1989；Campion，1988，1989）提出了一种多方法工作设计模型（MJDQ）。这种模型考虑了所有的工作设计趋向，并把每种趋向用特征因素表示出来，以便通过问卷调查进行工作设计。他们对这些特征因素进行了很多研究，包括各种不同的组织、行业各种水平的工作共 220 多种，最后确认了下列特征因素。

（1）心理学设计因素（18 项）：自主；内部工作反馈；外部工作反馈；社会交

往；任务/目标清晰度；任务范围；任务完整性；能力水平要求；能力/技能范围；任务重要性；成长/学习机会；晋升；成就；参与；沟通；薪酬高低；认可；工作安全性。

（2）工程学设计因素（8项）：工作专业化；工具和程序专业化；任务简单化；单一活动；技能简单化；重复；空余时间；自动化。

（3）生物学设计因素（10项）：强度；举重；耐久力；坐；工作空间；手腕运动；噪声；气候；工间休息；轮班。

（4）工效学设计因素（12项）：照明；仪表显示；程序；其他设备；印刷的工作材料；工作场所；信息输入要求；信息输出要求；信息加工要求；记忆要求；压力；枯燥程度。

总之，工作设计的一个发展趋势是从工作的设计到人的设计，从硬件的设计到软件的设计，从个人特征的设计到团队特征和组织气氛的设计（孙健敏，2002）。

阅读材料 2-2

工作生活质量（quality of work life，QWL）概念的提出，反映了人们对工作价值的一种全新的认识。工作不再是一种烦琐的、冗长的、沉重的劳作，而是一种具有丰富意义和乐趣、讲究质量的生活方式。为此，西方企业普遍实行工作扩大化、工作丰富化和工作轮换。日本丰田公司为了避免劳动者在同一岗位上重复工作，原则上只有新工人（服务期少于3年者）才在装配线上工作，一般工人在同一岗位上只呆3个月，便安排他去做其他工作。在日本松下公司，每年有5%的员工实行工作轮换。劳动者看到了自我发展的可能性，从而不断提高生产积极性、创造性。瑞典的沃尔伏汽车公司（Volvo）为发挥团队合作的效率优势，从1988年开始，将装配线（assembly）改为"装配岛"（assembly island），把工人从重复枯燥的流水线上拉下来，8~10人一组，灵活合作，可以自己决定自己的一切（包括生产时间、休息时间等）。据有关资料报道，德国1/4、瑞典1/5、全美15%的工作场所实行弹性工作制。此外，还有岗位分担制（两个人分担同一个工作岗位）、部门工作制、非连续工作制等方法的运用，使员工有更灵活、更自由的时间去处理个人事务或进修学习。在日本，TDK公司首批实行自由时间制的50名千叶技术中心研究人员，规定在上午6时至晚上10时之间有一个小时以上的工作记录便可。现在，日本已有近400家公司5000多名研究人员在这种自由宽松的环境中创造了比过去更为理想的工作业绩。

本章小结

1. 工作分析就是通过特定方法获取与工作有关的详细信息的过程。一般来说，工作分析需要从以下七个问题（6W1H）着手，即 who（谁从事此项工作）、what（做什么）、whom（为谁做）、why（为什么做）、when（工作时间）、where（工作地点）及 how（如何从事此项工作）。

2. 工作分析是人力资源管理活动中一项重要的基础性工作，培训项目的展开、工作评价和薪酬计划的实施，以及绩效考核都要依据一个完整的工作分析。工作分析的结果可以运用于人力资源规划、招聘与甄选、人员配置、晋升、职业生涯设计等各个环节。

3. 工作分析的基本方法包括观察法、访谈法、问卷法、日志法及工作参与法等；结构化的工作分析方法包括职位分析问卷法、美国劳工部工作分析程序及功能性工作分析法等。

4. 工作分析的程序包括准备阶段、收集信息阶段、分析阶段、描述阶段、运用阶段，以及反馈与调整阶段。

5. 工作分析的主要结果以职位说明书的形式体现，主要包含工作说明书和工作规范两大部分。工作说明书主要是对某一职位或岗位工作职责的说明，同时也包括职位基本信息、工作联系、工作环境条件等方面的内容。工作规范指任职者为完成工作所需具备的知识、技术、能力及所应具备最低条件的书面说明。

6. 传统的工作分析已经不能满足发展的要求，工作轮换、工作扩大化、工作丰富化、工作团队及工作塑造等理论和方法的出现，可以满足环境变化的要求和员工的需求。

▍中英文对照关键词 ▍

工作分析 job analysis
工作任务 task
职责 responsibility
职位 position
工作 job
职业 occupation
职系 series
职级 rank
观察法 observation method
访谈法 interview
问卷法 questionnaire
工作日记/日志法 diary/log

工作参与法 doing the work
职位分析问卷法 position analysis questionnaire
美国劳工部工作分析程序 department of labor job analysis procedure
功能性工作分析法 functional job analysis
工作描述 job description
工作生活质量 quality of work life
工作扩大化 job enlargement
工作丰富化 job enrichment
工作轮换 job rotation
工作规范 job specification

人力资源管理 Human Resource Management

复习思考题

1. 什么是工作分析？它需要收集哪些方面的信息？
2. 工作分析有哪些作用和功能？
3. 工作分析的方法主要有哪些？请简要评价各种方法的优缺点。
4. 简要说明职位说明书包含的内容。
5. 工作分析发展的新趋势是什么？有哪些理论？

案例分析题

A公司的工作分析①

A公司是我国中部省份的一家房地产开发公司。近年来，随着当地经济的迅速增长，房产需求强劲，公司有了飞速的发展，规模持续扩大，已逐步发展成为一家中型房地产开发公司。随着公司的发展和壮大，员工人数大量增加，诸多组织和人力资源管理问题逐渐凸显出来。公司现有的组织机构，是基于创业时的公司规划，并随着业务扩张的需要逐渐扩充而形成。在运行的过程中，组织与业务上的矛盾已经显现，主要表现为以下几方面：

（1）在职责界定、人岗匹配方面，部门之间、职位之间的职责与权限缺乏明确的界定，扯皮推诿的现象不断发生；有的部门抱怨事情太多，人手不够，任务不能按时、按质、按量完成；有的部门又觉得人员冗杂、人浮于事、效率低下；许多岗位不能做到人事匹配，员工的能力不能得到充分发挥，严重挫伤了士气，并影响了工作效率。

（2）在人员招聘方面，用人部门给出的招聘标准含糊不清，招聘主管往往也无法准确理解，导致招聘进来的人员大多不令人满意。

（3）在晋升上，公司员工的晋升以前由总经理直接决定。现在公司规模扩大了，总经理几乎没有时间来与基层员工和部门主管打交道，基层员工和部门主管的晋升只能根据部门经理的意见来决定。而在晋升中，上级和下属之间的私人感情成了决定性的因素，有才干的人往往不能获得提升。因此，许多优秀的员工由于看不到自己未来的前途而另谋高就。

（4）在激励机制方面，公司缺乏科学的绩效考核和薪酬制度，考核中的主观性和随意性非常大，员工的报酬不能体现其价值与能力，人力资源部经常可以听到大家对薪酬的抱怨和不满，这也是人才流失的重要原因。

面对这样严重的形势，人力资源部开始着手进行人力资源治理的变

---

① 改编自中人网．www.chinahrd.net.

革,变革首先从进行职位分析、确定职位价值开始。职位分析、职位评价究竟如何开展,如何抓住职位分析、职位评价过程中的要害点,为公司本次组织变革提供有效的信息支持和基础保证,是摆在A公司面前的重要课题。

首先,人力资源部开始寻找进行职位分析的工具与技术。在阅读了目前国内流行的基本职位分析书籍之后,他们从中选取了一份职位分析问卷,用作收集职位信息的工具。然后,人力资源部将问卷发放到各个部门经理手中。同时,他们还在公司内网上颁发了一份关于开展问卷调查的通知,要求各部门配合人力资源部的问卷调查。

据反映,问卷下发到各部门之后,一直搁置在各部门经理手中没有发下去。很多部门一直等到人力部开始催收时才把问卷发放到每个人手中。同时,由于大家都很忙,很多人在拿到问卷之后,都没有时间仔细思考,草草填写完事。还有很多人在外地出差,或者任务缠身,自己无法填写,而由同事代笔。此外,据一些较为重视这次调查的员工反映,大家都不了解这次问卷调查的意图,也不理解问卷中那些生疏的专业术语,诸如何为职责、何为工作目的、何为职位、何为岗位,许多人对此并不理解。很多人想就疑难问题向人力资源部进行询问,可不知道具体该找谁。因此,在回答问卷时只能凭个人的理解来填写,无法把握填写的规范和标准。

一个星期之后,人力资源部发现收回的问卷填写效果不太理想,部分问卷填写不全,部分问卷答非所问,还有部分问卷根本没有收上来。辛苦调查的结果却没有发挥它应有的价值。

与此同时,人力资源部也着手选取一些职位进行访谈。但在试着谈了几个职位之后,发现访谈的效果也不好。因为在人力资源部,能够对部门经理访谈的人只有人力资源部经理一人,主管和一般员工都无法与其他部门经理直接进行沟通。而且这些部门经理都很忙,把双方凑在一块实在不容易。因此,两个星期的时间过去之后,人力资源部只访谈了两个部门经理。人力资源部的几位主管负责对经理级以下的人员进行访谈,但在访谈中出现的情况也出乎意料。主要表现在:大部分时间都是被访者在发牢骚,指责公司治理问题及抱怨自己待遇不公等;而在谈到与职位分析相关的内容时,被访者往往又言辞闪烁,顾左右而言他,似乎对人力资源部这次访谈不太信任。访谈结束之后,访谈人都反映对该职位的熟悉度还只是停留在模糊的阶段。这样持续了两个星期,访谈了约1/3的职位。人力资源经理认为时间不能再拖延下去,因此决定开始进入项目的下一个阶段——撰写职位说明书。

可是,各职位的信息收集不完整,怎么编写职位说明书?无奈之中,人力资源部不得不另觅出路:他们通过各种途径从其他公司收集了许多职位说明书,试图以此为参照,结合问卷和访谈收集到的信息来撰写职位说明书。

在撰写阶段,人力资源部还成立了几个小组,每个小组专门负责起草某一部门的职位说明书,并且还要求各组在两个星期内完成任务。在起草职位说明书的过程中,人力资源部的员工颇感为难,一方面,他们不了解其他部门的工作,问卷和访谈提供的信息又不准确;另一方面,大家缺乏撰写职位说明书的经验,因此,写起来都感觉很费劲。规定的时间快到了,很多人为了交稿,不得不急急忙忙地东拼西凑了一些材料,再结合自己的推断,最后成稿。

职位说明书终于出台了。人力资源部将成稿的职位说明书下发到各部门,同时下发的还有一份文件,要求各部门按照新的职位说明书界定工作范围,并按照其中规定的任职条件来招聘、选拔和任用人员。但这引起了其他部门的强烈反对,很多直线部门的经理人员甚至公开指责人力资源部,说人力资源部的职位说明书是一堆垃圾文件,完全不符合实际情况。

于是,人力资源部专门与相关部门召开了一次会议来推动职位说明书的应用。人力资源经理本来想通过这次会议来说服各部门支持这次项目,但结果却恰恰相反,在会上,人力资源部遭到了各部门的一致批评。同时,人力资源部由于对其他部门不了解,对于其他部门所提的很多问题,也无法进行解释和反驳,因此,会议的最终结论是,让人力资源部重新编写职位说明书。后来,虽然经过多次重写与修改,职位说明书仍始终无法令人满意。最后,职位分析项目不了了之。

人力资源部在经历了这次教训后,对职位分析彻底丧失了信心。他们开始认为,职位分析只不过是"雾里看花,水中望月"的东西,说起来挺好,实际上却没有什么大用,而且认为职位分析只能针对西方国家那些管理先进的大公司,拿到中国的企业来,根本就行不通。原来雄心勃勃的人力资源部经理也变得灰心丧气,但他一直对这次失败耿耿于怀,对项目失败的原因也是百思不得其解。职位分析真的如他们所认为的是"雾里看花,水中望月"的东西吗?公司的职位分析项目为什么会失败呢?

案例分析思考题:

1. 该公司为什么决定从职位分析入手来实施变革,这样的决定正确吗?为什么?

2. 在职位分析项目的整个组织与实施过程中,该公司存在着哪些问题?

3. 该公司所采用的职位分析工具和方法主要存在着哪些问题?

➤ 参考文献

付亚和,孙健敏.1995.企业人力资源管理.北京:企业管理出版社

加里·德斯勒.1999.人力资源管理.刘昕,吴雯芳等译.北京:中国人民大学出版社

雷蒙德·A诺伊等.2001.人力资源管理:赢得竞争优势.刘昕译.北京:中国人民大学出版社

斯蒂芬·罗宾斯.1997.组织行为学.孙健敏,李原译.北京:中国人民大学出版社

苏珊·E杰克逊,兰德尔·S舒勒.2006.管理人力资源.欧阳袖,张海容译.北京:中信出版社

孙健敏. 2002. 人力资源管理中工作设计的四种不同趋向. 北京：首都经济贸易大学学报，(1)

威廉·P 安东尼，米歇尔·卡克马尔·K，帕梅拉·L 佩雷威. 2004. 人力资源管理. 赵玮，徐建军译. 北京：中信出版社

姚若松，苗群鹰. 2003. 工作岗位分析. 北京：中国纺织出版社

Ash R A，Levine E L. 1980. A framework for evaluting job analysis methods. Personnel，(57)：53~59

Byars L L，Rue W L. 2002. Human resourse management. New York：McGraw-Hill

Campion M A. 1988. Interdisciplinary approaches to job design：a constructive replication with extensions. Journal of Applied Psychology，(73)：467~481

Campion M A. 1989. Ability requirement implications of job design：an interdisciplinary perspective. Personnel Psychology，(42)：1~24

Campion M A，Paper E M，Medsker G J. 1996. Relations between work group characteristics and effectiveness：implications for designing effective work groups. Personnel Psychology，(49)：823~850

Campion M A，Thayer P W. 1987. Job design：approaches, outcomes, and trade-offs. Organizational Dynamics，15 (3)：66~79

Campion M A，Thayer P W. 1989. How do you design a job? Personnel Journal，68 (1)：43~46

Casico W F. 1997. Applied psychology in human resource management. London：Prentice-Hall Publisher

Davis L E，Walker G J. 1988. Job design. *In*：Gael S. The job analysis handbook for business. Industry and Government，(1)：157~172

Dessler G. 1996. Human resource management. Maryborough，Victoria：Prentice Hall

Hyatt D E，Ruddy T M. 1997. An examination of the relationship between work group characteristics and performance. Personnel Psychology，50 (3)：553~585

McCormick E J. 1975. Job and task analysis, handbook of industrial and organizational psychology. Chicago：Rand-McNally：651~696

McHugh P P. 1997. Team-based work system：lessons from the industrial relations literature. Human Resource Planning，20 (3)：44~48

Wall T D，Clegg C W. 1981. A longitudinal field study of group work redesign. Journal of Occupational Behavior，(2)：31~49

Whitfield K. 1997. Organizing employment for high performance：theories, evidence and policy. Organization Studies，18 (5)：745~765

第三章
人力资源规划

学习目标

- 理解人力资源规划的内涵与作用
- 理解人力资源规划的内容与程序
- 掌握人力资源规划预测技术
- 理解人力资源供需平衡调节措施
- 了解人力资源信息系统的含义、内容和作用

人力资源管理 Human Resource Management

引导案例

手忙脚乱的人力资源经理[①]

D集团在短短5年之内由一家手工作坊发展成为国内著名的饮料企业，企业最初从来不做人力资源计划，缺人了，就去人才市场招聘。随着企业规模的扩大，人员变动越来越频繁，增加了管理的难度。于是，企业开始在每年年初制定计划：收入多少，利润多少，产量多少，员工定编人数多少，等等，人数少的部门可以招聘，人数超编的部门要减人。可是，因为一年中不时有人升职、有人调动、有人降职、有人辞职，年初又有编制限制不能多招，而且人力资源部也不知道应当招多少人或者招什么样的人，导致人力资源经理不得不经常往人才市场跑。

近来，由于3名高级技术工人退休、2名跳槽，生产线立即瘫痪，集团总经理召开紧急会议，命令人力资源经理3天之内招到合适的人员顶替空缺，恢复生产。人力资源经理两个晚上没睡觉，频繁奔走于全国各地的人才市场和面试现场，最后勉强招到2名已经退休的高级技术工人，使生产线重新开始运转。人力资源经理刚刚喘口气，地区经理又打电话告诉自己的公司已经超编了，不能接收前几天过去的5名大学生，人力资源经理不由怒气冲冲地说："是你自己说缺人，我才招来的，现在你又不要了！"地区经理说："是啊，我两个月前缺人，你现在才给我，现在早就不缺了。"人力资源经理分辩道："招人也是需要时间的，我又不是孙悟空，你一说缺人，我就变出一个给你？"……

第一节 人力资源规划概述

人力资源规划是人力资源管理各项活动的基础和起点。有效的人力资源规划不仅能帮助组织及时获得所需要的人力资源，还能防止结构臃肿，降低人力成本，最大限度地优化组织人力资源的配置。

一、人力资源规划的概念和特征

人力资源规划（human resource planning），也称人力资源计划，是指根据组织的发展战略与目标要求，科学地分析和预测组织在发展变化的环境中的人力资源供给和需求，制定必要的政策和措施，在确保组织人力资源供给和需求平衡的同时，实现组织利益和个人利益的最大化。

[①] http：//www.hroot.com/ 人力资源案例 _ HR管理世界．

从上面给出的定义来看，科学的人力资源规划应具备四个基本特征。

（一）人力资源规划的制定以组织的战略目标和外部环境为依据

正如人力资源规划专家詹姆斯·沃克（2001）所说："今天，实际上所有的经营问题都有人的因素，所有的人力资源问题都有经营的因素"，组织战略目标与人力资源规划之间的紧密关系突出表现在组织的战略目标决定了组织的结构和工作重点，并进一步影响了组织对人员数量、质量和结构的要求。因此，只有在人力资源规划与组织战略目标保持一致的情况下，人力资源规划才能真正地发挥其应有的作用。

外部环境也是相关部门制定人力资源规划时需要考虑的因素。人力资源规划是环境与人力资源管理的集合（小舍曼等，2001），任何决策都必须与环境和社会现实相一致。影响人力资源规划的外部环境包括社会经济发展水平、技术变革、劳动力的供给与需求，以及相关法律法规等。

（二）人力资源规划必须将组织战略和人力资源战略转化为必要的人力资源政策和措施

人力资源规划是一个依据组织发展战略对人力资源进行预测、调整、配置和补充的过程，因此，人力资源规划必须将组织战略和人力资源战略转化为人力资源政策和措施。例如，组织为适应市场需要，提出了技术创新型的发展战略，这种战略在人力资源战略层面的反映就是优化员工的知识结构、年龄结构和学历结构。人力资源规划必须将这种战略要求转化为具体的招聘、培训、调动、晋升或降职等政策措施并加以落实，否则就无法确保组织战略的实现。

（三）人力资源规划必须与组织发展各阶段的目标和重点相适应

组织所处的外部环境瞬息万变，组织的战略目标随着环境和组织发展阶段的变化而不断改变。因此，基于战略的人力资源规划必须随着企业在生命周期中所处的发展阶段的不同而进行动态调整。在初创期和成长期，企业的目标是发展和壮大，人力资源规划的重点是人员扩张；在稳定成长期，人力资源规划的重点在于关注人员的数量与质量；在衰退期，人力资源规划则需要考虑合理减员和为组织未来的发展提供合适的人力资源。

（四）人力资源规划能同时满足组织利益和个人利益

组织通过人力资源规划获取合格的人才，为合格的人才安排合适的岗位，并通过教育培训开发规划、管理者继任规划、员工职业生涯规划等专项业务规划，充分发挥员工的积极性与主动性，促使他们提高工作效率和绩效，以确保组织目标的实现。此外，人力资源规划在实现组织目标的同时也关心了员工个人的成长和发展，为他们个人价值的实现提供了有效的支持和帮助。

二、人力资源规划的目标

人力资源规划的总体目标是提高人力资源的配置效率，其具体目标有：

（1）获取并保持一定数量的具备特定知识、技能和能力的人员；

（2）充分利用现有人力资源，为人力资源管理的其他各项工作，如招聘、培训和开发等环节提供良好的条件；

（3）预测组织中潜在的人员过剩或人员不足问题，在供求失衡发生之前及时进行有针对性的调整，以降低人力资源的管理费用；

（4）与组织中的业务规划相联系，保持人力资源的合理配置，为优化业务规划提供支持；

（5）建设一支训练有素、运作灵活的劳动力队伍，增强组织适应未知环境的能力；

（6）减少组织在关键技术环节对外部招聘的依赖性，唤起组织中各层级人员对人力资源管理重要性的认识。

三、人力资源规划的作用

人力资源规划不仅在人力资源管理活动中具有先导性和战略性的作用，它在组织战略的制定和实施过程中也发挥着不可或缺的作用。总体来看，人力资源规划的作用突出表现为以下几个方面。

（一）人力资源规划是组织战略规划的重要组成部分

组织的战略规划包括人力资源规划、财务规划、产品规划及市场规划等，人力资源规划为组织财务规划、产品规划、市场规划的实现提供人力支持，协助组织在财务、产出、产品结构、技术和资源需求等方面达到预期的目标。因此，人力资源规划是组织战略规划的重要组成部分，是保证其他规划有效实施的关键环节。

国际著名的人力资源咨询公司 Hay 曾经对 927 名人力资源管理从业者进行了一项调查。调查结果显示，有 51% 的被调查者认为，他们所在组织的高层管理者认为人力资源规划"非常重要"或者"相当重要"，仅有 16% 的被调查者认为在他们的组织中，人力资源规划"不重要"或处于"被忽视"的地位。

（二）人力资源规划能确保组织在动态发展中保持人员供给与需求的平衡

在"变化"是市场唯一不变法则的前提下，组织要想在激烈的市场竞争中生存并得以发展，必须随着不断变化的市场迅速调整规模、结构、战略目标和经营策略。战略目标和经营策略的调整会影响组织对人员的需求和供给，从而导致人力资源需求与供给失衡。然而人力资源需求和供给的平衡不可能自动实现，而人力资源规划可以预测这种供求差异并对其进行及时的调整，以确保人员供给与需求处于平衡状态。

（三）人力资源规划是人力资源管理活动的起点和依据

不管如何定位人力资源规划与人力资源管理活动之间的关系，人力资源规划都能为人力资源各板块的工作提供支持。例如，依据组织未来发展规划和组织未来对人员数量、质量及结构的要求，人力资源规划能通过盘点现有人员状况，为组织所开展的人员招聘、晋升、培训、人员调整及人工成本控制等活动提供准确的信息。因此，人力资源规划是人力资源管理活动的起点和依据。

（四）人力资源规划有助于控制人工成本

人力资源规划对预测组织中、长期的人工成本具有重要作用。人工成本中最大的支出是工资，而工资总额在很大程度上取决于组织中的人员分布状况。人力资源规划能通过对组织中现有人员结构的深入分析，发现影响人力资源有效运作的关键因素。在此基础上，组织可以有计划地进行调整和优化，以减少不必要的用人成本，把人工成本控制在合理的范围内。

（五）人力资源规划有助于调动员工的积极性

人力资源规划可以使员工看到未来组织在各个层面对人力资源的需要，从而促使他们将自己的职业生涯规划与组织的发展目标相结合，清晰、准确地预见自己的职业生涯发展前景，积极主动地参加有利于提升自身素质和胜任能力的培训。因此，人力资源规划对提高员工的综合素质、增加员工的满意度、实现员工目标来说具有重要意义。

阅读材料 3-1 华为：基于战略的人力资源规划[①]

成立于1988年的深圳华为技术有限公司（以下简称华为），曾经是一个名不见经传的民营企业，在短短十几年间，华为发展成为利润率最高、研发投入最高、纳税额最多的中国电子信息十强企业之一，在2007年被海外机构评价为全球通信领域的第五大供应商。究其成功的原因，重要因素之一是华为按照战略规划目标，制定人力资源规划并大规模地进行相关人才的储备。

华为创业之始仅有10多人，后来逐步增加到100多人，20世纪90年代中期以后，在确定了"华为将长期专注于通信网络从核心层到接入层整体解决方案的研究开发，同时以标准的中间件形式向用户提供开放的业务平台，并关注宽带化、分组化、个人化的网络发展方向"的战略发展方向之后，华为进行了人力资源的规划，开始了大规模的人才引进和储备。1998～

---

① 徐光华，暴丽艳．2005．人力资源管理实务．北京：清华大学出版社．本书作者有改编．

2000年，华为平均每年增长人数为3000～4000人，居国内首位。1998年，中国科技大学的全部毕业研究生中，除了继续在国内外求学的，共有400左右人找工作，其中近90人进入华为；华中理工大学（现为华中科技大学）则有近200人加盟华为。到2001年，华为已有员工15 000余人，其中85%具有本科以上学历，65%以上具有硕士、博士和博士后学历，员工平均年龄27岁。从人员结构看，科研人员占40%，市场营销和服务人员占35%，生产人员占10%，管理及其他人员占15%（2001年统计数据）。

华为对人力资源的规划并非中规中矩、完全按照供给和需求的预测作出的，而是更多地从切断竞争对手人才补给线的战略高度制定和实施措施。正是这一基于人力资源规划的战略举措，为华为的发展奠定了雄厚的基础，同时也给竞争对手造成了巨大的压力。

第二节　人力资源规划的内容与流程

一、人力资源规划的内容

按照规划预期的时间跨度，人力资源规划可分为长期规划、中期规划和近期规划。长期规划一般可用于组织未来五年之参考，中期规划一般是为未来三五年的人力资源管理工作作规划，近期规划则通常是对最近一年内的人力资源管理工作作出计划安排。

从所涉及的内容来看，组织的人力资源规划可分为两个层次，即总体规划和专项业务规划。人力资源总体规划是指根据组织的总体发展战略，对计划期内人力资源管理的总目标、总原则、总政策、总体实施步骤和总体预算的系统筹划；业务规划是具体化了的总体规划，每一项业务规划也是由目标、任务、政策、步骤和预算等部分构成，从不同方面保证人力资源总体规划目标的实现。在实际的组织管理中，较常见的专项业务规划主要包括岗位职务规划、人员配置规划、教育培训规划和职业生涯规划。

1. 岗位职务规划

岗位职务规划与组织设计和工作分析有关，它主要包括组织结构的设计和调整、职位设置、职位描述和任职资格要求确定等内容，其目的在于解决组织定岗定编的问题。

2. 人员配置规划

人员配置规划主要依据组织中处于不同部门、职务或工作类型的人员的分布状况和对未来人员的供需预测，制定一系列的政策措施，以满足组织中、长期对人力资源的供给和需求。人员配置规划具体包括人员分配计划、晋升计划、工作轮换计划、招聘计划及退休解聘计划等内容。

3. 教育培训规划

教育培训规划是组织根据内外环境、发展战略的要求和员工发展的需要，对员工进行有计划的培训和开发，其目的是使员工适应未来岗位的需要。教育培训规划的制定和实施，一方面可以使组织成员更好地适应正在从事的工作，另一方面也为组织未来的发展储备后备人才，有利于提高组织的整体素质和员工的个人素质，增强组织智力资本的竞争力。

4. 职业生涯规划

职业生涯规划是组织根据其发展目标，结合员工自身的知识、能力、兴趣及爱好，旨在促进组织成员个人成长和发展的一系列安排。职业生涯规划不仅能使员工与组织的发展和需求相一致，而且有利于提高员工的满意度，更好地调动员工的工作积极性。

二、制定人力资源规划的原则

制定人力资源规划需要遵循以下原则。

1. 兼顾性原则

任何组织都面临着内、外部环境的不断变化。组织内部环境变化主要包括组织发展战略、经营目标、经营计划、员工数量和质量的变化等；外部变化主要包括组织所处的政治、经济、法律、社会、技术环境的变化，消费市场的变化，政府有关人力资源政策的变化，劳动力市场的供求变化及人才市场的变化等。人力资源规划应该兼顾组织内、外部环境的变化，对可能出现的情况作出预测，制定相应的预案，以有效地服务于组织发展目标。

2. 合法性原则

人力资源规划必须依据国家和地方的法律、法规及政策来制定，确保人力资源规划的各种实践活动和结果都不违反国家及地方法律、法规的有关规定。

3. 实效性原则

人力资源规划要有实效性，这也是人力资源规划的基本原则。例如，组织在进行人力资源需求预测时要充分考虑组织内、外各项因素，准确、客观地预测出组织对人力资源的需求，为其他人力资源管理活动奠定基础。

4. 发展性原则

人力资源规划应随着组织的发展和战略的调整而动态地变化。人力资源规划应立足组织未来的长远发展，指导和协调人力资源各职能模块，确保组织战略目标的实现、人员的优化配置和人工成本的合理控制。

三、人力资源规划的流程

人力资源规划的制定需要同时考虑两方面内容：一方面，盘点组织现有人力资源的数量、质量和结构等情况；另一方面，科学预测组织未来的人力资源需求和劳动力市场相关人力资源的供给趋势，以便及时对人员进行调整、配置和补充。制定人力资源规划的流程可以分为分析、制定和评估三个阶段，每一阶段包括若干步骤，具体如图 3-1 所示。

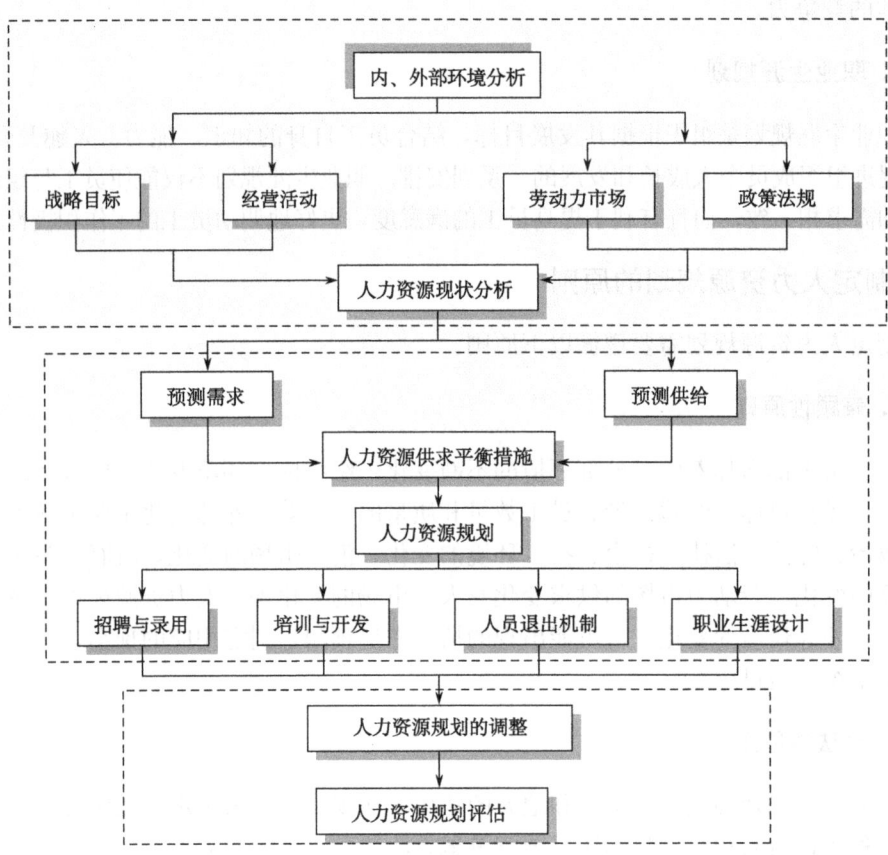

图 3-1　人力资源规划流程

注：图中的三个虚线框分别表明人力资源规划流程的三个阶段，即人力资源规划的分析阶段、制定阶段和评估阶段。

（一）人力资源规划的分析阶段

这一阶段的工作重点包括以下内容。

1. 分析组织的内、外部环境

作为整个人力资源规划活动成功与否的关键要素之一，分析组织的内、外部环境是人力资源规划的第一步，它为其后进行的人员供求分析提供了基础和依据。

2. 分析组织现有人力资源状况

在对内、外部环境进行分析后，组织需要对现有人力资源状况进行分层、分类的分析，确定现有人力资源与组织实现战略目标所需人力资源之间的差距，为下一步工作作准备。

（二）人力资源规划的制定阶段

这一阶段的工作重点包括以下几方面。

1. 人力资源需求预测

人力资源需求预测（forecasting human resource needs）是指根据组织的战略目标、发展规划和工作任务，在综合考虑各影响因素后，对组织未来人力资源的数量、质量和结构进行估计的活动。它是人力资源规划的关键因素之一，是制定人力资源规划的目标、政策的基础。

1）人力资源需求的影响因素

（1）组织外部因素。影响组织人力资源需求的外部因素主要包括政治环境、经济环境、法律环境、社会环境、技术环境、行业环境及市场竞争环境等。经济环境会影响组织未来的发展趋势，对组织人力资源需求影响较大，但其可预测性较弱；社会、政治、法律因素虽然较易预测，但却难以确定它们何时会对组织产生真正的影响；技术革新对组织人力资源的影响也较大，如在工业革命进程中，生产技术水平的提高大大降低了组织对劳动力数量的要求；此外，竞争对手的发展状况，也会引起组织对人力资源需求的变化。

（2）组织内部因素。影响人力资源需求的内部因素主要有组织发展状况及现有的人力资源状况。在进行人力资源需求预测时，组织应首先综合考虑其发展战略、组织文化和价值观、核心竞争业务、企业规模的变化、企业经营方向的变化、市场需求、产品或服务质量升级、技术和组织管理革新、组织的预算等影响组织发展状况的因素。其次，组织现有人员的状况对人力资源需求也有重要影响。退休、辞职人员数量，合同期满后终止合同的人员数量以及死亡、休假人员数量，都直接影响到人力资源需求量。

2）人力资源需求预测

人力资源需求预测分为现实人力资源需求预测、未来人力资源需求预测和未来人力资源变化预测三部分。人力资源需求预测流程如图 3-2 所示。

人力资源需求预测的具体实施步骤如下：

（1）根据组织结构和职位设置状况，确定岗位编制和人员配置；

（2）盘点现有人力资源状况，包括登记员工的数量、质量、结构、分布、工作情况、劳动负荷情况等，检查是否存在人员缺编、超编现象，考察当前员工是否符合岗位资格要求；

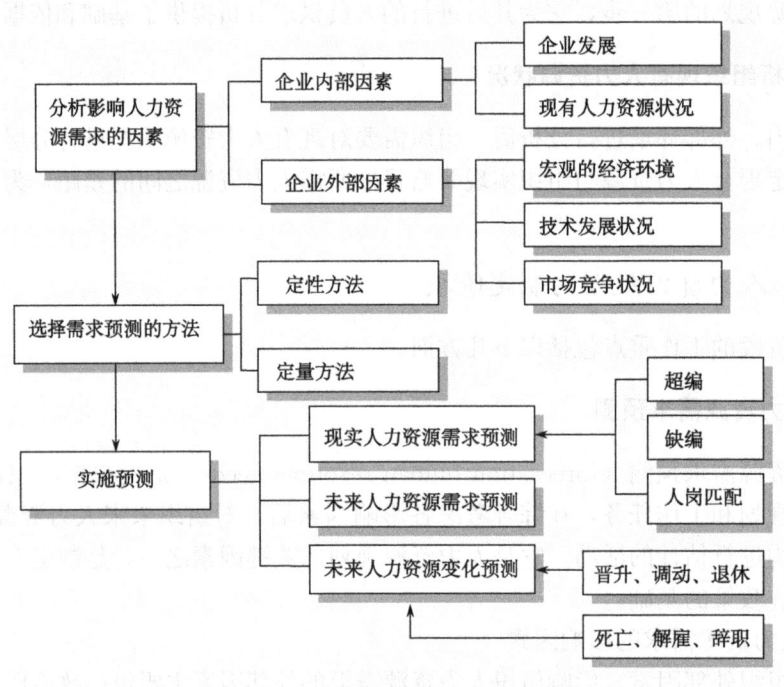

图 3-2　人力资源需求预测流程

（3）与部门管理者讨论上述统计结果并确定各部门的人力资源需求；

（4）根据组织未来的发展战略和经营计划，确定未来的组织结构设置；

（5）根据未来的生产任务计划、生产因素及工作量的增长情况，确定各部门还需增加的职务及人数并进行汇总统计，该统计结果即为未来的人力资源需求；

（6）统计预测期内即将退休的人员；

（7）根据历史数据，预测未来可能发生的晋升及离职情况；

（8）汇总来自第（6）、（7）个步骤的统计和预测结果，得出未来流失人力资源趋势；

（9）汇总上述现实人力资源需求、未来人力资源需求和未来流失人力资源的数据资料，得出组织整体人力资源需求预测。

2. 人力资源供给预测

人力资源供给预测是指根据组织未来一段时期的内、外部各类人力资源补充来源情况进行预测的过程。

1）人力资源供给的影响因素

影响人力资源供给的外部因素包括地区性因素和全国性因素。地区性因素包括：组织所在地区的就业水平、就业观念；组织所在地区和邻近地区的人口密度；组织所在地区的科技文化教育水平；组织所在地区的人力资源供给状况；组织所在地区对人们的吸引力；组织所在地区的住房、交通、生活条件；组织本身对人们的吸引力；竞争对手对劳动力的需求状况。全国性因素包括：全国劳动人口的增长趋势；全国对各类人员的需求程度；各类学校的毕业生规模与结构；教育制度变革所产生的影响，如延长学制、改革教学内容等对员工供给的影响；国家的就业法规、政策。

影响人力资源供给的内部因素主要包括组织内部人员的数量、质量及结构等，具体表现为人员的年龄、级别、素质、工作经历、工作任期、知识、经验、技能、发展潜力等方面。

2）人力资源供给预测

组织人力资源供给来自两个方面：组织内部人员供给和组织外部人员供给。相应地，组织人力资源供给预测也包括两个方面：组织内部人力资源供给预测和组织外部人力资源供给预测。组织人力资源供给预测流程如图3-3所示。

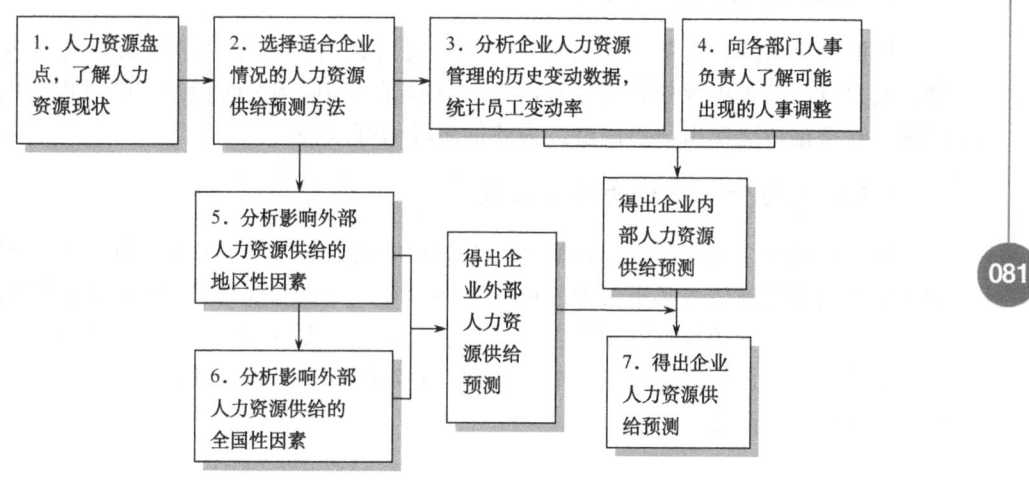

图3-3　组织人力资源供给预测流程

（1）组织内部人力资源供给预测。在进行组织内部人力资源供给预测时，人力资源部门需要详细地评估组织内部现有人力资源状况和他们的运动模式，即离职率、调动率和升迁率。

在预测未来的人力资源供给时，人力资源部门首先要明确的是组织内部人员的特征，如年龄、级别、素质、工作经历、工作任期、知识、经验和技能等；其次是收集和储存有关人员的发展潜力、可晋升性、职业目标，以及培训项目等方面的信息。

预测未来的人力资源供给不仅要掌握目前的人员供给状态，而且必须考虑人员在组织内部的运动模式，即人员的流动模式和变动率。人员的流动模式通常有以下几种：死亡、伤残、退休、离职、平行岗位流动、在组织内提升或降职等。人员的变动率包括离职率、调动率和升迁率，这可以由相应的公式计算得出，如"人员离职率＝一定时期内（通常为一年）离职人员数/年内在职员工平均数×100％"。

（2）组织外部人力资源供给预测。组织外部人力资源供给预测主要是指在未来一段时期内对劳动力市场上的相关人力资源供给状况进行预测的过程。

3. 制定人力资源供求平衡政策

根据人力资源供求预测的数据，人力资源部门可以对组织在人力资源质量、数量和结构上存在的不平衡进行比较，从而计算出人力资源净需求。结果通常会出现三种情况：①人力资源过剩，即人力资源供给大于需求。这时组织采取的措施主要有减少临时工数量、实行工作分担制、提前退休，甚至解雇等。②人力资源短缺，即人力资源供给小于需求。这时组织所能采取的主要措施有招聘新员工、加班、培训、晋升、外包、工作再设计等。③供求相等，即人力资源的供给等于需求。在这种情况下，组织就不需要进行大的人力资源调整。

4. 制定人力资源的各项规划

根据所确定的人力资源净需求，人力资源部门可以着手制定人力资源的各项规划。人力资源的各项规划制定之后，人力资源部门还应当及时记录实施过程中出现的问题，并根据情况作出适当调整，为评估阶段做好准备。

（三）人力资源规划的评估阶段

这一阶段的主要任务是评估整个人力资源规划的有效性，它是保证人力资源规划的工作效果及实施效率必不可少的重要一环。对人力资源规划的有效性进行评估是为了了解诸如人力资源规划的预期目标是否已经实现，如果没有实现，问题出在哪里，原因是什么，应该采取什么样的措施；期初制定的目标是否合理，如果不合理，需要作怎样的调整等问题。

阅读材料 3-2　上海银行：制定人力资源规划　打造四支人才队伍[①]

2007～2010年是上海银行全面建设现代金融企业，努力成为资本充足、内控严密、运营安全、服务和效益良好、具有鲜明特色和较强竞争力、符合国际惯例和标准的上市银行的重要战略发展时期。为了给全行发展提供良好的人力资源支撑，上海银行制定了四年人力资源规划，致力于打造四支人才队伍，不断提高员工的整体素质和能力。

1. 人力资源规划的制定背景

建行以来，上海银行始终坚持走"人才强行"之路，紧紧围绕建设现代金融企业的中心工作，牢固确立"人力资源是第一资源"的指导思想，始终坚定不移地开展干部人事制度改革，创新体制机制；坚定不移地调整人员结构，优化人力资源配置；坚定不移地加大人才培养力度，提高全员素质。初步建立了统一、集中、开放的人力资源管理框架，并从传统的劳动人事管理

---

① 上海银行办公室. 2007-04-20. 上海银行：制定人力资源规划　打造四支人才队伍.

向现代金融企业人力资源开发转变，为全行的改革发展提供了基本支撑。

外部经营环境的加速变化、市场竞争白热化，各家金融机构，特别是外资金融机构对人才的争夺将日趋激烈；银行内业务流程和组织架构再造、跨区域经营等战略行动的展开，新一代核心业务系统上线、风险控制水平提升、盈利和增长模式等经营管理方式的持续转型，使上海银行感到，要适应变化和成功转型，全行干部员工的素质和能力还需进一步提升。

2. 人力资源规划的目标

上海银行人力资源规划的指导思想是：以增强综合竞争力为主线，贯彻"着眼发展、立足培养、控制总量、优化结构、全面提升"的基本方针，进一步转变观念，坚持市场化改革方向，持续创新管理模式，不断完善体制机制，使全行员工队伍形成合力、提高能力、激发活力、增强凝聚力，使人力资源管理工作为全行战略目标的实现提供有力的支撑。

坚持六个基本原则：一是控制总量，提高质量。立足全局，在保证业务发展的前提下，注重人力资本效率，有效控制人员数量的增长。二是立足培养，多管齐下。引进人才、优化配置等多管齐下，加强培训、轮岗、辅导和实践锻炼，不断提高员工的综合素质和能力。三是分类管理，分级实施。按照银行流程的要求，对营销、风险控制、管理、执行操作等不同类别岗位的人员，探索实施差异化的人才培养、人事管理、考核评价和激励约束等机制，并由总行、分行、支行分级实施。四是突出重点，储备骨干。以"四支队伍"建设为重点，带动全行员工队伍整体素质的提升。五是德才兼备，全面发展。进一步强化员工职业道德教育，坚持德才兼备的选人、用人导向。六是以人为本，制度保障。积极稳妥地推进干部人事制度改革，促进员工与企业的共同发展，努力提高员工忠诚度，维护和谐稳定的用人环境。

3. 人力资源规划的实施措施

未来四年，上海银行将重点建设领军人才、专业技术人才、基层管理人才和操作服务人才四支队伍。为此，该行将加强人力资源管理的基础建设，稳妥推进干部人事制度改革，科学合理地配置人力资源，调整人员结构，完善薪酬体系和考核评价机制，增强培训的系统性、针对性，使员工队伍的整体素质和能力提升到新的水平。

（1）进一步完善干部培养、选拔和任用机制。一是逐步在全行各级领导人员中全面推行竞聘上岗，强化"赛马场上选骏马"的选人、用人机制；干部使用坚持民主、完善考核、加强监督、加大流动，坚持优胜劣汰。二是建立行内领军人才和高级专业人才梯形结构的后备人才库，落实各级组织的培养责任，加强持续跟踪考察；探索实施人才培养、使用、考察的标准化管理。

（2）探索形成科学、高效的后备人才培养模式。一是进一步提高"中青班"学习、岗位磨炼等人才培养方式的规范化和系统化。实施后备人才交流锻炼计划，提高后备干部的实务能力。二是尝试树立一批人才培养的示范单位,总结经验并加以推广,带动全行后备人才培养的整体推进,形成良好环境和氛围。三是对新进的高校毕业生,按不同业务条线进行定向培养,明确其职业发展方向、目标、实施步骤、考核要求等,形成标准化的操作流程;对有一定行内工作经验的高校毕业生,通过充分运用行内人才市场等方法,鼓励其向紧缺岗位流动。

(3) 强化有效的人员补充机制。一是对紧缺岗位,引进业务和管理骨干,对特殊人才提供特殊待遇;二是统筹做好应届高校毕业生的录用工作,并按照专业条线的人才要求,实行应届高校毕业生定向招聘;三是每年吸收一定数量的金融职校毕业生,作为柜面和其他操作岗位人员的补充来源。

(4) 持续加强人力资源管理的基础工作。一是适时修订《上海银行劳动合同制实施办法》等规章制度;二是认真执行《上海银行员工违反规章制度处理暂行规定》,出台《上海银行员工岗位聘用实施细则》等制度,将全行人员结构调整与员工日常管理有机结合,从根本上促进员工聘用、使用、考核、奖惩等人事管理工作的规范化、标准化;三是梳理和完善各项人力资源管理工作的操作流程,强化执行,提高全行人力资源管理的水平和效率,降低管理成本。

(5) 坚持市场化改革方向,完善薪酬福利体系和考核激励机制。一是结合组织架构再造,对全行岗位体系进行重新梳理,在此基础上完善薪酬体系的激励功能;二是探索对营销、风险控制、管理、操作等不同条线、部门和人员有针对性的考核激励方法;三是对紧缺的重点、骨干人才,形成具有充分竞争力的吸引、留住人才的激励机制;四是探索员工薪酬的动态调整机制,继续建立和完善多层次、立体型的员工福利保障体系。

(6) 以四支队伍为重点,加大培训资源投入,进一步完善相应的培训体系和流程。一是配合后备干部培养,根据其不同的职业发展阶段和岗位任职要求,设计实施有连续性和针对性的梯度培训方案;二是针对不同条线的专业技术人才,逐步形成和完善不同系列的专项培训;三是按照各支行标准化建设要求,探索实行各支行行长任职资格考试制度,并加强后续培训;四是对操作服务人员规范操作技能培训,同时进一步加强企业文化、职业道德、风险防范、服务艺术等方面的综合培训。

第三节 人力资源规划的预测技术

人力资源规划的预测技术是整个人力资源规划工作的难点。随着科学技术的突飞猛进,当代人力资源规划的预测技术和方法层出不穷,这对人力资源规划工作提出了更高的要求。

一、人力资源需求预测方法

人力资源需求预测方法可以分为定性预测方法和定量预测方法两种类型（图3-4）。

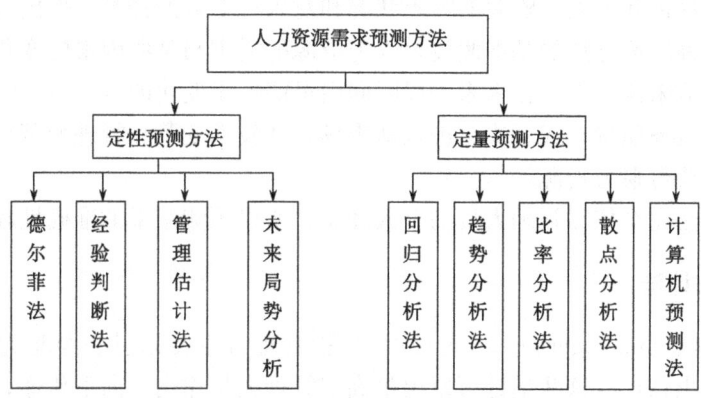

图 3-4 人力资源需求预测方法

（一）定性预测方法

在实践中被广泛使用的定性预测方法主要有以下几种。

1. 德尔菲法

德尔菲（Delphi）法，又称为专家评估法，由美国兰德公司于20世纪50年代发明。此方法一般采用问卷调查的方式，组织者听取专家对组织未来人力资源需求的分析和评估，最后通过多次沟通商讨达成一致意见。这种方法要求比较严格，一般不允许专家之间互相见面，组织者只是通过电话、传真或者网络与各位专家进行交流。该方法的具体步骤如下。

（1）预测筹划工作。包括：确定预测目标和课题，规定预测要求，选择若干名熟悉本课题的专家组成专家组，并准备好有关材料。

（2）首轮预测工作。针对预测项目提出预测问题，并以预测表格的形式随有关背景材料一起交给专家组，各专家以匿名的方式独自作出预测。

（3）反复预测工作。组织者对各专家的首轮预测结果进行整理、汇总和统计分析，形成第一次预测结果；接着，组织者把该结果再次分发给各位专家，由他们对新的预测表格进行第二轮预测，如此反复进行几轮。

（4）表述预测结果。经过几轮的预测以后，组织者把最后一轮的预测结果加以整理和统计，形成分析报告，并以文字或图表的形式表达出来。

德尔菲法的优点主要是能够有效避免专家作决策时受到他人的干扰，使在不同地方的专家可以参与到同一个决策项目中来。该方法的缺点是比较耗费时间，如果决策期限要求严格，那么这种方法就不见得适用。

2. 经验判断法

经验判断法（experience judgment）是一种主观预测法，管理人员凭借自己的经验，根据组织最近几年人力资源的需求状况和对未来变数的推测，作出人员需求的估计和预测。这种决策方法的基本假设是人力资源的需求与某些因素的变化之间存在着某种关系。一般来说，组织在未来一段时间内可能发生变化的因素有：①组织决定提高产品质量或服务质量，或者决定进入新市场；②技术变革和管理变革导致生产率的提高；③可能获得财力资源。

由于该方法完全依靠管理人员的个人经验，所以预测结果的准确性较难保证。

3. 管理估计法

管理估计法（managerial estimate）① 是指管理者主要以过去经验为基础对未来的人员需求作出估计。这些估计可以由最高层管理人员作出并向下传递，或者由较低层的管理人员作出并向上传递，同时作进一步的修订，或者是不同层级管理人员预测结果的综合。

4. 未来局势分析

用劳动力环境扫描数据来开发可供选择的劳动力方案。这些方案是通过召开部门经理和人力资源经理参加的头脑风暴会议来制定的，他们预测未来 5 年或 5 年以后他们认为自己需要的劳动力会是什么样的。一旦这些预测成形，管理者接下来就要回头去识别关键的变化点。未来局势分析（scenario analysis）② 的最大优点是它鼓励开放的、不受固定框架约束的思考。

（二）定量预测方法

1. 趋势分析法

趋势分析法（trend analysis）是时间序列法的一种，它利用过去的员工人数预测未来的人力资源需求。此方法一般遵循以下步骤：首先，选择一个对人力资源需求影响较大的预测变量（如销售量），分析该变量与所需员工之间的关系，二者的比率构成一种劳动生产率指标（如销售额/人）；接着，计算过去 5 年（或更长时间）该指标值，并求出均值；最后，用平均劳动生产率除以目标年份的商业变量或经济变量，即可得出目标年份的人员需求预测值。趋势分析法虽然很有价值，但它需要依靠众多假设为前提，因此仅使用这种方法来预测未来人力资源需求是远远不够的。

2. 比率分析法

比率分析法（ratio analysis）是根据某种可变指标与所需人数之间的比例关系进行

---

①② 劳埃德·拜厄斯，莱斯利·鲁. 2004. 人力资源管理. 第 7 版. 北京：人民邮电出版社：88，89

预测的方法。比例的大小通常来源于本组织的历史数据或本行业的经验数据及国家颁布的行业标准。例如，在过去的几年里，组织每年需要 20 名销售人员来实现 1000 万元的销售额，那么销售额与销售人员数的比为 1000÷20＝50（万元／人）。假使组织计划在下一年实现 1500 万元的销售额，那么组织就需要多雇用（1500－1000）÷50＝10 个销售人员来完成这项增加销售额的任务。与趋势分析法一样，比率分析法也有很多假设条件，因此，当假设条件出现变动时，该方法的预测结果就需要作调整。

3. 散点分析法

散点分析法（scatter plot）借助于散点图把组织经济活动中的某种变量与人数之间的关系和变化趋势表示出来，如果二者之间存在相关关系，则可根据未来组织业务活动量的估计值来预测相关的人员需求量。如一家汽油生产厂商可以根据图 3-5 所示的函数关系，确定销售人员需求数量（个）与产品销售量（升）之间的关系。

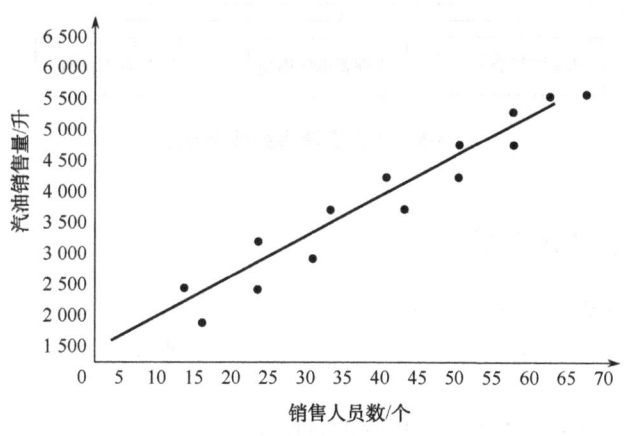

图 3-5　散点图示

4. 回归分析法

回归分析法（regression analysis）是一种定量预测技术，这种方法通过建立人力资源需求量及影响因素之间的函数关系，来推测人力资源需求量的变化。回归分析法有一元和多元的、线性和非线性的。在实际工作中，往往是多个因素共同决定了人力资源需求量，所以这里我们主要讨论多元线性回归预测法。方法简介如下：

设 y 为因变量（人力资源需求量），其影响因素为自变量 x_1，x_2，x_3，…，x_n，其关系近似为：$y = \beta_0 + \beta_1 \cdot x_1 + \beta_2 \cdot x_2 + \cdots + \beta_s \cdot x_s$。

根据最小二乘法、矩阵和联立方程组的原理，结合观察数据，可以解出 β_0、β_1、β_2 直到 β_s，从而得到人力资源需求量与诸影响要素之间的回归关系，为人力资源需求的预测提供数据依据。

5. 计算机预测法

计算机预测法（computerized forecasting）是一种利用计算机系统来预测组织人

力资源需求量的方法。具体地说,人力资源专家和直线管理人员将所需要的信息综合在一起,建立起一套人员需求的计算机化预测系统。该系统包含一些典型数据,如生产单位产品所需要的直接劳动工时,以及销售额的各种指标(最低销售额、最高销售额、可能销售额)等。运用这一系统,组织可以对人员需求进行估计与预测。计算机预测法是组织人力资源需求预测技术中最复杂也是最精确的一种方法,但目前还没有一种被大家公认的通用软件系统可被广泛应用于人力资源需求预测中。

二、人力资源供给预测方法

人力资源供给预测的常用方法主要有管理者继任模型、马尔科夫模型以及档案资料分析法,具体如图 3-6 所示。

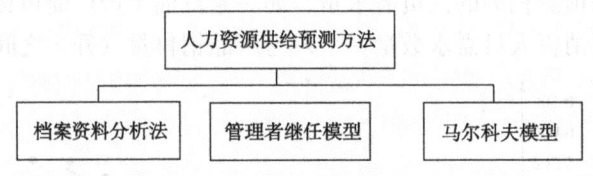

图 3-6　人力资源供给预测方法

(一) 管理者继任模型

管理者继任模型是一种针对组织中管理人员供给预测的方法。该方法简单而有效,国外许多企业,如 IBM、通用汽车都采用了这种预测方法。此方法的主要步骤为:

(1) 根据组织未来几年中可能出现的各层次、各部门管理岗位的空缺,制定一份组织各层次、各部门管理岗位的继任计划;

(2) 按组织图绘制出管理人员关系图,每个管理岗位确定 1~3 名继任候选人,通常从下一层级现任的管理人员中挑选;

(3) 每年对这些人员的晋升潜力进行评估,由此列出候选人次序;

(4) 当管理岗位出现空缺时,由具备晋升条件的继任候选人替补;

(5) 统计最终岗位空缺数。

这一过程可由图 3-7 来表示。

随着企业经营者继任高峰期的到来,高管继任问题在我国各类企业中已经成为一个非常突出的问题。有关报道显示,我国企业的高管继任充满了非制度性的因素,缺乏计划性和预见性,很多企业都是在高管突然离职或出现其他未曾预料的事件导致原高管无法继续承担职责的情况下,匆忙选择接班人,或者因为接班人之间无法平衡,而不得不进行拆分,如柳传志把杨元庆和郭为分开安置。国内的有关研究证明,企业经营者继任的计划性、连续性是保证企业健康发展的重要因素(党晓龙,张德,2004;柯江林等,2007)。

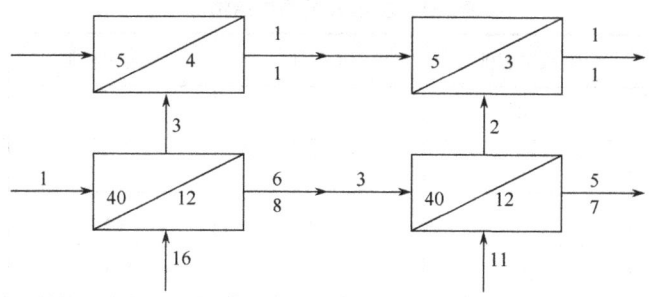

图示说明:

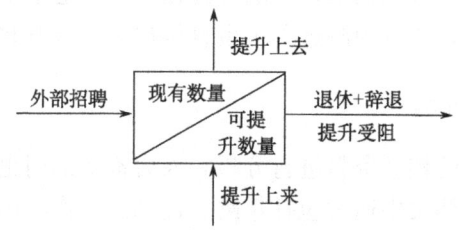

图 3-7 管理者继任模型分析图

(二) 马尔科夫模型

马尔科夫(Markov)模型是通过预测组织内部人员转移从而预测内部人员供给的方法,它根据组织以往各类人员之间流动比率的概率来推断未来各类人员数量的分布。该方法的前提是:组织内部人员的转移是有规律的,并且其转移概率有一定的规则,如果根据历史数据能够掌握各类人员之间转移比率的概率(称为移动率),则可根据马尔科夫模型来推断未来的人员分布。

分析的第一步是作一个人员变动矩阵表。例如,在某科研院任何一年里,平均 80% 的高级工程师仍在研究所,20% 退出,任何一年里大约 65% 的助理工程师留在原职位,15% 提为工程师,20% 离职,则该研究所第一年的人员变动矩阵表如表 3-1 所示。

表 3-1　某科研所人力资源供给情况的马尔科夫分析

初始人数	职称	高级工程师	工程师	助理工程师	离职
20	高级工程师(P)	0.80			0.20
30	工程师(T)	0.20	0.70		0.10
40	助理工程师(S)		0.15	0.65	0.20

根据初始人数,利用表 3-1 所示的转移矩阵,我们可以计算出次年人员的供给情况,见表 3-2。

表 3-2 次年人员的供给情况

初始人数	高级工程师	工程师	助理工程师	离职
20	16			4
30	6	21	3	3
40		6	26	8
总供给	22	27	29	−15

应用马尔可夫模型进行人力供给预测的好处在于它考虑了个人晋升的前景,由于人员转移是"推进式"的,所以预测过程中也直接包括了晋升政策的产生。

(三) 档案资料分析法

通过对组织内部人员的档案资料进行分析,人力资源部门也可以预测组织内部人力资源的供给情况。人员档案中通常包括年龄、性别、工作经历、受教育程度、技能等方面的内容,更完整的档案资料还包括员工参加过的培训课程、本人对换岗的态度、职业兴趣、业绩评估记录(包括对员工各方面成绩的评价、优点和缺点的评语)、发明创造以及发表的学术论文和获得专利情况等信息资料。现在,越来越多的组织开始借助计算机手段来管理人员档案,这就为利用人员档案预测组织内部人力资源供给提供了更有利的条件。

阅读材料 3-3 从"技工荒"看劳动力市场供给对人力资源供给的影响[①]

上海技术工人,尤其是高级技术工人存在着严重短缺,这个问题由来已久。关于高级"技工荒"的报道甚至成为区域内重点新闻:上海一民营企业开价40万元请来"洋技工";江苏年薪28万元聘请不到高级电焊工;杭州开出6000元月薪,3个月只招到两名技工……

技工短缺在上海并不是个特殊案例。据统计,长江三角洲16个城市中,高级技工缺口占需求的70%以上。在无锡,数控机床、热处理、机械检查等专业高级技师以上的岗位和求职人数之比为10∶3。在我国7000多万的技术工人中,中级、高级人才只有5%,而在国外发达国家,这一比例高达40%。由于技术工人不足所产生的现象充满矛盾:一方面,高等教育过剩,大量大学毕业生,甚至硕士、博士找不到对口工作;另一方面,企业急缺扎实、熟练的工人,尤其是技艺精湛的高级技工。我国制造业水平不高、生产工艺不精是一个重要原因,而技工荒则是生产工艺提升的瓶颈。中国是制造

---

① 根据2006年8月21日《中国经营报》"沪上技工荒"改编。

业大国，但要想成为制造业强国，还有很长的路要走。而上海作为中国制造业的龙头，其扶植、培养技工的政策和产生的效果引人关注。

第四节 人力资源的供求调节

在完成对组织人员需求和供给的预测之后，一般会出现三种人力资源供求关系：人力资源供求平衡、人力资源短缺和人力资源过剩。

一、人力资源供求平衡

人力资源供求平衡是人力资源规划所要达到的主要目标之一。然而，人力资源供求的完全平衡是几乎不可能实现的，即使是在总量上持平，也会在质量或结构上存在差异。但是，这并不妨碍它作为人力资源规划的主要追求目标。

二、人力资源短缺

针对人力资源短缺的人力资源规划政策和措施主要有以下几种。
（1）加班：延长人员短缺岗位上现有员工的工作时间或增加工作的负荷量；
（2）临时雇用：临时雇用人员并填充到人员短缺岗位；
（3）培训：培训某些人员并将他们提拔到人员短缺的岗位；
（4）业务外包：将部分非核心的业务外包给专业公司；
（5）借调：把某些在别的岗位工作的人员调到人员短缺的工作岗位上；
（6）工作再设计：鼓励员工提出建议和措施，重新设计工作程序和方法，提高工作效率；
（7）技术创新：改进技术或进行超前生产；
（8）外部招聘：制定招聘政策，从组织外进行招聘；

虽然以上措施都是解决组织人力资源短缺问题的有效途径，但最为有效的方法是通过采用科学的激励机制、培训提高员工的生产业务技能、改进工艺设计等方式来调动员工的积极性，以提高生产率，减少对人力资源的需求。

三、人力资源过剩

人力资源供给大于需求会导致出现人力资源过剩的情况。针对人力资源过剩的人力资源规划政策和措施主要有：

（1）裁员。即为了强化企业的竞争力而进行的有计划的人员裁减。许多企业在20世纪80年代末和90年代初都采取过这种策略。2008年，在抵御全球性经济危机的过程中，很多中国企业都通过裁员的方式来缩减企业的人力资源成本。然而裁员也给那些不愿意放弃眼前工作的劳动者带来了巨大的痛苦，甚至带来一些社会问题。

（2）提前退休计划。即采取一些补偿性措施，鼓励那些接近退休年龄的员工提前退休。研究表明，提前退休计划起到了诱使老年员工提前退休的作用，但这个计划能否取得成功，在相当大的程度上取决于预测的准确性。国外很多企业把提前退休计划改为逐步退出的退休计划，逐步退出的退休计划使企业能够在减少老年员工工作时间（从而降低成本）的同时，还能继续利用老年人的工作经验。

(3) 对组织的雇用进行冻结或者限制。

(4) 重新安置。当组织内部的剩余人员是局部性问题时，即某些岗位出现剩余人员而另一些岗位存在短缺现象时，组织可以把剩余人员安置到需要人员的岗位上去。不过，重新安置的一个前提是剩余人员必须具有新工作岗位所需的技能和知识。

(5) 减少工作时间。受全球经济形势的影响，美国经济开始下滑。美国一些企业面对经济危机困境，开始实施四天工作制。

(6) 降低工资。受经济危机的影响，我国许多企业采取降薪的方式以减少人工成本。据《北京青年报》报道，包括南方航空、万科A、波导股份等在内的国内企业都采取了降薪或冻薪的方式应对人力资源过剩问题。

(7) 强制休假。采取无薪假期。

(8) 自然减员。通常是通过限制雇用，达到自然减员的目的。

(9) 削减养老金。减少企业为员工提供的退休金或计划供款。

阅读材料 3-4 联想中国裁员 450 人，全球调整结束[①]

2008年1月8日，联想宣布全球裁员2500人，占联想集团全体员工的11%。

2008年2月26日，联想集团宣布将在其位于中国的全球职能部门中削减近450个岗位。

尽管这450名中国员工全部在位于北京海淀区的上地开发区上班，但是联想方面强调，这些职位在行政上并不属于中国区管辖范围，中国区目前没有裁员计划。

联想方面相关负责人解释，这是由于中国和俄罗斯与亚太区合并，成立新的亚太区之后，联想发现一些职位重叠、人员设置重复，因此不得不下决心裁员。"尽管这些人士在中国上班，但是实际上所裁撤的岗位属于原亚太区。"该人士表示，这450人也不属于之前联想宣布的全球裁员2500人之列。

面对即将离去的450名员工，联想集团首席执行官杨元庆表示："面对全球经济危机，我们必须采取果断行动，削减与全球职能相关的成本，从而保持竞争优势，持续提升效率。"

[①] 罗添. 2009-02-26. 联想中国裁员450人，全球调整结束. 北京商报（有删减）.

不过，此次裁员和当初完全不一样。并购后大幅裁员是企业通常的行为，因此绝大部分人都有心理准备，而此番裁员完全是为了应付全球性经济危机下的业绩下滑。特别是这次裁撤的又首次是中国地区的员工，因此更加敏感。

阅读材料 3-5 美部分企业尝试减薪不裁员[①]

大规模裁员是企业应对经济危机的常用方法。但是，过多的裁员也可能导致企业声誉受损，甚至影响企业未来发展力。为避免裁员带来的恶劣影响，一些美国企业纷纷想办法在不裁员的情况下节省开支。

这些公司采取的主要措施通常有以下几个方面：

强制休假。戴尔公司延长了无薪假期；思科将在年终停工4天；内华达赌场实行每周4日工作；本田实行自愿无薪假期；《西雅图时报》规定500名员工无薪放假一周，省下100万元；硅谷一些公司将圣诞假期延长至两周。

降薪。2008年，摩托罗拉开始减薪；布兰迪斯大学有三成以上的教职人员自愿减薪1%，这将省下至少10万美元，保住几名员工的饭碗。

削减养老金。还有些公司支持间接减薪措施，如减少企业为员工提供的退休金或计划供款。

据《纽约时报》报道，一些企业雇员支持间接削减工资的做法，认为这比采取其他类似解雇等更残酷的措施要好。设计员乔恩·利特尔说："人们更愿意6个月内有份工作，而不是立即拿到一笔奖金。"

第五节　人力资源信息系统

通过以上的介绍，我们可以清楚地看到，组织人力资源规划的效果在一定程度上取决于人力资源管理信息系统所提供的信息质量，而人力资源规划的实施更依赖于组织是否能够获得准确而充足的信息。因此，人力资源管理信息系统极为重要。

本章所有的讨论都建立在这样一个假设之上，即组织具有收集、分析和判断内外部环境的各种信息的能力。然而对于很多组织来说，它们获取信息的方式和方法通常都较为有限。很多时候，很多组织建立起来的人力资源信息系统往往只是员工个人信

[①] 李昕泽.2008-12-24.美部分企业尝试减薪不裁员.都市晨报，（B08）（有删减）.

息的数据库，并不能为人力资源规划提供有价值的资料。

一、人力资源信息系统的建立

人力资源信息系统（human resource information system，HRIS）不仅仅是一个计算机化的技能清单，它更是一种组织信息流进行收集、储存、分析和控制的综合性方法。在市场经济条件下，组织的外部生存环境和内部自身系统随时都有可能发生变化，而这些变化必将对组织的人力资源信息系统产生影响。因此，组织的人力资源信息系统应该是一个动态的开放体系。

人力资源信息系统的作用在于它不仅可以为人力资源部门制定人力资源规划提供帮助，而且对组织中的直线管理者也具有重要作用：人力资源专家可以借助人力资源信息系统，更为有效地跟踪检索与人力资源规划有关的信息；直线管理者可以根据信息系统提供的资料，清楚地掌握企业员工的基本信息，从而更有效地培养和激励下属。

人力资源信息系统的建立，一般包括以下几个步骤：

(1) 配备所需的硬件设备和软件设备，为建立人力资源信息平台提供计算机和网络技术基础；

(2) 建立人力资源信息的收集、整理、分析、评价等各个子系统；

(3) 将所收集的各种信息归入人力资源数据库，并做好分类工作；

(4) 运用人力资源信息系统和数据库进行各项人力资源规划工作，对组织的人力资源状况进行准确的判断和预测；

(5) 对数据库中的相关数据进行必要的更新，确保数据的时效性。

二、人力资源信息系统的内容

一个完善的人力资源信息系统包括组织内部人力资源信息和组织外部人力资源信息。

（一）组织内部人力资源信息的内容

组织内部人力资源信息包括以下内容。

(1) 工作信息。主要是指与具体职位相关的各种信息，具体包括：①职位头衔；②目前空缺的数量；③所需要的任职资格；④在职业阶梯中的位置；⑤薪金范围；⑥替代的候选人；⑦流动比例。

(2) 员工信息。主要是指与人员相关的各种信息，具体包括：

传记性资料，包括姓名、性别、年龄、民族、籍贯、婚姻状况、健康状况等。

知识状况，包括受教育程度、专业、学位、所获各种职称、证书等。

能力状况，包括表达能力、理解能力、专业化的技能、沟通能力、操作能力、管理能力、人际关系协同能力以及其他特长等。

阅历与经验，包括从事过何种工作、担任过何种职务、任职时间、调动原因、总体评价等。

心理状态，包括兴趣、嗜好、心理承受力、积极性倾向等。

工作状况，包括目前所属的部门、岗位、职级、绩效以及工作环境、与其他员工的关系、工作适应性等。

薪酬福利情况，包括工资、奖金、津贴以及职务外收入，是否参加社会保险或者商业保险以及水平如何等。

家庭背景与生活状况，包括家庭距离工作地点的远近、家庭平均收入水平、家庭职业倾向，以及个人对未来职业生涯的设计等。

（3）所属部门的使用意图，如晋升、保留、调动或降级等。

（4）以往的绩效表现。

（5）职位兴趣/目标。

（6）所获得的荣誉和奖励。

（7）所拥有的专利。

（8）扣税信息。

（二）组织外部人力资源信息的内容

组织外部人力资源信息主要包括以下内容：

（1）组织所在地区的经济发展状况及其所处行业的各种信息，如组织所在地区的经济发展水平和消费水平，同行业其他组织的经营状况等。

（2）劳动力市场信息，如组织所在地区的人员可供给量、失业率及人员流动率，各类相关人员的市场工资，以及同行业内的工资、薪水和福利待遇的差异等。

（3）技术信息，如技术的更新和淘汰状况，同行业的其他组织对技术的投入状况等。

（4）政策法规信息，如相关新政策法规的出台，对已有政策法规的修改等。

（三）人力资源信息系统的功能

人力资源信息系统除了能够为人力资源规划决策提供信息支持以外，还具有以下几方面的功能：①为组织战略的制定提供人力资源数据；②为人事决策提供信息支持；③为组织人事管理效果的评估提供反馈信息；④为其他有关的人力资源管理活动提供信息支持，如福利与人员配置、保健与安全、在册员工名录、劳资关系等。

（四）建立人力资源信息系统需注意的事项

人力资源信息系统是现代组织人力资源主管开展管理活动的基础。建立组织人力资源信息系统，需具体分析组织对信息系统的使用要求，并注意以下重要事项：①组织整体发展战略及组织现有的规模；②管理人员对有关人力资源信息所掌握的详细程度；③组织内部信息传递的潜在可能性及其传输速度和质量；④人力资源管理部门对该人力资源信息系统的期望值和运用程度；⑤其他组织人力资源信息系统的建立和运行情况；⑥组织发展中该信息系统的扩展性和使用过程中的可更正性；⑦如数据存储、数量关系模式等属于纯技术范围内的专业问题。

本章小结

1. 进入21世纪，组织所面临的外界环境日益复杂多变，人力资源规划在组织中所起的作用越来越突出，它不仅是组织战略规划的核心部分，更是各项人力资源管理活动的基础和起点，在合理配置人力资源、控制员工成本、调动员工积极性等方面具有举足轻重的作用。

2. 人力资源规划包括两个层次：总体规划和专项业务规划。人力资源规划的程序可以分为八个步骤：分析组织的内、外部环境；分析组织现有人力资源状况；人力资源需求预测；人力资源供给预测；制定人力资源供求平衡政策；制定人力资源的各项规划；对人力资源规划进行调整；对整个人力资源规划的有效性进行评估。

3. 人力资源规划预测包括人力资源需求预测和人力资源供给预测，它们各有不同的方法和步骤。

4. 组织中的人力资源供求关系主要有三种：人力资源供求平衡、人力资源过剩和人力资源短缺。其中，人力资源供求平衡是组织人力资源规划所追求的目标；当出现人力资源过剩时，主要采用重新安置、裁员、提前退休、自然裁员、减少工作时间等措施；当出现人力资源短缺时，主要采用加班、临时雇用、培训、外部招聘等人力资源政策措施。

5. 人力资源规划能否成功实施的关键因素在于它是否能够获得准确而充足的信息。人力资源信息系统的建立使得组织可以快速应对瞬息万变的外部环境，同时为人力资源规划以及其他人力资源管理实践提供有力保障。

▋中英文对照关键词 ▋

人力资源规划 human resource planning

人力资源需求预测 forecasting human resource need

人力资源供给预测 forecasting human resource supply

人力资源信息系统 human resource information system

复习思考题

1. 什么是人力资源规划？它包含哪些内容？
2. 人力资源规划的技术与方法各有哪些？
3. 人力资源供需平衡的措施与方法各有哪些？

案例分析题

成长型企业遭遇人才荒①

"我觉得公司肯定有问题，但不是很清楚问题出在哪儿？"天成公司的总经理伍先生困惑地对记者说。让他焦虑的是，对于自己一手创建、已形成一定规模的企业，他现在却越来越力不从心。公司内部出现的问题越来越多，对外的业务越来越吃力，员工们也开始有了不少的抱怨。

天成公司如今已是东北地区一家规模较大的民营房地产企业，而在刚创建的1996年，公司仅有50万元资金和5名员工。在8年的摸爬滚打中，天成公司的规模不断壮大，目前已拥有员工150多人，资产1亿多元。然而随着企业的成长，公司在人力管理、外部市场、业务等方面都出现了不小的问题，伍经理开始觉得自己对公司的管理、驾驭越来越吃力。

提到创业时刚起步的天成公司，伍先生掩饰不住自豪。8年前，原在机关任职的伍先生凭着敏锐的商业意识，毅然离开机关，东拼西凑筹集了50万元，带领几个亲戚朋友成立了天成公司，经营房地产项目。5名公司成员分别负责公司的财务、项目前期开拓、工程管理、行政等事物。其中，财务的负责人刘女士是伍先生的小姨，仅有基础的会计常识；负责项目前期开拓的江先生是伍先生多年的好友，曾经是一家餐馆的老板，仅接受过初中教育。

天成公司的飞跃式发展是在1998年，当时，伍先生凭着对市场的敏感性，果断决定投资征地，而那时天成公司所在的地区房地产才刚刚起步。准确的判断、广阔的市场、成功的运作给天成公司带来了较高的回报和巨大的动力，伍先生开始加大力度进行商品房的开发。随后的几年，伍先生开发的几个楼盘项目都有较好的销售业绩。

随着公司规模的迅速扩大，过去原有的5个部门也增加为10个部门，人员也由过去的5个人发展到现在的150多人。随着人员的增加，诸多的管理问题也频频出现。伍先生觉察到，虽然公司提出了明确的战略规划，但却总不能落实，"追究责任的时候，好像大家都有责任，每次都是大伙一块自我批评一顿后，下次的规划依然不能落实"。回忆公司初创的那两年，他感到大家特别团结，事实上，天成公司在发展初期的很多困难就是依靠员工的团结和凝聚力度过的。但是现在，员工内部已经出现了小利益团体，各部门甚至同部门的管理人员都经常各自为政，意见不一。让他颇感郁闷的是，一方面公司觉得员工的整体素质较低；另一方面员工对薪酬不满，抱怨没有公平的考核体系。

"公司在若干资源中最为稀缺的是人力资源。我市仅有两所普通高校，较高素质的人力资源相对匮乏，外部人力资源的提供是一个困难。"伍先生

---

① 根据中人网知识库资料改编．http://www.chinahrd.net.

自己也意识到,不解决人力资源的问题,公司的发展必然受阻。

近几年来,随着该地区房地产市场化运作的加速,万科、香港汇达等数十家实力雄厚的企业纷纷进入该地区。与这些公司相比,天成公司的竞争优势在于低成本的土地开发,但是在管理、销售以及人力资源方面都存在着明显的缺陷。另外,随着竞争对手的进入,该地区的房地产开发迅速升温,众多的楼盘都在较短的时间内推出,销售价格也在逐渐降低,这直接影响到天成公司固守的价格优势防线。

目前,天成公司手中仍有约120万平方米的待开发土地,伍先生犯难的是,别的当家愁的是无米下锅,而他愁的是要不要下锅,怎么下锅?企业目前的状况已经让他忙得焦头烂额。

案例分析思考题:

1. "公司提出了明确的战略规划,但却总不能落实",出现这种现象的主要原因是什么?
2. 分析天成公司产生人力资源短缺的原因。
3. 你认为应该怎样对天成公司的人力资源供求作出预测?
4. 如果你是老板,你认为应该从哪些方面着手化解公司现时的困难?

▶ 参考文献

安鸿章.1995.现代组织人力资源管理.北京:中国劳动出版社

陈德智,肖宁川.2002.企业人力资源规划实证研究.中国地质大学学报(社会科学版),(3)

党晓龙,张德.2004.我国大型国有企业经营者继任的现状分析.清华大学学报(哲学社会科学版),(1)

范勇峰.2005.成长型企业遭遇人才荒.http://www.chinahrd.net

柯江林,张必武,孙健敏.2007.上市公司总经理更换、高管团队重组与企业绩效改进.南开管理评论,(3)

劳埃德·拜厄斯莱斯利·鲁.2004.人力资源管理.第7版.北京:人民邮电出版社

雷蒙德·A诺伊等.2001.人力资源管理.北京:中国人民大学出版社

李昕泽.2008-12-24.美部分企业尝试减薪不裁员.都市晨报

李新春,苏晓华.2001.总经理继任:西方的理论和我国的实践.管理世界,(4)

罗添.2009-02-26.联想中国裁员450人,全球调整结束.北京商报

马士斌.1999.现代组织竞争利器——人力资源管理.北京:中国矿业大学出版社

上海银行办公室.2007-04-20.上海银行:制定人力资源规划打造四支人才队伍.http//:www.Chinahrd.net

宋文明.2006-08-21.沪上技工荒.中国经营报

小舍曼,乔治·W勃兰德,斯科特·A斯耐尔.2001.人力资源管理.大连:东北财经大学出版社

徐光华,暴丽艳.2005.人力资源管理实务.北京:清华大学出版社

詹姆斯·沃克.2001.人力资源战略.北京:中国人民大学出版社

第四章 招募与录用

学习目标

- 理解招募、甄选与录用的内涵与关系
- 了解内部招募和外部招募渠道及其优缺点
- 掌握常见的人员甄选方法
- 了解录用通知书和辞谢通知书的写法

引导案例

全球人才搜寻[①]

当企业在超越国界向海外扩大经营时,对它们来说,获得海外招募来源就成为一个越来越重要的问题。拿吉列公司来说,它有一个国际毕业生培训项目,其目的是为企业选拔和开发外籍雇员。吉列公司在海外的分公司一般从当地最有名的大学中雇用杰出的经营学科毕业生。这些毕业生都要在本国接受公司为期6个月的培训。公司还会从中选拔某些人到公司在波士顿的总部接受金融、市场营销等领域的为期18个月的进一步培训。那些能够通过集中培训的人将会被任命为公司在其所在国家的初级管理人员。

可口可乐公司也积极地招募外籍雇员。除了在海外招募毕业学生以外,公司还招募那些在美国留学的外国留学生,如在南卡罗莱纳大学(the University of South Carolina)、加州大学洛杉矶分校(UCLA)学习国际商务的留学生,以及在位于亚利桑那州的美国国际管理研究生院学习的外国留学生。

第一节 人员招募概述

一、人员招募的概念

人员招募(recruitment)是指根据组织人力资源规划和工作分析的要求,把具有一定技巧、能力和相关特性的申请人吸引到组织空缺的岗位上,以满足组织的人力资源需求的过程。它是组织人力资源管理活动的一个重要组成部分,与其他人力资源管理活动有着十分密切的关系。

二、人员招募的意义

一般说来,企业中的人员总是处于不断变化之中。退休、自然减员、辞职、解聘都会导致员工数量的减少;新事业的开拓和企业规模的扩大会使得企业对人员的需求增加;企业内部进行的岗位调动、提升、免职、处罚则会导致人员结构的改变。在这些情况下,企业就需要进行人员招募,以维持企业正常的运营。即使企业处于需要缩减规模的情况下,招募仍然是必要的,它是企业补充新鲜血液的重要途径。人员招募还能使社会更广泛和更深入地了解企业,以扩大企业的知名度。此外,企业的人员招募也具有社会性作用,微观层面上企业的招募最终会促进宏观层次上劳动力的合理流

[①] 加里·德斯勒.1999.人力资源管理.刘昕等译.北京:中国人民大学出版社.

动，从而提高社会劳动力的合理配置。

三、制定招募计划

在招募开始之前，企业首先应该根据人力资源发展战略并结合空缺职位的工作性质和内容，确定对人力资源的需求，包括需求的数量、等级、技术与时间要求等，并在此基础上形成员工招募计划。在制定人员招募计划时，通常需要考虑以下问题：

（1）未来3~5年企业的发展趋势是什么？行业发展趋势是什么？
（2）企业的发展战略是什么？该战略需要什么样的技术和人才作支撑？
（3）为了实现未来的发展战略，企业所需人才的结构和梯队配置是怎样的？
（4）目前企业的员工结构及其状况是什么样的？
（5）目前的状况与企业要求相比较还存在哪些差距？
（6）本行业劳动力市场供求状况如何？本企业员工的流动状况如何？
（7）企业的晋升制度是否完备？内部晋升实施的频率和效果怎样？
（8）本企业哪些岗位需要招募新人？整体招募计划是多少？
（9）企业内每个岗位的任职资格是什么？
（10）什么时候发布招募信息？采取何种招募渠道？招募的截止日期？
（11）招募费用的预算是多少？
（12）本企业甄选人才所采用的依据是什么？
（13）如何进行人员测试？是否委托专业机构进行测试？
（14）录用决策的依据是什么？谁来判断是否合适？谁来决定是否录用？
（15）新录用人员何时报到并开始工作？

四、提高招募的有效性

通常情况下，企业在劳动力市场上开展的招募活动会吸引很多申请人，企业所需要的新员工往往就在这些申请人中产生，所以今天的申请者有可能成为企业明天的关键人才。从这个意义上说，人员招募工作的质量在很大程度上会影响企业今后的成长与发展。为提高招募工作的有效性，企业的招募负责人需要考虑以下几个问题。

（一）吸引足够多的申请者

申请工作的人越多，企业在进行雇用决策时选择的余地就越大。一些企业采用"招募筛选金字塔"的方式，来帮助他们确定需要吸引多少人来申请工作。如图4-1所示，这种金字塔形状显示出如果某企业要招募25名业务主管，理想状态下，企业要吸引1200名求职者前来应聘。

（二）选择适宜的招募渠道

企业在进行人员招募时，工作申请人必须能够了解现有的工作机会，而哪些人会了解企业的工作机会与企业所采用的招募渠道密切相关。在实践中，企业可以选择多种招募渠道，具体如何选择招募渠道取决于企业过去的经验、所需人员的特征和不同

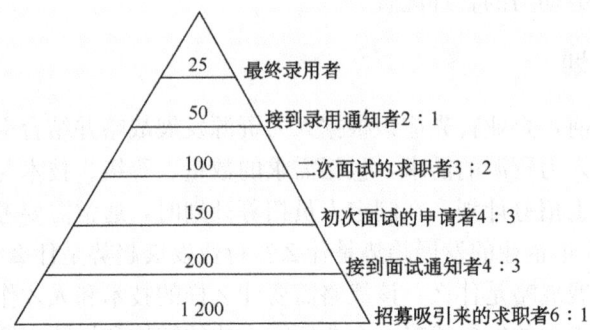

图 4-1 招募筛选金字塔

渠道的受众面与有效性。企业要考察特定招募渠道的有效性，可以参照以下指标来进行：①一定时期内吸引应聘者的数量；②目标人选与非目标人选的比率；③从招募到录用的时间；④每录用一名人选的平均费用；⑤参加面试的人数；⑥以往各种渠道招募录用的人选的任职期限、职位与业绩表现等。

20 世纪 80 年代末，美国曾经开展了一项包括 245 个样本企业的调查，表 4-1 给出了这些企业对不同的招募渠道有效性的评价。

表 4-1 各种招募渠道的有效性评价

有效性	行政办公	生产作业	专业技术	佣金销售	经理
第一	内部晋升（94）	申请人自荐（87）	报纸招募（94）	报纸招募（84）	内部晋升（95）
第二	雇员推荐（87）	内部晋升（86）	内部晋升（89）	雇员推荐（76）	报纸招募（85）
第三	申请人自荐（86）	雇员推荐（83）	校园招募（81）	内部晋升（75）	雇员推荐（64）
第四	报纸招募（84）	报纸招募（77）	雇员推荐（78）	申请人自荐（52）	猎头公司（63）
第五	政府就业机构（66）	政府就业机构（68）	申请人自荐（64）	私人就业服务机构（44）	私人就业服务机构（60）

注：表格中的数字是调查样本企业中采用该种渠道的百分比。

资料来源：孙健敏 . 2004. 组织与人力资源管理 . 北京：华夏出版社 .

另有一项研究分析了员工绩效、旷工、工作态度和招募渠道之间的关系。结果表明，相比自荐者或者通过专业杂志和传统广告招募来的人员，在较小范围内通过校园招募的人员和通过报纸广告招募的人员的工作绩效要差。这项研究据此断定，与杂志和传统广告、申请人自荐等招募渠道相比，校园和报纸广告招募的效果相对较差。还有学者对珠江三角洲地区民营企业的招募渠道进行了研究，结果发现，最常被中小民营企业使用的招募渠道依次是主动求职、员工推荐、人才交流会和职业中介机构，而使用校园招募和猎头公司招募员工的民营企业所占比例只有 5.1%，并且不同规模的民营企业在员工招募渠道上没有显著差异。

实际上，我们认为对各种规模和所有制的企业而言，并不存在一个最优的招募渠道。每个企业需要做的是寻找最适合自身的招募渠道。

（三）组建一支称职的招募队伍

招募工作是一个由企业发起的向社会各方选择和吸纳新员工的工作过程。招募团队的专业水平和综合素质不仅会直接决定招募工作各个环节的进展和质量，还影响着企业的对外形象。在招募工作的开展过程中，应聘者首先是与企业的招募人员接触，在对企业了解不多的情况下，应聘者会根据招募团队的工作表现来推断企业其他方面的信息，形成一个对企业的总体判断和选择意向。

从这个角度出发，企业在开展人员招募工作时，需要选择合适的招募人员。大量的研究表明，招募人员应具备以下基本素质。

1. 良好的个人品质和修养：热情、公正、认真、诚实

招募者要有向应聘者积极展示组织形象、用人政策和职位信息的热情，并同时具备客观公正的人格品质。需要强调的是，招募和录用工作的敏感性较强，也具有很强的政策性，因此招募者必须诚实地说明组织的特征、实际情况和用人制度，不能为了吸引应聘者而仅仅强调组织好的一面，一个称职的招募者应该让应聘者对组织有一个客观的了解。

2. 多方面的能力：表达能力、观察能力、协调和沟通能力、自我认知能力

表达能力和观察能力是招募者应具备的重要能力。招募者需要与劳动主管部门、广告媒体和其他机构相接触，他们必须能够清楚地表达组织对应聘者的要求，因此表达能力相当重要；招募者还需要在短时间内了解应聘者的个人素质、个性特征和潜在工作能力，所以招募者还要善于观察应聘者的言行（特别是形体语言），并作出客观的判断。随着内部招募的兴起，招募者不仅需要与外部联系，还要与组织内部员工发生密切联系，因此协调和沟通能力就显得尤为重要。另外，心理学的研究表明，人们总是习惯以自我标准去评价他人，因此作为招募人员，如果不能对自我有一个准确的认识和评价，就很难公正客观地评价应聘者。

3. 广阔的知识面

认识和了解人是很复杂的事，而这恰恰是招募工作中最基本的内容。为此，招募者需要了解多方面知识，包括管理学、组织行为学、心理学、社会学以及法学等学科的相关知识。

4. 掌握一定的技术：设计招募环境的技术、观察的技术、谈话的技术

在招募过程中，需要招募人员在有限的时间里利用少量的信息对应聘者作出客观的评价。因此，招募者需要精心设计一个使人心情舒畅、注意力集中的招募环境，让应聘者充分发挥自己的才能。在构建招募团队时，招募负责人要同时考虑人力资源部门的代表、直线经理人员、空缺岗位未来的上司主管等人员，这些人具有不同的视角和评价标准，由他们共同组成的招募团队会最大限度地降低招募的主观性。在运用观察技术时，招募者需要把观察的重点放在应聘者的体态语言、习惯动作等非书面的细节上。面谈时，招募人员要体谅应聘者的心理负担，尽量通过一些过渡性的交流让他们放松下来，再进行逐步深入的提问。

阅读材料 4-1 提高招募的有效性——真实工作预览

真实工作预览（realistic job preview，RJP）是指企业在想方设法吸引外部人才加盟时，应向求职者提供工作各方面的信息，包括不理想的因素，以便使申请人对组织的真实情况有一个全面的了解。一些公司经常使用小册子、录像带、光盘、广告、面谈、参观工作地区以及讨论工作对健康和安全的影响等方式，开展真实工作情况的预览工作。RJP的支持者相信，求职者在了解工作的实际信息后更有可能留在组织中。事实上，许多研究表明了RJP会产生以下积极的结果：①改善员工对工作的满意程度；②减少自发的人员流动；③通过诚实和坦白增进沟通；④现实的工作预期。

当然，要取得以上效果，企业在准备实际工作预览的内容时，要注意以下五点：

（1）真实性；

（2）可信性；

（3）详细程度，不仅给出休假政策和公司的整体特征这样一些宽泛的信息，还要对诸如日常的工作环境等细节问题也给出详尽的介绍；

（4）内容的全面性，企业应对员工的晋升机会、工作过程中的监控程度和各部门的情况逐一介绍。

（5）工作申请人关心的焦点，着重说明那些申请人关心的但又很难从其他渠道获得的信息。

五、人员招募的基本流程

人员的招募与录用工作是一个相对复杂却又完整连续的过程。应聘者通过招募的各环节来了解企业，并最终决定是否愿意为它服务。对企业而言，只有对招募各环节进行合理的设计和管理，才能招到符合需要的员工，否则只会得到平庸之辈。一个完整的招募流程主要包括人员需求分析、招募计划制定、确定选拔标准、发布招募信息、对应聘者进行人员测评、体检和录用等关键环节。具体的人员招募的基本流程如图4-2所示。

（一）对空缺职位进行职位分析

人员招募的需要是由职位产生的，空缺职位产生的原因主要有：①企业的壮大和业务的发展；②组织人员调整，原岗位人员调动、提升、免职、受到处罚；③原岗位

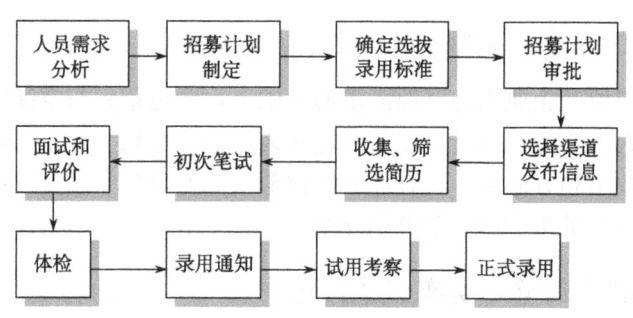

图 4-2 人员招募的基本流程

人员离退休或死亡；④原岗位人员因各种原因辞职或被解雇。

当产生空缺职位时，人力资源和相关部门必须进行工作分析，确定该职位的人员应具备的资格条件，包括专业技能、工作经验和特殊能力要求等。在确定了人员标准之后，一般要编制和填写"人员增补申请表"，并报请有关部门批准，其格式如表4-2所示。

表 4-2 人员增补申请表

申请单位		增补职务		增补员额	
增补原因					
备注					
应具备的资格条件	性别：（1）男（2）女 年龄： 学历：（1）初中（2）高中（3）大专 　　　（4）大学（5）硕士 专业： 外语： 工作经验： 技能： 特长：		补充人员工作内容		
单位主管意见	签字＿＿＿＿		人力资源部门意见	签字＿＿＿＿	

（二）制定人员招募计划

在了解空缺职位及企业人力资源需求的基础上，要想招到与空缺职位和企业文化相匹配的员工，人力资源部门首先需要制定好人员招募计划。制定招募计划就是在拟定企业人员补充政策和方向后，将企业所需招募人员的数量和结构具体化。人员招募计划的主要内容可参见本节第三部分的介绍。

（三）拟定招募简章，发布招募信息

1. 拟定招募简章

招募简章的基本内容有：
（1）标题，如"招募"、"诚聘"和"××单位诚聘"等；
（2）公司和企业的性质及经营范围等基本情况的简介；
（3）招募职位、人数和招募对象的条件；
（4）应聘时间、地点、邮编、联系方式和联系人；
（5）落款，如"××有限责任公司"；

一份优秀的招募简章应该在突出企业特色的同时，还充分显示出企业对人才的渴求和吸引力。一般来说，优秀的招募简章应具备以下基本特征：①语言精简、凝练；②招募对象的条件表述一目了然；③招募人数是实际需求人数的约2倍；④措辞既实事求是，又热情洋溢，表现出对人才的渴求和应有的尊重。

2. 发布招募信息

招募简章拟定后，就要向社会发布招募信息，发布的方式取决于企业规模、业务内容、招募渠道、招募目标人员的规模和特点以及招募预算等因素。一般来说，招募信息的发布主要包括以下几种方式：

（1）在招募区域内张贴招募简章。该方式一般适用于在企业内部招募或大规模招募初级工人，因而常张贴于企业的公告栏内或者是人员流动量大的商业和文化中心地带，以便让更多的人获悉招募信息。

（2）在电视和广播上发布招募信息。针对特定地区、特定人群广泛传播企业的招募信息采用这种形式比较适合，这种方式也对企业形象的宣传有促进作用。

（3）在报纸上刊登招募简章。这是现代企业常用来招募专业人才的一种方法。

（4）在专业杂志上发布招募信息。如果需要招募专业技能很高的员工去从事技术性非常强的工作，在专业杂志或专业协会的内部通讯上发布信息，不失为一个好办法。

（5）举行新闻发布会发布招募信息。这种方式主要适用于下面两种情况：第一，企业因发展壮大的需要，要招募大批人员，包括经营管理者和熟练工人。由于招募是企业兴旺发达的标志之一，利用新闻发布会发布招募信息，有利于扩大企业影响，树立公众对企业的信心。第二，高薪聘请高级经营管理者，如总经理、总工程师等。在

新闻发布会上发布这样的招募信息具有轰动效应,一方面它可以扩大企业的影响,另一方面可吸引更多的高素质人才前来应聘,使企业有较大的选择余地。

(6) 通过人才市场发布招募信息。这种方式主要是利用中介企业传播招募信息,如职业介绍所、就业辅导中心,以及定期举行的人才招募会。职业介绍所和就业辅导中心一般是把招募信息有偿地告诉求职者,由求职者直接和招募单位联系应聘事宜。

(7) 在互联网上发布招募信息。据不完全统计,全国正式注册的招募网站有500多家,全国数十家人才网站每日发布的招募职位都在万数以上,日平均访问量超过1万人次。利用网络发布招募信息的优势在于成本低、容量大、速度快、强调个性化服务。

(四) 简历的收集与筛选

人力资源部门和用人部门把通过各种渠道收集到的应聘简历、工作申请表进行初步筛选,淘汰那些明显不符合招募要求的申请者,并对符合要求的申请者发出笔试或面试通知。

(五) 笔试、面试和评价

人力资源部门负责对初选入围者进行笔试测试。笔试内容一般包括:能力测试,(一般智力测试和特殊认知能力测试);专业和技能知识;外语知识;人格、个性和兴趣测试等。对于通过笔试的申请者,人力资源部门负责通知他们进入第二轮的复试,复试通常包括结构化面试、管理评价中心技术等人员测评方法,这些人员测评的方法将在第五章"人员测评方法"中作详细介绍。

(六) 人员录用

对符合岗位要求并通过人员测评的应聘者,人力资源部门会同用人部门作出最终录用决定,同时通知被录用的人员参加身体健康检查。入职体检的目的是要保证候选人不会由于健康的原因而影响工作。新员工首先进入工作试用期,试用期结束后,用人部门根据其试用期的业绩表现,对达到企业工作绩效要求的员工予以正式录用。

阅读材料 4-2 人与岗位、组织匹配是招募成功的秘诀

成功的企业招募有什么秘诀?Hay集团中国区总经理指出:在企业的人员招募中,最重要的一条原则就是人岗适合原则,企业需要的是合适的人。要做到这一点,需要企业的招募管理人员清楚地了解岗位的要求,仔细地鉴别应聘者的素质与行为。对于招募管理,重要的前提不仅仅是供求关系中的"求",即岗位需要什么样的人才,而且还包括"供"的管理。对人没有深刻的了解,就做不到人与岗位的匹配。

没有完美的人,也没有所谓"最高要求"的岗位。"大马拉小车"和

"小马拉大车"的情况都不是长久之计。企业需要招募人员把最适合企业的人才招募进来。这种适合包含两层含义：一是人岗的适合，即所招进的员工具有胜任空缺岗位的素质、能力及相应的工作经验，在这三个要素中，能力特别是员工的学习能力是最为关键的，这决定了新进员工在新企业的适应周期和日后的上升空间；二是人与组织的适合，这种适合是指员工的需求、工作和生活价值观、个人的特征和做事风格与企业的价值观和文化是相似的，这种适合决定了所招募的人才对组织的认同程度，也直接影响了所招募的人才在组织中是否能留得住、做得久。当然，对于新招入的员工，企业还要为其提供有针对性的个人、团队与组织三个层面的培训，从而帮助新招入员工实现在新组织中的人岗匹配，协助其走向成功的职业生涯。

第二节 招募渠道的选择

根据应聘者的来源，招募渠道可被划分为内部招募和外部招募两类。内部招募和外部招募没有优劣好坏之分，选择哪一种招募渠道取决于组织的需求和战略、人力资源政策、组织所在地的劳动力市场、组织在劳动力市场中所处的地位，以及拟招募岗位的性质、层次和类型等因素。

一、内部招募

虽然招募通常都意味着利用各种分类广告去外部劳动力市场寻找合适的人选，但实际上，企业现有的员工常常是企业最大的招募来源。有调查表明，90％以上的管理职位都是由企业内部提拔起来的人担任的。当企业运用内部补充机制时，通常要在公司内部张贴工作告示，用以说明空缺职位的性质、任职资格、主管情况、工作时间和待遇标准等相关信息。这样做的目的是让公司现有员工有机会在组织内进行合理的流动。国内很多企业开始实施的内部竞聘上岗，在一定程度上可以看成是内部招募的有效方式之一。

企业开展内部招募要具备一定的条件，它要求企业具有相对充足的人力资源储备，同时组织内还要有系统和完善的人员晋升和提拔制度。不仅如此，从软环境上看，企业还需具备鼓励内部竞争和鼓励员工内部流动的文化。

（一）内部招募的优点

1. 激励效果好

内部招募能够给员工提供晋升的机会，得到升迁的员工会认为自己的才能被企业承认，因此会进一步提高工作积极性和工作绩效。此外，内部晋升还会形成示范效应，容易鼓舞员工士气，在企业内部形成积极进取、追求成功的氛围。

2. 提高员工的忠诚度

获得聘用的内部员工，通常在企业中有了一定的工作经历，自身的业绩和品德得到主管和同事的认可。让这些员工与组织共同成长，有利于提高员工对企业的忠诚度，从而更好地为组织服务。

3. 低成本、高效率

内部招募可以节约高昂的人员招募费用，同时还可以省去一些不必要的培训，减少了成本投入，同时还降低了识人、用人和留人的风险。此外，内部招募的员工更容易接受领导和管理，易于沟通协调，因而可降低人际沟通的成本。

4. 适应能力强

与外部招募而来的员工相比，组织内部员工更了解和熟悉本组织的运作模式、业务流程和人际关系，他们的定位和调整过程更短，能更快地适应新的工作和创造效益。

（二）内部招募的不足

1. 近亲繁殖

内部招募可能导致"近亲繁殖"、"裙带"关系或帮派结构，进而形成一些利益小团体。这不仅会抑制创新，出现"照章办事"和维持现状的倾向，还会加大协调内部利益团体的管理成本，不利于组织的长期发展。

2. 引发内部矛盾

内部选拔会带来员工之间的相互竞争，那些没有得到提拔的员工可能会产生不满、心理失衡、心灰意冷的消极情绪。这不仅会给企业带来内部矛盾，还会增加管理者疏通、解释的工作量，对整个组织的氛围产生不良的影响。另外，内部招募有时还会引发各部门之间"挖人"现象的出现。

3. 不利于新主管建立声望

当新主管从同级员工中产生时，会受到"自己是大伙中的一员"的情感束缚，难以展开工作。同时，原来工作集体中的员工也有可能会产生抵触情绪，导致新主管难以建立起领导声望。

4. 可能会存在不公正的现象

内部招募有可能是论资历、人际关系或领导喜好，而非基于工作能力和业绩。这会在组织内部形成不正之风，导致优秀人才的外流或被埋没，从长远看，这必将削弱组织的核心竞争力。

5. 失去选择外部优秀人才的机会

与组织相比，外部劳动力市场拥有更丰富的优秀人才，因此，过分倡导内部招募可能会减少外部"新鲜血液"进入组织的机会。有时，内部招募从表面上看节约了成本，实际上这种惯性会导致企业创新不足、人才储备不够，对企业长远的发展也是不利的。

二、外部招募

一般的外部招募渠道包括校园招募、社会公开招募、人才市场、人才交流会、猎头公司、人才中介机构、职工推荐及主动求职者等。

（一）外部招募的优点

外部招募是一种有效地与劳动力市场进行交流的方式，通过发布招募信息和广告吸引与选拔应聘者，企业会向社会宣传和展示自己的形象，运作规范的外部招募会起到宣传公关的作用；外部人才进入组织，会给组织输入"新鲜血液"，带来新的观点、思路和工作方式，为组织发展增添活力；从外部选拔优秀人才，会在无形中给组织内部原有员工传递压力，促使内部员工树立危机意识，激发工作的动机；另外，从外部选拔人才，会避免组织因过度使用现有人员而带来的揠苗助长的现象，使原有人员获得必要的培训和充足的成长时间。

（二）外部招募的缺点

外部招募具有较高的决策难度和风险，一旦不胜任的人员进入组织，特定岗位的正常运作会受到影响，企业也会因此而遭受损失。外部招募人才所需支付的成本很高，这包括通过媒介或中介机构发布招募信息的费用、后续选拔测评的费用、校园招募还要支出场地费用和招募人员差旅的费用等。如果通过猎头公司进行招募，其费用将更加昂贵，除去成本费用，招募人员还需要付出大量的时间和精力。除了风险高、成本大，外聘的新员工还存在进入角色慢的缺点，新员工需要花费较长的时间进行适应和定位，不仅是对工作岗位的适应，还需要融入新的组织文化中去。最后，对于关键职位的外部招募还可能会影响内部员工的积极性，挫伤内部员工的工作热情和期望。

阅读材料 4-3 中组部要求各地面向海外积极引进高层次人才[①]

2008年12月25日和28日，中央人才工作协调小组在北京召开海外高层次人才引进会议，中央组织部部长李源潮指出，要进一步解放思想、创新

---
① 新华网，2009-01-05.

机制，积极引进海外高层次人才，为建设创新型国家、实现全面建设小康社会奋斗目标提供人才支持。

改革开放以来，在国家"支持留学，鼓励回国，来去自由"方针的指引下，我国先后有120多万人出国求学，其中回国工作的已有30多万人，他们积极投身国家改革和建设，发挥了不可替代的重要作用。近几年，回国留学生人数增长率每年都在13%以上，并逐渐成为国家建设的重要力量之一。目前，教育部直属大学校长中的约80%、"两院"院士的81%、长江学者的95%、国家"863"计划首席科学家的约80%都有留学经历。另外，回国创办企业的留学生也越来越多。在上海，回国留学生创办了3800多家企业，投资总额近人民币5亿元。随着社会主义现代化建设事业的蓬勃发展，越来越多的海外留学人员希望回国创新创业，新一轮海外留学人才回国工作和创业的热潮正在兴起。

李源潮提出，要分层次组织实施海外高层次人才引进计划。围绕国家发展战略目标，重点引进一批能够突破关键技术、发展高新产业、带动新兴学科的战略科学家和科技领军人才。在国家重点创新项目、重点学科和重点实验室、中央企业和国有商业金融机构、以高新技术产业开发区为主的各类园区等，引进并有重点地支持一批海外高层次人才回国（来华）创新创业。在符合条件的中央企业、高等院校和科研机构以及部分国家级高新技术产业开发区，建立一批海外高层次人才创新创业基地，推进产学研紧密结合，探索实行国际通行的科学研究和科技研发、创业机制，集聚一批海外高层次创新创业人才和团队。国家有关部门继续做好、做强"长江学者奖励计划"、"百人计划"、"国家杰出青年科学基金"等人才项目。同时，制定实施专项计划，重点引进本行业本领域发展急需和紧缺的海外高层次人才。各省（自治区、直辖市）结合经济社会发展和产业结构调整的需要，研究制定实施本地区海外高层次人才引进计划，有针对性地引进一批海外高层次人才。有条件的地方，特别是东部沿海地区和中心城市，要依托经济技术开发区、高新技术产业开发区、留学人员创业园、大学科技园等，推出一批特色项目，吸引海外高层次人才回国（来华）创新创业。

要坚持重在使用，切实为海外高层次人才充分发挥作用提供良好条件。要进一步解放思想，大胆破除不合时宜的条条框框，完善配套政策措施，充分理解、充分信任、热情关怀、放手使用引进的海外高层次人才，积极营造尊重、关心、支持海外高层次人才的环境和氛围，努力做到待遇招人、事业留人、情谊感人、服务到人，使他们能够全力以赴地进行创新创业活动，为把我国建设成为创新型国家贡献智慧、做出成绩。

（三）外部招募的主要渠道

1. 招募广告

招募广告是在补充各种工作岗位人员时都可使用的方法，因此应用最为普遍。广告最明显的优势在于宣传范围广泛，阅读这些广告的不仅有工作申请人，还有潜在的工作申请人，以及客户和一般大众。由于企业的招募广告代表着企业的形象，因此需要认真实施。具体需要注意以下几点：

企业所要招募的职位类型将决定适用何种类型的媒体。当招募对象是蓝领工人、办公室雇员和低层级管理人员时，地方性报纸往往是最好的媒体；而专业雇员的招募，则可以在诸如《中国人力资源开发》、《计算机世界》和《销售与市场》这一类的行业或专业杂志上做广告；如果要招募中级以上管理人员以及资深管理人员，则更适合采用《商界》、《企业家》、《中外管理》、《资本市场》这样的杂志来刊登招募广告。当然，大多数企业都利用报纸做广告，也利用其他一些媒体来做广告。表4-3总结了各种媒体广告的优缺点。

表 4-3 各种媒体广告的优缺点比较

媒体类型	优点	缺点	何时使用合适
报纸	• 标题短小精练 • 广告大小可灵活选择 • 发行集中于某一特定的地域 • 各种栏目分类编排，便于积极的求职者查找	• 具有时限性 • 集中的招募广告容易导致竞争者出现 • 发行对象无特定性，企业不得不为大量的读者付费	• 招募限定于某一地区时 • 当可能的求职者大量集中于某一地区时 • 当有大量的求职者在看报纸，并且希望被雇用时
杂志	• 专业杂志会到达特定的职业群体手中 • 广告大小极富灵活性 • 广告的印刷质量较高 • 时限较长，求职者可能会再次翻看	• 发行的地域太广，故在希望将招募者限定在某一特定区域时不宜使用 • 广告的预约期较长	• 所招募的工作承担者较为专业时 • 当时间和地区限制不是最重要的时候 • 当与正在进行的其他招募计划有关联时
广播电视	• 不易被观众忽略 • 比报纸和杂志更好地让不是很积极的求职者了解到招募信息 • 可以将求职者来源限定于某一特定区域 • 极富灵活性 • 比印刷广告能更有效地渲染雇用气氛 • 较少因广告集中而引起招募竞争	• 只能传递简短的、不是很复杂的信息 • 缺乏持续性，求职者不能回头再了解（需要不断地重复播出才能给人留下印象） • 商业设计和制作（尤其是电视）不仅耗时而且成本很高 • 为无用的广告接收者付费	• 当处于竞争的情况下，没有足够的求职者看你的印刷广告时 • 当职位空缺有许多种，而在某一特定地区内又有足够的求职者时 • 当需要迅速扩大影响时 • 在较短的时间内足以对某一地区展开"闪电式轰炸"时 • 用于引起求职者对印刷广告的注意时

续表

媒体类型	优点	缺点	何时使用合适
招募现场的宣传资料	• 在求职者可能立即采取某种行动的时候,引起他们对企业雇用的兴趣 • 极富灵活性	• 作用有限 • 要使此种措施见效,首先必须保证求职者能到招募现场来	• 在一些特殊场合,如为劳动者提供就业服务的就业交流会、公开招募会上布置的海报、标语、旗帜、视听设备等 • 求职者访问企业的某一工作地时

资料来源:加里·德斯勒.1999.人力资源管理.第六版.北京:中国人民大学出版社.

一般来说,选择媒体的时候要考虑下列因素:传播面、容易接受性、专业性、可靠性、时效性,以及成本等。

2. 人才交流会

随着劳动力市场、人力资源市场等人才交流市场的建立和发展,人才交流会日益成为重要的招募渠道。各地每年都会定期举办规模不一的人才交流会,用人单位在缴纳一定费用后可以在会场布置摊位进行人员招募。人才交流会的信息会通过网络、报纸等媒体提前对外发布,以吸引感兴趣的应聘者提前准备。在人才交流会上,招募人员不仅可以收集简历,而且还可以与应聘者直接交谈,与符合条件的应聘者商定面试时间等。总体而言,人才交流会是企业招募大中专毕业生的有效渠道,但它难以帮助企业寻求高级人才。

3. 校园招募

校园招募是企业获得潜在管理人员及专业技术雇员的一种重要途径。尽管我国从1999年12月开始教育部才允许企业进入高校招募,但在此之前,很多企业每年都会到大学进行宣传以吸引优秀毕业生。此外,也有些企业与高校建立长期合作,向学校提供奖学金,组织学生到企业参观,以吸引毕业生到企业就业。

一般而言,大学毕业生素质较高、具有生机和活力并具有较好的发展潜力,但缺乏工作经验。因此在校园招募的过程中,招募负责人应当注意以下几点:

(1) 选派能力比较强的招募人员,因为大学生更看重企业的形象。

(2) 对应聘者的答复要及时,否则会对应聘者来公司服务的决心产生消极影响。

(3) 大学毕业生总是感觉自己的能力强于公司现有的员工,因此他们希望公司的各项政策能够体现出公平、诚实和人性化。

一些跨国企业很重视校园招募,并把大学毕业生作为员工招募的重要对象。IBM等公司为了做好这一工作,确定了一定数量的重点学校,并委派高水平的经理人员与学校的就业指导中心保持密切联系,使学校方面能及时了解公司存在的空缺职位的要求以及最符合公司要求的学生的特征。摩托罗拉为了使自己的吸引手段与众不同,曾经邮寄过一种像网球罐一样的真空密封罐,里面装着一个手帕,手帕上印有宣传公司的资料。

人力资源管理 Human Resource Management

校园招募的缺点是费钱费时，需要事先安排好时间表，准备好宣传手册，还要做好面试记录。

表4-4是一个校园招募面谈记录表的示例。

表4-4　校园招募面谈记录表（举例）

姓名：	学校：	时间：	地点：
将取得的学位及日期：		专业：	
已取得的学位及日期：		专业：	
申请职位：1.　　　2.　　　3.			
工作地点：1.　　　2.　　　3.			
考察因素		评分	
仪表言谈——外表、态度、言谈举止、语调、音色		1　2　3　4　5	
机智——反应灵敏、表达充分		1　2　3　4　5	
独立性——独立思考能力、情感成熟、影响他人		1　2　3　4　5	
激励方向——兴趣与职位相符、进取心、激励可能性		1　2　3　4　5	
教育——所学习的课程与工作的配合程度		1　2　3　4　5	
工作经验——以前工作经验对职位的价值		1　2　3　4　5	
家庭背景——家庭环境对工作的积极意义		1　2　3　4　5	
面谈考官评语：		总体评价：1　2　3　4　5	
面谈考官签字：	职称：	日期：	

资料来源：张一驰.1999.人力资源管理教程.北京：北京大学出版社.

4. 职业介绍机构

改革开放以来，我国出现了许多职业介绍机构，每个地、市、县都建立了由劳动行政部门主管的机构，国家还鼓励和支持其他企事业单位及个人开办职业介绍机构。这些机构可以分为三大类：一是劳动保障行政部门开办的职业介绍机构，一般为公益性的事业单位；二是经县级以上劳动保障部门批准的其他政府部门、社会团队和企事业单位开办的职业介绍机构；三是经县级以上部门批准的公民个人开办的职业介绍机构。据不完全统计，截至2006年年底，全国共有各类职业介绍机构40 000多所，其中民办职业介绍机构达到8000余家，每年介绍就业人员近千万人次。

职业介绍机构的作用是帮助雇主选拔人员，节省雇主的时间，特别是在企业没有设立人力资源部门或者需要立即填补空缺职位时，职业介绍机构能为企业提供专业的咨询服务。然而职业介绍机构往往对应聘者的情况不够了解，因此容易出现推荐的候选人与企业空缺职位不匹配的情况。为此，企业在选取职业介绍机构这一招募渠道时，要尽量选取信誉较高的介绍机构，要求它们提供尽可能多的适合职位要求的人选，而且派专人同几家职业介绍机构保持稳定的联系。

有研究者认为在下述情况下，企业可以采用职业介绍机构的渠道进行人员招募：

(1) 用人单位根据以往的经验发现难以吸引到足够多的合格的工作申请人；
(2) 用人单位只需要招募很少数量的员工；
(3) 要为新的工作岗位招募而设计和实施一个详尽的招募方案成本太高；
(4) 用人单位急于填补某一关键岗位的空缺；
(5) 用人单位试图招募到那些现在正在就业的员工，尤其是处在劳动力市场供给紧张的形势下；
(6) 用人单位在目标劳动力市场上缺乏招募经验。

5. 雇员推荐和申请人自荐

一些企业开展雇员推荐活动，以鼓励现有员工向企业介绍新的工作候选人。在这种情况下，企业将空缺职位以及对被推荐者的要求公布出来，对于那些给企业推荐候选人最多的雇员，企业往往会给予奖励。这种做法可以通过减少广告费用和招募代理费来削减企业的招募成本，并且有可能招到高质量的工作候选人。但是，这种做法也存在不足：一方面，招募负责人可能会碍于情面而降低录用标准，导致日后工作中出现管理问题；另一方面，一旦某员工所推荐的人被拒绝，他（她）本人可能产生对组织或招募负责人的不满。基于这些原因，企业在采取员工推荐这种方式时应注意以下几点：

(1) 对应聘者测试后才可录用；
(2) 请相关专业或相关领域的熟人介绍有能力的人前来应聘；
(3) 录用后被介绍人尽可能不在介绍人领导下工作；
(4) 推荐人的职业能力不足以评价被推荐人的职业能力时，不可采取此种方式。

申请人自荐是应聘者通过某些渠道了解到企业相关招募信息后，主动与企业人力资源部门联系应聘的方式。对于这些毛遂自荐者，企业应礼貌接待，最好由人力资源部门指定专人与他们进行面谈。这样做不仅体现了对求职者的尊重，还有利于树立企业的良好声誉和促进企业今后业务的开展。

6. 猎头公司

猎头公司（executive recruiters，headhunter），也称作高级管理人员代理招募机构，是一种类似于职业介绍机构的就业中介企业。它们专门为雇主"搜寻"和推荐高级管理人才和关键技术人员，由于它们的运作方式和服务对象具有特殊性，所以经常被视为一种独立的招募渠道。猎头公司的联系面很广，它们同许多已被雇用的高级人才保持着联系，一旦有用人需求，它们便会诱使这些高级人才另谋高就。尽管利用这类机构进行招募活动要支付高昂的费用（一般为所推荐人年薪的 1/4 到 1/3），但是它们经常可以为企业物色到高级管理人才和专业技术人才，这些高级人才由于自身的能力和经验丰富，往往"来之能战"，进而为企业节约大量的时间成本，在短期内创造效益。因此，这种招募渠道具有很大的利用价值。

7. 网络招募

随着计算机网络及信息技术的发展与应用，网络招募（internet recruitment）日益普及，并受到用人单位和求职者的青睐。网络招募以企业为主体，通常基于公开网进行，也有少量企业在内部网上进行企业内部的招募。目前国内已有大量专业的招募网站，如中华英才网（www.chinahr.com）、前程无忧网（www.51job.com）、智联招聘（www.zhaopin.com）及南方人才网（www.job168.com）等。

网络招募的优势在于：

（1）覆盖面广，选择余地大，企业有更大的选择余地来挑选符合自己需要的候选人。

（2）招募成本低。企业的招募广告可长期登在招募网站上，不需要多次投入广告费用，并且节省了差旅费用等。

（3）信息反馈快。应聘者能在较短的时间内作出响应，企业对求职者的处理结果、信息也能及时反馈给对方，减少求职者的等待时间。

（4）网络招募公开、透明。企业将招募的规则、要求、实施进度、招募结果等信息在内、外计算机网络上及时公示，这种相对公开、透明的环境可以增强求职者对企业的认同度，同时也将企业招募工作置于公众监督之下，避免"暗箱"操作，有助于提高招募的公平性。

网络招募的劣势在于：

（1）筛选难度加大。目前人力资源供给的总体趋势为专业、技术内涵低或中等偏下的岗位供大于求，求职者的应征信息多到甚至造成网络通道"堵塞"，不仅影响招募活动的正常开展，甚至会干扰企业其他基于网络的工作的进行；高端职位和专业技术含量高的工作，相对而言求大于供，企业难以发现合适的求职者；而那些掌握专门技术的人，一般不会在网络上求职，因此，网络招募对专门技术人才或高端人才并不适合。

（2）"马太效应"。大企业或知名企业在网络招募中基于其品牌效应，再加上其在招募网络上的投入比较充足，网络的广告效应比较明显，往往容易引起求职者的关注而获得大量求职者的回应。相反，中小企业或没有名气的企业在这一点上就处于明显的劣势，获得求职者回应的数量可能就比较少，质量也不一定有保证。

（3）对设备和技术的要求比较高。尽管计算机和网络已相当普及，但很多企业尤其是偏远地区的企业还没有条件建立这样的系统，因此也就难以利用网络招募的优势。此外，即使建立了硬件系统，还需要有专门人员来负责网络招募信息的处理和分析，对于中小型企业来说，这可能又是一个难题。

总体来说，网络招募作为选拔通用型人才的第一个环节，不失为一种有效的渠道，尤其是在对大量候选人进行初步筛选的时候。

第三节 人员甄选

一、人员甄选的概念

人员甄选（selection）是指用人单位在招募工作完成后，根据用人条件和用人标准，运用适当的测评方法和手段，对应聘者进行审查和筛选的过程。

一般来讲，甄选无非要回答三个问题：第一，应聘者能做什么？第二，应聘者愿意做什么？第三，应聘者对该工作是否合适？

（1）能做什么：应聘者是否有能力做好所应聘岗位的工作？应聘者具有哪些岗位胜任特征和相应的工作技能？这些能力是如何表现出来的？应聘者是否有发展潜力？

（2）愿意做什么：应聘者对该项工作是否真的有兴趣？应聘者为什么愿意来公司工作？应聘者能否在公司长期干下去？应聘者过去的工作经历反映了其具有怎样的稳定性？应聘者是否能够一心一意地为公司工作？

（3）是否合适：应聘者的能力和知识能否适应将来的工作要求？应聘者的个性特点是否适合该工作和工作环境？应聘者能否适应公司的文化氛围？应聘者能否被其同事或下属接纳？

二、人员甄选的意义

彼得·德鲁克（Drucker，2006）在1986年说过："做得最好的都是经过评估的事"，对工作候选人进行科学的甄选对企业和社会来说意义重大，如同高质量的产品必须有高质量的原材料一样，企业的生存和发展也必须有高质量的人力资源作依托，员工甄选就是为了确保企业发展所需的高质量人力资源而进行的一项重要工作。

如果一开始就聘用到合适的人选，那将给企业带来可观的利益。有数据表明，这种经济收益相当于现有生产力水平的6%~20%。然而，甄选到合适的人员是一件困难的事情，因为不同的个体在智力、能力、人格特征、生理特征等方面各有长短，工作对人的体力和脑力的要求也各不相同。这些天然的差别要求管理者必须对人员的体力、技巧、能力以及个性特征与工作要求之间的适应性关系进行评估。心理学家约翰·霍兰德的"人格-工作适应性"理论，为人与工作的匹配关系提供了有力的证据。该理论对人格类型特征与工作要求之间的一致性进行了深入的研究。他指出，员工的工作满意度和离职倾向取决于个体的人格特点与职业环境的匹配程度。社会型的个体应该从事社会型的工作，传统型的个体应该从事传统型的工作，依此类推。当个性与职业相匹配时，个体会有最高的满意度和最低的离职倾向。

三、人员甄选的方法

企业在确定了招募渠道并发布了招募信息后，就会收到大量的应聘材料，甄选工作也由此开始。企业首先要做的事情是对这些材料进行筛选，以确定笔试或面试对象；然后通过笔试或面试考察，挑选出合格的人员进行下一轮的复试；最后从企业的职位需要出发，挑选出最适合于所招募岗位的人选。整个过程涉及很多甄选方法，其中常见的有简历筛选、测试甄选、面试甄选、背景调查以及其他特殊的甄选办法。

（一）简历筛选

企业在收到众多应聘材料后要做的第一项工作就是对这些求职简历进行筛选，以排除那些明显不符合企业要求的应聘者。接下来，人力资源部门需要根据招募计划中的用人标准，对初步入围的简历逐一进行仔细的筛选，以确定参加第一轮笔试的应聘者名单。筛选标准的确定很重要，如果标准过严，则可能错过一些优秀的人才；如果筛选面过宽，则又会增加后续招募选拔的负担。

筛选简历时应着重关注的问题包括：

（1）求职者的就业历史，并确认是否有间断时间，在面试或背景调查时核实出现这一职业/学习间断的原因以及求职者在这一时段的活动内容。

（2）工作变化的频率及求职者离开原工作单位的原因，常见的有因表现不好而被企业解聘、薪水增加的幅度不够大、晋升机会有限、企业没有履行承诺、个人家庭原因等。应聘者很可能不愿将离职的真正理由予以表露，而以"没有发展空间"等来搪塞，这就需要筛选者结合求职者过去主管的业绩评价和应聘者的离职频率来综合判断。

（3）审查求职者对自己的评价性描述内容，如自我评价、个人描述等。主要查看求职者的自我评价是否属实和适度，如果发现了求职者个人评价与工作经历描述存在不一致的地方，则可判定主观描述与客观实际不符，这时可直接将其予以淘汰。

（4）初步判断简历中的个人描述是否符合应聘岗位的要求，并初步判断求职者在空缺岗位上是否有发展潜质。

（5）审核简历书写格式的规范性和逻辑性。如果简历中存在错别字，书面表达的逻辑性很差、缺乏条理等，这就说明求职者在责任心和能力方面存在问题，对这些简历要予以淘汰。

（二）测试甄选

测试能预测申请人的能力特征及其在今后特定领域的工作表现，从而帮助企业选择符合职位要求的人员。它主要借助一些技术手段和方法，对申请人的智力、专业知识、特殊能力、个性特征等作出客观的评价。这里以能力测试，人格、个性与兴趣测试，以及成就测试为例，简要介绍测试甄选的方法。本书第五章还会对相关内容进行更全面和深入的介绍。

1. 能力测试

能力测试包括一般智力测试和特殊认知能力测试。一般智力测试即测试一个人的智商水平，它一般通过对一个人的语言能力、文字能力、数字计算能力、图形识别能力、空间能力、观察力、记忆力等进行一系列具体的测试来完成。当前国际上常用的智力测试有两种：斯坦福-比奈智力测验和韦克斯勒智力测试。特殊认知能力，也称特殊心理能力，包括归纳和演绎推理、语言理解、记忆及数字能力。特殊认知能力测试的目的是检测应聘者对某一特定工作的能力倾向,如机械理解测试,它可以测试应聘者对基本机构原理的理解,并预测应聘者对机械师或工程师工作的能力倾向。

2. 人格、个性与兴趣测试

员工的工作绩效不仅取决于其智力和身体能力,还取决于其心理状态和人际沟通技巧,这就要借助于人格、个性与兴趣测试。人们经常用"大五"模型来进行人格测试,"大五"指的是外倾性(extraversion)、随和性(agreeableness)、责任心(consciousness)、情绪稳定性(emotional stability)和经验开放性(openness to experience)。这五个维度的研究除提供了总体的人格框架外,还提供了这些人格维度与工作绩效之间的重要关系。有研究证实,对于所有的员工来说,责任心都可以预测其工作绩效;外倾性可以预测管理和销售职位员工的工作绩效;经验开放性对培训效果的预测力很强;那些在情绪稳定性方面得分较高的人员更换单位的概率较小,因为情绪平和而有安全感的人会比焦虑不安的人工作做得更好。

个性测试常见的有主题统觉测验(the matic apperception test)、吉尔福德气质测验(Guilford Zimmerman temperament survey)、明尼苏达多相人格测验(Minnesota multiphase personality inventory)、卡特尔16PF测验及MBTI等。兴趣测验是将一个人的兴趣与不同职业中的人的兴趣相比较,比如,要对一个人进行相关的兴趣调查,就应把他的兴趣与已在职的会计、工程师、管理者作比较,从而推测其可能的职业兴趣。兴趣测试有多种用途,最典型的是用于员工的选拔和职业生涯设计,因为只有选拔那些与成功的在职者有大致相同兴趣的人填补职位空缺,这些候选人在新的工作岗位上成功的可能性才会更大。

3. 成就测试

成就测试是对一个人所学的知识和技能的一个基本的检测,它广泛应用于测试应聘者在技能操作、市场营销、服务领域或人事管理等领域的知识。比如,普度机械师和机械操作员测试(Purdue test for machinists and machine operators)通过询问"忍耐意味着什么?"这种问题,来测量熟练机械师的工作知识;餐厅服务行家通过对餐饮专业的毕业生测试关于"重大宴会,座次应怎样安排?分菜顺序及酒水服务的规则是什么?"之类的问题,来评估应聘者有关宴会服务方面的知识。

(三)面试甄选

面试是大多数人力资源部及业务部门负责人最常用的甄选方式。它可以使招募人员有机会直接接触应聘者,判断职位候选人的语言表达、情绪控制、逻辑思维以及处理专业事务等能力是否符合职位的要求。为了提高面试质量,面试人员要做好以下几方面的工作。

1. 阅读工作规范和职位说明书

面试的准备工作应从阅读工作规范和职位说明书开始,也就是说,面试人员必须了解招募岗位的责任、要求、工作关系、环境特点、工资、福利和发展机会等一系列信息。要完成这一任务，需要回答以下六个问题：

(1) 我是否清楚招募岗位的性质及其工作关联？
(2) 我是否完全了解招募岗位的工作职责和任职资格要求？
(3) 我是否完全了解应聘者所应具备的素质？
(4) 这些素质要求是否与工作有关，对素质的要求是否现实？
(5) 我是否向应聘者讲清楚了招募岗位的职责？
(6) 我是否准备好了有关岗位和企业的其他信息？

2. 评价求职申请表

企业会让初试合格的求职者填写求职申请表。设计科学的申请表可以为选拔过程节省很多时间。正因为如此，求职申请表比个人简历使用起来更有效。

1) 填写求职申请表的目的

(1) 帮助招募人员通过了解求职者以前的发展及成长经历，推断该求职者今后的任职可能及发展潜力；

(2) 帮助招募人员根据求职者在申请表中列出的工作经历，分析求职者前几次的离职原因，以判断其工作偏好和稳定性；

(3) 帮助招募人员根据求职者在申请表中提供的资料，预测哪些求职者能胜任将来的工作、哪些不能，以此来决定参加下一阶段选拔的人选。

2) 本阶段工作的注意事项

在这一阶段的工作中，有两点需要引起招募人员的注意：其一，对不同类别的工作岗位需要准备不同的申请表，比如，对技术人员和管理者的招募与对一线雇员的招募，其申请表的侧重点应有所区别；其二，要审核申请表和简历中关键信息的真实性，如对学历证明、英语等级证、相关资格证和工作经历的真实性进行验证。

3) 申请表的项目设计

鉴于求职申请表在评定应聘者的能力、判断其资历等方面的重要作用，申请表的设计一定要科学、认真。一般来说，申请表应包括下列项目：

(1) 所申请的职位、工作性质；

(2) 个人资料，包括姓名、通信地址、联系电话、年龄、性别、婚姻状况、出生地、健康状况及病史、兴趣爱好、专长等；

(3) 教育状况，包括学校、专业、学位；

(4) 学术及专业活动情况，包括学术成果、参加何种学术团体；

(5) 技能，包括有何技能、证书；

(6) 进修培训经历；

(7) 工作经历，包括单位、职位、主要责任、收入、离职原因；

(8) 个人要求，包括如获聘之后何时可到位、班次要求、薪酬要求、休假要求及其他特殊要求。

3. 设计面试提纲

面试提纲是面试效果和效率的保证。面试官要根据职位要求以及求职申请表所反映的信息，选择合理的评价要素，从不同的方面对应聘者进行提问。表 4-5 给出了一个面试提纲的范例。

表 4-5　面试提纲（举例）

姓名：　　　　　　　申请的职位：

1. 工作兴趣

　　你是怎么知道我们公司的？
　　你为什么希望加入我们这个企业？
　　你为什么想做这份工作？
　　你认为自己能胜任这份工作吗？
　　你认为这一职位涉及哪些方面的工作要求？
　　你对待遇有什么要求？

2. 目前的工作状况

　　你现在有工作吗？
　　如果没有，那么你失业多久了？
　　如果你有工作，那么为什么要申请这份工作？
　　如果可能，你什么时候能来我们公司上班？

3. 工作经历

　　目前或最后一个工作：
　　工作单位名称：　　　　通信地址：
　　雇用时间从　　　　　　至
　　目前或最后一个工作的职务名称：
　　在该公司，你一直都从事同一种工作吗？
　　如果不是，那么介绍一下你曾从事过哪些不同的职位、持续时间及各自的职责
　　你最初的薪水是多少？现在的薪水是多少？
　　你为什么考虑离职？为什么现在离职？
　　在过去的 5 年里，你曾失业过吗？
　　为了寻找工作，你作了哪些努力？

4. 教育背景

　　对你所受过的教育和培训状况进行简要回顾
　　你认为你所受的教育或培训对你胜任工作有帮助吗？
　　如果有，有哪些帮助？

5. 工作以外的活动

　　在工作以外，你都做什么？

6. 特殊问题（针对特殊的职位而设计的个性化问题）

　　……

续表

| 姓名： | | 申请的职位： | | | | |

7. 个人问题
   你愿意被重新安置其他工作吗？
   你愿意出差吗？
   你可以保证最大限度的出差时间是多少？
   你能加班吗？
   你周末可以加班吗？

8. 自我评估
   你认为你最大的优点是什么？
   你认为你最大的缺点是什么？

9. 面谈者印象：对下列每个特征进行等级测定，其中，"1"为最高等，"4"为最低等。

		1	2	3	4	说明
个人特征	仪表仪容					
	姿态					
	举止礼貌					
	谈吐					
	与面试者的协作					
与工作有关的特征	与本工作相关的经验					
	与本工作相关的知识					
	人际关系					

10. 对工作的总的胜任情况：(1) 非常胜任　(2) 能较好胜任　(3) 胜任　(4) 勉强　(5) 不合格

面谈者：
日期：

4. 面试过程的控制

为了保证面试的效率和效果，面试人员需要从以下几个方面对面试进程加以控制：

(1) 面试应该以一般的社交话题开始，以消除应聘者的紧张心理，建立和谐轻松的面试气氛，使应聘者自然地进入面试情景之中。此阶段的表现不计入评价分数，应尽快结束。

(2) 面试的问题越直接越好。

(3) 每个问题都要有始有终，并给应聘者一定的思考时间。如果出现了"卡壳"的现象，面试人员应加以合理的引导，使面试能顺利进行下去。

(4) 为避免出现"是"或"否"的答案，面试人员应经常用"为什么"、"怎么样"作进一步的提问。

(5) 面试人员所扮演的是倾听者的角色，因此应尽量不要打断应聘者的回答，使其叙述完整。

（6）不能向应聘者暴露自己的急躁、不感兴趣等不良情绪。

（7）当应聘者的表述不清楚时，可以用"你的意思是说……"来求证，但不要代替对方回答。

（8）不要与应聘者争论观点。面试是为了探询应聘者的观点和思维能力，面试人员应始终保持礼貌、谦逊。

（9）要控制面试的局面，防止偏离主题和漫无边际地闲聊。

（10）在面试结束前，要给应聘者提问的机会。

5. 面试结果的处理

在面试过程中，记录人员应该如实、完整地对应聘者的表现进行记录。在面试结束后，记录人员应及时整理面试记录，为面试官的面试评价提供参考依据。面试官应将每位应聘者在面试过程中所展现的知识、经验、专业资质、求职动机与该职位的工作要求进行比较，并根据面试评价表中的评价要素对面试者进行评价，初步拟定符合要求的求职者，并将面试的评价结果和建议报给人力资源部。人力资源部门在和用人部门协商后，报经上级部门审批，最终作出录用决定。在甄选工作全部结束后，负责人应将所有相关的面试资料存档备案以备查询。至此，面试甄选的工作完成。

表 4-6 是一个面试评价表的范例。

表 4-6　面试评价表（举例）

姓名：	性别：	年龄：	编号：	应聘部门：	所属部门：
评价要素	评价等级				
个人修养	1（差）	2（较差）	3（一般）	4（较好）	5（好）
求职动机					
语言表达能力					
应变能力					
社交能力					
自我认识能力					
性格倾向性					
情绪稳定性					
规划和企业能力					
主动性、积极性					
健康状况					
相关专业知识					
逻辑思维能力					
评价总分与等级					
总体评语					
	用人部门意见		人力资源部意见		总经理意见
	签字：		签字：		签字：

6. 面试中常见的错误

在面试过程中，面试工作人员经常会出现一些面试错误，如第一印象效应、夸大应聘者的负面信息、晕轮效应、对比效应、权重错置、忽视应聘者的非语言信息等，这些错误都会造成面试官对应聘者的知觉判断出现偏差和失真，进而影响面试的客观性和准确性。为此，面试人员应该了解这些常见的面试错误，并自觉地加以克服。在面试工作开始之前，人力资源部门应该组织专门的面试官培训，以尽可能地降低面试人员出现这些错误的概率。当然，选择责任心强、人格品质端正的人员来担任面试官也是最大程度地避免错误发生的有效前提。

第四节　人员录用

录用决策是企业人力资源形成和配置过程的一个重要组成部分。招募所要完成的工作是建立一个人才应聘库，将求职者的信息集中起来。筛选是从建立起来的应聘库中挑选合格的求职者，而录用就是最终决定雇用应聘中的胜出者，并将他们配置到合适的岗位上去。因此，录用决策是招募过程的最后一个环节。在作出录用决策之前，企业要对经过层层选拔挑选出来的求职者进行背景调查和体检，以确保求职者的信誉和身体状况符合企业的用人标准。

一、背景调查

应聘者的背景通常包括其信用状况、工作经历、学历、专业资质以及是否有犯罪记录等。现在，很多企业都将背景调查作为招募、选拔人员的必要环节，这在很大程度上是因为不诚信的员工会给企业带来许多后续麻烦。

背景调查所需要的大部分信息都是公开的或被记录在个人档案中的，企业通过一定的努力即可以查阅到，但是，明智、高效的做法是聘请一位专家，由其来帮助企业迅速且全面、专业而又合法地完成这项调查工作。

二、体检

身体检查是选拔过程的最后一个步骤，在有些情况下，体检也被安排在新员工开始工作的时候。进行体检有三个目的：

（1）确定求职者是否符合空缺职位的身体要求。此外，体检还可以为需要一定岗位照顾的求职者提供依据。

（2）建立求职者健康记录，以用于未来的保险或员工的赔偿要求。

（3）通过确定求职者的健康状况，可以降低其以后的缺勤率和事故发生率。

体检这一环节的执行相对比较简单，通常企业会指定一个信誉较好或长期有往来的医疗机构，要求应聘者在一定时间内到此机构进行体检，也有一些大型的企业要求内部的医疗部门对应聘者进行体检。在这一环节中，负责人要注意不同的职位对健康的要求有所不同，对于那些有特殊身体条件要求的职位，如卫生、食品行业的相关职位，企业必须对应聘者进行更为严格的体检，以保证应聘者能够符合特殊行业工作岗位的要求，减少不必要的麻烦。

三、作出录用决策

录用决策的作出是体现招募工作结果的阶段，应该说，这一决策有时是难以作出的，尤其是在选拔对企业发展至关重要的职位的人选时，招募者往往会在几个出色的候选人之间举棋不定，难以决策。

当出现这种情况时，最好的选择是回到工作分析阶段，确认该职位究竟需要什么样的人、谁更适合目前的岗位。但在录用过程中，招募者也不能一味追求完全符合工作说明书的人，因为许多研究显示，如果一个人已经能够100％地完成他所应聘的工作，那么他在该职位上也不太可能任职太久，因为对他来说这份工作缺乏刺激。一般来说，选择一个能够完成80％工作任务的应聘者比较理想，因为这样的员工往往会在岗位上任职更长的时间，也有更强的工作动机和工作动力。

招募者在作出录用决策时要注意：
（1）重在考察候选人的核心技能和潜在工作能力；
（2）在候选人工作能力基本相同的情况下，要重点考察其工作动机；
（3）不要去选择那些超过任职资格、条件过高的人；
（4）当对候选人缺乏足够的信心时，不能降低录用标准；
（5）如经上述步骤仍然无法确定人选，可对最终的几位候选者重新作一次人员测评。

四、通知应聘者

在作出录用决策后，招募者就要向合格的应聘者发出录用通知了，每个人力资源工作者都很清楚这一点，但是在实践中，并非每个企业都能做好这项工作。许多企业由于没有及时通知应聘者而造成优秀人才另谋高就，也有的企业的录用通知书措辞含糊，或者使待聘者感觉不到企业的诚意和办事效率，从而使企业在最后关头失去了对待聘者的吸引力。

一般情况下，公司的《录用通知书》由人力资源部门负责人签发。每份工作的录用通知都应采用书面形式，也可以先口头通知并等对方接受后再发书面通知。《录用通知书》的内容应当简明、准确，绝不能使人误解。其主要内容通常包括：①聘用职位；②所属部门；③入职日期；④工作地点；⑤薪酬标准；⑥有关聘用、试用的规定；⑦资料要求。

在理想的状况下，人力资源部门不仅要向合格的应聘者发出录用通知，还应向那些落选的应聘者发出辞谢信。这样做不仅会让落选者感觉应聘企业具有诚意、操作规范，而且便于维护公司在应聘者心目中的形象，还会保持一些潜在的应聘者。一旦公司再次出现工作机会，这些人中很可能会有人在新一轮的招募中胜出。

对于那些企业看重的优秀应聘者，人力资源部甚至最高领导层应该主动打电话询问，并表明积极争取的态度。如果待聘者提出更高的条件，要考虑是否能作一些让步。如果企业被许多待聘者拒绝，那么一定要查清原因，也许可以从中获得一些有价值的信息。

表 4-7 和表 4-8 分别是《录用通知书》和《辞谢通知书》的范例。

表 4-7 录用通知书（举例）

录用通知书

　　_____先生/女士：
　　上周五与您的会面非常愉快。我们现在很高兴地通知您，我们企业向您提供_____职位。
　　接受该职位的工作意味着您应该完成下列的工作职责_____，并对_____负责。
　　您的税前全额工资为_____元整，您的工资结构为：固定工资（占全额工资的80%）＋绩效工资（占全额工资的20%）。
　　我们很希望您能够接受该职位的工作，并为您提供充足的发展机会和良好的工作环境。
　　我们希望在___年___月___日之前获得您是否接受该职位的确认消息。
　　如果您有什么问题，请尽快与我们联系，联系电话是_____。
　　期望尽快得到您的答复。

×××××××公司
人力资源部经理（签名）
___年___月___日

表 4-8 辞谢通知书（举例）

辞谢通知书

　　尊敬的_____先生/女士：
　　十分感谢您对我公司_____职位的兴趣。
　　对于您对本公司的支持，我们不胜感激。对于您在应聘该职位时的良好表现，我们印象很深。但是由于我们名额有限，所以这次只能割爱。我们已经将您的有关资料备案，并会保留半年，如果有了新的空缺，我们会优先考虑您。
　　感谢您能理解我们的决定。祝您早日找到理想的职位。
　　对您热诚应聘我们公司，再次表示感谢！

×××××××公司
人力资源部经理（签名）
_____年_____月_____日

五、签订试用合同或聘用合同

当企业拟录用的应聘者同意接受录用后，企业就应与其签订试用合同或聘用合同了。聘用合同的内容一般包括：

（1）被聘任者的职责、权限、任务；
（2）被聘任者的经济收入、保险、福利待遇等；
（3）试用期、聘用期限；

(4) 聘用合同变更的条件及违反合同时双方应承担的责任；
(5) 双方认为需要规定的其他事项；
(6) 作出遵守规章和保护公司秘密、知识产权的承诺并签订连带责任保证书。

本章小结

1. 人员招募是指组织根据人力资源规划和工作分析的要求，把具有一定技巧、能力和其他特性的申请人吸引到组织的空缺岗位上，以满足组织的人力资源需求的过程。员工招募的意义在于为企业补充新鲜血液，保持企业的良性循环；使社会更广泛和深入地了解企业，扩大企业的知名度；促进劳动力的合理流动，促进社会劳动力的合理配置。

2. 通过吸引足够多的申请者、选择适宜的招募渠道、组建一支称职的招募队伍等途径，可以提高招募的有效性。

3. 人员招募的基本流程包括人员需求分析、对空缺职位进行职位分析、制定招募计划、确定选拔录用标准、审批招募计划、确定招募方式和渠道、收集筛选简历、初次笔试、面试和评价、身体检查、通知录用等。

4. 招募渠道的类别和选择，一般包括企业外部招募和企业内部招募两类，它们各有优缺点，企业应当选择最适合本企业的方法进行人员招募。

5. 人员甄选是用人单位在招募工作完成后，根据用人条件和用人标准，运用适当的方法和手段，对应聘者进行审查和筛选的过程。常见的有简历筛选、测试甄选、面试甄选、背景调查以及其他特殊的甄选办法。

6. 人员录用是最终决定雇用应聘者并分配给其职位的过程，是招募过程的最后一个环节。在作出录用决策之前，企业要对经过层层选拔而胜出的求职者进行背景调查和体检，以确保求职者符合企业空缺岗位的需要，然后作出正式录用与否的决定，并向应聘者发送书面《录用通知书》或《辞谢通知书》。

▌中英文对照关键词▐

人员招募 recruitment
人员甄选 selection
网络招募 Internet recruitment
实际工作预览 realistic job preview，RJP
猎头公司 executive recruiters，headhunter
面试 interview

复习思考题

1. 简述人员招募、甄选的概念。
2. 为什么要制定招募计划？
3. 人员甄选的意义是什么？

4. 为什么说组建一支称职的招募团队是十分重要的?
5. 进行一场成功的面试必须做好哪些方面的工作?
6. 常用的招募渠道有哪些?如何确定合适的招募渠道?
7. 在人员录用时,应该注意哪些问题?

案例分析题

上海通用汽车有限公司与丰田公司的招募流程与策略①

一流的企业需要一流的员工队伍。上海通用汽车有限公司的发展远景和目标定位注重对员工素质的高要求:不仅要求员工具备优良的技能和管理能力,还要求其具备出众的自我激励、自我学习能力、适应能力、沟通能力和团队合作精神。

公司坚持"以人为本"的公开招募策略。"不是控制,而是提供服务",这是公司人力资源部职能的特点。首先,公司把传递"以人为本"的理念作为招募的指导思想。招募员工时,在坚持双向选择的前提下,注意应聘者和公司双向需求的吻合。其次,公司制定拉动式的员工招募计划,从组织结构、各部门岗位的实际需求出发,分层次、有步骤地实施招募。再次,公司确立面向全国广泛选拔人才的员工招募方针,根据岗位的层次和性质,采取以利用媒介和人才市场为主的自行招募与委托招募相结合的方式。然后,公司建立人员评估中心,确立规范化、程序化、科学化的人员评估原则和方案,明确各类岗位对人员素质的要求。最后,公司建立人才信息库,统一设计岗位描述表、应聘登记表、人员评估表、员工预算计划表及目标跟踪管理表。两年来,公司先后收到成千上万应聘者的来信,这是对公司人员招募策略成功与否的最好检验。

公司采用严格规范的评估录用程序:①录用人员必须经过评估,这是公司招募工作流程中最重要的环节,也是公司招募和选择员工的一大特点。②公司的整个评估活动完全按标准化、程序化的模式进行。凡被录用者,须经填表、筛选、笔试、目标面试、情景模拟、专业面试、体检、背景调查和审批录用九个程序和环节,每个程序和环节都有标准化的运作规范和科学化的选拔方法。③公司的人员甄选模式,特别是人员甄选的理论依据与一般面试以及心理测验相比,更注重"个性品质与工作技能的关系"和"过去经历与将来发展的关系"两个关系的比较与权衡。公司依据两个简明实用的理论、经验和岗位要求,选择科学的评估方法,确定评估的主要行为指标来取舍应聘者。

丰田公司采用全面招募体系招募最优秀且有责任感的员工,招募过程分

---

① 陈洪浪,谢安.2007.如何鉴别管理真才.北京:机械工业出版社.

为五大阶段，持续5～6天。第一阶段，公司通常委托专业的职业招募机构，进行初步甄选；第二阶段也由外部机构完成，主要评估员工的技术知识和工作潜能，通过第一、二阶段的应聘者的有关资料被转入丰田公司；第三阶段，公司接手后续招募工作，主要评价员工的人际关系能力和决策能力；在第四阶段，应聘人员需参加一个1小时的集体面试，分别向招募专家介绍自己过去曾取得的成就，使招募专家对其进行更加全面的了解；在第五阶段，应聘人员需要参加一个25小时的全面身体检查，以全面了解应聘者的身体健康状况。

案例分析思考题：
1. 两家公司的招募策略、流程各有哪些侧重和特点？
2. 上海通用汽车有限公司和丰田公司各是怎样保证自己的招募目标得以实现的？

▶ 参考文献

彼得·德鲁克.2006.管理的前沿.闾佳译.北京：机械工业出版社
陈洪浪，谢安.2007.如何鉴别管理真才.北京：机械工业出版社
付亚和，孙健敏.1995.企业人力资源管理.北京：企业管理出版社
加里·德斯勒.1999.人力资源管理.刘昕，吴文芳等译.北京：中国人民大学出版社
斯蒂芬·P罗宾斯.1998.组织行为学.孙健敏等译.北京：中国人民大学出版社
苏进，刘建华.2007.人员选拔与聘用管理.北京：中国人民大学出版社
孙健敏.2004.组织与人力资源管理.北京：华夏出版社
杨杜，闻洁，申明.1996.哈佛学得到.北京：企业管理出版社
张一驰.1999.人力资源管理教程.北京：北京大学出版社
Byars L L, Rue L W. 1998. 人力资源管理. 李业昆等译. 北京：华夏出版社
Milkovich G T, Boudreau J W. Human resource management. Richard Irwin

第五章
人员测评

学习目标

- 了解人员测评发展简史
- 理解人员测评的内涵与作用
- 理解人员测评的基本原理
- 掌握信度、效度、难度和区分度的内涵
- 掌握信度、效度、难度和区分度的计算方法
- 掌握常见的人员测评方法

人力资源管理 Human Resource Management

> **引导案例**
>
> 人才测评——让人才各得其所①
>
> 2004年10~12月，受黑龙江省委组织部委托，人事部全国流动中心为新组建的黑龙江省招商局面向国内外公开招聘两名副局长。这次招聘，既是各地党政机关在选拔招聘高层级官员中首次引入第三方机构，也是全国人才流动中心首次将其开发的"全国人才测评系统"应用于政府部门的人才选拔工作。
>
> 人才交流中心使用的这套心理测评系统包括性向测评、职业适应性测评、专业技能测评、基本素质及潜能测评、绩效管理测评及评价中心六个子系统，共千余道选择题，可对人才的知识水平、能力倾向、发展潜能等方面进行测试和评价。
>
> 伴随这一事件而来的，是社会对于"人才测评"的广泛关注。什么是人才测评？它具有什么效果？它的应用前景如何？这些都成为人们感兴趣的问题。

第一节 人员测评概述

一、人员测评的概念

人员测评是建立在现代心理学、管理学、行为科学、计算机技术、测量技术等基础上的一种综合方法体系。它通过履历判断、答卷考试、心理测验、面试、情景模拟、评价中心技术等多种科学方法对人员进行测量和评价。它针对特定的人力资源管理目的，如人员招聘与安置、绩效考核、晋升与奖励、培训与开发等，收集被测评者在主要活动领域的表征信息，对个体的知识水平、能力倾向、个性特征、职业偏好等素质进行多方面的系统评价，从而为人力资源管理与开发提供参考依据。

从字面上解释，测评就是测量和评价。在人员测评中，测量即客观、定量地对人的行为的某个指标进行描述，也就是用符号将其表示出来；评价是依据一定的法则，对定量描述进行价值判断的过程（孙健敏，2007）。

二、人员测评的发展

人员测评是一门既古老又年轻的科学。说它古老，是因为人才测评的思想和实践古已有之，我国早在2000多年前就有了考试，它是统治者用以选拔官员的重要手段；说它年轻，是因为直到20世纪初期，现代的科学人才测评理论和技术才开始形成和

---

① 孙健敏，李原.2007.组织行为学.上海：复旦大学出版社.

发展,并得到越来越广泛的应用。

(一) 中国古代人才测评思想

中国的人才测评思想可谓源远流长。《尚书·尧典》记载了唐尧对舜和禹数年的测试与考察。《礼记》中记载了我国周代就已经采用"试射"的方式选拔文武官员。著名心理学家林传鼎教授认为"试射"就是一种特殊能力的单项测试,并采用了参照效标的记分法。中国古代的人才测评大多是在多样、变化的生活情景中的一种综合测验,例如,《吕氏春秋》中的"八观六验"人才测评法、刘劭《人物志》中的"八观五验法"、诸葛亮的"知人七法"等,都是在实际生活情景中进行的考察与评价。这些方法可以被看做是利用特定情景诱导出所要观察的对象的行为品质。明代何良臣在《阵计》中也提出颇具独创性的人才选拔标准,如"招乡间诚实之人,去市井油滑之徒"、"首取胆气精神,次取膂力便捷",实际上这些就是对人的性格、气质的考察与评定。自隋唐到清末延续了1000多年的科举制度,可以说是中国历史上应用时间最长、影响最广的人才测评,而在此之前,秦朝的军功制、汉朝的察举制、魏晋的九品中正制,无一不体现了人才测评的精神。

(二) 西方现代人员测评的发展

人与人之间是存在个体差异的,这个在现在看来很清楚的论断直至19世纪末期才被人们发现和重视。那时,西方发达国家最早在教育和医疗领域对测量个别差异的手段和测评技术展开了研究,并且在智力落后者的鉴别和精神病人的诊断方面取得了很大成绩。1905年,法国心理学家比奈把智力看做是人的一种高级复杂的心理活动,他通过观察多种简单的行为活动,检测构成智力的各个因素,以此了解一个人的智力水平。这项研究具有历史性意义,它直接导致了世界上第一个智力测验量表——"比奈-西蒙量表"的诞生。

在第一个心理测验问世后,心理测验被大量应用于教育和临床诊断领域,直到第一次世界大战时才有了新的发展。1917年美国宣告参战,许多心理学家参军并开始为战争服务。他们认为,在选拔、训练官兵和分派任务时必须考虑到其不同的智力水平,基于此,他们先后设计了陆军甲种测验和非文字的陆军乙种测验,用于甄选官兵。第一次世界大战结束后,这两种测验被迅速应用于美国社会,心理测验由此名声大振,并在20世纪20年代出现了狂热的势头,为各个阶层、不同人群设计的智力测验也不断出现。同时,根据工业部门的人才选拔和安置工作的需要以及职业咨询的兴起,心理学家又开始编制各种职业能力倾向测验,主要包括音乐、文书、机械和艺术等方面的特殊能力倾向测验。在把职业选择与个人特点相结合方面,美国学者斯特朗(E. K. Srong)作出了重要贡献,他于1927年编制出版了世界上第一个职业兴趣测验量表——"斯特朗男性职业兴趣量表"。

20世纪40年代和50年代,心理测量学家们开始在实践中评价求职者的"岗位适合度",人们开始越来越重视人职匹配。为了达到这个目标,心理学家需要事先对求职者进行一次简单的诊断面谈,然后进行一系列纸笔测验,通常包括能力倾向测验、投射性测验等。60年代以后，评价技术迅速发展并在许多大公司开始应用，这就使得测评对象不仅仅限于普通员工，而且已扩大到中高层管理人员了。

三、人员测评的功能和作用

（一）人员测评的功能

人员测评具有多方面的功能，归纳起来主要有以下三个方面。

1. 甄别和评定功能

这是人员测评最直接、最基础的功能。所谓甄别评定，是指对人才状况优劣、水平高低进行鉴别和评定，并以定量或定性的方式表示出来。其中，甄别是测量个体之间的素质差异，评定是衡量受测者的水平高低及其成熟程度。通常，在人力资源招聘或晋升中使用的选拔性测评的主要功能就是甄别、评定，即把优秀的求职者与一般性的合格者区分开来，以便于雇主录用。

2. 诊断和反馈功能

诊断是指通过测评，找出被测者的素质构成及发展中的问题和不足。这类测评旨在为企业人力资源管理过程中正在或潜在发生的问题提供诊断报告，明确问题所在，为下一步的原因与对策分析提供基础。反馈是指根据测评结果，提供相关信息，分析被测评者的缺点和不足及其产生的原因，并提出诊断意见和改进方案，帮助其克服缺点，发挥优势，推动其素质的全面发展。

3. 预测功能

通过对人才素质现有状态的鉴别评定，测评实施者可以推测被测者的发展趋向以及其在实际工作中可能表现出的绩效水平。这种预测的有效性取决于人才素质特征的稳定程度和测评工具的效度。准确的预测有助于实现人与工作的匹配，只有当任职者的能力素质符合职位要求时，个体才能发挥主动性，创造出高水平的绩效。

（二）人员测评的作用

人员测评最主要的作用是为人力资源决策提供可靠、客观的依据和参考性建议，它是人力资源决策的基本工具。其作用大致有以下三个方面。

1. 配置人才资源

人才资源配置是人力资源管理的基础工程。传统的人事管理由于缺乏人才测评技术，人才资源没有得到科学合理的配置，造成人才资源的闲置、埋没和浪费。在人力资源管理中引入人员测评技术，有利于实现人才资源的优化配置。

2. 推动人才开发

由于现代人员测评具有一定的诊断功能，能够明确个体的能力、品质、经验等多

方面的长短优劣,因此它可以促使人力资源部门有针对性地开展各种培训,最大限度地开发员工的潜能。

3. 调节人才市场

从某种意义上讲,人才市场类似于商品市场,商品交换必须以其价值和使用价值为基础,人才交流同样需要有价值尺度。传统的人才价值尺度讲究的是学历、工作经验和职称等指标,这些指标通常只能反映个体的某些特征,并不能客观准确地反映人才的真正价值。所以,要想更为客观、准确地了解人才的价值,就必须借助于现代人才测评技术。测评有助于确定人才的真实价值,为人才流动和合理布局提供基础。

第二节 人员测评的原理

科学的工作方法必须有其工作的基本原理,人员测评的基本原理包括测评的理论基础、测评的理论解释和测评工具的主要测量指标等三项基本内容。

一、人员测评的理论基础

人员测评得以实施,是因为人与人之间存在着个体差异,而且某些差异特征又具有相对稳定性和可测量性。

人们在遗传、生活经历等生理及社会生活方面的差异造成了不同个体间的差异性,这些差异性表现在人们的个性特点、能力、兴趣及价值观等方面。人的大多数特质具有相对稳定性,人们在不同时间和不同地点总是表现出相同或相似的心理特征,即个人的心理特征不仅在目前是这样,而且在以前或今后相当长的时期里基本上还是如此。同时,个体的心理特征又能够通过其行为表现出来,这就使得心理特征具有了可测量性。

二、人员测评的理论解释

(一) 刺激-反应

经典条件反射理论和操作性条件反射理论对"刺激-反应"作了大量的研究,巴甫洛夫的狗对铃声分泌唾液的实验表明,几乎任何不能产生特定反应的刺激,只要与能产生特定反应的刺激配对出现,就能够控制该反应。之后的操作条件反射理论则认为,行为是其结果的函数,行为并不是由反射或先天决定的,而是后天习得的,行为的结果是否得到强化将影响行为的重复倾向。无论这两种理论对于反射的理解如何,它们都认为某种程度的刺激会带来某种相应的行为。

在许多测评中,测评者所作的也是给被试一个刺激,期待被试的某种反应,并最终通过这种反应来推断被试的某种内在属性。在这个过程中,测评者真正关注的不是刺激,不是反应,而是刺激-反应背后的东西。例如,在面试中,测评者给被试一个面试题,被试作出了某种反应,测评者关心的不是反应本身,而是根据这个反应来推测被试个人的某种能力或资质,如领导能力、组织能力等。

（二）投射

1921年，瑞士精神病学家罗夏（H. Rorschach）发表了他编创的罗夏墨迹测验。1935年，美国心理学家默里建立了主题统觉测验（TAT）。1939年，富兰克（L. Frank）首次提出了"投射"一词。投射在心理学上是指个人把自己的思想、态度、愿望、情绪、性格等人格特征，不自觉地反应于外界事物或他人的一种心理作用，即个人的人格结构对感知、组织及解释环境的方式发生影响的过程。

投射测验假设每个人的知觉与他的人格是相联系的，通过向受测者提供一些图片、语句等，让被试自由地说出他所看到的或所想到的，测试者由此来推知被试的人格情况。著名的投射测验包括罗夏墨迹测验、主题统觉测验，其他类型的投射测验还包括语句完成测验和绘画测验等。相比较而言，投射测验的唯心色彩浓厚，作为人员测评的理论解释依据，其作用有限。

（三）典型反应-难度反应

克隆巴赫曾把测验分为最佳成绩测验和典型反应测验。前者也称为难度测验，其答案有对错之分，测评者根据测验结果对被试某一属性的水平高低进行区分。常见的智力测验、SAT、GRE、中国的高考等都属于最佳成绩测验。典型反应测验的答案没有对错之分，人们只是根据结果将被试划分为不同的类别，人格测验、兴趣测验都属于典型反应测验。

在典型反应测验中，被试往往倾向于掩盖自己认为不好的或不被社会所接受的行为或态度，而选择那些好的或被大众肯定的行为和态度，这种倾向被称为社会赞许性反应倾向，也就是回答中的"做假"倾向，这也是人员测评中尚未被完全克服的问题。尽管如此，典型反应仍被广泛应用于人事测评中，其和难度反应一起，是解释人事测评结果的主要原理和依据。

（四）心理反应-行为反应

一般来说，个体的心理与行为总是存在着某种程度的关联。因此，我们可以通过对行为的测量来推断心理，即用看得见、摸得着的行为来推断看不见、摸不着的内心。然而心理与行为并不是一种绝对的对应关系，当行为不能充分反映心理时，测量结果就可能不准确。

（五）情境反应-惯常反应

根据实施测验的环境不同，测试者可以判断测验针对的是被试的情境反应还是惯常反应。通常而言，情境反应是可以在意识层面进行控制的，而惯常反应是一种习惯，是人的潜意识行为。

纸笔测验的最大缺陷就是它过于情境化，评价中心方法的情境性也比较强，而管理游戏则比较接近于真实。在管理游戏中，被试表现出来的基本上是个体的惯常反应。正因为如此，在运用诸如面试等人员测评技术时尤其需要注意观察，那些真实的

信息往往不是来自于被试的回答，而是被试无意识的言行举止，因为这些是被试的惯常反应，是被试潜意识里的东西，因而难以伪装。

三、测评工具的主要衡量指标

（一）误差

误差（error）是指测量值与实际值之间的差值，它主要包括随机误差和系统误差两种。随机误差是由与测量目的无关的偶然因素引起的，这些因素不易控制，致使多次测量产生不一致的结果。例如，在称重量时，不同的人对秤杆高度的掌握不同，这种情况就会对称重的结果造成偶然误差。系统误差是稳定地存在于每一次测量中的误差，一般与测量工具本身有关。例如，在秤砣上搞鬼就会形成系统误差。

常见的误差来源主要有三个方面：测验自身、施测过程和受测者。

测验自身的误差主要来源于测验的编制过程，其中项目取样的影响最大。测验所要测量的内容是什么、测验的项目能否代表这些内容是两个至关重要的问题。当测验的项目较少而取样缺乏代表性时，被试的反应很难代表其真实水平。例如，对于是非题、选择题，被试可能凭猜测作答；此外，题目用词模棱两可，或者对要求叙述不清也会带来误差。

施测过程中可能引起误差的因素很多，如测试环境（施测现场的温度、光线、桌面高低等都对被试有影响）、测试时间、主试因素（包括主试的年龄、性别、外表、言谈举止、对测验过程的熟悉程度）、意外干扰，以及评分记分等因素都会引起误差。

被试者自身带来的误差最为复杂，也最难控制。比如，被试的应试动机、测验焦虑、练习效应、反应倾向，以及生理变因（如生病、疲劳、失眠、情绪波动）等因素都会引起测试的误差。

（二）信度

信度（reliability）是测量结果的一致性或者稳定性程度，也就是研究者对相同的测量对象进行不同形式或不同时间的测量所得结果的一致性程度。一个好的测量工具，应该可靠、稳定，即对同一事物反复多次测量，其结果应该保持不变。

信度的高低通常以相关系数表示，称为信度系数，信度系数是真分数方差与实测分数方差的比例，即

$$r_{xx} = \frac{S_T^2}{S_X^2}$$

它可以被解释为在实得分数的变异数中，有多大比例是由真分数的变异引起的，式中的 r_{xx} 称作信度系数。在实际测量中，因为真值是未知的，故信度系数不能由上式直接求出，而只能根据一组实得分数来估计。

那么，人员测评对信度的要求是什么呢？当然，完全没有误差即 $r_{xx}=1.00$ 是最理想的，但这在实际操作中是无法达到的，所以信度只需要达到某个标准就可以了。

表 5-1 列出了几种测量工具可以接受的信度系数范围。

表 5-1　几种测量工具可以接受的信度系数范围

测验类型	信度		
	低	中	高
成套成就测验	0.66	0.92	0.98
学术能力测验	0.56	0.90	0.97
客观人格测验	0.46	0.85	0.97
成套倾向性测验	0.26	0.88	0.96
兴趣问卷	0.42	0.84	0.93
态度量表	0.47	0.79	0.98

一般的能力与成就测验的信度系数在 0.90 以上，而人格或兴趣的测验信度系数则常为 0.75～0.85。通常在人员测评过程中，当信度系数 $r<0.70$ 时，不宜将测验所得的结果用作对个人或团体的评价；只有当信度系数 $r>0.70$ 时，才可以将测评结果用于团体间的比较；当信度系数 $r>0.85$ 时，可以将测试结果用于评价和对比个人的情况。

由于误差的来源不同，对信度的测量也有不同的方法。下面将具体介绍四种不同的信度类型和相应的评估方法。

1. 再测信度

再测信度又称稳定性系数，它是指同样的一个测验在不同时间里对相同群体施测两次，这两次测验分数的相关系数就是再测信度。再测信度代表了测验成绩能够应用于不同时间的程度。信度较高，则测试结果受到测验环境影响的随机因素较小，即测验结果可以被推广到不同时间的情况。测试间隔时间的长短必须根据测验的性质和目的来确定。例如，人格测验的重测间隔一般为两周到 6 个月之间。

用再测法估计信度的优点是能够提供测验结果是否随时间而变化的资料，可作为预测被试将来行为的依据；其缺点是易受被测者练习和记忆的影响而变得不准确。

2. 复本信度

复本信度又称等值系数，复本信度是用两个功能等值但是题目不同的测验复本来测量同一群体，然后计算出应试者在这两个测验上得分的相关系数。两个等值的测验互为复本。复本信度可以反映出两个测验复本在题目取样或内容取样方面是否等值。例如，两份测试英语能力的测试题，如果其中一个主要考察的是听力能力，而另一个考察的是阅读能力，则两者之间的相关性必定不会很高，复本信度就会很低，这说明必定有一项测验复本的内容取样有问题。

复本信度的主要优点是能够避免再测信度的一些问题，如记忆效果、练习效应等，适用于进行长期追踪研究。然而，它自身也存在一定的缺陷，如只能减少而不能完全排除练习和记忆的影响；另外，对于许多测验来说，建立复本较为困难。

3. 内部一致性信度

再测信度和复本信度是对测量跨时间的稳定性和跨形式的等值性的控制，而内部一致性信度主要关注的是测验内部各题目之间的关系，即一个测量工具所测量内容的均一性。内部一致性信度包括分半信度和同质性信度。分半信度是将一份测验按照一定的方法分成尽可能平行的两个半份测验（如奇偶分半），然后计算两半之间的相关，得到的相关系数即为分半信度系数。同质性信度是指测验的内容在多大程度上具有一致性，对于它的计算，根据变量的计分方式又有所不同。对于那些使用二分法计分的测验，通过库德-理查逊公式21（K-R21）来计算信度系数；对于大部分多重计分的测验，则通过计算克隆巴赫（Cronbach）α系数来计算信度系数。

再测信度和复本信度需要通过多次的测验才能够估计信度系数，而内部一致性信度只需要测量一次就可以估计信度系数。通常来说，内部一致性信度系数要比再测信度系数和复本信度系数高。

4. 评分者信度

评分者信度是指不同评分者在对同一对象进行评定时的一致性程度。在有些测量中，评分者的评判也是误差来源之一。对于一些主观性较强的测验项目来说，判断的主观性往往造成不同评分者对同一结果的评分很不一致。因此，诸如创造力测验、投射测验、无领导小组讨论、管理者的情景模拟测验等，都应考虑评分者信度。

对于评分者信度，最简单的估计方法就是随机抽取若干份试卷，由两个独立的评分者打分，再求每份试卷的两个评判分数的相关系数。这种相关系数的计算可以采用积差相关方法，也可以采用斯皮尔曼等级相关方法，一般认为，当经过训练的成对评分者之间的一致性达到0.90以上时，评分才是客观的。如果是三个以上的评分者，而且又采用等级计分时，就需要用肯德尔和谐系数来求评分者信度。

（三）效度

效度（validity）指的是测量的有效性，即一个测验对它所要测量的特质准确测量的程度。从测量理论的角度讲，效度可以定义为：同测量目标有关的变异（有效变异）与实测值变异之比（即 S_v^2/S_x^2）。

一般说来，效度比信度更为重要。如果一个测试的效度很低，那么无论它的信度多高，这项测验都是没有应用价值的。这就好像是用米尺测量物体的质量，不论米尺的测量多么精确，每次测量的结果如何一致，它都不能测出物体的质量。简言之，可信的测验未必有效，而有效的测验必定可信，即信度是效度的必要条件。

需要注意的是，效度是连续性的，它不是"全有"或"全无"的变量。因此，我们应避免将某一测验的结果评价为"有效"或"无效"，而应将其区分为效度较高或较低。另外，效度是针对测量目标而言的，它反映了测量结果对测量目标的体现程度。比如，一个数学测验可能对学生的数学成绩预测效度较高，而对学生的性格没有什么预测效度。因此，在评价和使用某项测验时，应该根据具体的用途和目标来考察其效度。而且，效度也不是通过直接测量就能够得到的，而是从已有的证据中推理而得的。

根据效度评估方法的不同，效度可以分为内容效度、构想效度和效标关联效度。

1. 内容效度

内容效度是检查测验内容对所要测量的内容或行为范围的代表性程度。例如，教师在讲授了一段时间课程之后需要进行考试，而考试内容不可能包含所有讲授内容，只能从中选出一个代表性样本来测试，并根据考试结果来推断学生对于该范围知识的掌握情况。如果测试题目是该范围的好样本，那么通过考试结果作出的推断就是有效的。

确定内容效度的方法通常是由专家根据测验的题目和所涉及的内容范围进行符合性判断，它是一种定性的分析方法。这种方法的主要问题是：缺乏数量化的指标，妨碍了各测验间的比较；不同专家的判断可能不一致；如果测验内容的范围不明确，则内容效度判断就会难以进行。

2. 构想效度

构想效度是指测验对理论上的构想或特质的测量程度。所谓构想，通常是指一些抽象的、假设性的概念或特质，如智力、工作压力、幸福感等，这些构想往往无法直接观察，但它们又都具有心理上的理论基础和客观现实性，可以通过可观察的证据加以推断。比如，工作压力可以通过个体的睡眠状况、在工作场所的情绪波动、工作出错率等可观察的指标进行确定。构想效度关注的问题是：测验是否能正确反映理论构想的特性。比如说，一项工作压力测验测量的是不是真正的工作压力，是否对与工作压力相关的生理指标、心理指标和行为指标进行了测量。

3. 效标关联效度

效标关联效度也称效标效度，反映的是测验分数与外在标准（效标）的相关程度，即测验分数对个体的效标行为进行预测时的有效性程度。比如，用高考成绩来预测被试升入大学后的学习成绩，如果预测准确性高，便说明该年的高考是一个好测验。在这里，被预测的行为是衡量测验有效与否的标准，简称效标。所谓效标效度，就是考察测验分数与效标之间的关系，看测验对我们感兴趣的行为预测得如何。因为效标效度需要有实际证据，所以又有人称其为实证效度。

根据搜集效标的时间，可以将效标效度分为预测效度和同时效度。预测效度的效标资料往往是在测量结束后隔一段时间才获得的，它反映的是测验分数对任一段时间间隔后被试行为表现的预测程度。预测效度适用于那些对人员进行选拔、分类和安置的人事测验。同时效度的效标材料可以和测验分数差不多同时搜集。有时，同时效度可以替代预测效度，因为在测验实施时如果已经存在有效的效标材料，那么就不必经过一段时间后再作比较。比如，晋升选拔测验的得分可以直接与应试者在现在工作中的绩效作比较。因为同时效度的评估不需要长期追踪，所以在人员测评中应用得比较普遍。

（四）效度与信度的比较

前面已经提到误差有两种：一种是系统误差，它是稳定存在的误差，直接影响到测量的准确性，也就是影响到测量的效度；另一种是随机误差，它是由偶然因素导致的，影响到测量结果的一致性和准确性，所以同时也会影响到信度和效度。

我们可以用一个非常经典的射击靶环的例子来说明。假设有 A、B、C 三支枪，对准靶面中心位置后各射击 10 颗子弹，信度与效度的图示如图 5-1 所示。

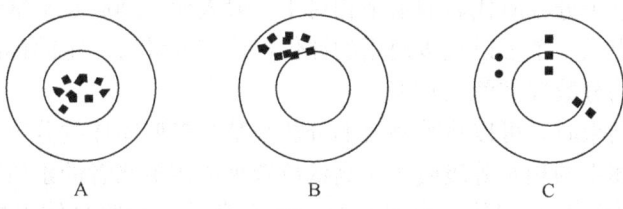

图 5-1　信度与效度的图示

其中，A 枪的命中率非常高，全部集中在靶心，说明一致性和准确性都高，信度和效度都较高；B 枪的落点虽然也比较集中，但全部偏离了靶心，说明一致性高但准确性差，即信度高，效度低；C 枪的落点十分分散，说明一致性低且准确性差，即信度低，效度也低。

（五）项目分析

项目分析是指根据测试结果对组成测验的各个题目进行分析，其目的在于评价题目的好坏，它是一种对题目进行筛选和修改的程序与方法。项目分析可以分为定性分析和定量分析。定性分析主要考虑内容效度，而定量分析则主要考查题目难度和区分度等是否适当。

难度，通俗地说就是题目的难易程度。对于智力和成就测验而言，难度就是指测验题目是难还是容易，这种测验往往有反映难度水平的指标，如通过率等。对于非能力测验（如人格测验、职业兴趣测验）而言，难度是指测验题目的"通俗性"，即测验题目是否容易被人看懂和回答出来。难度的指标通常以通过率表示，即以答对或通过该题的人数百分比来表示：

$$P = (R/N) \times 100\%$$

式中，P 为试题难度；N 为全体被试人数；R 为答对或通过该题的人数。

当以通过率表示难度时，通过人数越多，即 P 值越大，题目就越容易。

区分度又称鉴别力，是指项目对不同水平的被试反应的区分程度和鉴别能力。若项目区分度高，则能力强、水平高的被试得分高，能力弱、水平低的被试得分低，否则该项目就缺乏区分度。确定项目区分度最简单、最常用的方法是计算鉴别指数，将被试按总分高低排列，然后取得分最高的 27% 的被试作为高分组，得分最低的 27% 的被试作为低分组，计算高、低两组被试在每道题目上通过率的差值：

$$D = P_H - P_L$$

式中，D 为项目的区分度；P_H 为高分组答对该题的人数比率；P_L 为低分组答对该题的人数比率。一般情况下，只要所得 D 值大于 0.30，题目就可以被接受了。

(六) 常模

在人员测评中，测量只是第一个步骤，有了测量结果，还需要对被测者各个方面的素质和特点作出评价。这时测试者必须将测量得到的原始分数与一般人的分数进行比较，以此确定这个分数所代表的水平相对于一般人而言到底是平常还是优秀。因此原始分数并不能提供一个可以直接使用的评价，还需要针对一定的标准进行比较。这个可以用来参照的分数标准就是常模。

在解释测量结果时，可以将被测者的分数与某个参照团体的分数进行比较，并以该分数在这个团体中的相对等级或相对高低位置来描述被测者的素质特征。这个用来比较的参照团体称为常模团体，由于常模团体经常是从测验总体中抽取出的一个样本，所以也称其为常模样本。

第三节 人员测评的指标体系

一、测评内容的确定

测评内容就是测评的具体对象，是测评中要测量的抽象概念。确定测评内容即明确测评者要从测评中得到什么信息。测评内容的确定是人员测评的基础，测评指标、方法和工具的选择都依赖于测评内容的确定。测评内容的明确性和具体性可以从根本上减少测评的误差来源，提高测评的有效性，使人员测评有的放矢，否则，人员测评所得出的结果很可能与实施测评的初衷南辕北辙。

（一）测评内容的分类

测评内容可以从人的自然属性、社会属性和心理属性三个不同方面进行分类。从人的自然属性出发，测评者可以测量人的年龄、健康状况、力量与体力、耐力、四肢的灵活性、感觉器官的灵敏度、速度等个体特征。

人的社会属性是个体在与社会环境的相互作用中，通过自身广泛的社会生活实践，在其自然属性的基础上建立起来的，它包括文化特征和技能特征等。其中，文化特征可以从文化结构、文化水平、品行等三个维度来进行测评，而技能特征可以从其种类、精度和效果三个维度来进行测评。

人的心理属性包括人的感觉、知觉、记忆、思维、情感、性格、能力等。在人员测评中，从人的心理属性出发的测评内容包括智力、人格、态度等。具体的测评要素包括观察能力、理解能力、记忆能力、语言表达能力、数学计算能力、创造力、性格、气质、兴趣爱好、价值观、工作满意度、工作压力等。人的心理属性虽然不能被直接测量，但可以通过观测外部行为间接推测。

（二）测评内容的筛选原则

测评内容项目过多会导致测评缺乏重点，因此，测评实施者必须采用科学的方法进行严格的筛选。筛选的原则如下。

1. 相关原则

测评内容必须与测评目的相关，即必须明确在什么情况下，选择测什么。如预测性测评应注重有预测作用的内容，主要考虑与效标的关联性较高的内容；而选拔性测评应注重有区分作用的内容；诊断性测评的内容主要考虑指标的准确性与完整性。

2. 明确原则

每项测评内容应当代表被测对象某一方面的特征。测评内容所表述的概念的内涵和外延要界定清楚、表达准确。如果测评内容没有被清晰地定义，则测评指标的分解就不可能准确，进而会影响测评的效果。

3. 科学原则

测评内容的取舍应该有依据，测评者要保证测评内容的科学性与合理性，应当从心理学、管理学、组织行为学等学科的基础理论以及测评本身的理论中寻求依据。比如，要测量员工的个体绩效，组织行为学中有关个人特征与工作绩效的关系研究和绩效维度的研究就都可以为测评提供理论支持。

4. 独立原则

每项测评内容的定义范围应当相对独立，不应存在相互重叠、包容的现象。例如，某项测试将被测内容定为决策能力、观察能力、判断能力、综合分析能力就是不恰当的。因为决策能力是一项综合性的复合能力，其本身就由观察能力、分析能力、判断能力等多项能力构成。

5. 实用原则

测评内容应操作简便、经济实用。在保证测评内容完整性的前提下，要尽可能精要、突出重点。这不仅可以方便测评者的操作，还有助于提高测评的效率，降低测评的成本。因此，在测评指标的设置过程中，有必要运用一定的技术，通过化繁为简的筛选与提炼，实现简练又完整的指标体系的设计。

（三）测评内容的筛选方法

1. 统计法

通过在小范围内进行预测试，并对测评数据进行统计分析，测评实施者可以对测评内容进行取舍。比如，每个测评要素与总测评结果的相关分析数据可以表明各测评要素在测评体系中的重要程度；测评要素间的相关矩阵分析数据则可以帮助测评者判断测评要素间的相互关系；因素分析结果则可以帮助测评者对整个要素体系的结构效度进行评价。

2. 经验法

运用统计分析的方法通常不足以完成测评内容的最终筛选，在大多数情况下，还需要依靠专家在经验基础上的主观判断。组织内的人事专家或人力资源管理者可以在总结过去人员测评经验的基础上，提炼出常见的测评指标和要素，并以此为基础对即将实施的人员测评进行内容上的进一步筛选、优化。

3. 德尔菲法

德尔菲法是一种群体决策方法，群体成员各自独立工作，然后以系统的、独立的方式综合他们的判断。这种方法的特点是被征询专家处于相对独立的状态，背靠背地提供信息，不存在权威效应、人际关系等因素的影响，因而可以更客观地促进测评内容的筛选、确定。

二、测评内容的操作化——指标体系设计

测评内容的操作化就是把测评内容转化为可以测量的指标的过程。

（一）测评指标的含义

测评指标并非完全同义于统计学中的"指标"，它是测评内容操作化的表现形式，是测评指标体系的基本单位。一般来说，由反映测评内容各个方面特征的指标所构成的集合，就是测评指标体系。例如，"创造力"是人员测评中的一个重要内容，但"创造力"是一个难以直接测评的东西，只有将其进行可观察、可操作的分解，才能够对其进行测量。威廉斯的创造力测验将其分解为两个大类八个方面，两个大类是指认知行为和情意行为，其中，认知行为包括思维的流畅性、思维的变通性、思维的独创性、思维的精致性等四个方面；情意行为包括好奇心、想象力、冒险性和挑战性等四个方面。威廉斯所列出的这八个方面即他所定义的创造力的测量指标，当然，他又对这八个指标分别作出了进一步的操作细化，使其更易于测量。

指标的设计在于对测评内容进行内涵与外延的分析。测评内容中包括多项测评要素，一项测评要素可能要用几个指标来揭示，几项要素也可能共用一个指标。例如，纪律性这一要素的测评指标，可以从多个不同的方面来拟定：迟到早退的次数；是否听从长辈的意见；约会是否守时；是否有过违法乱纪的记录等。因此对纪律性的测评，可以选取上述某一指标作为代表，并以每个被试在该指标上的得分多少来评价其纪律性这一要素；另外，也可以选择几个指标为代表，以被试在这几个指标上的总分为依据来测评其纪律性。

（二）测评指标体系的构成

测评指标体系的建立是人员测评工作的基础，通常一个测评指标体系包括测评要素、测评指标和评定标准三项内容。

1. 测评要素

测评要素是测评内容的细化条目，即确定测评内容到底由哪些方面组成。通常情况下，测评者可以根据工作分析或个人特征分析等方法来确定测评内容的主要构成要素。

2. 测评指标

测评指标是对每项测评要素的操作化表现。测评专家依据丰富的经验,在将每项测评要素用规范化的行为特征进行描述与界定后,便分解出了测评指标。当然,这些首先被分解出来的指标也许还不易测量,那么就有必要继续将其分解到二级指标。通过分解与细化,最终得到一系列有相互联系的测评指标。

3. 评定标准

评定标准是每项测评指标下相对应的评定尺度,是对被测评者的每项测评指标进行评价的依据和准则。

表 5-2 即是一个测评内容为"人际交往能力"的指标体系示例,该表包含了人员测评中的测评内容、测评指标以及每一项指标的评分标准和分数范围。

表 5-2 测评的指标体系示例——人际交往能力

测评要素	评价指标	分数范围
关系建立 (30分)	易与他人建立可信赖的积极发展的长期关系	22～30
	能够与他人建立可信赖的长期关系	13～21
	较为自我,不易与他人建立长期关系	6～12
	刚愎自用,不易与他人相处	0～5
团队合作 (30分)	善于与他人合作共事,相互支持,充分发挥各自的优势,保持良好的团队工作氛围	22～30
	能够与他人合作共事,相互支持,保证团队任务的完成	13～21
	团队合作精神不强,对工作有影响	6～12
	不能与他人很好地相处,独断专行	0～5
解决矛盾 (20分)	能够巧妙地和建设性地解决不同矛盾	16～20
	能够解决已发生的矛盾,不致对工作产生大的负面影响	11～15
	解决矛盾手法生硬,影响工作的顺利进行	6～10
	遇到矛盾不知如何解决	0～5
敏感性 (20分)	对他人较关心,容易感知别人的想法,体谅他人,善于领会他人的请求,并付之于适当的言行	16～20
	能关心他人,体谅他人,领会他人的请求,有时帮助想办法解决	11～15
	有时能关心他人,对他人的请求有时不能领会	6～10
	不太关心他人,对他人的需求毫无感觉	0～5

(三) 测评指标体系的设计步骤

1. 工作分析与人员特征分析

工作场所中的人员测评是围绕胜任工作这一核心特征展开的,因此,在进行指标设计时,测评人员首先需要运用工作分析与个人特征分析的方法来识别所得信息,列出工作所需的知识、技能、能力,以及其他与胜任工作相关的个人特质,并形成测评的基本特征库。

2. 理论归纳

在工作分析所形成的特征库的基础上,测评人员需要利用有关理论进行归纳,形成测评内容,并根据测评内容推演出测评要素和测评指标,以初步建立指标体系。

3. 调查评判

测评的编制者可以通过个别访谈、问卷调查等方式征求人力资源专家和管理者的建议,对初步建立起的指标体系进行补充、筛选和修改。

4. 预试修订

所设计的指标体系包括评价标准在内,需要首先在小范围内进行预试。在预试结束后,测评人员需要征集被试的反馈意见,对测试结果进行统计分析,并根据预试结果和反馈意见对测评指标体系作出适当调整。

测评指标体系设计的步骤如图 5-2 所示。

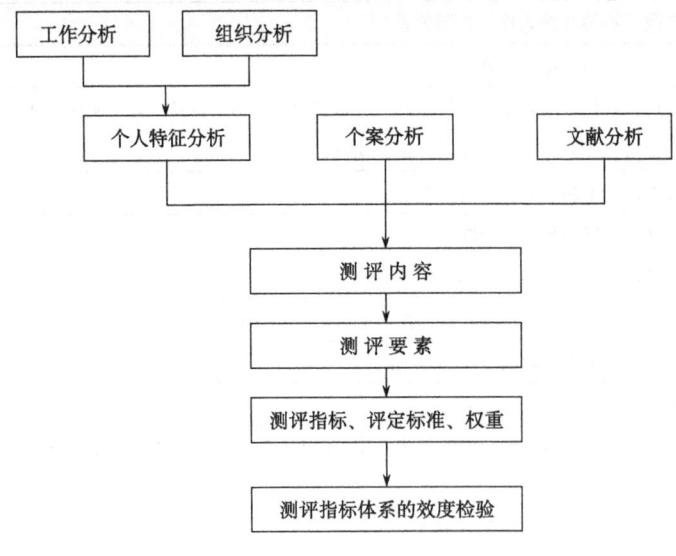

图 5-2　测评指标体系设计的步骤

第四节　人员测评的常用工具

人员测评的常用工具包括标准化纸笔测验、传记资料、面试、心理测验、基于模拟的测试等几种类型。另外,还有近年来比较流行的管理评价中心,它是一种综合运用多种工具的测评方法。

一、标准化纸笔测验

这是一种最古老而又最基本的测试法。它是让被试在试卷上回答事先拟好的题目，然后由主考人根据被试解答的正确程度予以评定成绩的一种测试方法。标准化纸笔测验一般有事先确定好的测验题目、答卷以及详细的答题说明，测验题目以客观题居多，也有主观自陈评价题。有的测验限定时间，如大多数能力测验；有的测验不限定时间，如人格测验等。

纸笔测验可以用来测量被试的智力状况、基本知识、专业成就等。大多数的智力测验、人格测验、成就测验、能力倾向测验等，都采用了纸笔测验的形式。比如，卡特尔的 16PF 人格测验、一年一度的国家公务员考试等，都属于纸笔测验。

纸笔测验的优点在于它花费的时间少、效率高、一次评价人数多，对被试者的知识、技术、技能的考查信度和效度较高，成绩评定比较客观。因此，笔试至今仍是企业使用频率较高的人才选拔方法。纸笔测验的缺点是它不能全面地考查应聘者的工作态度、品德修养以及组织能力、口头表达能力和操作技能。因此，还必须采用其他测试方式作为补充。一般来说，在人员招聘和选拔中，考查知识、技能的纸笔测验往往作为应聘者初次竞争的工具，只有通过纸笔测验的合格者方可获得面试或下一轮测试的资格。

二、传记资料

早在 19 世纪 80 年代，人们就已经开始使用背景数据（background data）来预测个体在职业发展中获得成功的可能性。20 世纪 30 年代，传记资料（biographical data）已被用于保险业的甄选决策。传记资料也称为传记资料问卷或背景资料，最早被定义为"有关个人历史且可证实的一系列信息"。目前，传记资料已成为一种特定的人员测评方法，是指以问卷形式获取个人传记资料，并以这些传记资料为基础对求职者系统地进行筛选的方法。这些资料涵盖的内容通常是个人的历史背景与生活经验，包括家庭状况、受教育经历、健康状况、早期工作经验、态度、兴趣、价值观等。

对于传记资料方法在实践应用中具体的项目分类，表 5-3 给出了一个示例。

表 5-3 传记资料项目分类（举例）

历史的： 你找到第一份工作时年龄是多大	未来的或假设的： 你认为在未来 10 年内你将做到什么职位 如果另一个人在公共场合对你大喊大叫，你会怎么做
外部的： 你是否被解聘过	内部的： 你对抽大麻的朋友的态度怎样
客观的： 你为了获得地产经济执照学习了多少个小时	主观的： 你会用害羞来形容自己吗 与同事相比，你的冒险性如何
直接的： 你上班的准时性如何	间接的： 你的老师如何评价你的准时性

续表

独立的： 你在多大的时候取得了驾驶执照	总结的： 你平均每个星期工作多少个小时
可验证的： 你在大学的平均学分成绩是多少 你是否曾经在少儿棒球队中被停训	不可验证的： 你每天吃多少份新鲜蔬菜
可控的： 你考了几次才通过注册会计师认证	不可控的： 你有几个兄弟姐妹
可获取性平等的： 你是否曾经当过班长	可获取性不平等的： 你是否曾经当过足球队长
工作相关的： 在过去一年中你销售了多少粮食	工作无关的： 你是否精通十字谜
非隐私侵犯的： 你在大学时是否参加过网球队	隐私侵犯的： 你有多少个小孩

资料来源：吴志明，孙健敏，武欣．2009．人事测评理论与实证研究．北京：机械工业出版社．

三、面试

面试是通过考官与被试面对面的交谈，观察、收集有关信息，从而了解被试的素质状况、能力特征以及动机的一种人员测评方法。

面试是目前人力资源管理领域应用最普遍的一种测量形式，一项调查显示，70%的企业在招聘过程中使用了某种形式的面试技术或方法。严格来讲，面试不能被称为测量，因为面试的结果往往不能量化，其评价结果也经常带有主观性。不过面试可以给双方提供交流的机会，尤其能使主试了解到单纯从纸笔测验发掘不到的东西。面试也可以在一定程度上预测应聘者未来的工作表现，因而在招聘中被广泛使用。

面试按其形式的不同可以分为以下几种基本类型。

（一）非结构化面试

非结构化面试（non-structured interview）也称作"非引导性面试"、"非指导性面试"，它是指面试中没有固定的面谈程序，评价者提问的内容和顺序都取决于测试者的兴趣和现场被试的回答，不同的被试所回答的问题可能不同。面试官可以问一些诸如"请谈谈你在上次工作中的经历"之类的范围广泛、开放式的问题，并允许申请者自由发表意见且尽量不予打断。在非结构化面试中，面试官以听和观察为主，而且不与被试辩论、不打断或突然改变话题，但可以根据申请者的陈述进行深度追问。

非结构化面试有利于申请者在考官面前自由地呈现自己，考官可以容易地获得有关被试的大量信息。但是，由于面试的整个过程并不遵循特定的程序，申请者个人在大部分时间里进行自由陈述，因而考官所获得的信息并不集中，可用作横向比较的通

常较少。也正因为如此,非结构化面试的有效性并不是很高。这种方法常被用于面试那些申请较高职位和咨询工作的候选人。

(二)结构化面试

结构化面试(structured interview)也称作"引导化面试",它根据对职位的分析,确定面试的测评要素,在每一个测评的维度上预先编制好面试题目并制定相应的评分标准。在面试时,考官就预先确定的标准化的问题,按一定的顺序向应试者提问。在面试结束后,评价者使用相同的评价标准对被试的表现进行数量化的分析。

当采用这种方法时,对应聘同一岗位的不同被试需要使用相同的题目、提问方式、计分和评价标准,以保证评价的公平性和可比性。这种标准化和一致性,为评价和比较不同求职者的面谈结果提供了基础。

结构化面试克服了普通面谈无法量化、主观随意的缺点,是一个预测应聘者工作绩效的有效工具。尽管它还没有完全排除面试官的主观偏差,但与非结构化面试所造成的偏差相比,其所造成的偏差已经小得多了。根据 Schmidt 等(1992)的一项分析研究,结构化面试的效度平均高达 0.45,是非结构化面试的 2 倍。Jan(1982)的研究表明,如果从信度和效度两方面考虑,结构化面试是所有形式的面试中最好的。

结构化面试中需要依据面试的目的和职位的要求来确定测评要素,测评要素一般集中于个性特征、求职动机、职业兴趣与工作价值观、一般能力倾向、实践经验与专业特长以及管理能力与潜质等方面。

表 5-4 给出了一个较典型的结构化面试问题提纲。

表 5-4 结构化面试问题示例

面试项目	测评要点	提问要点
仪表与风度	体格外貌、穿着举止 礼节风度、精神状态	
工作动机 与愿望	1. 过去和现在对工作的态度 2. 更换工作与求职的原因 3. 对应聘职位的了解程度和期望 4. 对未来的追求	1. 请谈谈你现在工作的情况,包括待遇、工作性质、工作满意度 2. 你为何选择应聘本公司这一职位 3. 你选择职业最看重的因素是什么 4. 你对近五年的职业发展有何规划
活力、 兴趣爱好	1. 应聘者是否精力充沛、充满活力 2. 其兴趣和爱好是怎样的	1. 工作之余你会参加哪些活动 2. 你怎样消磨闲暇时间 3. 你有没有长年坚持的兴趣爱好
知识水平、 专业特长	应聘者是否具有应聘岗位所需要的专业知识和专业技能	1. 你在大学学什么专业或接受过哪些种类的培训 2. 你在大学对哪些课程最感兴趣,哪些课程学得最好 3. 询问具体有关专业领域的问题

续表

面试项目	测评要点	提问要点
工作经验	1. 从事所聘职业、职务的工作经验与丰富程度 2. 职位的升迁变化状况 3. 从其所述工作经历中判断其工作责任心、组织领导能力、创新意识	1. 你大学毕业后的第一份工作是什么 2. 在这家企业里，你担任什么职务 3. 在这家企业里，你认为自己取得了哪些成就和收获 4. 你在过去的工作中，遇到过什么困难？你是怎样处理和应付的 5. 请你谈谈职务的升迁和工资变化的情况
管理能力和潜质	1. 是否能顺畅地表达自己的思想、观点 2. 处理两难问题的反应 3. 情绪稳定性 4. 判断力 5. 合作精神	1. 你觉得自己适合从事什么工作 2. 假如A公司和B公司同时录用了你，你将如何处理 3. 如果让你筹建一个部门，你将如何入手 4. 你希望在什么样的领导手下工作
工作态度、诚实性、纪律性	1. 工作态度如何 2. 工作积极性和责任心 3. 是否诚实 4. 对纪律约束的服从性	1. 你经常向领导提一些工作建议吗 2. 如果在工作中看到别人违反规章制度，你怎么办 3. 除本工作外，你还在其他单位兼职吗 4. 你在处理各类问题时经常向领导汇报吗 5. 你在领导交办的任务完成不了时如何处理
自我评价		1. 让我们总结一下，你认为自己的优点是什么，品格和业务方面都可以 2. 你认为自己尚待改善的地方有哪些

（三）情境面试

情境面试（situational interview）指的是在面试过程中，主试给面试者提出一种假定情况，请他们作出相应的回答。这是一种变化了的结构化面试，它给面试者一个假设事件，问他该如何作出反应。面试者的反应按事先确定的评分标准来衡量，许多组织使用这种方法来筛选新毕业的大学生。表5-5给出了一个化学工厂筛选系统分析员的情境面试问题示例。

表5-5 情境面试问题示例

问题：在你即将旅行的前一天晚上，你已经整装待发。就在准备休息时，你接到了工厂的一个电话，厂里出现了一个只有你才能解决的问题，他们希望你前去处理此事。在这种情形下，你会怎么做？

记录回答：

评分指导：
很好：我会去工厂，以确保万无一失，然后我再去度假。
好：不存在只有我才能处理的问题，我会确保另一个合适的人去那里处理问题。
一般：我会试着去找别人来处理这个问题。
差：我要去度假。

（四）行为描述面试

行为描述面试（behavior description interview）是请应聘者回答在面试给定的情况下自己会作出的反应。与情境面试不同，行为描述面试着重于真实的工作事例。例如，面试官常常问这样一些问题："请告诉我，上次那份工作中你最有成就的一件事，你是怎样开始计划的？你是怎样实施并最终完成计划的？你在完成计划的过程中如何处理自己遇到的障碍？"

行为描述面试的一个特点就是面试官常在问题中使用"最高级"的描述，如"告诉我你在工作中与你的老板最动怒的一次争吵"，"讲一下你曾开发过的最成功的产品"。可见，这些问题趋向于激发应聘者过去行为中的特定事件，而这恰恰又是与其工作的内容、业绩有直接联系的。它的另一个特点就是面试中使用的问题，都是从工作行为分析中得来的。这种分析可以确定在特定的工作情形下，应聘者所做的事情中，哪些是有效的和哪些是无效的。

（五）系列式面试

多数企业要求在作出录用决定前，必须有几个人对求职者进行面试，称为"系列式面试"（serialized or sequential interview）。每一位面试官从自己的角度观察求职者，提出不同的问题，并形成对求职者的独立评价意见。然后，负责人对每位主试的评定结果进行综合比较分析，最后作出录用决策。

（六）小组面试

小组面试（panel interview）指的是由一组面试官对一位候选人进行询问和观察的面试。通常这种面试会有3~5个面试官，他们会从不同的侧面轮流对候选人提问。因此，与系列式的一对一面试相比，小组面试能获得更深入、更有意义的回答。有研究表明，与传统的一对一面试相比，小组面试有一些显著的优点，包括决策可接受性强、决策时间短、更有效等。当然，这种面试也会给被试带来额外的压力，有可能阻碍那些在一对一面试中可以得到的信息的传递。

（七）压力面试

压力面试（stress interview）是在第二次世界大战中被发明的，它的目标是考察求职者如何应对工作上的压力。在这类面试过程中，面试官带有攻击性，不断给求职者施加失败的压力，使他们产生防御行为，再观察他们在压力下的应变能力。压力面试可以帮助测试人员区分出那些高度敏感的求职者和可能对温和的批评作出过度反应的求职者。然而对压力面试的使用应当慎重，主试官必须具备控制面试进程的技能，合理应对被试的非理性表现，并有足够的证据表明压力的确是该工作的一个重要特征。

（八）计算机辅助面试

近年来，许多组织使用计算机辅助面试（computer assistant interview）作为传统面试的补充。这种面试按模式化和结构化的原则建立，其基本思想是向求职者呈现一系列有关他/她的背景、经历、教育、技能、知识和工作态度的问题，这些问题都与求职者的具体工作有关。问题采用多项选择形式，每次一个问题，求职者通过键盘输入答案。

计算机辅助面试一般用于初次筛选，目的是排除一些明显不合格的申请者。使用计算机辅助面试有许多优点：第一，可以大大节省招聘者的时间；第二，效度较高。有调查表明，通过计算机面试筛选出来的应聘者，在最初三个月的雇用期内流失或被开除的情形都很少。

四、心理测验

心理测验是通过观察人的具有代表性的行为，对贯穿在人的行为活动中的心理特征，依据确定的原则进行推论和数量化分析的一种科学手段。心理测验能够对胜任职务所需要的个性特点进行准确描述和有效测量，因此被广泛应用于人事测评工作中。

（一）标准化心理测验

标准化心理测验一般有事前确定好的测验题目和答卷、详细的答题说明、客观的计分系统、解释系统、良好的常模，以及测验的信度、效度和项目分析数据等相关的资料。通常用于人事测评的心理测验主要包括智力测验、能力倾向测验、职业兴趣测验、人格测验、价值观测验及态度测验等，下面我们简要介绍其中的几种。

智力测验注重于测量人的一般认知能力，包括感觉、知觉、记忆、思维能力等。智力测验分为个别智力测验和团体智力测验。团体智力测验在同一时间内可测验许多被试，省时、经济，但结果不如个别测验准确；个别智力测验在一定时间内只能测量一个被试，其优点在于测量形式多样，手段精密，反馈及时，但费时费力，不适于大规模测试。目前在实践中运用较广泛的个别智力测验有比奈量表、韦克斯勒量表和瑞文标准推理测验，而欧提斯测验（Otis tests）、库尔门测验（Kuhlmann tests）、汉蒙-耐尔逊心理测验（Henmon-Nelson tests）以及用于大学招生的学能测验（SAT）是在美国最常使用的团体智力测验。

职业兴趣是指人们对某类专业或工作所抱有的积极态度和倾向。广义地说，兴趣是一种人格特征，是自我观念的延伸。如果一个人对某种职业感兴趣，那么他在学习和工作中就会全神贯注、积极热情并富有创造力。一个对自己的专业或工作毫无兴趣的人，即使聪明能干，也会因为缺乏工作的动力和热情而无所建树。人员选拔中常用的职业兴趣测验有斯特朗-坎贝尔兴趣调查表、库德职业兴趣测验和霍兰德职业兴趣测验等，其中，霍兰德职业兴趣理论和测验的影响最为广泛。

人格是稳定的、习惯化的思维方式和行为风格，它贯穿于人的整个心理，是人的独特性的整体写照。正是因为人格具有相对的稳定性，它才可以被测量，否则人格测验就没有意义。人格测验根据个人特质是什么来对人们进行归类，它包括两大类：一类是自陈法测验。典型的自陈法测验有吉尔福特-齐莫尔曼气质调查表、明尼苏达多相人格测验（MMPI）、卡特尔的16种人格因素测验（16PF），以及艾森克人格问卷（EPQ）。另一类是投射法测验。

(二)投射测验

投射测验(projection test)主要用于对人格、动机等内容的测量,它要求被测试者对一些模棱两可或模糊不清、结构不明确的刺激作出描述或反应,通过对这些反应的分析来推断被试的内在心理特点。它基于这样一种假设:人们对外在事物的看法实际上反映出其内在的真实状态或特征,人们在投射测验中所作出的外在反应通常是无意识的,因而不会受到人为刻意的控制,代表了其内心一种真实的状态。常用的投射测验有主题统觉测验、罗夏墨迹测验、故事解释测验。

投射技术可以使被试不愿表现的个性特征、内在冲突和态度更容易地表露出来,因而在对人格结构、内容的深度分析上有独特的功能。但投射测验在计分和解释上相对缺乏客观标准,对测验结果的评价带有浓重的主观色彩,对主试和评分者的要求很高,一般的人事管理人员难以胜任。

五、管理评价中心

管理评价中心(management assessment center)是一套人员测评程序,是多种测评技术的组合,而不是一种具体的工具,更不是名义上的空间、场所。用管理评价中心进行人员测评通常需要两三天的时间,在这期间,被试组成一个小组,由一组测试人员对他们进行包括心理测验、面试、多项情景模拟测验在内的一系列测评,测评结果是在多个评价人员系统观察的基础上综合得到的。一般来讲,管理评价中心所测的要素主要包括管理技能、人际技能、认知能力、工作与职业动机、个性特征、领导能力及绩效特征等。

管理评价中心的最大特点是注重情景模拟,在一次评价中心中包含多个情景模拟测验,如公文筐测验、无领导小组讨论、角色扮演、管理游戏等。可以说,管理评价中心既源于情景模拟,但又不同于简单的情景模拟,它是多种测评方法的有机结合。

(一)公文筐测验

在日常的管理工作中,管理者需要处理大量的公文,包括各种便函、备忘录、电话记录、报告和上级指示等。公文处理就是模拟了管理工作中的这一情景。在公文筐测验(in-basket test)过程中,测试人员将实际工作中可能会碰到的各类信件、便笺、指令等放在一个文件筐中,要求被试在一定时间内处理这些文件。被试需要根据自己的判断来作出决定,包括撰写回信和报告、制定计划、组织和安排工作。测试人员重点考察被试在这一过程中的敏感性、工作独立性、分析能力、判断力和决策能力等。主试通常首先考察被试处理的是否是关键问题及处理问题的次序;其次,考核他处理问题是否坚决、果断,并使下级可以照办;再次,还要考察被试有无发现各种问题间的内在联系,是否考虑了人的因素;最后,要求被试解释为什么这样处理。

在公文筐测验中,以下几个事项需要特别注意:

(1)公文处理作业的适用对象为中、高级管理人员,它可以帮助企业选拔优秀的管理人才,也可以用于对现有管理人员的考核。由于它的测验时间比较长,一般为两个小时左右，因此它常常在选拔和考核的最后环节使用。

（2）公文处理作业从以下两个角度对管理人员进行测评，一是技能角度，主要考察管理者的计划、预测、决策和沟通能力；二是业务角度，公文筐的材料涉及财务、人事、行政、市场等多方面业务。

（3）公文处理作业对考官的要求较高，要求考官不仅要熟悉业务知识，还要熟悉管理学和心理学的相关知识。它要求考官了解公文筐测验中每份材料之间的内部联系，以及相应的评价标准。因此，在评分前需要要对考官进行系统的培训，以保证测评结果的客观和公正。

（二）无领导小组讨论

无领导小组讨论（leaderless group discussion，LGD）是情景模拟测验的一种，也是管理评价中心的主要组成部分之一。它是安排一组互不相识的被试（通常为6～8人）组成一个临时任务小组，不明确指定谁是组长，也不给他们提供如何讨论的规则和指导，让他们共同讨论某项与拟任岗位相关、工作性质相近的业务或人事安排问题。考官通过观察来评价被试的组织协调能力、口头表达能力、辩论说服能力等，并综合评价被试之间的差别。

国外的研究证明，无领导小组讨论在评价中心中的使用频率为59%；国内的研究表明，LGD在评价中心中使用的频率为85%，仅次于公文筐测验。心理学的理论指出，一个人的内心世界总是会表现在他的外显行为中。当一个人表现出某种行为时，认识者会感受到，而一旦感受到，认识者就会不由自主地产生某种情感反应，然后根据自己的知识经验来解释对方为什么会表现出这种行为，从而进一步对这个人作出整体评价，也就是形成社会知觉。因此，对一个人所作出的评价的客观程度主要取决于两个因素：一是评价者的知识和经验。个体内在素质和外在行为之间的不一致要求评价者拥有丰富的经验，以洞察被试真实的内在素质。在LGD测验中，这可以通过选拔和培训评分者来保证。二是被评价者所暴露的外在行为的数量。因为被评价者只有在活动中才能表现其内在素质，因此在LGD测验中，测试人员必须给被评价者充分展示自身的机会，以确保其能被给予准确的评价。

根据上述要求，LGD的题目设计需要基于评价指标和要素，给被评价者足够的表现空间。这个原则必须贯穿于整个题目设计的始终，所有的一切工作只是为了使被评价者能够更全面地表现自己的"本来面目"。

经过长期的开发实践，我们总结出一套无领导小组讨论的开发程序（孙健敏，彭文彬，2005）。一个典型的LGD题目设计的过程应该包含确定选题原则、确定题目类型、写出初稿、专家评阅，然后进行"试测—检验效果"的循环过程，最后得以定稿，具体如图5-3所示。

一般来说，LGD测验选取的讨论题目或者案例应该具有以下几个基本特征。

1. 联系工作实际

联系工作实际是指选取的材料和题目要符合实际工作的特征，这也是情景模拟的

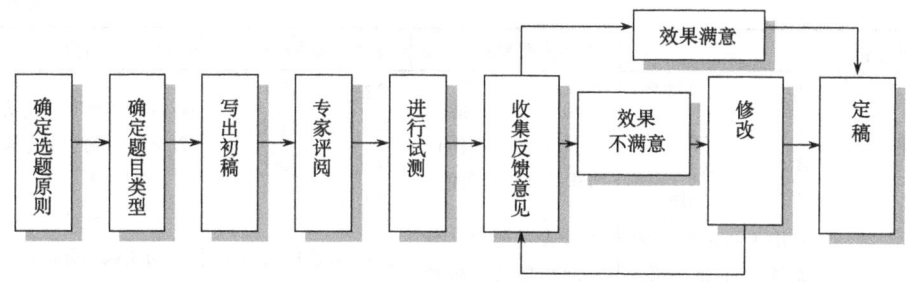

图 5-3　无领导小组讨论题目设计流程

必备要求之一，它包括内容和条件两方面：内容方面就是要求从实际工作中选取典型的话题和案例；条件方面就是设置的条件要和实际工作条件尽可能保持一致，以期达到最佳的预测效果。

2. 矛盾性

实践证明，争论越多，被评价者表现的机会就越多，暴露的不自觉行为也就越多，测试人员就越容易看出个体之间的差异，而这些差异正是我们需要考察的。所以LGD题目设计的要点之一就是保证刺激材料具有一定的矛盾冲突。

3. 难度要适当

提供的材料难度要适中，这也是为了使被评价者有话可说、有充分的机会表现自己。如果过于简单，可能不用经过深入的讨论就会达成一致，使评价者无从判断；如果太难，可能会对被评价者产生额外的压力，影响其正常水平的发挥。因此，刺激材料的难度对于被试在测验中的表现有决定性的影响。

目前比较流行的LGD题目形式有以下五类：开放式问题、两难问题、多项选择问题、操作性问题、资源争夺性问题。这几种类型题目的定义、考察要点、举例及特点如表5-6所示。

表 5-6　LGD 题目类型一览表

问题类型	定义	考察要点	举例	特点
开放式问题	答案的范围可以很广，无固定答案	全面性、针对性、思路清晰性、见解新颖性	你认为什么样的领导是好领导	1. 容易出题 2. 不容易引起被试之间的争论
两难问题	在两种互有利弊的答案中选择一种并陈述理由	分析能力、语言表达能力和说服力	你认为工作取向的领导和人本取向的领导哪个更好	1. 编制题目比较容易 2. 可以引起争辩 3. 两个答案要保持均衡
多项选择问题	多种备选答案中选择其中有效的几种或对备选答案的重要性进行排序	分析问题实质、抓住问题要害的能力	某信息中心收集20条信息，只能上报8条，请讨论出结果	1. 难出题目 2. 较容易形成争辩

续表

问题类型	定义	考察要点	举例	特点
操作性问题	给应试者一些材料、工具或者道具,设计出一个或一些由考官指定的物体	主动性、合作能力以及在实际操作任务中所充当的角色	给被试一些材料,要求他们互相配合,构建一座铁塔或楼房的模型	1. 主要考察操作能力 2. 不太容易引起争辩 3. 题目难出
资源争夺性问题	适用于指定角色的无领导小组讨论,让处于同等地位的应试者就有限的资源进行分配	语言表达能力、分析问题能力、概括总结能力、反应的灵敏性、组织协调能力等	让应试者担当各分部门的经理,并就有限的资金进行分配	1. 可引起充分辩论 2. 对讨论题的要求高 3. 要保证案例间的均衡性

资料来源:吴志明,孙健敏,武欣.2009.人事测评理论与实证研究.北京:机械工业出版社.

在无领导小组讨论中,评分者需要特别注意的事项是:

(1) 评分者在观察被试的行为和言语表现时,不要因为被试的某些人格特点而对其产生不应有的偏见,这样会使结果失之偏颇。

(2) 在评分过程中,要求多名评分者对同一被试的不同能力要素分别打分,取其平均值作为最后得分,尽力保证结果的科学、公正。

(三) 角色扮演

角色扮演(role playing)即在模拟场景中要求应试者扮演某一角色,并使之进入角色场景去处理各种问题和矛盾,以此来观察应试者的表现,了解其心理素质和潜在能力的一种测试方法。例如,要求应试者扮演谈判者,就某一合同与另一谈判扮演者进行谈判,评价其在谈判中的表现;或者要求应试者扮演销售人员,现场运用技巧向顾客推销指定产品;或者要求应试者扮演高层管理人员,面对公司所面临的产品滞销困难,向全体员工作一次动员,要求大家齐心协力共渡难关。

在角色扮演活动中,通常预先设定一些场景,考官可以在测试过程中给应试者施加压力,设置障碍,以考察应试者的角色把握能力、人际关系技能和对突发事件的应变能力。

(四) 管理游戏

管理游戏又称商业游戏,它是由几个测评对象组成一个小组,小组成员各被分配一定的任务,这些任务必须通过合作才能得到解决,如购买活动、装配活动、搬运任务等。有时还会引入一些竞争因素,如三四个小组同时进行销售或进行市场占领,以分出优劣。有些管理游戏中还包括人员组织与划分、小组讨论等相对复杂的决策过程,通过被试对象在完成任务的过程中所表现出来的行为来测评他们的特性。管理游戏是一种以完成某项"实际工作任务"为基础的标准化模拟活动,因此与角色扮演相比,它除了考察被试的人际关系处理能力之外,还能考察其操作技能和问题解决能力。

高格勒(Gaugler)等曾对评价中心各种技术的使用频率进行了调查研究,调查结果如表5-7所示。

表 5-7 评价中心各种技术的使用频率调查情况

复杂程度	评价中心形式	实际运用频率/%
更复杂 ↑	管理游戏	25
	公文处理	81
	角色扮演	没有调查
	有角色的领导小组讨论	44
	无角色的领导小组讨论	59
	演讲	46
	案例分析	73
	搜寻事实	38
更简单	角色扮演	47

资料来源：孙健敏．2007．人员测评理论与技术．长沙：湖南师范大学出版社：243．

由于管理评价中心技术综合运用了纸笔测验、面试、心理测验以及包括无领导小组讨论、角色扮演、公文筐测验、管理游戏在内的模拟类测试，所以其测评效果比原来更加可靠和有效。有研究表明，在用管理评价中心选拔出来的经理中，工作出色的人数比用一般标准选拔出来的经理多50%；在管理评价中心获得较高评价的人比获得较低评价的人更容易得到晋升。以美国电报电话公司为例，公司在对一批经理候选人实施管理中心评价后，把结果保留了下来。8年后，把结果与实际情况进行核对，发现当年预测会升迁的候选人中，已经有近64%的人被提升为中层主管，在以前预测不被看好的候选人中，只有32%的人得到了晋升。由于评价中心的有效性较高，目前此技术已成为西方评价各层管理人员的主要技术工具，国内一些有影响力的大型企业在招聘高级管理人员时，也越来越多地采用了这种方法。

本章小结

1. 人员测评是建立在现代心理学、管理学、行为科学、计算机技术、测量技术等基础上的一种综合方法体系。它针对特定的人力资源管理的目的，运用多种科学的方法，收集被测评者在主要活动领域的表现信息，对个体进行多方面的系统评价，从而为人力资源管理与开发提供参考依据。

2. 人员测评具有甄别、评定、诊断、反馈以及预测的功能。

3. 人员测评能够得以实施是因为：人与人之间存在个体差异，而某些差异特征又具有相对稳定性和可测量性。

4. 误差、信度、效度、常模以及题目的难度、区分度等是衡量测试过程和结果的主要指标。

5. 误差是指在测量中与目的无关的变量（原因）所产生的不准确或不一致效应。误差主要包括随机误差和系统误差两种。

6. 信度是评价测验结果可靠与否的一个指标。信度的高低通常以信度系数表示。常用的信度包括复本信度、重测信度、内部一致性信度和评分者信度。

7. 效度指一项测试能够测量到所要测量目标的程度。常用的效度有内容效度、构想效度和效标关联效度三种类型。

8. 根据测评目的和用途的不同，可以把测评分为选拔性测评、配置性测评、诊断性测评、鉴定性测评和开发性测评。

9. 测评内容、测评要素、测评指标和评分标准共同构成了测评的指标体系。

10. 人员测评的常用工具包括标准化纸笔测验、传记资料、面试、心理测验以及基于模拟的测试等几种类型。另外，还有近年来比较流行的管理评价中心，它是一种综合运用多种测评工具的方法。

中英文对照关键词

人员测评 human resource measurement and assessment
误差 error
信度 reliability
效度 validity
标准分 standard score
常模 norm
典型反应测验 typicality response test
难度反应测验 difficulty response test
结构化面试 structured interview
投射测验法 projection test
公文筐测验 in-basket test
无领导小组讨论 leaderless group discussion
角色扮演 role playing
管理评价中心 management assessment center
甄别功能 screening function
诊断功能 diagnostic function
预测功能 predictive function

复习思考题

1. 人员测评方法有哪些方面的功能？根据目的的不同，测评可以分为哪几种类型？
2. 什么是效度和信度？它们有什么不同？
3. 有哪些人员测评工具属于基于模拟的测试？对它们如何进行操作？
4. 试评述管理评价中心技术的优劣。
5. 请为某公司招聘人力资源部主管的面试设计一份结构化面试提纲。

案例分析题

某部门高级公务员选拔测评①

某部门属于政府的专业经济管理部门，为适应市场经济体制建设和政府

---

① 徐升. 2000. 人才测评. 北京：企业管理出版社.

机构改革的需要，2006年其在本系统内采用评价中心技术公开选考三名副司（局）长。这一举措刚刚被媒体公布，就立刻引起社会各界的广泛关注和反响。经过严格的资格审查，确定了30名候选人，这些候选人需要经过严格的人员测评和选拔，录用比例为10：1。在候选人中，有地方局长、研究所长、大学教授和博士。

根据人员测评的原理和该经济管理部门的实际情况，确定了应用国际上流行的选拔中、高级管理人才的管理评价中心。该技术包括公共基础知识综合笔试、专业考试、无领导小组讨论、公文筐测验、结构化面试、工作汇报情境模拟、管理角色自我认知测验等层次和环节，最终综合评价、择优录用。

测评中，主试向被试提供了模拟的副司（局）长的典型工作环境，给被试们搭建了展示自己素质和能力的平台。测评分两个阶段进行。第一阶段，主要进行笔试和无领导小组讨论。用6天的时间安排了两场公共基础知识综合笔试、一场心理测验、四组无领导小组讨论、两场公文筐测验、13人次的结构化面试和工作汇报情境模拟。公共基础知识综合笔试主要测试应试人员的政治、法律、行政学、应用文及公文写作与处理、领导科学等方面的基本知识素养。测试内容覆盖面广，题型灵活多样，对应试人员的知识面和日常知识积累是个很好的检验。专业知识笔试因三个职位的要求不同，测试内容也有所不同，主要针对胜任特定职位的知识展开。无领导小组讨论，通过模拟的小组讨论了解应试人员的领导能力、人际交往能力、全局观念、工作责任心和进取心等方面的素质。公文筐测验，通过模拟副司长处理公文的典型活动，测试应试人员分析问题和解决问题的能力。结构化面试，采用行为性、情境和智能性题目，全面测评应试人员的表达能力、求职动机、举止仪表、合作沟通能力和创新意识，并通过面试来判断应试者与拟任职位的匹配性。工作汇报情境模拟，要求应试人员在较短的时间内阅读、分析、概括大量文件、资料，然后向模拟的上级汇报其工作思路和具体安排，以了解应试人员的政策理论水平、分析概括能力，以及在压力之下高效率工作的能力等。管理角色自我认知测验，了解应试人员在管理活动中的个性风格及作用，有利于更好地搭配管理班子的成员。在第一阶段结束后，对每位应试人员都要作出全面的分数报告、能力剖析图及管理风格的描述，表明各个应试人员的素质能力状况和应试人员之间的相对名次，经部门领导决策淘汰了15人，选出剩余的15个人进入第二阶段测试。第二阶段主要是考核。该部门组织两个考核组，对15人进行广泛、深入的考核，并按要求整理考核材料，综合第一阶段的测评结果，最后生成总的测评成绩，择优拟定了排在前三位的候选者，并报上级部门审批。

对采用管理评价中心公开选考司（局）长的效果，各个方面的评价都很高，大家是满意的。从测评的最终效果看，对应试人员的测评结论与其在工作岗位上的工作表现也是一致的,这说明评价中心的系统测评具有很好的效标关联效度,为管理评价中心技术在选拔高级管理人才方面的广泛应用提供了科学的依据。

案例分析思考题:

1. 某部门是如何运用管理评价中心这种测评方法来对副司(局)长进行选拔的?

2. 为保证管理评价中心在选拔人才时的信度和效度,在推广使用管理评价中心技术时应注意哪些环节和操作事项?

➢ 参考文献

陈静等. 2007. MBTI 人格测验对陆军指挥院校学员心理选拔的预测性. 第四军医大学学报,(16)

陈民科,王重鸣. 2002. 评价中心的开发程序与构思效度. 人类工效学,(2)

关丹丹,张厚粲. 2004. 信度再认识与信度概括化研究. 心理科学,(2)

洪自强,严进 2003. 结构化面试构思效度现场研究. 南开管理评论,(4)

金瑜. 2001. 心理测量. 上海:华东师范大学出版社

孙健敏. 2007. 人员测评理论与技术. 长沙:湖南师范大学出版社

孙健敏,彭文彬. 2005. 无领导小组讨论的设计程序与原则. 北京行政学院学报,(1)

王垒. 1999. 实用人事测量. 北京:经济科学出版社

吴志明,孙健敏,武欣. 2009. 人事测评理论与实证研究. 北京:机械工业出版社

吴志明,张厚粲. 2001. 评价中心的构想效度和结构模型. 心理学报,(4)

萧鸣政. 1995. 现代人员素质测评. 北京:北京语言学院出版社

徐升. 2000. 人才测评. 北京:企业管理出版社

张爱卿. 2005. 人才测评. 北京:中国人民大学出版社

张厚粲. 1997. 心理教育与测量. 杭州:浙江教育出版社

张厚粲,刘远我. 1999. 试论我国人才测评事业的发展. 心理学探新,(1)

郑日昌,蔡永红,周益群. 1999. 北京:人民教育出版社

Anastasi A. 1997. Psychological testing. 7th. New York: Macmillan

Dipboye R L. 1992. Selection interviews: process perspectives. Cincinnati, OH: South-Western

Huffcutt A I, et al. 2001. Comparison of situational and behavior description interview questions for higher level position. Personnel Psychology,(3)

Jans T. 1982. Initial comparisons of patterned behavior description interviews verus unstructured interviews. Journal of Applied Psychology,(67)

McDaniel A M, Deborah L W, Frank L S. 1994. The validity of employment interviews: a comprehensive review and meta-analysis. Journal of Applied Psychology,(4)

Schmidt F L, Ones D S, Hunter J E. 1992. Personnel selection. Annual Review of Psychology,(43)

Wiesner W H, Cronshaw S F. 1988. A meta-analytic investigation of the impact of interview format and degree of structure on the validity of the employment interview. Journal of Occupational Psychology,(3)

第六章
培训与开发

学习目标

- 理解培训与开发的含义
- 了解员工培训的基本类型和基本过程
- 掌握培训需求分析的方法和过程
- 掌握培训效果评估的方法和过程
- 了解培训计划的基本内容
- 了解常见的员工培训方法及其适用范围
- 了解常见的管理人员开发的方法

人力资源管理 Human Resource Management

引导案例

摩托罗拉的培训①

在员工培训方面，摩托罗拉的培训体系因与公司的经营战略紧密联系而被认为是同行中的典范。摩托罗拉一贯认为，人是企业中最宝贵的资源，只有向这些宝贵的资源提供各种培训机会并给予其发挥的空间，才能释放其最大的能量，从而培养出一支过硬的人才队伍，以满足公司在全球范围内日益增长的业务需要。为此，公司每年为员工培训投入了大量的人力、物力和财力。公司规定将员工工资总额的5%～10%用于员工培训工作，并规定每年每位员工至少要接受40小时的与工作有关的学习。学习内容主要包括新员工的入职培训、企业文化培训、专业技能培训、管理技能培训、语言培训及海外培训等。摩托罗拉还积极推广电子培训，公司要求每个员工每年要借助网络等电子媒体方式自学8个小时。

在摩托罗拉的培训体系中，新员工培训是非常重要的组成部分。新员工培训一般持续一周，内容主要包括对公司概况、职位及相关法律文件与规章制度的介绍。

为了配合企业的运转，摩托罗拉还进行各种各样的常规培训，这些培训由摩托罗拉大学承担。摩托罗拉大学的前身是摩托罗拉培训部，是一所由摩托罗拉内部专门设置的教育培训机构，为摩托罗拉各事业部、客户、员工及合作伙伴提供各种形式的培训。摩托罗拉大学和业务部门之间的合作方式有两种：一种是由业务部门给自己的员工拨出培训经费，按人头摊派，提出培训要求，由大学负责培训；另一种是摩托罗拉大学自己制定许多课程，将培训做成产品，定出价格，业务部门按照自己的需求来进行购买。

第一节 员工培训概述

在当今这个知识不断更新、经济快速发展的时代，变化是永恒的主题。适应快速变化的环境成为企业生存和发展的首要准则，而培训正成为企业增强应变能力与竞争力的必要手段。

长期以来，国际上许多著名企业都非常重视员工培训工作。20世纪90年代初，摩托罗拉每年用在员工培训上的投资就已经达到了1.2亿美元，占公司工资总额的3.6%，每位员工每年参加培训的平均时间为36小时。联邦快递公司每年则花费2.25亿美元用于员工培训，占公司总开支的3%。通过培训，企业获得了员工工作能力和热情的提

---

① 孔杰，王洪伟.2003.2003年度中国企业最佳案例——人力资源.北京：商务印书馆.

高,并为企业的技术创新提供了动力,降低了工作损耗及事故发生率。可以说,是员工培训保证了这两家公司的员工队伍始终保持一流,并赢得了企业的长足发展。

尽管目前国内的一些企业也已经逐渐开始重视员工培训,但这些企业主要是集中于一些国有大中型企业和垄断行业。在数量众多的中小企业,特别是中小民营企业中,员工的培训工作常常处于被忽视的境地。就已开展的培训工作来看,大多数企业做得并不到位:很多企业是为了培训而培训,缺乏前期的培训需求分析和后续的培训效果评估;很多企业的管理者甚至认为,培训不可能在短期内取得成效,常常是为别人做"嫁衣"。所以当企业需要节约开支时,其首先想到的就是削减培训费用。这说明在现阶段,我国企业界对培训的认识还并不深刻和全面,从企业的长远发展来看,全面认识和开展员工培训具有重大的意义。

一、培训的定义与作用

培训就是向新员工或现有员工传授其完成本职工作所需的知识、技能、价值观念和行为规范的过程,是由企业安排的对本企业员工进行的有计划、有步骤的培养和训练。在人力资源管理中,培训和开发是经常在一起被使用的两个概念,但二者在内涵上有一些差别:培训强调的是帮助培训对象获得目前工作所需的知识和能力,以便使其更好地完成现在所承担的工作。比如,通过示范教一名工人如何操作一台车床,或教一名管理人员如何安排日常生产。人力资源开发则是针对员工在未来的职务(晋升或者岗位轮换后)所需的知识、技能、能力以及态度而进行的教育,它强调的是一种面向未来的人力资本投资活动。二者的目的都在于提高员工各方面的素质,使之适应现职工作或未来发展的需要。

员工培训是人力资源管理工作的内在组成部分,是一种对人的投资。尽管企业在招募员工的时候,做了大量的甄选工作,但对于任何一个新进入组织的员工来说,不论他具有多高的素质和技能,都不可能与企业的工作要求直接吻合,因为新进入的员工缺乏在本企业中工作的经验,也不了解新企业对员工工作态度和工作方式等方面的要求。因此,企业为使新员工掌握必要的知识、技能,具备应有的工作态度,一般都要对其进行相应的培训。在过去,大多数企业习惯于将培训作为一项例行的事务,其内容不外乎是安全知识培训、企业规章制度培训和操作技能培训,如培训新员工的安全生产知识、培训焊工焊接线路、培训销售人员洽谈业务等。如今,越来越多的企业赋予了培训以下两个新的目的。

首先,向员工传授更为广泛的技能,包括解决问题的技能、沟通的技能以及团队合作的技能等。培训内容的扩展反映出技术进步、经济发展对企业的新要求。企业是在不断变化的经济与技术环境中生存和发展的,员工的知识、技能、工作态度也必须与这种不断变化的外部环境相适应。员工仅仅能够胜任今天的工作是不够的,还应能满足顾客未来在产品创新和服务质量等方面的需求,而要适应这些新要求,员工的素质和技能就必须不断得到提高。正如彼得·圣吉所言,"未来唯一持久的竞争优势就是——比你的竞争对手学得更快"。正是从这个意义上,现代企业非常强调员工的终身学习。因此,培训也就不单是针对新员工的一次性工作,而需要变成一种经常化的制度。不仅新员工需要接受培训，老员工特别是企业的管理者和领导者也需要不断地充电，接受培训。

其次，更多的企业希望通过培训来增强组织的吸引力，强化员工的奉献精神。现代企业中员工的自我意识和自我实现的愿望十分强烈，工作对于他们来说，不仅仅是生存的手段，也是其实现自我价值的途径，他们十分看重工作中的个人发展前景。如果企业不能为他们提供实现自我价值的机会，那么这将会降低员工的工作动力和工作绩效。而高质量的培训恰恰能够满足员工在这方面的需求，通过有效地开发员工自身的潜力和素质，使他们在工作中感受到个人的成长和发展，从而激发员工对企业的忠诚感和奉献精神，增强企业的凝聚力。

二、培训的内容和类型

（一）培训内容的两个方面

员工培训的内容主要包括两个方面，即职业技能培训和职业品质培训。具体介绍如下：

职业技能主要包括基本知识、专业知识和技能。企业应把培训的重点放在专业知识和技能上。这是因为基本知识可以借助企业培训外的教育方式获得，而专业知识和技能只能通过企业培训获得，企业对员工业务能力的要求最终体现在专业知识和技能上。所以，企业通常把基本知识和素质作为录用员工的一项必要条件，而把录用后的培训重点放在专业知识和技能上。接受这类培训的员工，由于学习、吸收到新的专门化知识和技能，个人会有成长感和成就感，进而会对企业产生更多的认同和承诺，不愿意轻易离开企业，从而更可能获得高的工作绩效。

职业品质主要包括职业态度、责任感、职业道德、职业行为习惯等，这些必须和本企业的文化相符合。在现代企业中，员工的知识水平和技能已不再是影响其工作绩效的唯一重要的因素，员工的态度、观念和工作方式对企业效益的影响日益加强。因此，企业不仅应该要求员工具备良好的职业知识技能，还应要求员工拥有良好的职业品质，这样才能保证员工不仅有能力，而且有动力做好工作。员工培训应注重职业品质方面的教育和引导，通过培训建立起企业和员工、员工和员工之间的相互合作、相互信任的文化氛围。

（二）面向对象的培训内容选择

一个完整的培训体系，其培训对象应该涉及企业中担任各种不同角色的人员，即上至领导者、下至一线员工均能够获得全面的培训。但对不同职位的员工，培训应该有所侧重，这里就涉及培训内容的针对性问题。

（1）高层管理者的职责是对整个企业的经营管理全面负责，他们的知识、能力、品格、态度与企业经营的成败关系极大。他们一般经验丰富，能力比较突出，对他们的培训应侧重于引导他们如何有效地运用经验进行战略思考，全方位地把握企业的发展方向，也就是培训他们"做对的事情"。培训内容具体包括企业外部经济政策环境

变化的趋势、战略管理的思维方式与工具、集权与授权的运作处理，以及必要的市场、法律与财务知识的培训。

（2）中层和基层管理人员在企业中处于"桥梁"位置：向下要传达上层管理者的意图，执行上层管理者的命令；对上又要代表员工的利益，表达他们的愿望，而且大多数基层管理者都是从业务岗位走向管理岗位的，比较缺乏管理经验。因此要着重培养中层和基层管理人员的沟通协调技能、人际关系处理技巧和有效的工作方法，也就是培训他们"把事情做对"。

（3）会计师、工程师、经济师等各类专业人员各有自己的业务活动范围，他们容易局限于自己的专业，与其他专业人员之间缺乏了解和沟通。在培训中，一方面要注意更新他们的知识，提高他们的技能，使他们跟上新技术、新知识的发展；另一方面又要培养他们的大局观念，促进不同专业人员之间的协调与合作，也就是培训他们"把事情做实"。

（4）一般员工是企业的主体，是各项工作的实际操作者。应根据工作说明书和工作规范的要求，培训他们的操作技能，以保证其工作任务的顺利完成。其重点应该是培训他们"愉快地做事"。

（三）培训类型

按照培训的方式不同，员工培训又可以分为不同的种类，具体包括岗前培训、在岗培训、离岗培训、员工业余自学四种类型。

1. 岗前培训

岗前培训是指以企业新录用的员工为对象的集中培训。在新员工加盟企业的第一天，他们的所见所闻会使其形成对企业的第一印象，而且这种印象将会持续很长时间。新员工在企业最初阶段的经历是其职业生涯发展的起点，具有极其重要的意义。因此，企业有必要为新员工提供考虑周全、信息丰富的岗前培训。岗前培训主要有两个目的：一方面，培养新员工对企业的荣誉感和归属意识，促使新员工认同企业所提倡的价值标准和行为规范；另一方面，促进新员工了解企业的基本情况，掌握必要的工作技能和基本的工作流程，帮助新员工规划、设计在企业的个人发展生涯。

岗前培训要为新员工提供的信息有以下两个方面。

（1）由人力资源部门提供的信息，主要包括：

• 企业概况，如企业简史、经营状况、业务领域、产品、所属机构、组织结构、企业战略等。

• 公司文化，如经营理念、价值观念、行为规范等。

• 基本政策与制度，如工作时间、假期、假日、请假、晋升、调职、培训、奖惩、员工的职业生涯规划、有关安全的各项规定等。

• 工资福利，如工资制度、加班费、领薪日期及手续、各项福利待遇等。

（2）由新员工所在部门提供的信息，主要包括：

• 本部门的功能，如部门目标、业务和结构、该部门和其他部门之间的业务关系。

- 工作职责，如新员工工作的具体任务、职责范围、绩效标准、工作条件、该工作与部门中其他工作的关系，以及工作所需的知识和技能等。
- 本部门特有的规定，如休息时间、午餐时间、安全问题等。
- 本部门的环境。使新员工熟悉部门中的工作环境，包括安全出口、更衣室等。
- 介绍部门同事。

以上内容可以通过发放员工手册、安排专人讲解、召开座谈会和带领新员工实地参观等方法进行。岗前培训要达到使新员工感到自己加盟企业是受欢迎的、是值得的，从而愿意为企业好好工作、谋求更大发展的效果。

2. 在岗培训

在岗培训是指员工在不脱离工作岗位的情况下，由部门经理、业务主管或其他经验丰富、技术过硬的员工在日常工作过程中对员工进行的定期或不定期的业务传授和指导。如果工作中使用的材料和设备很难搬到教室去，那么，选择在岗培训这种方式是最为恰当的。当培训的内容很简单、不需要正式的课堂学习时，在岗培训也是一种常见的培训方式。为使在岗培训的效果更为显著，可按下列步骤进行：

第一步，解释工作程序。其中包括为什么需要这一特定的工作或程序；它是如何影响其他工作的；这一工作如果出现差错会造成什么样的后果。这一步的目的是让员工在掌握具体工作前对整个过程有一个初步了解。

第二步，给员工演示整个过程。如果是一项有形的任务，如接电话、使用传真机或复印机，那么一定要慢慢做示范，尽量让员工记住每一个工作步骤。

第三步，演示结束后，要鼓励员工提问。根据提问，有针对性地重新进行演示，并鼓励员工进一步提问。

第四步，让员工自己动手做。请员工解释自己在做什么和为什么要这样做，以此确认员工是否真正理解了工作过程。

第五步，继续观察员工的工作，并提出反馈意见，直到培训者和受训者双方都对操作过程感到满意为止。让员工清楚地知道自己在什么地方有进步、什么地方做得好，并给出足够的时间练习，直到员工有信心独立完成工作而无须指导为止。教会员工在整个过程中检查自己的工作质量，让他们感到自己有责任提高工作质量。

当在岗培训结束，员工对新技能实践了一段时间以后，要回过头来再看看员工干得怎么样。他们是否有困难？是否找到了改进工作程序和工作质量的方法？是否需要进一步的培训或帮助？

在岗培训是将学习和应用直接结合起来的一种培训形式，受训者边学边干，不需要工作地点以外的教室和正规化培训所需的教学仪器，可以节约培训经费。同时，受训者能够迅速得到工作绩效的反馈，学习效果好。但是，在岗培训有时候会打乱正常的工作流程，这使得在岗培训的应用受到了限制。

3. 离岗培训

离岗培训是指员工离开实际工作岗位去学习所需要的知识和工作技能。其中，外

派培训是离岗培训的重要形式之一,它是指员工接受企业委派,在一定时间内离开工作岗位,到企业以外(包括国内外)的机构参加的各种培训。当然,离岗培训也可以在企业内部进行。离岗培训往往是针对企业的战略和核心业务、核心能力、员工改善绩效所必需的关键知识技能,以及其他对企业运营产生重要影响的内容而进行的专项培训,如经理人员培训、核心业务培训、通用知识与技能培训等。

经理人员培训以部门经理、业务主管、项目经理和子公司经理为培训对象;核心业务培训是指围绕与企业战略、核心业务紧密相关的关键知识和核心能力开展的培训;通用知识与技能培训是指为使员工改善绩效、提高效率、转变观念所进行的基础知识和基本技能的培训,包括外语、计算机网络知识与技能、公文处理、表达与展示技巧、人际沟通技能、职业发展与规划、时间管理、团队工作技能、压力、冲突与矛盾处理技能以及其他必要的内容。

4. 员工业余自学

员工业余自学是指员工利用业余时间参加的自费学历教育、自费进修或培训、自费职业资格或技术等级考试及培训。对于员工业余学习的费用,凡是其所学内容与企业相关的,企业一般都给予一定比例的支持。

阅读材料 6-1 海尔的新员工培训四步曲①

海尔作为一个世界级的名牌企业,每年都招录上千名大学生,但是其离职率一直很低,离开的大部分是被淘汰的(海尔实行10/10原则,即奖励前10%的员工,淘汰后10%的人员),真正优秀的员工多半会留下来。那么,海尔是怎样进行新员工培训的呢?

第一步:使员工把心态端平、放稳

有些企业迫不及待地向新进毕业生灌输自己的企业文化或职业技能,强迫他们去接受,希望他们能尽快派上用场,而全然不顾及他们的感受。毕业生新到一个陌生的与学校完全不同的环境,总会有些顾虑:待遇与承诺是否相符;会不会受到重视;升迁机制对自己是否有利,等等。在海尔,公司首先会肯定待遇和条件,让新人把"心"放下,做到心里有"底"。接下来会举行新老大学生见面会,让师兄师姐用自己的亲身经历讲述对海尔的感受,使新员工尽快了解海尔。同时,人力中心、文化中心和旅游事业部的主管领导会同时出席见面会,与新人面对面地沟通,回答他们的疑问,而且不回避海尔存在的问题,并鼓励他们发现、提出问题。另外,还与员工就如何进行职业发展规划以及升迁机制、生活等方面的问题进行沟通,让员工真正把心

---

① 本书作者根据有关资料整理。

态端平、放稳,认识到没有问题的企业是不存在的,企业就是在发现和解决问题的过程中发展的。

第二步:让员工把心里话说出来

员工虽然能接受与自己的理想不太一致的条件和环境,但并不代表他们就能顺利地适应这样的情况,这时就要鼓励他们说出自己的想法——不管是否合理。如果你连员工在想什么都不知道,那么解决问题就没有针对性。所以应该为他们开辟"绿色通道",使他们的想法能够在第一时间被反映上来。海尔给新员工每人都发了"合理化建议卡",如果员工有什么想法,无论是制度、管理、工作、生活等任何方面的,都可以提出来。对于合理化的建议,海尔会立即采纳并实行,且对提出者还有一定的物质和精神奖励;而对于不适用的建议也给予积极回应,因为这会让员工知道自己的想法已经被考虑过,他们会有被尊重的感觉,以后会更乐于说出自己的心里话。

第三步:使员工把归属感"养"起来

敢于说话了是一个突破,但那也仅是"对立式"地提出问题,员工有了问题可能就会产生不满、失落的情绪,这其实并没有在观念上把问题当成自己的"家务事",这时就要帮助员工转变思想,培养员工的归属感,让新员工不把自己当作"外人"。海尔本身的文化就给员工一种吸引力、一种归属感。"海尔人就是要创造感动",在海尔每时每刻都在产生感动。领导对新员工的关心真正到了无微不至的地步。你会想到在新员工军训时,人力中心的领导会把他们的水杯一个个盛满酸梅汤,是为了让他们一休息就能喝到吗?你会想到集团的副总专门从外地赶回来,目的就是为了和新员工共度中秋吗?你会想到集团领导对员工的祝愿中有这么一条,"希望你们早日走出单身宿舍(找到对象)吗?"海尔还为新来的员工统一过一次生日,每个人都得到一个温馨的小蛋糕和一份精致的礼物。首席执行官张瑞敏也特意抽出半天时间和700多名大学生共聚一堂,沟通交流。对于长期在"家"以外的地方漂泊流浪,对家的概念逐渐模糊的大学生来说,海尔所做的一切又帮他们找回了"家"的感觉!

第四步:使员工把职业心树立起来

当一个员工真正认同并融入企业当中后,就该引导员工树立职业心,让他们知道怎样去创造和实现自身的价值。海尔对新员工的培训除了开始的导入培训,还有拆机实习、部门实习、市场实习等一系列的培训。海尔花费近一年的时间来全面培训新员工,目的就是让员工真正成为海尔躯体上的一个健康的细胞,与海尔同呼吸、共命运。

海尔通过树立典型的形式积极引导员工把目光转移到自己的工作岗位上来,把企业的使命变成自己的职责,为企业分忧,想办法解决问题,而不是单纯地提出问题。海尔一些新来的还处于培训初期的大学生,在导入培训结束后的拆机实习阶段就能够进入"角色"。他们利用周末的时间走访各商场、专卖店,观察海尔的展台,调查直销员的表现,发现问题并反映给上级领导;还有的在和一般市民闲谈交流的过程中,发现了海尔产品或服务方面的缺陷,就把顾客的姓名、住址、电话等信息记录下来。

第二节 培训需求分析

关于员工培训如何进行,不同的培训模式有不同的操作步骤。目前比较典型的培训模式是系统型培训模式。这种模式最早源于美国陆军训练时所采用的方法,在20世纪60年代开始形成,后来在英国随着工业培训局的成立,这种模式得到了极大的推进和发展。在实践中,系统型培训模式的操作流程如图6-1所示。

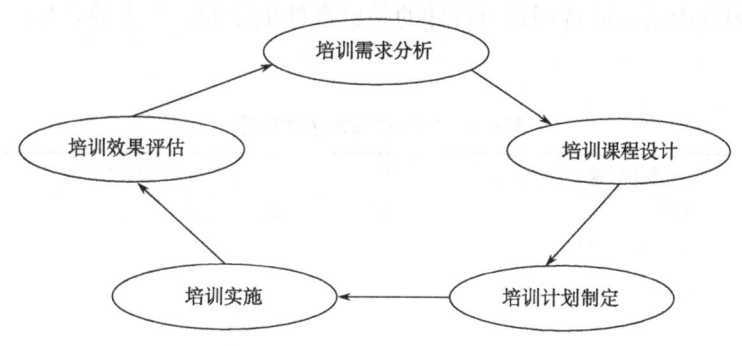

图 6-1 系统型培训模式的操作流程

从图6-1中可以看出,对于系统型培训模式而言,培训由一系列连贯的、有内在逻辑的步骤组成,培训不仅是个阶段性的过程,而且还是一个不断往复的循环。在这个循环中,培训需求分析是流程开始的首要环节。

一、什么是培训需求分析

培训不能盲目、随意地进行,必须建立在科学的培训需求分析的基础上。概括地说,需求分析就是帮助企业员工确定现存的问题,找出已有知识技能和胜任岗位工作所需能力之间的差距。具体地讲,培训需求分析是为企业解决培训工作的"5W"、"2H"而进行的分析。"5W"是指:谁需要培训(who)、为什么要培训(why)、需要培训什么(what)、何时进行培训(when)和何地进行培训(where);"2H"指的是如何进行培训(how)以及对多少人进行培训(how many)。

二、为什么要进行培训需求分析

之所以进行培训需求分析,主要是出于两方面的考虑。首先,为了确保培训的规划性和系统性。国内很多企业对于培训大都是"头痛医头、脚痛医脚",缺乏系统的分析和计划。现实中的培训要么处于可有可无的状态，要么就是扮演救火队员的角色，结果常常是事倍功半。很多企业就由此得出培训无用的论断，随意削减培训费用。其次，需求分析是为了确保培训的实用性和内容的针对性。在工作场所中，有不少经理认为提高下属工作绩效的有效方法就是培训，似乎工作上的一切问题都是由下属能力不足造成的。但事实上，下属的问题一般分为两类：一类是由管理不善引起的，如某些员工上班总是迟到、工作态度不认真等，即员工会做而不愿意去做，这类问题可以通过加强管理来解决；另一类问题则是由员工愿意做而不会做引起的，例如，在采用了新设备和新技术后，员工现有的技能不能满足要求，这类问题就需要通过培训来解决了。如果要用培训的方法来解决第一类问题，那么，无论怎样修正培训内容、培训方法，也不可能解决实际问题。

进行培训需求分析的前提是必须了解影响培训需求的因素是什么。影响培训需求的因素大体分为两类：常规性因素和偶然性因素。前者主要是指在确定培训需求时需要考虑的一般性因素，后者则是由特殊的关键事件决定的，二者的具体内容如表 6-1 所示。

表 6-1　影响培训需求的因素

常规性因素	偶然性因素
社会发展环境	新员工加入
企业发展目标和经营战略	员工职位调整
同类企业培训的发展状况	员工工作效率下降
员工个人职业发展生涯设计	顾客抱怨投诉
员工考核	发生生产事故
员工行为评估	产品质量下降或销售量下降
企业资源状况对培训需求的限制	企业内部损耗上升、成本增加
	发生导致员工士气低落的事件

三、培训需求分析的内容

培训需求分析可以在三个层面上进行，即组织层面、工作层面和员工层面。

（1）组织层面上的培训需求分析，以保证培训计划符合组织的整体目标与战略要求。因此，组织层面的培训需求反映的是某一个组织的员工在整体上是否需要进行培训。

组织层面的分析涉及的内容包括：①组织的发展目标分析。确立组织的发展目标，并据此确立相应的人力资源战略。②组织的人力资源需求分析，包括组织为实现发展目标在今后几年中所需要的人力资源数量和质量。③组织效率分析。企业效率分析的指标有劳动成本、产量、产品质量、报废率和设备使用率，即组织希望通过培训来提高效率。④组织文化分析，包括需要贯穿在培训工作之中的组织哲学、组织理念、组织精神、组织道德等方面。

（2）对工作体系运行状况的分析，目的是从职位工作角度确定培训需求。这一层面的分析需要确定培训的内容，即员工要达到理想的工作绩效所必须掌握的知识和技能。

工作层面分析的内容有：①职位工作职责，包括各项工作任务及其难易程度等。②职位任职资格。即履行工作职责应具备什么样的素质条件，需要掌握哪些相关的知识和技能。

（3）从员工个体的角度来考察培训需求，将员工目前的实际工作绩效与组织的员工绩效标准进行对比，或者将员工现有的知识和技能水平与组织对员工的知识和技能的要求进行比较，发现二者之间存在的差距，并在此基础上进一步找出产生绩效差距的原因，由此确定相应的培训需要。有关培训需求分析的作用模型见图6-2。

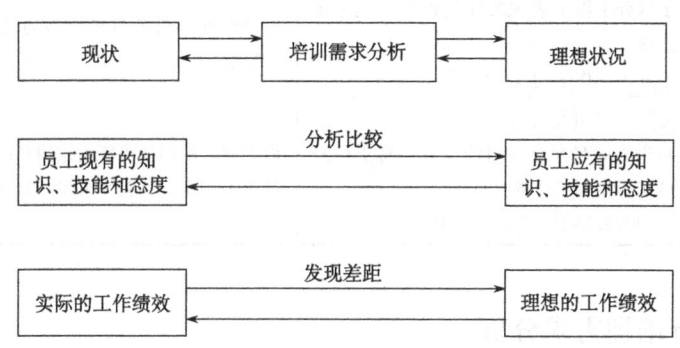

图 6-2　培训需求分析的作用模型

四、如何收集培训需求信息

要进行培训需求分析，第一步是先收集培训需求的信息，而要进行培训需求信息的收集，就必须要有相应的工具。接下来我们就对收集培训需求信息的方法进行归纳和比较，同时指出各种方法的优点和不足。

培训需求信息收集的方法有十余种，其中常用的有员工行为观察法、问卷调查法、管理层调查法、关键事件法、资料档案收集法、态度调查法和面谈法，表6-2对它们进行了归纳和比较。

表 6-2　培训需求信息收集方法的比较

收集方法	优点	缺点
员工行为观察法	基本上不妨碍被考察对象的正常工作和集体活动 所得的资料与实际培训需求之间的相关性较高	必须十分熟悉被观察对象所从事的工作程序及工作内容 在进行观察时，被观察对象可能故意作出假象
问卷调查法	可在短时间内收集到大量的反馈信息 花费较低 问卷对象可畅所欲言 易于总结汇报	无法获得问卷之外的内容 需要大量的时间和较强的问卷设计能力与分析能力

续表

收集方法	优点	缺点
管理层调查法	管理层对自己下属员工的培训需求比较清楚 省时省力	管理层个人的主观好恶会影响调查结果 出于未来职位竞争的考虑，可能会选错培训对象
关键事件法	易于分析和总结 可以分清楚是培训需求还是管理需求	事件的发生具有偶然性 容易以偏概全
资料档案收集法	便于收集 可了解员工现有的技术职称资格 可了解员工已受过哪些培训	不一定能反映员工现在的真实技术水平
态度调查法	易于区分工作上表现欠佳是否由技能不足造成 易于发现工作中的其他问题	态度调查的对象可能会故意掩饰自己的真实想法
面谈法	可充分了解相关信息 有利于培训双方建立信任关系，易于得到员工对培训工作的支持 有利于激发员工参加培训的热情	培训双方的面谈可能占用很长时间 员工不一定会将其个人发展计划告知培训者

五、如何进行培训需求分析

培训需求分析的最终目的是确保企业培训的针对性和实用性。因此，在进行需求分析时，可以按以下步骤进行：

第一步，选择科学可行的方法，准确客观地收集培训需求信息。

第二步，从组织层面、工作层面、员工个体层面三个角度，对收集到的信息进行归纳、整理和分类。

第三步，确认员工的培训需求结果。

第四步，在培训过程中，结合实际情况，对培训需求结果作适时的调整和修订。

在培训需求分析结束后，企业就要根据需求分析的结果组织相应内容的培训了。在培训的具体实施过程中，企业仍有必要对培训需求分析的结果进行调整。原因在于原来收集到的培训需求信息有可能存在偏差，也有可能由于组织变化等一系列因素，导致新的培训需求产生。因此，在培训项目的实施过程中，对培训的内容、课程作适时的调整和修订是必要的，同时也要注意记录下实际培训过程中发现的新的培训需求，因为这些需求可能更贴近实际。

第三节　培训方式及其选择

培训方法有很多种，不同的培训方法特点不同，各有优劣。在实际工作场合，要依据公司的实际培训需求和自身的条件、培训的内容以及培训的对象等方面，合理地选择和使用培训方法。我们根据培训传授方式的不同，将培训分为直接传授式培训法和参与式培训法来介绍。另外，我们还将介绍网络培训等一些新兴的培训方法。

一、直接传授式培训法

直接传授式培训法是指培训者通过讲解、指导等途径直接向培训对象传授知识的方法。这种方法的主要特征就是信息交流的单向性和培训对象的被动性。尽管这种方法比较传统,但其作用还是不容忽视的。其具体形式主要包括以下几种。

(一) 课堂教学法

课堂教学法就是通常所说的讲座和主题演讲,它在传统的教育系统中最为常见。大多数企业也采用这种形式对员工展开培训。比如,国外著名的麦当劳的汉堡大学和摩托罗拉大学等企业大学,配备了专门的教学资源,并且聘请了专职教师任教。大部分企业虽然没有自己的企业大学,但却有自己的培训中心,在这些中心里,内训师或从外部聘请的教师仍大多采用课堂教学这种最基本的培训方式。

课堂教学法的优点:①传授内容多,有利于大面积培养人才;②传授的知识比较系统、全面;③员工的平均培训费用较低;④对培训环境要求不高;⑤学员之间沟通方便;⑥学员可以很方便地向教师请教疑难问题。

课堂教学法的局限:①传授内容多,学员吸收消化的压力大;②单向传授不利于教学双方互动;③教师面向所有学员讲课,无法顾及学员的个体差异;④教师水平直接影响培训效果;⑤传授方式较为枯燥、单一。

(二) 专题讲座法

专题讲座法在形式上与课堂教学法基本相同,都是培训教师同时向多个培训对象传授信息,但是,二者在内容上有所差异。课堂教学法一般是对系统知识的传授,每节课涉及一个专题,接连多次授课;专题讲座法则是针对某一个专题知识来进行,一般一次专题讲座即为一次培训。

专题讲座法比较适合管理人员或技术人员,用于了解专业技术发展方向或当前热点问题等方面的知识。如我们可以针对"人力资源管理发展的新动向"这一问题向企业管理层开办一次培训;准备实行股份制改革的企业为了让员工支持企业改革,可以为全体员工开办一次关于"股份制改革"的讲座。

专题讲座法的优点:①培训形式比较灵活;②可随时满足员工在某一方面的培训需求;③讲授内容集中于某一专题,培训对象易于掌握。

与此同时,讲座相对于课堂教学来说,也有不可避免的缺陷。由于时间和内容容量的限制,其不利于系统知识的传授。

(三) 个别指导法

个别指导法类似于我国传统的"学徒方式",目前我国仍有很多公司在实行这种帮带式的培训方式。其主要特点是通过资历较深的员工的指导,使新员工能够迅速掌握岗位技能。

个别指导法的优点:①新员工可以在师傅的指导下尽快掌握工作技能;②有利于

组织优良工作作风的传递；③有利于新员工尽快融入团队。

个别指导法的缺点：①指导者可能会有意识地保留自己的经验、技术诀窍，从而使指导流于形式；②指导者本身的工作能力和指导方式对新员工的学习效果影响很大；③指导者的不良工作态度和工作习惯可能会影响新员工的工作积极性；④不利于新员工的创新。

（四）影视法

影视法就是运用电影、电视、投影或录像等手段向员工演示一些操作过程，或进行组织成长、重大事件的回顾与宣讲。

影视法的优点在于形象生动，但如果缺乏现场讲解，效果也会受到很大影响，而且这种方法比较单一，不易于员工长时间集中注意力。

一般情况下，只依靠电影等影视设备进行的培训效果并不好。但是，为了增强培训的效果，提高培训的趣味性、生动性，可把这种方式作为其他培训方式的辅助。

二、参与式培训法

参与式培训法是调动培训对象的积极性，让其在与培训对象的互动中学习的方法。

这类方法的主要特征是：每个培训对象积极参与培训活动，从亲身参与中获得知识、技能和正确的行为方式。其具体形式包括以下几种。

（一）角色扮演法

角色扮演法就是培训者给一组人员或者某一个人提供一种情境，让参加者身处模拟的日常工作环境之中，并按照其在实际工作中应有的权责来担当与实际工作相类似的角色，模拟性地处理工作事务，从而提高处理各种问题的能力。它常被用于培训销售人员的销售技能以及管理人员的管理技能。

这种方法的精髓在于"以动作和行为的扮演来练习和开发员工的技能"。角色扮演法的优点：①学员的参与性强，与教师之间的互动交流充分，可以提高学员培训的积极性；②特定的模拟环境和主题有利于增强实践效果；③通过观察其他学员的扮演行为，学员之间可以相互学习；④通过模拟后的指导，学员可以及时认识到自身存在的问题并进行改善；⑤能够提高学员的反应能力和心理素质。

角色扮演法的缺点：①控制过程比较困难；②模拟的环境代表不了真实工作环境的多变性。

我们在实施角色扮演法时，要注意一些问题：①培训师要为角色扮演准备好材料以及一些必要的场景工具；②扮演目的要明确；③扮演前的角色描述应该详细；④及时阻止走向错误方向的扮演；⑤扮演结束后要进行必要的讨论和总结。

阅读材料 6-2　中粮集团的员工培训①

让培训成为员工发展的核动力。在中粮集团人力资源部总监迟京涛看来，中粮集团的培训体系一定要与经理人的评价体系相结合，虽然在业务发展方面各个业务单元相对独立，但围绕着"人才发展主线"，集团人力资源部要起到主导作用。

1. 培训，重在统一思想、熔炼团队

中粮集团的培训不是传统意义上的请老师讲课、学员在台下听，而是将培训作为一种工具方法引入组织和团队建设中来。集团董事长宁高宁认为，培训师的职责与传统意义上老师的职责应该不一样，其并不单纯是进行纯知识和专业技能的培训，而是要通过培训来促进组织的发展，促进团队的建设，启迪大家的思维，挖掘大家的潜力，最后达成共识。因此，培训的过程也就成为统一思想、熔炼团队的过程。现在对于中粮集团的很多培训课，宁高宁都会亲自参加。培训现场非常活跃，大家分成小组进行研讨，不拘泥于形式，而是注重培训效果。有了集团领导的有力支持，人力资源部在建立培训体系的时候，更容易打通各个业务单元的沟通渠道。

中粮集团的培训既重培训结果，也重培训流程，培训之前人力资源部培训部会先进行课程体系的设计。首先要明确培训的目的，清楚培训最终要达到一个什么样的效果，重点要解决哪些问题。在中粮集团各个业务单元和经营中心提出培训需求之后，由培训部与业务单元一起设计确定培训日程和培训内容。对于初次参加培训的人员，首先会介绍一些关于研讨式学习的方法，如"头脑风暴法"、"六项思考帽"、"解决问题的六步法"等。如果是跨业务单元的培训，还会首先安排一些拓展训练，使得大家在很短的时间内可以相互融合，这样在开展讨论的时候会有很强的团队意识，效果会更好。

2. 《企业忠良》和"忠良书院"

中粮集团有一本内刊——《企业忠良》，这本内刊也可以说是中粮集团的一种独特的培训方式。中粮集团的各种培训、员工的思想活动以及对企业发展的看法，都会在内刊上有所展现。尤其引人注意的是，董事长宁高宁对内刊格外重视，其在内刊开设了专栏，每期都会有他的文章。他的文章语言平实，往往从生活小事说起，但最后都会落到与中粮集团发展相关的重大问题上，折射出深刻的管理哲学。依托于这本刊物，中粮集团的培训达到了课堂培训方式所起不到的效果。

现在，中粮集团正在建立自己的企业大学——"忠良书院"，目前已经在中粮集团原来的培训中心龙泉山庄建立了具有深厚的中粮集团文化特色的

---

① 本书作者根据陈斌发表在《人力资源·HR经理人》2007年第8期的文章改编。

校区。在软件建设方面,第一步就是要建设适合中粮集团经理人发展的课程体系、师资体系、评价体系和知识信息管理体系,这些体系的建立主要是围绕员工的职业生涯和企业战略的发展要求来设立的。在不远的将来,中粮集团各级经理人的培育和成长都要通过"忠良书院"进行,"忠良书院"将成为中粮经理人的摇篮,成为中粮集团思想的发源地。

(二) 案例研究法

案例研究法(case study)是目前全球培训界应用最多的方法之一。它首先由培训师按照培训需求向学员提供大量背景材料并作出相关解释,然后由学员依据这些背景材料来确定案例所呈现的问题,同时分析问题,并提出解决问题的可能方案,最后从备选方案中找出最佳方案,从而达到提高学员解决问题能力的目的。

案例研究法也是一种信息双向交流的培训方式,它将知识的传授和能力的提高融合到一起,是一种非常有特色的培训方法。

案例研究法的优点:①参与性强,变学员被动接受为主动参与;②有利于提高学员独立分析问题、解决问题的能力;③教学方式生动具体、直观易学;④可以激发学员的学习积极性;⑤可以增进学员之间的相互交流和学习。

案例研究法的缺点:①案例准备的时间较长且要求高;②案例法需要较多的培训时间,同时对学员的能力有一定的要求;③对培训师的能力要求高;④无效的案例会浪费培训对象的时间和精力。

(三) 头脑风暴法

头脑风暴法(brain storm),也称作"研讨会法"、"脑力激荡法"等。它事先规定一个主题,明确需要解决的问题,比如,"如何扭转公司产品受到消费者抵制的不利局面"就是一个非常明确的问题,让参加者聚集在一起无拘无束地提出解决问题的各种建议或方案,组织者和参加者都不能评议他人的建议和方案。事后,再收集参加者的各种意见,交给全体参加者,然后排除重复的、明显不合理的方案,最后由全体参加者对各个可行方案逐一评价,选出最优方案。

头脑风暴法的特点是培训对象在培训活动中相互启迪思想、激发创造性思维,它能最大限度地发挥每个参加者的创造能力,提供更多、更佳的解决问题的方案。要取得良好的效果,关键是要让参加者开拓思路,消除心理压力,各抒己见。

头脑风暴法的优点:①培训过程为企业提供了解决实际问题的方法和策略,大大提高了培训的实际收益;②可以帮助学员解决工作中遇到的实际困难;③培训中学员的参与性强;④小组讨论有利于加深学员对问题理解的程度;⑤集中了集体的智慧,达到了相互启发的目的。

头脑风暴法的缺点:①对培训师的要求比较高,如果不善于引导讨论,可能会使讨论变得漫无边际;②培训师主要扮演引导的角色,讲授的机会比较少;③研究的主

题能否得到解决也受培训对象水平的限制;④主题的挑选难度大,不是所有的主题都适合用来讨论。

（四）模拟训练法

模拟训练法与角色扮演法类似,但二者并不完全相同。模拟训练法更侧重于对操作技能和反应敏捷的培训,它把参加者置于模拟的现实工作环境中,让参加者反复操作装置,解决实际工作中可能出现的各种问题,为参加者进入实际工作岗位打下基础。这种方法比较适用于对操作技能要求较高的员工培训,如对飞行员、井台工人的训练。

近年来,计算机辅助系统在模拟训练法中发挥着越来越大的作用,国外已经开发出很多模拟性游戏,这些游戏提供了许多逼真的"工作环境",以供模拟训练使用。例如,一项市政下水道工程,可能面临土地征收、预算经费、都市未来规划、土质测量、已有的地下水电管路工程设计及环保问题。在类似的多角色游戏的设计中,将培训对象分为两三组,给每组分配同样的假设资源和任务,让每组人员就他们的规划结果作成本效益分析,看看哪一组最接近原游戏中所设定的结果。

模拟法的优点:①学员的工作技能在培训中将会获得提高;②通过培训有利于加强员工的竞争意识;③可以带动培训中的学习气氛。

模拟法的缺点:①模拟情境的准备时间长,而且对质量要求高;②对组织者要求高,要求其熟悉培训中的各项技能。

三、信息时代的培训方式

在现代社会,技术进步加快、企业产品生命周期缩短以及市场竞争加剧,这一切对员工的学习提出了更高的要求。终身学习是个人发展中不可缺少的学习方式。随着现代社会信息技术的发展,大量的信息技术被引入培训领域。在这种情况下,新兴的培训方式不断涌现,网上培训、虚拟培训等方式正在许多公司受到重视。

（一）网上培训

网上培训（online training）,又称为基于网络的培训（web-based training）,是指通过公司的内部网（Intranet）、外部网（Extranet）或因特网（Internet）对学员进行培训。在网上培训中,老师将培训课程储存在培训网站上,分布在世界各地的学员利用网络浏览器进入该网站接受培训。

与现实培训相比较,网上培训有以下优越性:

（1）无须将学员从各地召集到一起,大大节省了培训费用;

（2）在网上培训方式下,网络上的内容容易修改,且在修改培训内容时,无须重新准备教材或其他教学工具,费用低,可及时、低成本地更新网上培训内容;

（3）网上培训可充分利用网络上大量的声音、图片和其他多媒体资源;

（4）网络培训可增强课堂教学的趣味性,从而提高学员的学习效率;

（5）网上培训的进度安排比较灵活,学员可以充分安排自己的时间来展开个性化学习。

网上培训的缺点是：

（1）网上培训要求企业建立良好的网络培训系统，这需要大量的培训资金。中小企业由于受到资金的限制，往往无力购买相关培训设备和技术。

（2）某些培训内容不适用于网上培训方式。

进行网上培训的企业还应该注意以下一些问题：

（1）网上培训内容的设计应简洁、明了，易于学员阅读和查找；

（2）培训信息的呈现方式应该尽量多媒体化，不要使用单纯的文本形式；

（3）要确保网络的通畅；

（4）确保每个学员都掌握了关于网络操作的基本知识；

（5）网上培训不能完全代替课堂培训；

（6）在进行网上培训的同时，不能忽视人际关系的培养。

（二）虚拟培训

虚拟培训是指利用虚拟现实技术（也就是综合高性能的计算机硬件与软件及各类先进的传感器的一种集成技术），生成实时的、具有三维信息的人工虚拟环境。培训学员通过运用某些设备接受和响应该环境的各种感官刺激而进入其中，并可根据需要通过多种交互设备（如头盔、数据手套和刚性外骨架衣服等）来驾驭该环境，从而达到提高培训对象的各种技能或使其学习知识的目的。

虚拟培训特别适用于军事人员、飞行器驾驶员、空中交通管制人员、汽车驾驶员、医务工作人员、运动员等类型人才的培训，他们能从这种培训中获得感性知识和实际经验。

虚拟培训的优点在于它的仿真性、超时空性、自主性和安全性。学员在虚拟培训中操作的设备与真正的设备功能一样，操作方法也一样。理想的虚拟环境甚至可以让学员无法辨出真假。虚拟环境具有超时空的特点，它能够将过去世界、现在世界、未来世界、微观世界等拥有的物体有机地结合到一起；在培训中，学员能够自主地选择或组合虚拟培训场地或设施，而且学员可以在重复中不断增强自己的训练效果；更重要的是，这种虚拟环境使他们避免了真实培训环境中可能存在的风险。

四、培训方法的选择

培训方法的选择是培训目标能否实现的关键。每一种培训方法都有其长处和短处，选择一个好的培训方法的重要原则就是要使其与培训内容的类型和学员的接受能力、学习风格相适应。

从不同的角度可以将培训内容划分为很多类型，不同类型的培训内容适宜不同的方法。从所要达到的学习目标这一角度，可以将培训内容分为三类：

（1）记忆类。记忆类培训更多地关注对信息的获取，知道是什么、现在的情况怎么样。

（2）理解类。理解类培训不仅要知道"是什么"，而且还要知道"为什么"，其更加强调对某一现象或理论存在的原因的探讨，以增强学习者的应变能力和适应能力。

（3）行为类。行为类培训是更高层次的培训，即同时要知道"是什么"、"为什么"以及"怎么做"，强调培训对象的实际动手操作能力。

从学习的内容来划分，可以将培训划分为五个层次：

（1）知识层培训。知识层培训要求培训对象学会运用知识进行脑力劳动，如根据市场数据分析企业的营销策略。

（2）技能层培训。技能层培训实际上是锻炼培训对象的体质能力和心理能力，如协调动作技能、驾驶技能、点钞技能，以及沟通和交流技能。

（3）思维层培训。思维层培训是改变大脑思维习惯的一种培训，强调从新角度分析问题。

（4）观念层培训。观念层培训是使培训者持有的与外界不相适应的观念得到改变，使他们能够及时适应社会环境的急剧变化。

（5）心理层培训。心理层培训的目的在于开发人的潜能，强调对培训对象进行心理上的调整。

对于特定的企业来说，在选择培训方法时，既要清楚具体培训内容的类型和特点，同时还要了解对于本企业而言，可行的培训方式有哪些，这些方法各有什么优缺点，也即要回答如下三个问题：

（1）员工需要学习哪些知识和技能？

（2）员工对这些知识和技能的学习需要达到何种水平？

（3）就这些知识与技能需求而言，哪些培训方式最佳？

1972年，由美国学者小卡罗尔（S. J. Carroll, Jr.）和佩因（F. T. Paine）以及伊凡采维奇（J. J. Ivancevich）发表的一项对人事专家的调查结果为我们提供了许多启示，具体结果如表6-3所示。这项调查的方法是让这些人事专家评价各种培训方法在帮助员工获得知识、改变员工态度、提高员工解决问题的能力、发展员工的人际关系技巧、获得参与许可和使员工保持获得的知识等方面的有效性。所排列的次序越高，表明专家认为这种方法越有效。

表6-3　培训方法的有效性比较

培训方法	获得知识	改变态度	解决难题技巧	人际沟通技能	参与许可	知识保持
案例研究	2	4	1	4	2	2
讨论会	3	3	4	3	1	5
讲课（带讨论）	9	8	9	8	8	8
商业游戏	6	5	2	5	3	6
电影	4	6	7	6	5	7
程序化教学	1	7	6	7	7	1
角色扮演	7	2	3	2	4	4
敏感性训练	8	1	5	1	6	3
电视教学	5	9	8	9	9	9

资料来源：Terry L L, Crino M D. 1989. Personnel, human resource management. Macmillan.

五、培训的具体实施

培训的具体实施应该按照事先制定的培训计划来执行。一般来说，培训计划通常包括培训目标的确定、培训方式的设计和选择、培训课程和培训师资的确定、培训对象的选择、培训进度的设计和培训经费的预算。好的培训计划可以为员工培训提供明确的方向和操作指南，使培训工作有条不紊地开展。具体说来，培训的具体实施包括以下一些步骤：

（1）确定培训师。组织要培养一位合格的培训师成本很高，而培训师的好坏直接影响到培训的效果。一位优秀的培训师既要有广博的理论知识，又要有丰富的实践经验，同时还要有一定的教学技巧和教学热情。

（2）确定教材和教学大纲。一般由人力资源部和培训师来协商确定教材。当企业外部没有适合的培训教材时，人力资源部可组织内部业务骨干和培训师一起来开发适合本企业的培训材料。教学大纲确定了培训的目标和课程的性质，需要掌握的知识和技能的范围、深度，以及具体的教学进度。

（3）确定培训地点。培训环境的好坏对于培训效果有着较大的影响，具体来说，需要考虑的要素有教室大小、座位安排、模拟环境的配置、光线状况、环境安静程度、交通条件和生活条件等。

（4）准备好培训设备。根据培训的需求预先准备好所需要的设备和器材，如投影仪、幻灯机、白板、录像设备等。如果需要模拟真实环境，那么事先要准备的环境搭建、调试就更为重要了。

（5）选择培训时间。培训时间的选择要结合培训内容的难易程度和实际生产单位所能提供的时间综合考虑。在确定时间长度后，人力资源部门还需要和业务部门沟通，确定具体的培训时点。

（6）及时通知培训对象。人力资源部需要把培训安排及时通知到各个业务部门的主管和具体参加培训的人员，并对参加培训的人员进行培训动员，详细说明培训的各项具体要求。

（7）实施培训。在各项准备活动安排完毕后，培训就可以如期开始实施了。人力资源部要协助培训师对培训的整个过程进行管理，对员工在培训过程中提出的各项困难和意见反馈予以及时记录和解决。在培训结束后，人力资源部要对培训师、参训人员进行及时评估和反馈。

第四节　培训效果的评估

培训效果是指在培训过程中受训者所获得的知识、技能、才干和其他特性应用于工作的程度。培训效果可能是积极的，这时受训者的工作绩效得到了提高；也可能是消极的，这时其工作绩效更加恶化；还可能是中性的，即培训对工作绩效没有产生明显影响。

在对培训项目的结果进行评价时，需要研究以下问题：

(1) 员工的工作行为是否发生了变化？
(2) 这些变化是不是由培训引起的？
(3) 这些变化是否有助于组织目标的实现？
(4) 下一批受训者在完成相同的培训后是否会发生相似的变化？

最常用的培训课程评估模式是由威斯康星大学的柯科派垂克（Donald L. Kirkpatrick）教授提出来的，因此这种评估模式也被称为"柯氏模式"。柯教授认为，评估培训效果主要可从以下四个层面来进行：

一是评估参与者的反应。即受训者对这一培训项目的反应，受训者是否感到培训项目有好处，包括受训者对培训科目、培训教员和自己收获的感受。

二是评估学员的学习效果。即受训者对培训内容的掌握程度，受训者是否能够回忆和理解对他们进行培训的概念和技能，还可以用培训后的闭卷考试或实际操作测试来考察。需要牢牢记住的是，如果受训者没有学会，那么培训就没有发挥作用。

三是评估学员工作行为的变化。即员工由于参加这一培训所引起的与工作有关的行为的变化，受训者是否在行为上应用了学到的概念和技能。需要注意的是，工作经历的逐渐丰富、监督和工作奖励方式的变化，都可能对员工的行为产生影响。为了克服这种干扰，可以使用控制组方法，即将员工分为培训组和未受培训的控制组。在实施训练之前，衡量各组的工作绩效；在实施训练之后，再衡量各组的工作绩效，通过比较发现培训的效果。在这个问题上还应该注意，培训组的绩效变化将在培训结束后经过一段时间的实践才能体现出来，了解这一性质对正确评价培训项目的效果很重要。

四是评估培训后果。即受训者行为的变化是否积极地影响了组织的绩效，有多少与成本有关的积极后果（如生产率的提高、质量的改进、离职率的下降、事故的减少等）是由培训所引起的，受训者在经过培训之后是否对组织或其工作产生了更加积极的态度。

其中，对参与者反应和学习效果的衡量主要是依靠主观感觉，所以有时称之为内部标准；而对行为和培训后果的衡量主要是依据客观结果，所以有时称之为外部标准。

20 世纪 70 年代，美国学者布鲁斯沃（K. Brethower）和拉姆勒（G. Rummler）对培训项目的评价标准和衡量方法进行了研究，他们总结出来的方法现在仍然具有很大的影响，具体如表 6-4 所示。

表 6-4 培训项目的评价方法

我们想知道什么	衡量什么	衡量项目	获取数据的方法	获取数据的替代方法
Ⅰ. 受训者是否满意？如果不满意，为什么？ 1. 概念不相关 2. 培训场所设计得不合理 3. 受训者安排得不合适	培训期间受训者的反应	• 联系 • 胁迫 • 学习的轻松程度	• 受训者的评论 • 对教员的评论 • 对联系的问题 • 对联系的行为方式	• 观察 • 面谈 • 问卷
	培训之后受训者的反应	"值不值"相关程度或者学习动力	• 对项目的行为方式 • 关于项目概念的问题	• 观察 • 面谈 • 问卷

续表

我们想知道什么	衡量什么	衡量项目	获取数据的方法	获取数据的替代方法
Ⅱ．教学素材是否教会了概念？如果没有，为什么？ 1. 培训教室的结构 2. 课程 ——表述 ——例子 ——练习	培训期间受训者的表现	• 理解 • 应用	• 学习时间做练习的成绩 • 表达	• 观察 • 文件检查
	培训结束时受训者的表现	• 理解 • 应用 • 内容的衔接	• 对未来的行为方案 • 做练习时用的工具 • 表达	• 观察、面谈 • 文件检查 • 问卷
Ⅲ．所学习的概念是否被应用？如果没有，为什么？ 1. 概念 ——不相关 ——太复杂 ——太含糊 2. 工具不合适 3. 环境不支持	绩效改进的计划	分析行动计划的结果	• 讨论 • 文件 • 结果	• 观察、面谈 • 文件检查 • 问卷（关键事件）
	解决难题技术	提出的问题计划的行动采取的行动	• 讨论 • 文件 • 结果	• 观察、面谈 • 文件检查 • 问卷（关键事件）
	不断管理方法	• 宣传的努力语言 • 人员管理程序	• 讨论 • 会议 • 文件	• 观察、面谈 • 文件检查 • 问卷（关键事件）
Ⅳ．概念的应用是否积极地影响了组织？如果不是，为什么？	难题解决	• 问题的识别 • 分析 • 行动 • 结果	• 讨论 • 文件 • 结果	• 面谈 • 文件检查 • 文件（关键事件）
	危机的预测和预防	• 潜在危机的识别 • 行动 • 讨论	• 讨论 • 文件 • 结果	• 面谈 • 文件检查 • 文件（关键事件）
	绩效衡量具体到一个特定的培训项目	产出的衡量过渡的或者诊断的方法	业绩数据	文件检查

资料来源：Milkovich G T，Boudreau J W. 1994. Human resource management. Richard D Erwin.

第五节　管理人员的培训开发

　　1997 年麦肯锡针对跨国企业在新兴市场寻觅适用人才作过调查。然而，时隔十余年，对富有才干、具有国际视野的管理人员的需求并没有减少，而是仍然在日益增长。同样来自麦肯锡，在 2008 年的一次对总部设在中国的企业高管的调查中，54％的受访者表示，缺乏全球人才或者国际化人才是企业开展海外业务的一大障碍，而受访者中对于缺乏资金的忧虑只占到 1/4。这一观点也得到国内学者的支持。中国社会科学院从事世界华商课题研究多年的康荣平教授也曾多次指出，在中国，国际化人才的供需缺口非常大，具备资格的人才可能还不到需求的 1/10，康教授认为这将成为中国企业走出去的最大难点。

解决管理人才短缺的途径通常有两条：一是外部引进；二是内部培养。国内外的大量实践证明，"空降"的外部人才在企业成活的概率一般很小。因此，对于管理人员的培训开发就显得格外必要和迫切了。

一、有效管理者的技能

管理者履行管理职责、扮演管理角色是需要特定的管理技能来支持的，管理技能也是区分有效管理者和无效管理者的核心特征。那么有效的管理者需要有哪些技能呢？罗伯特·卡茨的研究发现，管理者需要三种基本的技能或者素质，即技术技能、人际技能和概念技能。技术技能是指熟悉和精通某个特定专业领域的知识，诸如工程、计算机科学、财务或制造等。对于基层管理者来说，这些技能是重要的，因为他们直接接触和处理雇员所从事的工作。人际技能也非常关键，具有良好的人际技能的管理者能够使员工作出最大的努力。他们知道如何与员工沟通，如何激励、引导和鼓舞员工的热情和信心，这些技能对于各个层次的管理者都是必备的。最后是概念技能，它是管理者对复杂情况进行抽象和概念化的技能。要运用好这种技能，管理者必须能够将组织看做一个整体，理解各部分之间的关系，想象组织如何适应它所处的广泛的环境。对于高层管理者而言，这种技能尤为重要。大卫·A. 威坦通过访谈分析，得出了60种有效管理者的技能。表6-5列出了他研究得出的使用频率最高的10种管理技能。

表 6-5 有效的管理技能

最频繁地被提到的10种管理技能
1. 言语沟通（包括倾听）
2. 时间和压力管理
3. 个体决策管理
4. 发现、定义和解决问题
5. 激励和影响他人
6. 授权
7. 目标设置和阐明愿景
8. 自我意识
9. 团队建设
10. 冲突管理

资料来源：大卫·A 威坦，金·S 卡梅伦 . 2004. 管理技能开发 . 北京：清华大学出版社：7.

综合研究者的研究成果，管理技能通常具有以下几个特征：

第一，管理技能是行为方面的，它不是人格特质或风格倾向。管理技能由一套可被确定的活动组成，个体通过进行这些活动产生出某种结果，技能是可以被他人观察到的。

第二，管理技能是可控的。这些行为的表现在个体的控制之下，可以被个体有意识地实践、改善或者抑制。

第三，管理技能是可发展的。与认知智力、人格特质等相对稳定的特征不同，通过实践和学习，人们可以改善自身的技能状况。这就为我们培训和开发管理人员的管理技能提供了理论支持。

第四，这些关键技能是相互联系、互相关联的。把某项技能从其他技能中孤立地区分开来是困难的，因为管理技能不是简单的、重复性的行为。

二、开发管理技能的方法

（一）教练法

教练法是由有经验的管理者对普通管理人员进行的帮、带活动，在这种开发管理方法中，有经验的管理者对受训者在具体管理问题的解决上提供建议并进行指导。教练法还鼓励被培训者与经验丰富的管理者协商来开发自己的管理方法。

教练法的一个突出优点是被培训者能获得实践经验，并能看到他们所作出决策的相应结果。当然，也存在教练将不恰当的经验和管理实践传授给管理人员的风险。因此，教练的技能和经验在这种方法中是至关重要的。

（二）日常经验学习

许多组织通过经验来开发管理技能，在使用这种方法时，主要是让管理人员在管理岗位上通过日常的自我学习来提高管理技能和效率。具体方法包括：

（1）与下属分享信息；

（2）自觉克服工作中的表面性，对某些问题应该集中精力，而对一般性的工作应该授权他人来完成；

（3）在信息共享的基础上，由2~3人来分担管理工作，这样可以避免负担太重的问题；

（4）尽可能利用各种职责为组织目标服务；

（5）摆脱非必需的工作，腾出时间，规划未来；

（6）恰当把握自己在不同情境下的角色。

（三）在职管理体验

在工作场所中进行的管理体验是对管理者进行开发培养的有效手段，很多大型企业对在职的管理开发和体验活动都是相当重视的。例如，通用电气80%的管理开发活动是在实地进行的。通常在职管理体验包括工作扩大和工作轮换两种类型。

1. 工作扩大

工作扩大（job enlargement）是对管理者的现有工作提出挑战并赋予其新的责任，从而达到开发目的的方法。它包括执行某些特殊任务、在团队中进行角色轮换等。例如，让某位工程师参与为技术人员设计职业生涯的工作，通过这项工作，这名工程师获得了关于职业生涯开发的相关经验和知识，而且也有机会来了解公司的职业生涯开发系统，还能开发他的组织和领导才能。

2. 工作轮换

工作轮换（job rotation）是指管理者通过到组织的不同领域和岗位工作，获得丰富

的经验、提高管理技能的方法。在工作轮换中，参与者通常需要在每个岗位上工作半年到一年的时间。许多大型组织经常使用这种方法来培训初级管理人员和大学毕业生。

工作轮换的一个优点是，受训者能够了解管理原理在跨部门的环境中是如何运用的，而且这种开发也具有实践性，并能让受训者熟悉企业的整体运作。但这种方法的一个严重缺点是受训者有时候会被分派一些无足轻重的任务，另一个缺点是受训者有时被放在某个岗位上的时间过长，这两个缺点都会引发受训者产生消极态度。

（四）课堂培训

课堂培训是我们最为熟悉的培训形式，它不仅用于上岗引导和普通培训活动，还能够应用于管理人员的管理知识和技能的传授与开发。最常见的课堂培训形式是授课或专题报告，当然在具体授课时，还可以综合运用多种媒体，如幻灯、投影、录像、视频等。另外，案例研究也是课堂培训的主要形式之一。课堂讲授的方法在前文已经涉及，这里主要介绍一下对培养管理技能更有针对性的管理案例研究法。

管理案例研究法是由哈佛商学院推广普及的，它通常为学习者呈现一个真实或者虚拟的情境以供分析。教师引导学员对案例所呈现的情境展开分析，找出问题的所在，并让学员尽可能地提出多种解决方案，最后综合评价各个方案，从中选出最优的解决方案来。

管理案例研究法的主要优点：①案例强调的是管理领域中具有代表性的情境；②案例把广泛的真实管理问题展现给学员思考；③案例研究法提高了学员的口头和书面沟通技能；④案例有利于激发学员对抽象培训材料的兴趣，在潜移默化中提高他们分析问题和解决问题的能力。

管理案例研究法也有一些潜在的缺点：①案例往往把重点放在对过去和静态事件的分析上；②编写高质量的具有管理困境、矛盾冲突和潜在解决方案的好案例很不容易；③案例法对教师引导技巧的依赖性较大。

（五）拓展训练

拓展训练起源于第二次世界大战中，那时海上商务船队在遭遇到敌军袭击时，能够生存下来的往往不是年轻的海员，而是年纪比较大且有经验的海员。分析发现，经过强化的、富有刺激性和挑战性的训练，海员的意志可以得到锻炼。第二次世界大战后，这一训练扩展到了学生、商人等多种人群，训练的内容也从单一的体能和生存技能发展为人格训练、管理训练，并逐渐成为在人力资源培训开发中被广泛使用的方法。

拓展训练的场所一般选择在大自然，通过专门设计的具有挑战性的课程和活动，让学习者在心理、生理上克服和战胜自己，将自己身心能力中最出色的部分发挥出来，当学习者再回到日常的工作场景中时，就能够大大提高应付困境的成功率。拓展训练通常包括四个环节：团队热身、个人项目、团队项目和回顾总结。它最适合于开发与团队效率有关的技能，如增加自信、克服困难、风险承担、冲突管理与团队合作等。

本章小结

1. 培训就是向新员工或现有员工传授其完成本职工作所必需的相关知识、技能、价值观念和行为规范的过程，是由企业安排的对本企业员工进行的有计划、有步骤的培养和训练。员工培训的内容主要有两个方面：职业技能和职业品质。职业技能方面主要包括基本知识技能和专业知识技能。职业品质方面主要包括职业态度、责任感、职业道德以及职业行为习惯等。员工培训可分为岗前培训、在岗培训、离岗培训和员工业余自学四种类型。

2. 为使员工培训更具有科学性和有效性，培训工作的开展应遵循其基本程序：第一，培训需求分析，确定企业绩效方面的偏差是否可以通过培训得以矫正；第二，制定培训计划；第三，设计培训课程；第四，培训效果评估。

3. 一份完整的培训计划应包括培训对象、培训目标、培训时间、培训实施机构、培训方法、课程、教材和培训设施等内容。企业培训管理部门应当按照企业运营周期，制定年度员工培训计划和分项目培训计划，以便将员工培训纳入企业年度预算和工作计划，还可以根据企业需求的变化随时制定特殊单项计划。

4. 培训效果评估是一项很重要也很难做的工作，可以通过对反应、学习、行为、成果四个指标的评估来衡量培训效果。不同的企业也可以根据自己的特点，寻找一些简便可行的评估方法。

5. 有效的培训方法是保证培训效果的重要手段。培训的方法多种多样，如讲授法、案例分析法、角色扮演法、研讨会等。每一种方法都有它的长处与短处，也有一定的适用领域。再好的方法也不是万能的。在实施培训时，应根据培训的目标、受训者的特点和培训的资源等因素来选择培训方法。

6. 对于管理人员的培训与开发是企业需要格外关注的，因为目前中国企业大都欠缺具有丰富管理经验和有效管理技能的职业管理者。对管理者的开发通常包括教练法、日常经验学习、在职管理体验、课堂培训和拓展训练等。

中英文对照关键词

培训 training
网上培训 online training
头脑风暴 brain storm
案例研究法 case study

管理开发 management development
工作扩大 job enlargement
工作轮换 job rotation

复习思考题

1. 培训的基本内容和类型各有哪些？
2. 如何进行培训需求分析？
3. 培训计划包括哪些内容？

4. 怎样运用案例分析法进行培训？
5. 企业如何有针对性地开展培训效果评估？

案例分析题

恒伟公司的员工培训计划①

恒伟股份有限公司（以下简称恒伟公司）是一家大型家电生产厂，其代表产品恒伟微波炉在国内市场上占有很大份额，并远销欧洲、非洲、东南亚等地。公司经过股份制改造后，人员达到3400人左右。子公司股票开始上市后，公司发展迅速。1998年，公司与某大学的商学院合作，研究公司下一步的人员培训问题，以便将公司建成学习型组织。目前国内微波炉行业的竞争已经白热化，几家大型微波炉厂竞相角逐。如何在未来获得竞争优势，是每个微波炉厂家面临的新课题。

恒伟公司原有的培训体系是这样的：每年年底由各部门、各分厂及车间分别上报下一年度的培训计划，由人力资源部汇总，并根据公司整个培训的资源与发展需要进行一定的调整，再制定下一年度的培训计划。在具体执行中，还会根据公司业务经营的需要进行适时的调整。公司与某合作单位已建立了恒伟经济学院和未来学院，学院每年都要为公司进行人员培训。另外，在进行ISO9001认证前后，公司已进行了多年的培训，并对部分管理人员进行了MBA课程培训，但公司总感到以前的培训效果不理想，培训总是缺乏主动性，常常随着业务变化及公司中大的决策变动而变动，计划性较差。而且公司感到将来会遇到一些现实的问题，希望通过培训加以解决。鉴于此，公司决定开展为期三年的全员大培训。

一、公司已有的培训体系与人员结构
（一）公司三级培训体系
公司的三级培训体系如表6-6所示。

表6-6 公司的三级培训体系

项目	一级培训	二级培训	三级培训
内容	具有共性的培训	对部门或分厂涉及的专业技术培训	针对操作工人进行的培训
具体任务	1. 新员工进厂培训 2. 公司层面的培训 3. 二、三级培训做不了的培训 4. 关键岗位培训	1. 人员工艺、技术培训 2. 公司下达的培训任务 3. 职工的岗前培训	1. 一般人员的上岗培训 2. 公司下达的培训任务

---

① 李燕萍，余泽忠，李锡元.2002.人力资源管理.武汉：武汉大学出版社.有改动.

续表

项目	一级培训	二级培训	三级培训
组织者	公司的人力资源部	各部门；各分厂	各部门；各分厂
培训量	大	中	小
师资	由人力资源部统一任命	师资选择不规范、欠稳定	师带徒，规范性更差
种类	各级培训都有基础培训和提高培训，并进行不同形式的考试与考核。对于公司内部做不了的或是国家规定必须到指定机构进行的，则由公司派出人员参加培训		
教材	部分是由公司自己编写的，部分采用外部教材。公司自编教材的更新速度不够快，而采用外部教材，则易受培训师的影响，差异性较大		

（二）公司人员分布

公司的人员分布情况如表6-7所示。

表6-7 恒伟公司的人员分布情况

人员类别	数量	类别与范围说明
公司决策层	9	公司一级领导
公司中层管理人员	132	公司各职能部门的管理骨干与管理人员
车间主任	26	各车间的正、副主任
车间班组长	99	车间里的正、副班组长
车间管理人员	27	车间里的事务性管理人员
科技人员	114	研究所的研究人员与车间的技术员
销售人员	340	公司的销售人员、内勤、外勤
售后服务人员	91	维修人员、内勤、外勤
一线生产工人	2 395	生产线的工人
重要辅助技能岗位	242	锅炉、计量、焊工、叉车司机、污水处理等
合计	3 475	

二、公司已进行的培训

在过去的几年里，恒伟公司已进行的主要培训有：

第一，围绕ISO9001的实施与达标认证，公司对全体人员进行了有关质量保证与质量管理体系的培训，并针对每个岗位的要求进行了技能培训。

第二，新员工进厂培训。对每年新分进来的大学生与外单位调进来的人员，都要进行为期大约两周的培训；然后再到各个岗位上进行实习培训，实习培训通常与其将从事的工作密切相关，大部分人员的实习岗位就是其将来工作的岗位。

第三，公司从1997年年初抽调了几十名中层管理人员进行MBA课程培训，这一培训是由人力资源部组织与管理的。

第四，配合公司管理信息化的举措，在公司的管理层进行了普遍的计算机培训。

三、公司现有培训中存在与面临的问题

第一，在公司重组工作中，应如何对新入职员工，尤其是一线员工进行系统培训，使之完全融入恒伟公司的文化之中。

第二，公司的生产是流水作业，工艺已经成熟，对员工的操作要求不是太高，关键是工艺的贯彻和工作责任心问题。但经调查发现，很多工人认为工作很忙、很单调，工作没有积极性。而且一线工人对车间的管理人员将他们当作临时工对待的管理方式也很有意见。

第三，公司的技术人员分为两块：一块在技术研究与开发部；另一块则分布在车间里，是车间的技术员。研究与开发部的技术人员重在新产品的研发，而车间的技术员更多地面临生产线上的技术故障与问题，这两类人都觉得受公司重视不够，自身的技能学习需求没有得到满足。对这两类人如何进行培训？

第四，公司的一线职工中有很多是临时工，他们大多来自农村，流动性很大，对他们的培训是公司的老大难问题。有时花费很多力气对他们进行了培训，但最后他们却轻易地流走了；如果不对他们进行培训，又会影响产品的质量，并导致存在安全生产的隐患。这也是目前公司必须解决的问题。

公司过去的培训系统不强，效果并不理想，这反映在，一方面，培训结束后的评估工作没有到位，公司领导弄不清楚培训究竟发挥了多大作用；另一方面，培训结果也没有与激励机制挂钩，培训经常流于形式。到底需不需要培训，怎样培训才能收到理想的效果，这些问题是目前困扰恒伟公司领导层的难题。

案例分析思考题：

1. 恒伟公司应该如何确定内部的培训需求？并平衡不同层次员工的学习要求。
2. 如何对公司的临时工开展培训？
3. 培训工作应实施怎样的配套监管措施，以保证培训的效果？
4. 要想提高公司员工参与培训的积极性，大体可以从哪几个方面去做？

▶ 参考文献

大卫·A 威坦，金·S 卡梅伦.2004.管理技能开发.北京：清华大学出版社
加里·德斯勒.1999.人力资源管理.北京：中国人民大学出版社
孔杰，王洪伟.2003.2003年度中国企业最佳案例——人力资源.北京：商务印书馆
李燕萍，余泽忠，李锡元.2002.人力资源管理.武汉：武汉大学出版社
罗宾斯.2004.管理学.孙健敏等译.北京：中国人民大学出版社
谢晋宇.2002.人力资源开发概论.北京：清华大学出版社
张一驰.1999.人力资源管理教程.北京：北京大学出版社

赵曼. 2002. 人力资源开发与管理. 北京：中国劳动社会保障出版社

周文霞. 2004. 人力资源管理. 北京：中国城市出版社

Byars L，Rue L W. 2002. 人力资源管理. 北京：华夏出版社

Leap T L，Crino M D. 1989. Personnel and human resource management. New York：Macmillan

Milkovich G T，Boudreau J W. 1994. Human resource management. Richard D Erwin

第七章
职业生涯管理

学习目标
- 了解职业、职业生涯和职业生涯管理的概念
- 了解职业的基本特性
- 理解职业选择理论的基本内涵
- 理解职业发展阶段及其特点
- 弄清职业发展路径和运动形式
- 熟悉组织对员工职业生涯管理的策略

引导案例

井上富雄的自我职业生涯设计[①]

日本著名企业家井上富雄年轻时曾在 IBM 公司工作。他在 25 岁时，便立下了往后 25 年的生涯计划。此后，他每年都为自己未来的 25 年生涯订立新的计划。

井上富雄订立了自己的"25 年计划"表，并确实督促自己按计划实践。他不断地对"如何才能以最少的劳力，消耗最少的精力，以及花最少的时间来达到目的"进行思索，意即他不断地力图找到既轻松又一定能成功的战略、战术。他经常不断地调整自己的职业生涯计划，追加新的努力目标，使自己的启蒙目标和工作目标逐渐扩展并充实起来。当还是一个小小的办事员时，他就开始学习科长应具有的一切能力；在当科长时，他已学习当经理应具备的能力；在当经理时，他已进一步学习胜任总经理的能力。

总之，他总是从自己的现实出发，学习应具有的各种能力，然后再进一步地为未来打基础，以便能随时胜任更高的职位。30 岁时，井上富雄成为经理；40 岁时，他就当上了总经理，他的升迁比别人要快得多。而在 47 岁时，他干脆离开 IBM，自己开始经营公司。

一条小船若想航行到眼睛看得到的彼岸，即使没有携带航海图也没有关系。可是，若想航行到遥远的成功彼岸，没有正确的"航海图"，那它几乎是寸步难行。

第一节　职业生涯管理及相关概念

一、职业

（一）职业的含义

对于什么是职业（occupation），各家观点不一。职业一般是指人们在社会生活中所从事的、以所获得的物质报酬作为自己主要的生活来源，并能满足自己精神需求的、在社会分工中具有专门技能的工作。它是人类文明进步、经济发展以及社会劳动分工的结果。同时，职业也是社会与个人或组织与个体的结合点，通过这个结合点的动态相关，形成了人类社会共同生活的基本结构。也就是说，个人是职业的主体，但个人的职业活动又必须在一定的组织中进行。组织的目标靠个体通过职业活动来实现，个体则通过职业活动对组织的存在和发展作出贡献。因此，职业活动对员工个人

[①] http：//www.17hr.com/hr/50/n-86750.html，作者作了适当修改。

和组织都具有重要的意义。

从个人的角度讲，职业活动几乎贯穿于人一生的全过程。人们在生命的早期阶段接受教育与培训，是为职业作准备；从青年时期进入职业世界到老年退离工作岗位，职业生涯长达几十年，即使退休以后，仍然与职业活动有着密切的联系。职业不仅是个人谋生的手段，也是个人存在意义和价值的证明。选择一个合适的职业、度过一个成功的职业生涯，是每一个人的追求和向往。

对于组织来说，不同的工作岗位要求具有不同能力、素质的人担任，把合适的人放在合适的位置上，是人力资源管理的重要职责。只有使员工选择了适合自己的职业并获得职业上的成功，真正做到人尽其才、才尽其用，组织才能持续健康地发展。组织能不能赢得员工的献身精神、能不能充分调动员工的积极性的一个关键因素，就在于其能不能为自己的员工创造条件，使他们有机会获得一个有成就感和自我实现感的职业。

（二）职业的分类

根据不同的分类标准，可以将职业分成多种类别。在我国，所有的产业被划分为16大行业：①农、林、牧、渔业；②采掘业；③制造业；④电力、煤气和水生产供应业；⑤建筑业；⑥地质普查和勘探业，水利管理业；⑦交通运输仓储和邮电通信业；⑧批发、零售、贸易和餐饮业；⑨金融、保险业；⑩房地产业；⑪社会服务业；⑫卫生体育和社会福利事业；⑬教育、文化艺术和广播电影电视业；⑭科学研究和综合技术服务事业；⑮国家机关、党政机关和社会团体；⑯其他。

劳动部在上述行业分类的基础上，修订了我国的《职业分类大典》，将我国所有职业分为8个大类：①国家机关、党群组织工作人员、企事业单位管理人员；②各类专业、技术人员；③办事人员和有关人员；④商业与服务业人员；⑤农、林、牧、渔业生产人员；⑥生产人员、运输人员和有关人员；⑦军队；⑧不便分类的其他劳动者。

（三）职业的特性

根据职业的发展历史及其对人类社会发展的影响，职业具有以下特征。

1. 产业性

一个国家、一个社会，就大的方面可以分为三类产业。第一产业和第二产业都是物质生产部门，第三产业虽然并不生产物质财富，但却是社会物质生产和人民生活必不可少的部门。在传统农业社会，农业人口比重最大；在工业化社会，工业领域中的职业数量和就业人口显著增加；在科学技术高度发达和经济发展迅速的社会，第三产业的职业数量和就业人口显著增加。

2. 行业性

行业是根据生产工作单位所生产的物品或提供服务的人不同而划分的，它是按企业、事业单位、机关团体和个体从业人员所从事的生产或其他社会经济活动性质的同一性来分类的。在某行业的职业内部，其劳动条件、工作对象、生产工具、操作内容相同或相近，由于环境的同一，人们就会形成同一的行为模式，有着共同的语言习惯和道德规范。

3. 差异性

不同职业间存在着很大的差异，劳动条件、工作对象、工作性质等都不相同。随着社会的进步和发展，新的职业（如经纪人等）将会不断涌现，各种职业间的差异也会不断变化。

4. 职位性

在职业分类中，每一种职业都含有职位的特性。从社会需要的角度来看，职业并没有高低贵贱之分，但是，在现实生活中，由于对具体职业的素质要求不同以及人们对职业的看法或舆论的评价不同，职业便有了层次之分，这种职业的不同层次往往是由不同职业体力、脑力劳动的付出，以及收入水平、工作任务的轻重、社会声望、权力地位等因素决定的。

5. 时空性

随着社会的发展和进步，职业变化迅速，除了弃旧更新外，同一种职业的活动内容和方式也会发生变化，所以职业的划分带有明显的时代性，不同时代有不同的热门职业。我国曾出现过的"当兵热"、"从政热"，后又发展到"下海热"、"外企热"等，都反映出特定时期人们对某种职业的热衷程度。

二、职业生涯

职业生涯（career）分为狭义的职业生涯和广义的职业生涯。狭义的职业生涯是指一个人从职业学习伊始至职业劳动最后结束的整个人生职业工作历程，即将职业生涯限定于直接从事职业工作的这段生命时光。广义的职业生涯是从职业能力的获得、职业兴趣的培养、选择职业，直至最后完全退出职业劳动这样一个完整的职业发展过程，其起点是从出生开始。一般情况下，我们所指的职业生涯都是狭义上的职业生涯。

一个人在选择一种职业后也许会从一而终，也许一生中会转换多种职业。但不论怎样，一旦开始进入职业角色，其职业生涯就开始了，并且随时间的流逝而延续。职业生涯就是这样一个动态过程，它是一个人一生在职业岗位上所度过的、与工作活动相关的连续经历，与职业成功与否或进步快慢没有关系。也就是说，不论职位高低、成功与否，每个工作着的人都有自己的职业生涯。职业生涯不仅表示职业工作时间的长短，而且包含着职业发展、变更的经历和过程，包括从事何种职业工作、职业发展的阶段，以及由一种职业向另一种职业的转换等具体内容。

要充分了解一个人的职业生涯，必须从主观和客观两个方面进行考察。从主观方

面进行考察,主要关注个人职业生涯的内在特征,包括价值观念、态度、需要、动机、气质、能力和性格等;从客观方面进行考察,主要关注职业活动中的各种工作行为。一个人的职业生涯受各方面的影响,如本人对自己职业生涯的设想与计划、家庭中父母的意见与配偶的理解与支持、组织的需要与人事计划、社会环境的变化等,都会对职业生涯有所影响。

三、职业生涯管理

所谓职业生涯管理(career management)主要是指对职业生涯的设计与开发。虽然职业生涯是指个体的工作行为经历,但职业生涯管理可以从个人和组织两个不同的角度进行分析。

(一)个人职业生涯管理

从个人的角度讲,职业生涯管理是指一个人对自己所要从事的职业、要去工作的组织、在职业发展上要达到的高度等作出规划和设计,并为实现自己的职业目标而积累知识和开发技能的过程。它一般通过选择职业、选择组织(工作组织)、选择工作岗位,在工作中技能得到提高、职位得到晋升、才干得到发挥等来实现。

在计划经济条件下,我国的就业制度是由国家统一安置的"统包统配",个人没有择业的自由,没有决定自己职业命运的权利,一个人一经分配基本上决定了其终生,个人在职业上更多的是依赖组织,谈不上真正意义上的自我职业生涯管理。在市场经济条件下,情况就完全不同了。员工个人真正成为具有自主性的市场主体——自主择业,自主流动,自己管理自己的职业,自己掌握自己的命运。但是,自主择业并不意味着个人可以随心所欲,组织也同样有着用人的自主权,任何一个具体的职业岗位,都要求从事这一职业的个人具备特定的任职资格条件,如教育程度、专业知识与技能水平、健康状况、性格特征及道德品质,等等,并不是任何一个人都能适应任何一项职业的,这就产生了职业对人的选择。一个人在择业上的自由度在很大程度上取决于其所拥有的职业能力和职业品质,而个人的时间、精力、能量毕竟是有限的,要使自己拥有不可替代的职业能力和职业品质,就应该根据自身的潜能、兴趣、价值观和需要,来选择适合自身优点的职业,将自己的潜能转化为现实的价值,这就需要对自己的职业生涯作出规划和设计。因此,人们越来越重视职业生涯的管理,越来越看重自己的职业发展机会。

(二)组织职业生涯管理

职业生涯是个人生命运行的空间,但又与组织有着必然的内在联系。一个人的职业生涯设计得再好,如果不进入特定的组织,那么就没有职业位置,也没有工作场所,职业生涯也就无从谈起。组织是个人职业生涯得以存在和发展的载体。同样,组织的存在和发展也依赖于个人的职业工作,依赖于个人的职业开发与发展。在人才激烈竞争的今天,如何吸引和留住优秀的职业人才是人力资源管理所面临的难题。如果一个人的职业生涯规划在组织内不能实现,那么他就很有可能离开组织而去寻找新的发展空间。所以，员工的职业发展不仅是其个人的行为，也是组织的职责。事实上，筛选、培训以及绩效考评等诸如此类的人力资源管理活动在组织中可以扮演两种角色。首先，从传统意义上来讲，它们的重要作用在于为组织找到合适的人选，即用能够达到既定兴趣、能力和技术等方面要求的员工来填补工作岗位的空缺。另外，人力资源管理活动还越来越多地在扮演着另外一种角色，那就是确保员工的长期兴趣受到企业的重视，其作用尤其表现为鼓励员工不断成长，使他们能够争取发挥出全部潜能。

人力资源管理的一个基本假设就是企业有义务最大限度地利用员工的能力，并且为每一位员工提供一个使其不断成长以及挖掘个人最大潜力和获得职业成功的机会。这种趋势得到强化的一个信号是，许多组织越来越多地强调重视职业规划和职业发展。换言之，许多组织越来越多地强调为员工提供帮助和机会，以使他们不仅能够形成较为现实的职业目标，而且能够实现这一目标。比如，人事计划不仅可以预测企业中的职位空缺情况，而且能够发现潜在的内部候选人，并能够弄清楚为了使他们适应新职位的需要，应当对他们进行哪些培训。类似地，企业不仅能够定期地对员工作绩效评价来确定薪酬，而且可以通过它去发现某一位员工的发展需要，并设法确保这些需要得到满足。换句话说，所有的人力资源管理活动都可以既满足企业的需要，也满足个人的需要，实现"双赢"的目标，即组织可以从更具有献身精神的员工所带来的绩效改善中获利，员工则可以从工作内容更为丰富、更具挑战性的职业中获得收益。由此可见，从组织的角度对员工的职业生涯进行管理，集中表现为帮助员工制定职业生涯规划，建立各种适合员工发展的职业通道，针对员工职业发展的需求进行适时的培训，给予员工必要的职业指导，以及促使员工的职业生涯获得成功。

第二节　职业选择理论

中国有句古话："男怕入错行，女怕嫁错郎"。这说明职业选择在人生当中的重要作用。职业选择（occupational choice）是指人们从自己的职业期望、职业理想出发，依据自己的兴趣、能力、特点等素质，从社会现有的职业中选择一种适合自己的职业的过程。从某种意义上说，选择了自己的职业，实际上就等于选择了自己的职业生涯。自主择业、双向选择是现代社会的主要就业方式，职业流动、职业转换现象司空见惯。这就是说，人们不仅在就业前面临着职业选择的问题，即使就业后仍然有对职业重新选择的机会。职业选择成为人们职业生涯管理中的一个重要环节。长期以来，很多心理学家和职业指导专家对职业选择的问题进行了专门的研究，提出了自己的理论。以下将介绍三种有广泛影响的职业选择理论。

一、帕森斯的"人-职匹配"理论

帕森斯（Parsons）于1909年在他出版的《选择职业》一书中，第一次系统地阐述了科学的职业指导理论，即"人-职匹配"理论。他认为，每个人都有自己独特的人格模式，每种人格模式的个人都有与其相适应的职业类型，职业选择的焦点就是人与职业相匹配，即寻找与自己特性相一致的职业。

该理论提出了职业选择的三大要素：第一，认识自己，包括了解自我的能力倾向、兴趣爱好、气质类型、性格特点、身体状况等个人特征。这些个人特征可以通过人员素质测评工具和自我分析等方法获得。第二，透视职业信息，包括职业的性质、工资待遇、工作环境、晋升阶梯、任职要求等。第三，上述两个因素的匹配，即在了解个人特征和职业要求的基础上，选择一种适合个人特点又能够获得的职业。

由此可见，注重个人差异与职业信息的搜集与利用是该理论的基本特点，实现人-职匹配是该理论的核心。帕森斯的这一理论深刻地影响着职业指导、职业选择的理论和实践活动，按照帕森斯提供的三大要素进行职业选择，是一种实用、有效的选择职业的途径。

帕森斯认为职业与人的匹配，分为两种类型①：①条件匹配。如需要专门技术和专业知识的职业与掌握该种特殊技能和专业知识的择业者相匹配；或者脏、累、险等劳动条件很差的职业，需要能吃苦耐劳、体格健壮的劳动者与之匹配。②特长匹配。即某些职业需要具有一定的特长，如具有敏感、易动感情、不守常规、有独创性、个性强、理想主义等人格特性的人，宜从事审美性、自我感情表达的艺术创作类型的职业。

二、弗鲁姆的择业动机理论

美国心理学家弗鲁姆（Vroom，1964）在其《工作和激励》一书中提出了期望理论。该理论认为，个体行为动机的强度取决于效价的大小和期望值的高低，动机强度与效价及期望值成正比，用公式表示为

$$M = V \times E$$

式中，M 为动机强度，是指积极性的激发程度，表明个体为达到一定目标而努力的程度；V 为效价，是指个体对一定目标重要性的主观评价；E 为期望值，是指个体对实现目标可能性大小的评估，即目标实现概率。

个体行为动机的强度取决于效价大小和期望值的高低。效价越大，期望值越高，个体行为动机越强烈。如果效价为零或负值，表明目标实现对个人毫无意义。在这种情况下，目标实现的可能性再大，个人也不会产生追逐目标的动机，更不会为此付出任何积极性的努力。如果目标实现的概率为零，那么无论目标实现的意义多么重大，个人同样不会产生追求目标的动机。

将期望理论具体化为择业动机理论，则可以解释个人的职业选择行为，即

$$择业动机 = 职业效价 \times 职业概率$$

式中，择业动机表示择业者对目标职业的追求程度，或者对某项职业选择意向的大小；职业效价是指择业者对某项职业价值的评价，其取决于：

（1）择业者的职业价值观；

（2）择业者对某项具体职业要素的评估，如兴趣、劳动条件、工资和职业声望等。

---

① 谢守成等．2008．大学生职业生涯发展与规划．武汉：华中师范大学出版社．

因此,
$$职业效价 = 职业价值观 \times 职业要素评估$$
职业概率是指择业者获得某项职业可能性的大小,主要决定于以下三个条件:
(1) 竞争系数,指该项职业的需求量与谋求该职业的劳动者人数的比值,即
$$竞争系数 = 该项职业的需求量 / 谋求该职业的劳动者人数$$
在其他条件一定的情况下,竞争系数越大,职业概率就越大。
(2) 择业者的竞争能力,即择业者自身的工作能力和求职就业能力。竞争力越强,获得职业的可能性就越大。
(3) 其他随机因素。
因此,
$$职业概率 = 竞争系数 \times 竞争能力 \times 随机性$$
综上所述,
$$择业动机 = 职业价值观 \times 职业要素评估 \times 竞争系数 \times 竞争能力 \times 随机性$$
择业动机公式表明,对择业者来讲,某项职业的效价越高,获取该项职业的可能性越大,择业者选择该项职业的意向就越大;反之,某项职业对择业者而言效价越低,获得此项职业的可能性越小,择业者选择这项职业的倾向也就越小。

择业动机理论表明,择业动机的大小,不仅取决于个人的主观因素,更取决于社会的客观条件;不仅取决于某些职业对个人的吸引程度,还取决于获得这些职业的可能性大小等因素。

三、霍兰德的职业定向理论

约翰·霍兰德（John Holland）是美国约翰·霍普金斯大学的心理学教授、美国著名的职业指导专家,他于1959年提出了具有广泛社会影响的职业定向（occupational orientation）理论。

1. 基本观点

(1) 大多数人的人格可以分为现实型、研究型、艺术型、社会型、企业型和常规型六种类型。这些人格类型是在个体与环境的长期相互作用中形成的,每一种特定人格类型的人会对相应的职业类型中的活动感兴趣。

(2) 人们所生活的职业环境同样也可以划分为上述六种类型,各种职业环境大致由同一种人格类型的人所占据。

(3) 人们寻求的是能够适合自己人格类型的工作环境,即能够充分施展自己的能力、表现自己价值观的职业环境。

(4) 个人的行为是由个人的人格和其所处的环境相互作用决定的。

2. 六种人格类型和职业环境对照

1) 现实型（R）

共同特点：愿意使用工具从事操作性工作,动手能力强,手脚灵活,动作协调,

偏好于具体任务，但不善言辞，做事保守，较为谦虚，缺乏社交能力，通常喜欢独立做事。

典型职业：喜欢使用工具、机器，需要基本操作技能的工作；对要求具备机械方面才能、体力或与物件、机器、工具、运动器材、植物和动物相关的职业有兴趣，并具备相应能力，如技术性职业（计算机操作人员、摄影师、制图员、机械装配工）、技能性职业（木匠、厨师、技工、修理工）等。

2）研究型（I）

共同特点：是思想家而非实干家，抽象思维能力强，求知欲强，肯动脑，善思考，不愿动手；喜欢独立的和富有创造性的工作；知识渊博，有学识才能，但不善于领导他人；考虑问题理性，做事喜欢精确，喜欢逻辑分析和推理，不断探讨未知的领域。

典型职业：喜欢智力的、抽象的、分析的、独立的定向任务，要求具备一定的智力或分析才能，并将其用于观察、估测、衡量、理论建构和问题解决的工作，如科研人员、教师、工程师、计算机编程人员、医生、系统分析员等。

3）艺术型（A）

共同特点：有创造力，乐于创造新颖、与众不同的成果，渴望表现自己的个性，实现自身的价值；做事理想化，追求完美，但不重实际；具有一定的艺术才能和个性。

典型职业：喜欢的工作要求具备艺术修养、创造性才能、表演能力和直觉，并将其用于语言、行为、声音、颜色和形式的审美、思索和感受；不善于做事务性工作，如艺术方面（演员、导演、艺术设计师、建筑师、摄影家、广告制作人）、音乐方面（歌唱家、乐队指挥、作曲家）和文学方面（诗人、小说家、剧作家）。

4）社会型（S）

共同特征：喜欢与人交往、结交朋友，善言谈，乐于教导别人；关心社会问题，渴望发挥自己的社会作用来解决社会问题，比较看重社会义务和社会道德。

典型职业：喜欢与人打交道的工作及能够为他人服务的工作，如教育工作者（教师）和社会工作者（公关人员、心理咨询人员）。

5）企业型（E）

共同特征：追求权力、地位和物质财富，具有一定的领导才能；喜欢与人竞争，敢冒风险，有抱负；以权力、地位、金钱等来衡量做事的价值，比较现实，做事有较强的目的性。

典型职业：喜欢要求具备经营、管理、劝服、监督和领导才能，以实现机构、政治、社会及经济目标的工作，如企业家、管理者、政府官员等。

6）常规型（C）

共同特点：喜欢照章办事，尊重权威和规章制度，做事细心、有条理，习惯于接受他人的指挥和领导，自己不谋求领导职务；较为关注实际和细节情况，比较谨慎和保守，缺乏创造性，不喜欢冒险和竞争。

典型职业：喜欢要求注重细节、精确度、有条理，据特定要求或程序组织数据和文字信息的职业，如秘书、办公室人员、记事员、出纳会计、行政助理、图书馆管理员、打字员等。

3. 六种类型之间的关系

上述的人格类型与职业类型的关系也并非绝对对应。霍兰德经过研究发现，大多数人的人格类型可以主要地划归为某一类型，但个人又有着广泛的适应能力，其人格类型在某种程度上相近于另外两种类型，因此也能适应另外两种职业类型的工作（图7-1）。也就是说，某几种类型之间存在着较多的相关性，同时每一种人格类型又有一种极为相斥的职业类型。霍兰德用六边形图简明地描述了六种类型之间的关系。

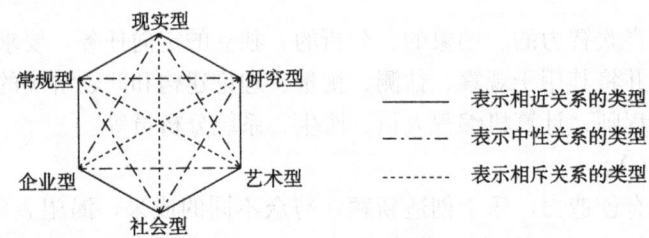

图 7-1　人格类型关系图

资料来源：卢荣远等.1996.职业心理与职业指导.北京：人民教育出版社.

霍兰德认为，最为理想的职业选择就是个体能够找到与其人格类型相重合的职业环境，在这样的环境中工作，个体容易感到内在的满足，最有可能充分发挥自己的才能。如果个人不能获得与其人格类型相一致的工作环境，那么可以寻找与其人格类型相接近的职业环境，如现实型与常规型和研究型相接近、社会型与企业型和艺术型相接近等。在与自己的人格类型相接近的职业环境中，个人经过努力也完全能够适应。但如果个体选择了和自己人格类型相斥的职业，则既不可能感到有乐趣，也很难适应，甚至无法胜任工作，如常规型人格在艺术型的职业环境中就是如此。

小测验 7-1　职业倾向测试 ①

为了确定适应你的最佳职业，这里介绍一种简单的测试办法。

测试目的：看你对哪种职业的工作有极大的倾向值或有潜力，以便帮助你选择和确定自己的最佳职业。

测试方法：以下前10道题为A组，后10道题为B组。每组各题你认为"是"的打1分，"不是"的打0分，然后，比较两组答案的分值。

---

① http：//www.chinahrd.net/zhi_sk/jt_page.asp? articleid=144794.

1. 当你正在看一本有关谋杀案的小说时,你是否常常能在作者未交代结果之前知道作品中哪个人物是罪犯?( )
2. 你是否很少写错别字?( )
3. 你是否宁可参加音乐会而不愿待在家里闲聊?( )
4. 墙上的画挂歪了,你是否想去扶正?( )
5. 你是否经常论及自己看过或听过的事物?( )
6. 你是否宁可读一些散文和小品文而不愿看小说?( )
7. 你是否愿少做几件事但一定要做好,而不想多做几件事而马马虎虎?( )
8. 你是否喜欢打牌或下棋?( )
9. 你是否对自己的消费预算均有控制?( )
10. 你是否喜欢学习能使钟、开关、马达发生效用的原理?( )
11. 你是否很想改变一下日常生活中的一些惯例,使自己有一些充裕的时间?( )
12. 闲暇时,你是否较喜欢参加一些运动,而不愿意看书?( )
13. 你是否认为数学不难?( )
14. 你是否喜欢与比你年轻的人在一起?( )
15. 你能列出五个你自己认为够朋友的人吗?( )
16. 对于你能办到的事情别人求你时,你是乐于助人还是怕麻烦?( )
17. 你是否不喜欢太细碎的工作?( )
18. 你看书是否很快?( )
19. 你是否相信"小心谨慎,稳扎稳打"是至理名言?( )
20. 你是否喜欢新朋友、新地方和新东西?( )

测试分析:

1. 若A组分值比B组高,则表明你是个精深的人,适合从事需要耐心、谨慎和研究等琐细的工作,如医生、律师、科学家、机械师、修理人员、编辑、哲学家、工程师等。

2. 若B组分值高于A组,则表明你是个广博的人,最大的长处在于成功地与人交往,你喜欢有人来实现你的想法。适合做人事、顾问、运动教练、服务员、演员、广告宣传员、推销员等工作。

3. 若A、B两组分值大体相等,则表明你不但能处理琐碎细事,也能维持良好的人缘关系。适合的工作包括护士、教师、秘书、商人、美容师、艺术家、图书管理员、政治家等。

第三节 职业发展模式

一、萨柏的职业发展阶段理论

职业生涯的发展常常伴随着年龄的增长而变化,尽管每个人从事的具体职业各不相同,但在相同的年龄阶段的人往往表现出大致相同的职业特征、职业需求和职业发展任务,据此可以将一个人的职业生涯划分为不同的阶段。要对职业生涯进行有效的管理，就有必要了解这一点。

萨柏（Super）是职业发展（career development）研究领域中最具权威性的人物，他经过20多年的研究，提出了一套完整的职业发展阶段模式。他把人的职业发展分为以下五个阶段[①]。

1. 成长阶段（从出生到14岁）

在成长阶段（growth stage），个人通过对家庭成员、朋友及老师的认同，以及与他们之间的相互作用，逐渐建立起自我的概念。在这一阶段的一开始，角色扮演是极为重要的。在这一时期，儿童将尝试各种不同的行为方式，这使得他们形成了人们如何对不同的行为作出反应的印象，并且帮助他们建立起一个独特的自我概念或个性。到这一阶段结束的时候，进入青春期的青少年（这些人在这个时候已经形成了对自身的兴趣和能力的某些基本看法）就开始对各种可选择的职业进行带有某种现实性的思考了。

2. 探索阶段（15~24岁）

在探索阶段（exploration stage），个人将认真地探索各种可能的职业选择。他们试图将自己的职业选择与他们对职业的了解以及通过学校教育、休闲活动和工作等途径所获得的个人兴趣和能力匹配起来。在这一阶段的开始时期，他们往往作出一些带有试探性质的、较为宽泛的职业选择。然而，随着个人对所选择职业以及对自我的进一步了解，他们的这种最初选择往往会被重新界定。到了这一阶段结束的时候，一个看上去比较恰当的职业就已经被选定，他们也已经做好了开始工作的准备。

人们在这一阶段及以后的职业阶段中需要完成的最重要的任务，也许就是对自己的能力和天资形成一种现实性的评价。类似地，处于这一阶段的人还必须根据来自各种职业选择的可靠信息作出相应的教育决策。

3. 确立阶段（25~44岁）

确立阶段（establishment stage）发生在一个人的25~44岁这一年龄段上，它是大多数人工作生命周期中的核心部分。有些时候，个人在这期间（通常是希望在这一阶段的早期）能够找到合适的职业，并随之全力以赴地投入到有助于自己在此职业中取得永久发展的各种活动之中。人们通常愿意（尤其是在专业领域）早早地就将自己锁定在某一已经选定的职业上。然而，在大多数情况下，在这一阶段人们仍然在不断地尝试与自己最初的职业选择有所不同的各种能力和理想。

确立阶段本身又由三个子阶段构成：

（1）尝试子阶段（trail substage），发生在一个人的25~30岁这一年龄段中。在这一阶段，个人确定当前所选择的职业是否适合自己，如果不适合，他或她会准备进行一些变化。

---

① 〔美〕加里·德斯勒.1999.人力资源管理.北京：中国人民大学出版社：374，375.

(2) 稳定子阶段（stabilization substage），发生在 30～40 岁。在这一阶段，人们往往已经定下了较为坚定的职业目标，并制定较为明确的职业计划来确定自己晋升的潜力、工作调换的必要性以及为实现这些目标需要开展哪些学习活动等。

(3) 中期危机阶段（midcareer crisis substage），在 30 多岁到 40 多岁之间的某个时期，人们可能会进入职业中期危机阶段。在这一阶段，人们往往会根据自己最初的理想和目标对自己的职业进步情况作一次重要的重新评价。他们有可能会发现，自己并没有朝着自己所梦想的目标（如成为公司总裁）靠近，或者在已经完成了他们自己所预定的任务之后才发现，自己过去的梦想并不是自己所想要的全部东西。在这一时期，人们还有可能会思考，工作和职业在自己的全部生活中到底拥有多大的重要性。通常情况下，在这一阶段的人们第一次不得不面对一个艰难的抉择，即判定自己到底需要什么、什么目标是可以达到的，以及为了达到这一目标自己需要作出多大的牺牲。

4. 维持阶段（45～65 岁）

到了维持阶段（maintenance stage），许多人就很简单地进入了维持阶段。在这一职业的后期阶段，人们一般都已经在自己的工作领域中为自己创立了一席之地，因而他们的大多数精力主要放在保有这一位置上了。

5. 下降阶段（65 岁以后）

当退休临近的时候，人们就不得不面临职业生涯中的下降阶段（decline stage）。在这一阶段中，许多人都不得不面临这样一种前景：接受权力和责任减少的现实，学会接受一种新角色，学会成为年轻人的良师益友。再接下去，就是几乎每个人都不可避免地要面对的退休，这时，人们所面临的选择就是如何去打发原来用在工作上的时间。

对职业生涯划分阶段的意义在于，一个人在不同的生命阶段有不同的职业任务，面临不同的职业问题，应该进行有针对性的职业生涯管理。

阅读材料 7-1　蒂姆·库勾的职业生涯①

当雅虎准备在网络市场上大显身手时，蒂姆·库勾因为有资深的高科技背景，应聘为雅虎的总裁与执行官。自从孩童时代起，蒂姆·库勾就是一个企业家。9 岁时，他是个报童；14 岁时，他开始打理园景的生意；青少年时期，他做过很多工作，还在麦当劳打过工。大学毕业之后，他的第一份工作是在大型农具制造公司上班。攻读研究生时，蒂姆开始他的工程设计事业，并开设了一家赛车引擎改装公司。毕业后，他又开过好几家公司，但后来都转手让人，最后他在摩托罗拉落脚。

---

① 罗纳德·耶普尔．2000．300 位名校 MBA 与您探讨获得高薪的法则．上海：上海远东出版社．

蒂姆在高科技工业主管职位上待了不止15年。在进入雅虎之前，他是西雅图一家制造自动资料收集及信息传输产品的公司——英特麦克的总裁。在蒂姆3年多来的领导下，英特麦克的年销售量增加了50%，突破了3亿美元。蒂姆也因此在英特麦克的母公司西部地图公司担任副总裁，公司年收入超过24亿美元。在英特麦克之前，蒂姆在摩托罗拉待了将近9年，这期间他担任过掌管公司运作及投资两方面的高级主管职位。

蒂姆的职业生涯是成功的。很多人念完高中、大学甚至研究生，都还不能确定自己未来想追求什么。然而，蒂姆很早就知道自己喜欢什么，他的数理成绩一直很好，从高中开始他就对机械与设计产生了兴趣。他大学时的教授大部分都是在职工程师。大一的时候，那些教授把工学的实际应用与教学相结合，这给了他很大的启发。到了研究所，他开始学习如何设计商品并将其推销上市。谈到自己的职业发展，蒂姆说："我从未计划要做某家公司的总裁，我只是做我真正喜欢的事，就是机械与设计，只不过我同时又担负越来越多与商业有关的责任。我天生就懂得如何协调各组人马的分工，也做得很成功，因此才开始负起主管级的责任。"蒂姆的成功大半归功于他定下的工作目标，"我父亲有一次告诉我，找到自己真正喜欢做的事，并以此为事业目标，要是你做得如鱼得水，你就会做得好。拿我来说，我发现在校时各色各样的打工、实习，给了我不少工作经验，帮助我后来在职业上作出聪明的选择。这些工作让我有机会和很多人交谈，一路上接受他们的指导。当然，想找到自己喜欢又能成功的事业，机遇也是少不了的因素。"

蒂姆的故事告诉我们，要拥有成功的职业生涯，就必须学会认识自我，选择适合自己的职业，设定自己的目标并不懈努力。另外，组织在个人的职业生涯管理中也应该负起重要的责任。

二、职业发展路径与运动形式

（一）职业发展路径

目前，职业发展路径主要有四种类型：直线型、螺旋型、跳跃型和双重型。

1. 直线型职业发展路径

直线型职业发展路径是指，员工一生只从事一种职业，通过不断学习和提高专业技能，积累经验和资历，只在这个职业的一系列职位中发展。如只从事教师职业，陆续担任助教、讲师、副教授和教授。直线型职业发展路径只有一个通道，员工做垂直运动，职业发展目标就是晋升，其职业发展不但需要个人努力，更需要组织栽培。

2. 螺旋型职业发展路径

螺旋型职业发展路径是指，员工在其一生的职业发展中从事两种以上的职业，通过在不同岗位上学习和提高多种技能，培养灵活的就业能力，不断积累和提升人力资本。如先从事销售、生产管理，再从事人力资源经理工作，原有市场经历和生产管理方面的经验都为从事人力资源管理工作夯实基础。再如，大学本科毕业后先到企业体验一线工作的经历，然后回到学校读 MBA 研究生，再回到公司担任重要的管理职位，若干年后，又重新回到学校攻读博士学位，并从事高校教学工作，目的是想成为一名既懂实践又精通理论的教授。

螺旋型职业发展路径在纵向和横向上的选择，使职业通路"四通八达"，减少了堵塞的可能性，但这也是一条复杂的、不清晰的职业发展路径，而且行业与行业之间、部门与部门之间还存在着"玻璃墙"，转换过程存在路径更换成本（马力，2004）。

阅读材料 7-2 美国企业 CEO 的成长之路①

美国的 CEO 是如何成长起来的？他们具备哪些特质？他们的职业生涯是自己设计的吗？他们的成长道路对我们是否可以提供一些启示呢？

根据对美国《财富》500 强企业的 CEO 的全面调查，人们得出了以下结论。

1. 年龄至关重要，三十而立

绝大部分企业的 CEO 在 30 岁出头就进入了高层管理团队，在 36 岁左右就承担起独立经营的大权（应验了孔夫子"三十而立"的假设）。进一步的分析表明，越早进入高层管理团队，就会越快地晋升到企业 CEO 的位置；公司越大，进入高层管理团队时的年龄越大，被任命为企业 CEO 所需的时间越长。

2. 专业技术出身，但管理经验丰富

大部分企业的 CEO 都是专业技术出身，近一半的被调查者最初的技术领域是市场营销、研究开发和生产制造。但是，近一半的被调查者认为他们最有经验的领域是一般管理或综合管理。主要的职业路径是从专业技术工作开始的，在 35 岁以前就被任命至一般管理位置。工作经验和经历是同样重要的，被调查的企业 CEO 们，平均在 3.6 个不同的组织工作过；2%的人（大约 15 个）在 10 个以上的公司工作过，平均换过 7.8 个不同的工作；4%的人（近 300 人）换过 20 种工作。

没有完成高中学业的人只占 1%，最高学历是高中毕业的占 2%，学院或大专毕业的占 12%，拥有学士学位的占 26%，拥有一个研究生学位的占 24%，拥有两个以上研究生学位（包括 MBA）的占 35%。

调查显示，20 岁晚期和 30 岁早期就表现出一定领导业绩的人，在他们

---

① 本书作者根据孙健敏发表在《职业杂志》2001 年第 2 期上的文章改编。

职业的早期都经历过恰当的培训和开发。这足以说明适当的培训的重要性。

3. 个人欲望和人际技能是制约因素

被调查企业的CEO都回答了这样一个问题："在帮助你成为企业CEO的过程中，哪些是主要的影响因素？"

所有的因素可以分为五大类。结果很有意思，企业CEO们认为最关键的因素类别是个人特征，如爱冒风险；其次是可以训练的特征，如"与人相处的能力"、"改变管理风格以适应环境的能力"等，这些能力包括两类，一类是人际能力，另一类是认知能力；最后是组织因素，如"早期承担重要任务的经历"、"在多个职能部门工作的广泛经验"等。

从以上的分析不难得出结论：对管理培训和开发来说，应该强调个人对于成功的欲望和个人的行为特征，尤其是处理人际关系的能力。另外应该强调的是组织应该给他们提供机会，让他们参与各种不同的工作，以获得足够的经验。

4. 困难处处有，平衡是关键

被调查者还回答了这样一个问题："根据你的经验，作为经营者你在工作中遇到的三个最困难的问题是什么？"

最常提到的是与别人交往、相处的能力是制约成功的主要因素，同样，与人交往是令企业CEO们最感头痛的问题。人际交往能力的表现之一是如何辞退业绩不好的员工。解雇是西方企业面临的一个棘手问题，企业CEO们并非可以轻而易举地就作出解雇的决定，实际上他们很为难。

评价人的能力是企业CEO们认为需要学习的重要人际技能。正如许多被调查者所指出的，这种能力的一个表现是聘用决策，尤其在重要的人事任免方面，特别困难。解决的途径是丰富关于人的知识，尤其是对人的认识与分析技巧。

在个人活动方面，计划和时间管理被认为是主要的限制因素。企业经营者确实承受着很大的压力，企业对他们的要求太多。相应地，不论是组织的项目还是个人的工作负荷，计划工作变得十分困难，因为不可控的因素太多。与此相关的是时间管理，一个组织的高层领导人每天都要处理很多意想不到的和例外的事件，如何有效地安排自己的时间便成为关键技能。

在对影响成功的因素的评价中，按照自己的原则决定组织的核心战略的欲望只被排在中间位置，而最难处理的问题之一是"适应组织的运作规则"。在这个因素中，企业CEO普遍把个人做事的原则和组织现实的冲突作为主要困难，包括"顺应公司的官僚作风"、"学会公司的游戏规则"、"按照别人的期望去表现自己"、"处理决策层中的无能或不胜任"等。

结果表明，企业CEO们普遍把自己看成是勤奋的人，具有独特的管理风格和方式，真诚地希望为组织和员工承担责任，他们的信誉和成功的业绩并不是来自于他们对公司现状的顺应，或遵循现有规则，而是在现状与个人意愿之间寻找一种平衡。实际上，个人意愿与公司现状之间的不一致是他们工作的主要难题之一。首席经营官们认识到，他们不可能独断专行，即使他们的愿望是好的，做法是正确的。他们必须保持一定的灵活性，接受现状，接受别人持有与其不同观点的事实，他们需要调整自己的行动以适应组织的现状。他们的出色之处就在于能够保持一种平衡，或者创造一种平衡，在适应公司现状的前提下推行自己的意愿，这就是他们的技能，这是通过不断学习和培养而形成的技能，正是这种技能导致了他们的成功。

3. 跳跃型职业发展路径

跳跃型职业发展路径是指在职业生涯中职务等级或职称等级不是依级晋升，而是越级晋升。

跳跃型职业发展路径可用较短的时间到达较高的职业高度，但跳跃型职业发展路径不是一种普遍适用的路径，它不仅需要存在特殊机遇，还需要个体具备一定的实力。例如，如果现有岗位不存在空缺，那么能力再强也不可能得到提升。

4. 双重型职业发展路径

单线型职业发展路径只能有一个职业发展通道，或是管理性职业发展路径，或是技术性职业发展路径。双重型职业发展路径就是具有两个可以相互跨越的职业发展通道，员工可以根据自己的职业兴趣、能力、个性特征和家庭等情况，自行决定自我职业发展的方向。双重型职业发展路径需要公司管理人员为其设计相应的可比较的报酬、资源等。例如，由于现在企业扁平化发展的需要，原有的行政管理阶梯缩短。企业为了更好地激励人才，设计了与行政管理阶梯相对应的专业技术职业发展路径。

（二）职业运动形式

常见的职业运动形式（图7-2）主要有向上运动、横向运动和中心运动三种方式（马力，2004）。

1. 向上运动方式

向上运动方式是沿着组织的等级，跨越职位等级边界向上运动的方式。即通过职位升迁向权力中心移动，其职业地位、报酬、责任及技能要求都会随之有所提高（图7-2中的A），如由部门副经理提升至部门经理。

2. 横向运动方式

横向运动方式是指跨越职能边界横向运

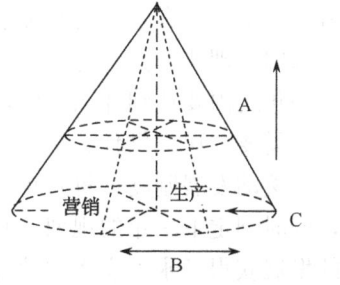

图7-2 职业发展的运动形式

动的方式,即通过职能部门间或不同单位间的调动而积累个人的技能与经历,发展员工潜力,为进一步精通某一专业,或提升至更高的工作岗位打下较宽广的基础,其地位和报酬与原来的工作大致相同,但承担了新的责任(图 7-2 中的 B)。例如,由市场营销部门转到人力资源部门等。这种运动可以拓宽职业生涯通路,也可消除由缺少晋升机会造成的职业发展停滞现象。

3. 中心运动方式

中心运动方式是通过赋予员工更大的权力和责任而向权力中心运动的方式(图 7-2 中的 C)。即虽然员工的工作岗位没有改变,甚至经济待遇没有改变,但增加了其工作的挑战性,赋予员工更多的权力和责任,员工掌握了更多的资源,有更多的决策权、更大的工作意义及更强的成就感。

第四节 组织对员工的职业生涯管理策略

组织职业生涯管理是指,组织在员工进入、发展和退出组织的过程中所采取的一系列政策和实践的集合(Sonnenfeld,Peiperl,1988)。在进入阶段,主要涉及人力资源规划、工作分析、招聘、甄选与录用、组织社会化等;在发展阶段,主要涉及培训、绩效管理、薪酬管理、晋升管理等;在退出阶段,主要涉及退休、裁员、辞职和解雇等。

现在,越来越多的公司重视对员工的职业生涯进行有效管理。例如,博福-益普生(天津)制药公司本着"对外致力于社会贡献,对内致力于人的发展"的经营理念,把员工职业生涯开发与管理提高到战略的高度加以实施。公司把职业生涯管理视为以企业员工的心理开发、生理开发、智力开发、技能开发、伦理开发等人的潜能开发为基础,以工作内容的确定和变化、工作业绩的评定、工资待遇和职称职务的变动为标志,以满足需求为目标的综合动态管理过程,从而为企业的发展增添了新的动力。

西门子(中国)有限公司十分注重员工的成长与发展,鼓励员工设定自己的职业发展轨迹,员工在工作一段时间后表现出色就会得到提升,即使本部门没有空缺,也会被安排到其他部门,保证员工有充分施展才华的机会。对那些一时不能胜任工作的员工,在尽可能的情况下为他们换一个岗位,让他们进行新的尝试,许多时候,不称职的员工通过调整找到了自己的位置,也干得和别人一样出色。

朗讯科技(中国)有限公司明确推出了如下员工职业生涯规划:当一名新员工进入公司后,部门经理要与其进行一次深入的长谈,询问其来到本公司后对个人发展有什么打算,一年之内要达到什么目标,三年之内要达到什么目标;为了实现目标,除个人努力外,需要公司提供什么帮助。通过谈话,促使员工制定个人职业生涯规划。这已成为一项滚动发展制度,每到年末,部门经理都要和员工一起对照上一年的规划进行检查,同时制定下一年的规划。职业生涯规划不仅为员工架起了成长的阶梯,而且使公司的发展获得了永不衰竭的动力。

下面我们将根据人力资源管理的基本流程和活动领域,探讨具体的员工职业生涯

管理对策。

一、招聘期的职业生涯管理

对员工招聘阶段的职业生涯管理主要体现于基于人与职位匹配和人与组织匹配的招聘。传统的招聘方式常常根据工作说明书所指的工作职责和任职资格要求来选拔人才，只要找到拥有任职资格所要求的知识、技术、能力（knowledge，skill，ability，others）的求职者即完成招聘任务。这种基于人与职位匹配的招聘技术既很少考虑工作职位所归属的那个组织的特性，也常常忽视与直接工作要求不相关的人性特征（Bowen et al.，1991）。因此，对员工的职业生涯早期管理必须做到人与组织匹配和人与职位匹配的招聘，具体而言主要重视以下三个方面（高日光，2007）。

1. 招聘过程的关键：现实工作预览

在招聘过程中，由于组织与员工信息不对称，员工很难发现适合自己的企业和岗位，组织也很难发现适合自己公司的员工。现实工作预览即组织在招聘过程中提供给求职者有关企业、工作等相关信息，包括对个体有利的正面信息和对个体不利的负面信息；接着，安排应聘者亲临组织，模拟现实工作过程，从而可以大大提高应聘者对其自身与职业和组织匹配的知觉的准确性，为应聘者进行工作决策提供必要的信息。

2. 组织任用决策的关键：人与组织匹配测量

在组织招聘过程中，如何选择与职位和组织匹配的求职者是人力资源管理人员的工作重点。常见的雇用决策是采用面试的方式来挑选求职者。对于求职者的价值观以及人格特质是否与组织匹配，是透过组织招募人员与求职者之间的互动，进而了解求职者是否具备与组织相似的价值特性。众多研究也证实，组织招募人员对求职者是否与组织匹配的主观认知直接影响组织的雇用决策。然而，这种主观认知存在较大的偏差。因此，运用合适的测量工具显得非常重要。

在招募过程中运用较多的测量工具主要集中在个体的智力、专业知识水平、人格特质以及能力倾向上，而对于个体的价值观等深层次的个体特质测验却很少见到。然而，人与组织匹配的关键就是价值观的匹配。因此，人力资源管理人员应该根据组织的价值观编制相应的测验工具，以便于测量应聘者与组织价值观的匹配度。

3. 人员上岗前的关键：上岗引导及组织社会化

即便找到了与组织价值观相似的员工，在新员工融入组织之前，其也需要经过组织社会化的磨合，才能真正成为组织的一员。国内有相当一部分企业不够重视这一环节，从而给企业带来了巨大的损失。

上岗引导及组织社会化要求企业帮助员工逐步适应工作、适应组织。基于 Chatman 的人与组织匹配模型可知，新员工的组织社会化是人与组织匹配的关键步骤。

组织社会化是指个体从进入组织之前的外部人员（outsiders）到成为组织功能成员（functioning members）的学习过程（Chow，2002）。这一过程使新员工转变为组织的内部人员，融入组织当中，并成为其中的一分子。员工的组织社会化内容包括：①了解组织的价值观、目标和文化；②了解工作团体的价值观、规范和人际关系；③学习如何完成工作以及完成工作所需的知识和技能；④产生个人身份、自我形象以及工作动机等相关方面的改变。因此，公司在新员工入职后的一段时间内，应有计划、有步骤地对其进行引导和培训。

二、发展期的职业生涯管理

1. 做好员工职业测评与职业咨询

员工在进入企业之后，经过上岗引导和组织社会化融入组织当中。组织应围绕员工的职业生涯管理做好两个方面的测评：一是运用系列测评软件和测评方法（面试、评价中心等）对员工进行有效的测评；二是基于职业生涯管理视角，对员工进行绩效评价和绩效管理的测评，以找出员工在职业能力方面的优势和不足。

职业咨询需要帮助员工了解公司的岗位设置和晋升渠道，帮助员工根据自身特点确定适合自己的职业目标和职业发展路线。职业咨询活动既可以采取简短的非正式交谈的形式，也可以采取一系列正式讨论的形式。目前，很多公司已设置了相应的职业指导和职业咨询部门，专门为员工的职业发展提供咨询和帮助。

2. 提供学习和培训的机会

基于员工职业生涯管理的培训与开发，是建立在对培训需求分析的基础上，根据员工实际发展要求和公司战略目标进行有目的、有规划的员工培训与开发。

目前，有部分公司的培训与开发，或是走形式；或是跟风，人家培训我也培训；或是培训内容非岗位所需。这种培训对员工、对组织都是不利的。只有基于员工职业生涯发展的培训和开发才是有效的、才是值得投资的。

根据资质模型的观点，能够有效培训的是显性资质，如知识、技能等，而对于个性、价值观等隐性资质的培训通常是无效的。

3. 提供富有挑战性的岗位锻炼和岗位轮换

大多数专家认为，组织为员工提供的工作应是具有挑战性的。比如，在一项以美国电报电话公司的年轻管理人员为对象的研究中，研究者们发现，这些人在公司的第一年所承担的工作越富有挑战性，他们的工作也就显得越有效率、越成功。即使到了五六年之后，这种情况依然存在。专家指出，提供富有挑战性的工作是帮助员工取得职业发展的最有力而又并不复杂的途径之一。

通过在不同的专业领域中进行工作轮换（例如，从生产管理、销售管理，到人力资源管理等），企业的员工们获得了一个评价自己的良好机会，同时，也增长了技能。岗位轮换虽然会造成工作质量的下降和成本的增加，但是从长远来看，这对组织和员工的发展都是非常有利的。一方面，通过岗位轮换，可以培养和锻炼组织所需的管理人员；另一方面，组织也可以由此对员工的资质作出更加有效的评价，为其确立更为合适的岗位奠定基础。

4. 设置合理畅通的职业发展通道

组织管理的一项重要工作就是为员工设置合理畅通的职业发展通道。职业通道是组织中职业晋升的路线，是员工实现职业理想和获得满意工作、达到职业生涯目标的路径。组织中的职业发展通道不应是单一的，而应是多重的，以便使不同类型的员工都能寻找到适合自己的职业发展途径。海尔在这方面的探索值得借鉴。海尔对每一位新进厂的员工都会进行一次个人职业生涯培训。由于不同类型员工的自我成功途径不尽相同，因此海尔为各类员工设计出了不同的升迁途径，使员工一进厂就知道自己该往哪方面努力才能取得成功。

三、衰退期的职业生涯管理

到职业后期阶段，员工的退休问题必然被提上议事日程。大量事实表明，退休会对员工产生很大的冲击，对组织的工作也会产生影响。组织有责任帮助员工认识并接受这一客观事实，帮助每一位即将退休的员工制定具体的退休计划，尽可能地把其退休生活安排得丰富多彩。例如，可以举办老年大学，鼓励老年员工发展多种兴趣与爱好；举办联谊会，支持他们参加社会公益活动，以此增进其身心健康。同时，多数退休员工的能力不会随着正式退休而完结，他们拥有丰富的经验、熟练的业务水平和广泛的社会阅历。这时，组织可采取兼职、顾问或其他方式聘用他们。例如，为新员工安排讲座，让退休员工介绍职业生涯规划的经验和一些业务知识；安排退休员工为职业生涯发展中的员工提供心理咨询，从而延长他们的职业生涯，使他们有机会继续为组织发挥"余热"。

本章小结

职业一般是指人们在社会生活中所从事的，以所获得的物质报酬作为自己主要的生活来源，并能满足自己精神需求的、在社会分工中具有专门技能的工作。职业生涯就是指一个人一生在职业岗位上所度过的、与工作活动相关的连续经历，它并不包含在职业上成功与失败或进步快与慢的含义。

职业生涯管理可以从个人和组织两个不同的角度来进行。职业选择成为人们职业生涯管理中的一个重要环节。三种有广泛影响的职业选择理论分别是帕森斯的"人-职业"匹配理论、弗鲁姆的择业动机理论和霍兰德的职业定向理论。

一个人的职业生涯划分为不同的阶段。萨柏把人的职业发展分为五个阶段：成长阶段、探索阶段、确立阶段、维持阶段和下降阶段。个体在不同的生命阶段有不同的职业任务，应该进行有针对性的职业生涯管理。

职业发展路径可以分为直线型职业发展路径、跳跃型职业发展路径、螺旋型职业发展路径和双重型职业发展路径。职业运动形式可以分为：向上运动、横向运动和中心运动。

组织负有对员工进行职业生涯管理的责任。在职业生涯管理的不同阶段（招聘期、发展期和衰退期），组织均应该积极做好员工职业生涯管理，从而实现员工与组织双赢的局面。

▌中英文对照关键词▐

职业 occupation
职业生涯 career
职业生涯管理 career management
职业选择 career choice
职业定向 occupational orientation
职业发展 career development
成长阶段 growth stage

探索阶段 exploration stage
确立阶段 establishment stage
维持阶段 maintenance stage
下降阶段 decline stage
尝试子阶段 trail substage
稳定子阶段 stabilization substage
中期危机阶段 midcareer crisis substage

复习思考题

1. 什么是职业和职业生涯？
2. 职业生涯发展有哪些不同的阶段？
3. 职业发展路径及运动形式有哪些？
4. 帕森斯、弗鲁姆、霍兰德的职业选择理论的主要内容各是什么？
5. 如何从组织角度对员工进行职业生涯管理？

案例分析题

花旗银行：人才在"九方格"之间行走[①]

"对于花旗人力资源部来说，所有的人事政策、人才储备都要服务于公司的整体经营战略。目前来说，花旗的战略主要是'两个机遇'。"花旗中国区副总裁、人力资源部主管于锦所说的"两个机遇"，其实就是我国对于外资银行业务开放的两个"入世"承诺时间表：其一，在华外资银行目前可以在上海等 13 个城市经营人民币业务；其二，2006 年年底银行业全面开放。据统计，截至 2004 年 6 月底，在华外资银行的人民币资产总额为 844 亿元，比上年同期增长 49%。在上海的外资银行的一半利润来

---

① 杨利宏. 2004-08-22. 花旗银行：人才在"九方格"之间行走. 中国经营报.

自人民币业务，人民币业务正在成为在华外资银行重要的利润来源。而这一背景映射的是中国市场金融人才竞争的日益激烈。花旗银行是首家在中国开业的美国银行，目前其中国员工达到500多名，分支机构遍及全国沿海主要城市。在花旗银行，近两年中国员工的流失率一直在15%以下。而"十字路口"的职业发展模型、见习管理制度、未来经理人项目、海外培训计划、岗位对调和干部速成制度等一系列"人才库盘点"制度，为花旗的战略性人才储备、员工职业生涯发展规划以及经营战略的实施提供了关键支持。

从见习管理生到老总，走在职业发展的每个"十字路口"

从见习管理生、职能经理到业务经理，再到区域经理、部门经理、企业经理，花旗的员工在职业发展的过程中，可能会遇到很多"十字路口"，每个"十字路口"对员工都有不同的绩效指标要求。

张之皓，1996年取得复旦大学工商管理硕士学位，毕业后进入花旗银行，接受为期一年的见习管理生轮训；之后，进入花旗上海分行企业金融部担任助理经理。1999年，赴新加坡参加花旗"速成干部培训班"，之后在亚太区资金管理部门工作。2001年，回国担任电子商务产品开发部主管。2003年7月，出任花旗银行深圳分行行长。

这是一份典型的花旗银行职业经理人的成长履历：入行轮训一年、国内工作两年、海外分行工作两年、再回国担任主管职务两年，由于绩效优秀顺利升职。

张之皓在花旗的职业生涯，始于一个名为"十字路口"的花旗员工职业发展模型。

花旗中国区副总裁、人力资源部主管于锦介绍说，"十字路口"模型是花旗用来确定员工职业发展的管理工具。它将根据九方格（详情请参见下文）中员工目前的业绩和能力所处的位置，决定其未来的发展方向和晋升提级途径。

1996年，张之皓作为"见习管理生"进入花旗接受轮训，此时他管理的是自己。从管理自己到管理他人，这是张之皓花旗生涯的第一个"十字路口"。轮训结束，曾经的管理生获得了一定的业务经验，在出国接受海外培训之前，他面临成为一个职能经理的机遇，担负一定的职务直至管理一个部门，这是花旗员工遇到的第二个"十字路口"。1999年之后，张之皓在新加坡接受花旗的"速成干部"培训计划，在2001年回国以后被委以重任，承担电子银行业务拓展的"急先锋"，从而获得大量的实践锻炼机会，直至升任深圳分行行长，这是张之皓在花旗的第三个"十字路口"。

从见习管理生、职能经理到业务经理，再到区域经理、部门经理、企业经理，花旗的员工在职业发展的过程中，可能会遇到很多"十字路口"，每个"十字路口"对员工都有不同的绩效指标要求。公司针对不同的"十字路口"和岗位设计了一系列的培训,安排了不同的锻炼机会。在花旗,员工的"潜能"被这样定义:以往三年中表现出来的能力;在新的"十字路口",具有成功达到该"十字路口"所要求的绩效的驱动力;乐于追求其所期望的职业发展方向。"十字路口"模型也就是员工的职业发展模型,被用来判断员工基于以往的绩效所表现出来的潜能。

"而其中的见习管理制度是构建花旗人才梯队的重要组成部分。"于锦介绍说。据了解,2004年花旗银行在北京、天津、上海等地一共招收了6名见习管理生在花旗企业金融业务部接受培训,他们一般都是著名院校应届毕业的经济管理类专业研究生,2005年这一人数扩大到10~12名。企业金融部中的资金部对见习管理生则主要看重其高学历和理工科背景,这些人日后将主要从事有关金融工程的技术创新和金融衍生产品的开发工作。值得一提的是,由于看重个人金融业务在中国市场的巨大潜力,花旗2004年在中国招收了30名左右的见习管理生,并选拔其中优秀的人才参加花旗的"未来经理人"培训项目,即直接送到花旗海外分行接受两年的系统业务培训,2006年回到国内任职。"两年之后中国银行业全面开放,那时才是这些花旗储备的人才施展身手的时候。""这种方式为花旗银行的战略拓展培养了不少的'将才'。从未来金融企业竞争的角度来看,'板凳深度'是团队制胜的关键。"于锦认为。

注重潜能,为鼓励员工承认"业绩不良者"的"贡献"

"哪些员工的表现突出?哪些员工的表现欠佳?谁可以得到提高和成长?谁具有胜任更高职位的潜能?'人才库盘点'就是要回答这些问题。"

在张之皓的每一次职位升迁之前,他都要接受花旗人力资源部组织的两项年度评估,一是针对绩效表现的评估,二是对于其"潜能"的评估。这两项评估的结果,直接决定了张之皓在花旗"人才库盘点"中所处的位置,决定了他能否作为合适的候选人去挑战公司在发展中出现的职位空缺。

每年的12月,是花旗中国人力资源部最繁忙的时候。在这一时期,人力资源部会同直接主管对于员工当年的表现展开评估。同时,每年的6月是"年中评估"的时候,在此期间,主管和下属员工将就其绩效表现展开广泛的沟通。

花旗绩效评估的依据是九个关键要素,即对整体结果的贡献、对客户的效率、个人业务和技术的熟练程度、执行程度、领导力、对内对外关系、全球效力和社会责任等,全面考察员工的工作表现。

绩效考核标准分为三个等级,分别为"优秀"、"达标"和"贡献者"。绩效"优秀",解释为持续性地超出操作上、技术上、专业上的绩效要求;持续性地超出管理任务的要求;表现出优秀的领导力;在与各方包括与下属建立和维持建设性工作关系方面取得成功等;工作的所有方面都已完全达标,甚至还有一些超标。"达标",解释为持续性地达到甚至有时超出在操作上、技术上以及专业上的绩效要求；持续性地达到甚至有时超出管理任务的要求；表现出高效的领导力；能够建立和优化工作关系；偶尔被指派额外的工作等。所谓的绩效"贡献者"，被花旗的人力资源部门解释为"没有达到某些操作上、技术上以及专业上的绩效标准；偶尔表现出微弱的领导力；很难建立或很难保持较好的工作关系；需要占用经理大量的时间和注意力"，其实就是通常绩效评估的"绩效不良"。出于鼓励员工改进工作的考虑，把"不良"称为作出了"贡献"，这也是花旗正面激励的企业文化的体现。

"绩效是过去的表现，而'潜能'的评估就是着眼于未来的发展，为公司的经营战略实施、员工的职业生涯规划提供科学支持。"于锦认为。

对于员工"潜能"的评估是花旗人力资源管理的特色之一。花旗员工的"潜能"考核也分为三个级别："转变"、"成长"和"熟练"。

"转变"是调动到一个不同层级的工作岗位上工作的能力和意愿，如从部门经理到分行行长。具备转变潜能的员工通常具备非常广泛和深入的操作和专业技能，具有在下一个最高级别工作所需要的执行能力和领导技能，能活学活用新的技能和知识，渴望获得更高的挑战和机会，具有超前的商业眼光，朝着整体业务目标努力，而不是只关心自己管理的业务是否成功。"成长"是具有调动到同一层级更具复杂性的工作岗位上工作的能力和意愿，如从培训经理到人力资源经理。"熟练"的潜能就意味着"永远在这个岗位上做下去"，能够适应不断变化的工作要求。

职业升迁："我处在哪一格？"

决定现任花旗银行深圳分行行长张之皓职业升迁的关键，是一张两维度的"九方格图"。在这张看似简单的图表中，格子的横轴代表工作绩效，纵轴为员工潜能，"绩效"和"潜能"分别划分为三个等级，"人才库"按照不同的绩效和潜能等级，把员工分为九类。每个员工都在这"九方格图"里对应一个特定的格子。在公司出现高级职位空缺的时候，管理者根据方格里对应的员工选择合适的任职对象。

"九方格图"应用的一个典型事例，是现任花旗银行中国区企业传播及公共事务总监王力。她于1990年加入花旗，曾经担任过4年北京分行的副行长，继而被调至纽约总部负责亚太地区的金融同业事务，2001年回国就任深圳分行行长。在花旗的"人才库盘点"中，王力通常处于"2格"或者"1格"，这样在2003年花旗内部出现"公共事务总监"职位空缺的时候，通过"岗位对调"，王力成为合适的胜任者。

在张之皓的花旗职业生涯中，通常其评估结果是"绩效优秀、具有转变潜能"，处于"1格"的位置。花旗的员工职位晋升政策规定，"1格"代表着"通常会在6个月内被提升到高一级职位"。当花旗中国深圳分行行长的职位出现空缺的时候，张之皓的发展机遇也就接踵而来。花旗的高级管理者就是这样炼成的。

案例分析思考题：

1. 花旗银行员工职业生涯发展路径和运动形式各有什么特点？
2. 您对"九方格"人才模型有什么看法？

➢ 参考文献

高日光. 2007. 人力资源管理的新视角：人与组织匹配的研究观点. 人才资源开发，（11）

加里·德斯勒. 1999. 人力资源管理. 刘昕等译. 北京：中国人民大学出版社：374, 375

卢荣远等. 1996. 职业心理与职业指导. 北京：人民教育出版社

罗纳德·耶普尔. 2000. 300位名校MBA与您探讨获得高薪的法则. 上海：上海远东出版社

马力. 2004. 职业发展研究——构筑个人和组织双赢模式. 厦门大学博士学位论文

孙健敏. 2001. 美国企业CEO的成长经历分析。职业杂志，（2）

吴国存. 1999. 企业职业管理与雇员开发. 北京：经济管理出版社

谢守成等. 2008. 大学生职业生涯发展与规划. 武汉：华中师范大学出版社

杨利宏. 2004-08-22. 花旗银行：人才在"九方格"之间行走. 中国经营报

佚名. 2008. "职业倾向"测你的最佳职业. http：//www.chinahrd.net/zhi_sk/jt_page.asp?articleid=144794. [2009-7-21]

佚名. 2008. 一个经典的自我职业生涯设计案例. http：//www.17hr.com/hr/50/n-86750.html. [2009-7-21]

张再生. 2002. 职业生涯管理. 北京：经济管理出版社

周文霞. 2004. 员工的职业生涯发展阶段与组织的管理任务. 人才资源开发，（1）

Bowen D E, Bedford G E, Nathan B R. 1991. Hiring for the organization, not the job. Academy of Management Executive，（5）

Chow I H. 2002. Organization socialization and career success of Asian managers. The International Journal of Human Resource Management，13（4）

Parsons F. 1999. Choosing a Vocation. Boston：Houghton Miff

Sonnenfeld J A, Peiperl M A. 1988. Staffing policy as a strategic response：a typology of career systems. Academy of Management Review，13（4）

Vroom V H. 1964. Work and motivation. New York：Wiley

第八章
绩效考核与管理

学习目标

- 理解绩效的本质
- 熟练区分绩效、绩效考核和绩效管理等概念
- 熟悉绩效管理的基本流程
- 掌握常见的绩效考核方法及其优缺点

引导案例

通用电气的绩效考核方法[①]

通用（中国）公司的考核内容可以被概括为两个字——"红"和"专"："专"是硬性的东西，主要是工作业绩；"红"是软性的东西，主要是价值观。这两个方面综合的结果就是考核的最终结果，用二维坐标来表示。通用（中国）每年用四张表格对员工一年的工作表现进行评价，其中前三张是自我鉴定，分别为个人学历记录、个人工作记录（包括在以前的公司的工作情况），以及员工对照年初设立的目标自己评价任务的完成情况。第四张是经理评价，经理在参考前三张员工自评的基础上填写第四张表格。经理填写的鉴定必须与员工沟通，取得一致的意见。员工的综合考核结果在二维表中的不同区域处理如下：

（1）当员工的综合考核结果是在第四区域或第二区域，即价值观和工作业绩都不好或业绩好但价值观考核一般时，这种员工只有离开公司。

（2）综合考核结果在第三区域，即业绩一般，但价值观考核良好时，公司会给员工第二次机会，包括换岗、培训等。公司根据考核结果为员工制定一个提高完善的计划，在三个月后再根据提高计划对其考核一次，如果三个月后的考核仍不合格，那么员工必须走人。

（3）如果员工的综合考核结果是在第一区域，即业绩考核与价值观考核都优秀，那他（她）就是公司的优秀员工，将会有晋升、加薪等发展的机会。

公司的全年考核与年终考核相结合，考核贯穿在工作的全年，对员工的表现给予及时的反馈，在员工表现好时及时给予表扬和肯定，表现不好时及时与其沟通。

从上述例子可以看出，通用（中国）公司的考核工作是一个系统的工作，包括目标与计划的制定、良好的沟通、开放的氛围、过程考核与年终考核结合、信息的及时反馈、考核与员工的利益紧密联系等。考核工作强调公司的价值观、领导的支持、管理层与一般员工的积极参与、制度的保证等。这是一个典型的绩效管理过程。绩效管理是人力资源管理过程中最重要的环节之一，任何一个优秀的组织，其成功的秘籍之一就在于有效的绩效管理。那么，究竟什么才是绩效管理？为什么要进行绩效管理？怎样才能进行有效的绩效管理？这一系列的问题将是我们这一章所要解决的。

[①] 潘海腾. 2002. CE 考核秘籍. 企业改革与管理，(3).

第一节 绩效管理概述

一、什么是绩效

绩效一词的使用相当宽泛,其释义包括"业绩、成绩、执行、表现"等,既包括人们从事某一种活动所产生的结果,也包括人们在实现预定工作任务的过程中所采取的行为,即

$$绩效 = 行为(如何做)+结果(做得怎样)$$

将绩效界定为"结果+行为"是很有理论意义和实践价值的,它不仅较为准确地反映了绩效的本质,能够更好地解释实际现象,而且使得绩效考核与管理更具可操作性。

知识进阶 8-1 绩效的维度

鲍曼和穆特威德鲁在归纳众多研究的基础上提出了任务绩效和周边绩效的概念。任务绩效是员工执行工作所要求的活动的效率,与结果有关;周边绩效是指那些对组织效率也很重要,但并不属于任务要求的活动和行为。比如,主动承担非工作范围内的任务;为完成工作不懈地努力;帮助他人;即使在个人不便的情况下也能遵守组织的规章和程序;支持、维护组织目标等。

绩效可以从组织绩效、部门(团队)绩效、个体绩效三个层次来考虑,但无论是组织层次还是部门层次,绩效的根基都来源于员工的绩效。因此,本章主要关注员工层次的绩效。

那么,有哪些因素会影响员工的个体绩效水平呢?主要有员工自身的个体因素和非个体因素。个体因素主要包括员工的知识、经验、能力、动机及态度等个人特征。其中,知识又可以分为陈述性知识和程序性知识:陈述性知识是指对事物状态的了解,也即平时所说的"是什么";程序性知识是知道应该做什么以及知道如何去做,它包括认知技能、生理技能和人际关系技能。动机包括选择是否付出努力、选择努力的程度,以及选择努力的持续性。非个体因素包括组织文化、管理制度、评价者与被评价者的关系、人力资源管理实践,以及工作环境的影响等。

任务绩效主要受到员工个人能力和技能(如认知技能、身体技能)的影响,周边绩效则主要受到员工个人的人格特点(如动机水平、责任心等)的影响,具体见表8-1。

表 8-1　任务绩效和周边绩效的主要区别

任务绩效	周边绩效
各职位间不同	各职位间很相似
角色事先规定	非角色事先规定
达成的前提：能力和技能	达成的前提：个性

资料来源：孙健敏，焦长泉.2002.对管理者工作绩效结构的探索性研究.人类工效学，（9）

二、绩效考核

绩效考核（performance appraisal）又称绩效评估，或绩效评价，它通过系统的方法、原理来评定和测量员工在职务上的工作行为和工作效果。也就是在工作一段时间或工作完成之后，对照工作说明书或绩效标准，采用科学的方法，检查员工对职务所规定的职责的履行程度以及员工个人的发展情况，对员工的工作结果进行评价，并将评定结果反馈给员工的过程。绩效考核是决定员工的报酬、晋升、调动、培训开发等一系列活动的依据，科学客观的绩效考核能够增强员工的公平感、满意感，从而有效地激励员工更加积极努力地工作。

绩效考核的原理非常简单：设定清晰的工作目标和合理的考核方法，让员工知道他需要做什么、怎么做以及做到什么程度。根据其实际的表现，作出相应的评价和反馈。绩效考核是注重工作的过程还是结果，取决于组织的文化，取决于组织想通过绩效考核达到什么样的目的，针对不同的关注重点，考核的内容各有侧重。

关注过程的绩效考核注重员工的工作态度和能力，考核的内容主要集中于员工在工作过程中的行为、努力程度和工作态度。它营造的是一种比较感性、和谐的文化氛围，在这样的考核体系下，员工只要依照组织的期望和要求付出努力，就应该出现与组织期望相近的结果。由于它是对员工多方面的考核，考核难度相对比较大，所以无论是对考核体系本身还是对考核人员要求都比较高。

关注结果的绩效考核注重工作的最终业绩，以工作结果为导向，考核内容主要集中于工作的实际产出。它营造的是一种比较理性、任务导向的文化氛围。典型的以结果为导向的绩效考核通常出现在制造型企业里，在那里，工人们通常是按计件来领取报酬的。在这种情况下，由于过于看重最终的结果，可能会忽略过程，容易导致过于注重短期利益，而忽视核心能力的培养和发展。所以，许多组织在采取关注结果的绩效考核时，往往辅以针对工作态度的考核。

科学的绩效考核应该是工作结果和工作过程的结合，对每个员工的目标完成、工作业绩、业务能力和工作态度等情况进行综合考评，它既是确定员工奖惩的主要依据，又是员工确定下一年度个人目标的参考依据之一。

三、绩效管理

（一）绩效管理的概念

绩效管理（performance management）是通过对雇员的工作进行计划、考核、改

进,最终使其工作活动和工作产出与组织目标相一致的过程。它是关于个人和组织绩效的一个系统思路,包括所有围绕提高绩效所采用的方法、制度、程序等。绩效管理不仅关注工作的结果,更关注工作行为或工作过程本身,侧重于从过程中发现存在的问题,找出原因,通过不断地"纠偏"以确保组织目标的顺利实现。绩效管理的基本思想在于对绩效的不断改进和完善。

绩效管理的提出源于越来越多的管理者和研究者意识到纯粹的绩效考核的局限性和不足。传统的绩效评估是一个相对独立的系统,通常与组织中的其他背景因素相脱离,如组织目标和战略、组织文化、管理者的承诺和支持等。而这些背景因素对于成功地实施绩效评估有着非常重要的作用。正因为传统的绩效评估对于提高员工的满意度和绩效的作用非常有限,对完成组织目标的作用也不大,所以导致了绩效管理的发展。

伴随着绩效考核向绩效管理的转变,绩效管理的重心不在于"考",不在于人与人的比较,而在于绩效提升。在这个前提下,绩效管理已经成为企业管理的重要工具与手段,绩效管理的过程其实就是管理者实施管理的过程。它所涵盖的内容很多,所要解决的问题主要包括:如何确定有效的目标?如何使管理者与员工之间就目标达成共识?如何引导员工朝着正确的目标发展?如何对实现目标的过程实施监控?如何对实现的业绩进行评价和对目标业绩进行改进?因此,绩效考核只是绩效管理的一个环节。

(二)绩效管理的作用

绩效管理的作用,概括起来主要有以下几点:

(1)促进企业愿景与使命的实现。企业的愿景和使命,如果不能转化为日常的具体目标,就很容易流于形式,失去激励员工的价值。绩效管理程序能够把企业的使命和愿景转化为实际的定性目标和定量目标。这些目标自上而下被层层分解,转化为各级部门和员工实际的行动计划,从而指导员工的日常工作,促进员工按照企业的管理流程、行为标准以及倡导的方式去工作,使每个员工的绩效都能够得到持续改进和提高,最终促进个人目标、部门目标乃至企业目标的实现。

(2)为员工提供一个规范、简洁的沟通平台。绩效管理改变了以往纯粹的自上而下发布命令和检查成果的做法。它要求管理者与被管理者双方定期就工作行为与结果进行沟通、评判、反馈和辅导。当员工认识到绩效管理是一种辅助而不是监控时,他们往往会利用这个沟通平台积极合作,从而在客观上有效地避免了冲突的发生。

(3)为员工理顺职业发展通道。绩效管理为企业的人力资源管理与开发提供了必要的依据。企业通过实施基于考核的绩效管理,为员工的管理决策提供了必要的依据,如对绩效好的员工的奖励、晋升、委以重任,对绩效不好的员工降职、惩戒、降低要求、转岗甚至辞退淘汰。绩效管理同时也为员工的培训制定、薪酬管理、职业规划等提供了依据。

(4)构建和谐的企业文化。企业文化最终是要通过企业的价值评价体系(绩效管理体系)、价值分配体系(薪酬管理体系)来发挥作用的。通过制定公开的绩效评价制度和明确的绩效标准,可以规范企业内部的行为方式,增强分配体系的透明度,从而促进企业形成公正、公平的企业文化。

（5）绩效管理的法律价值。随着企业人力资源管理规范化、法制化进程的推进，人力资源管理的各个过程，如招聘、录用、考核、内部分配、员工辞退等，都要受到国家或社会公平就业组织的监督。如果企业不能够提供足够的证据来支撑自己的人力资源管理举措，那么它就会受到法律或者社会公平就业组织的干涉甚至制裁。而这些相关证据大部分来源于绩效管理的各个环节。因此，企业将绩效管理程序化、制度化，并使所有员工都熟悉这项制度并参与其中，获取并保存相应的管理信息，对于企业和员工都是至关重要的。

四、绩效考核与绩效管理的区别与联系

在传统的绩效考核中，员工是被动的，其不了解工作要求、不清楚绩效的衡量标准，也没有机会了解自己的工作成果，更没有任何人与其沟通关于完成一项工作任务的期望。这就使被考核者感到工作成绩好坏完全不是自己所能控制的，考核的标准捉摸不定，不知道自己该怎么做、做到何种程度才算好。不确定因素太多，而考核成绩又是直接与奖惩挂钩的，这就给很多员工带来了沉重的心理压力，考核被当作是"秋后算总账"，不容易被员工接纳。而绩效管理是以人为本的，它使员工充分参与组织的管理过程，重视员工的发展，在完成组织目标的同时也实现了员工的个人价值和为其制定了职业生涯计划。它可以解决以往管理中的多元目标问题，使员工与团队、组织目标相一致，拧成一股绳，劲往一处使，最终达到组织和员工"双赢"的局面。因此，总的来说，绩效管理强调的是这样几个方面：①对目标及如何达到目标需要达成共识。②绩效管理不是简单的任务管理，它特别强调沟通、辅导和员工能力的提高。③绩效管理不仅强调结果导向，而且重视达成目标的过程。同单纯的考核相比，它更注重未来，更注重长期，更注重参与。

绩效考核与绩效管理的联系在于，绩效考核是绩效管理的重要组成部分。绩效考核成功与否不仅取决于考核本身，而且在很大程度上还取决于与考核相关联的整个绩效管理过程。

第二节 绩效管理的流程

绩效管理的过程通常被看做是一个循环，这个循环分为五步：绩效计划、绩效实施、绩效评定、绩效反馈与面谈、绩效结果应用（包括将结果应用于人力资源管理的各个环节和绩效改进计划）。绩效管理的一般流程可用图8-1表示。

一、绩效计划

绩效管理的第一个环节就是绩效计划，它是绩效管理的起点。在制定绩效计划之前，考核者需要确认组织的目标已经被分解为具体的工作任务，并且这些任务已经被落实到各个工作岗位上。在此基础上，绩效计划的制定包括如下几个关键部分：明确考核的目的、确立需要考核的关键绩效领域、为衡量关键绩效领域建立绩效指标和绩效标准。

（一）确立需要考核的关键绩效领域

为了有效地确定需要考核的关键绩效领域等绩效计划内容，需要建立一个设计小

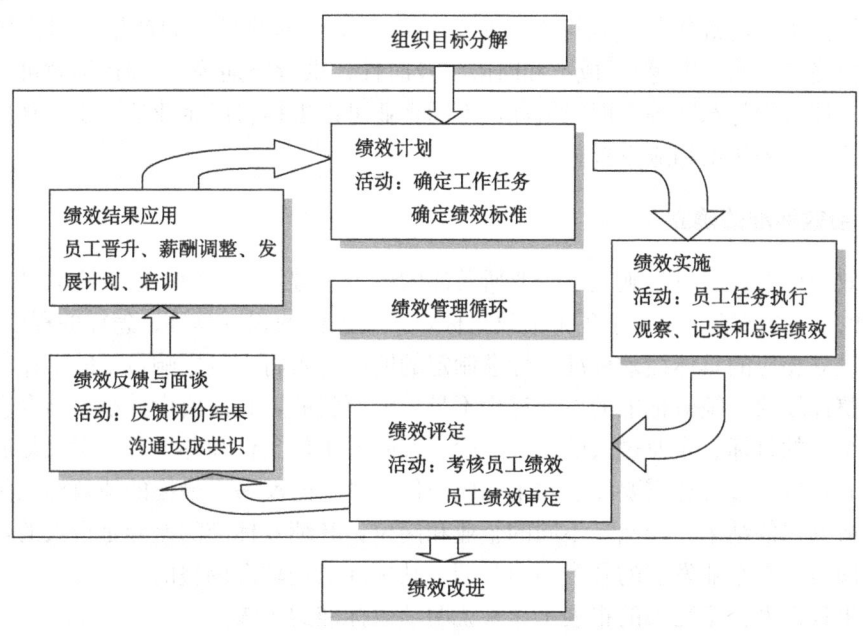

图 8-1 绩效管理的一般流程

组一起开展工作,这个小组由人力资源专家、直线经理以及各部门的骨干员工组成,最好能将企业的高层管理者也吸纳进来。

需要考核的关键绩效领域的确定思路为:①确定部门业务的重点,确定哪些因素会影响部门业务的成功;②确定部门内每一职位的关键核心业务,定义成功的关键因素,以及为实现业务所需要的支持;③设计小组将所确定的部门及个人关键绩效领域在组织中进行沟通、确认。

(二) 确立绩效指标和绩效标准

在人们对需要考核的关键绩效领域达成共识之后,接下来就需要确立每个关键绩效领域中的具体绩效指标和相应的绩效标准。

1. 绩效指标的确立

具体说来,在设计绩效指标之前,首先应该对以下问题达成明确的共识:

(1) 在绩效考核周期内,员工应该做什么工作、做到什么程度,即所要达成的绩效目标是什么?

(2) 完成预定绩效目标的时限是怎样的?

(3) 员工的工作权力大小和决策权限是什么?

(4) 为完成绩效目标,员工可以获得怎样的资源和支持?从哪里获得?

(5) 对于绩效结果,考核者预计从哪些方面去衡量,是关注过程还是关注结果?

(6) 对于每一个考核指标,其权重如何?

在回答了上述问题之后,设计者就可以根据任务绩效和周边绩效两大维度分别提取绩效指标了。通常任务绩效可以衡量的指标有工作的数量（如产量、销售额等）、质量（合格率、回款率等）、成本和时限（及时性、供货周期等）；周边绩效可以设计员工的工作行为与态度等方面的指标，不同企业可以根据自己企业的性质、规模及自身的企业文化来作出相应设置。

2. 绩效标准的确立

绩效指标的设定只是确立了企业所关注的各个关键绩效方面，或者说只是解决了"考核什么"的问题，而对于各个绩效指标，做到怎样的程度算好、怎样的程度算差，还需要设立相应的具体绩效标准。标准制定的明确与否将直接影响员工的工作行为及企业的整体绩效。绩效标准的设定过程不是一蹴而就的，它需要设计小组结合企业的目标、个人的目标、企业过去的绩效经验、实际的工作条件和环境等因素反复展开商讨，同时，这一过程还需要注意收集相应岗位上员工的反映。最终的绩效标准是企业各方达成共识的结果。当然，不同的企业和岗位，其绩效标准的差异是很大的，即使同一个岗位，在企业发展的各个不同时期，其标准也是动态调整的。

这里仅以办公室秘书的报表工作来说明绩效标准的等级。

一级：完全没有计算错误和报错材料的情况；

二级：一个月中，只有一次错误；

三级：一周出错四次以内，但仅发生一次；

四级：一周出现六次以内错误，但仅发生一次；

五级：一周出现七次错误，但仅发生一次；

六级：一个月中，平均每周错四次。

也许有人会说这种划分太细了，在实际管理中不易实施。其实，标准的划分恰恰是最能反映企业管理理念和策略的地方。当然，也并不能说标准一定是越细致就越好，这也要根据具体工作岗位的情况而定，在有些时候，绩效的指标和标准不那么容易分开，二者是合二为一的。

3. 绩效标准设定的注意事项

关于绩效标准的设定，需要注意以下几个方面：

（1）要明确。由于绩效标准是考核判断的基础，因此必须客观明确，最好能够量化。只有这样，才可能让员工清晰地认识到自己的目标究竟是什么，也才会相应地提高考核者判断的客观性。

（2）要可衡量。可以衡量的标准既包括数量上的标准，也包括质量上的标准。如每一天要售出 10 件产品或每生产 1000 件产品合格率要达到 99% 等，这些都是可衡量的数量标准，而计划的完成程度或未完成程度就是可衡量的质量标准。

（3）要符合实际。标准的设置要建立在工作分析的基础上，只有这样才能保证绩效标准是与工作密切相关的。

（4）要难度适中。所定标准要充分考虑员工的能力，不能过高或过低。标准过高会让员工觉得可望而不可即，丧失信心；标准过低则不易激发员工的工作热情。合理并且具有挑战性的标准才是具有激励性的。

（5）要有区分度。明确完成什么样的程度是合格水平、完成什么样的程度是优秀水平等，便于考核的时候拉开等级。

总而言之，绩效计划的制定是一个双向沟通的过程，在这个过程中，管理者和员工的共同投入与充分沟通是制定绩效计划的基础。管理人员要向员工解释和说明：组织的整体目标是什么？为了完成这样的整体目标，我们所处的业务单元的目标是什么？为了达到这样的目标，对员工的期望是什么？相应的工作绩效标准以及工作期限是什么？员工应该向管理者表达自己对工作目标和如何完成工作的认识，自己对工作任务的疑惑和不清楚的地方，自己对工作的计划和打算，在完成工作中可能遇到的问题和需申请的资源等。如果是管理者单方面地布置任务、员工被动地接受要求，那么这种方式就又退回到传统的管理活动，绩效管理也就名不符实了。

二、绩效实施

在制定了绩效计划之后，员工就开始按照计划开展工作。在工作的过程中，管理者要对被考核者的工作进行指导和监督，对发现的问题及时予以解决，并根据实际情况对绩效计划作出适时的调整。具体来讲，这一过程主要包括两方面的工作。

1. 计划跟进与调整

当今企业的外部竞争加剧、环境变化迅速，工作场所中的不确定因素越来越多，这就加大了绩效管理者的工作难度。管理者要通过员工定期的工作进展情况汇报，对绩效计划的执行情况进行跟进。员工在执行计划的过程中很可能遇到各种意想不到的情况，使得最初设立的绩效计划的完成变得异常困难，这时通过员工和管理人员的沟通，双方可以对绩效计划进行调整，使之适应实际工作要求。

2. 过程辅导与激励

此外，在绩效实施的阶段，管理人员需要更多地扮演辅导员的角色，有责任帮助员工完成绩效目标。特别是当得知员工在计划执行过程中遇到困难时，管理人员要帮助员工分析问题之所在。如果是外部障碍，他需要协助员工排除障碍；如果是员工自身缺乏能力，管理者则应对其提供技能上的培训或辅导；如果是员工信心不足，那就需要提高其工作动机。同时，对于员工工作中出现的偏差，管理者更是有责任及时"纠偏"，尽早找到问题的原因所在，帮助员工予以解决。

由上述可以看出，持续的沟通与指导对于管理者和员工双方都是有利的。一方面，管理人员可以及时了解员工的工作动态，有针对性地提供辅导和帮助，而且有助于及时解决问题和掌握下属的绩效信息；另一方面，员工可以在工作中及时解决困难，并能得到上级关于自己工作表现的反馈，从而不断促进自身提高技能、改进绩效。

三、绩效评定

绩效评定就是对被考核者的绩效状况进行评定，是整个绩效管理过程的核心环节。

（一）确定评定者

一般来说，参加绩效评定的人员可以包括上司、员工自己、下属、同事、小组成员和客户等，不同的人员从不同的角度对被考核者进行评定，各有优劣。

1. 上级评估

这是传统的考核方式，也是大多数绩效考核制度的核心所在。由于直接上级往往直接分派工作给员工，员工也就大部分工作向其反馈，因此直接上级对员工的实际工作情况最为了解，是评价的最佳人选。这种方式的缺点是直接上级的个人好恶容易影响考核结果，从而无法保证考核结果的客观、公正，也容易破坏上下级之间的信任关系。

2. 自我评估

这也是我们常说的自我鉴定，它一般是在绩效综合评价之前由员工自己先填写一份评估表或述职报告。这种方法的优点在于被考核者能够有机会陈述对自身绩效的看法，而他们事实上也的确是最了解自己工作情况的人。它能够提高员工的参与程度，令被考核者感到满意，同时还给了员工一个对自己工作进行总结的机会，有利于员工工作的改进。这种方法的缺点在于员工对自己的工作所作出的评价往往要高于上司或同事对他们的评价，这有可能导致矛盾的出现，甚至会损害上下级、平级之间的关系。

3. 下级评估

这一方法适用于对管理人员的评价。由于下级经常与上级打交道，对上级的工作比较熟悉，并且能站在一个独特的角度观察、审视上级的工作行为，比如，上级领导能力、口头表达能力、授权、团队协调能力及对下属的关注等。这种方法有利于管理者了解自己在下属心目中的形象，便于自省。但管理者的有些工作是下属看不到的，同时有些下属不一定能够公正地对上司作出评价，因此在实施下级评价时，要综合考虑多名员工的意见。

4. 同事评估

现代企业对团队合作越来越重视，通过同事间的评估很容易评判出员工的团队协作能力和人际交往能力。同时，由于朝夕相处，同事也很容易观察到员工的日常工作行为和态度，能为考核提供更为翔实的信息。但如果同事间相互勾结或相互报复，则此种考核方式的效果将会大打折扣。

5. 顾客评估

这种方法适用于服务业或者组织的营销公关部门。让客户评价公司员工的绩效，其好处是可以强化员工的"服务观念"和"客户是上帝"的意识，可以直接了解客户对公司的看法。这种方法的不足之处是客户往往从个人的立场和角度，而不是从公司或工作的角度来客观评价员工的工作。

6. 二级评估与小组评估

为了避免上述考核方式的缺陷，有的公司采用了二级评估和小组评估的方式。所谓二级评估，是指在上司考核后，再由上司的上司进行复核，这样有助于减少肤浅的或有偏见的评价结果。因为间接上司虽然不如直接上司对下属的了解那么充分，但是其往往能把握"局外人"的客观性。小组评估则是运用多个评价人来进行绩效评价，尽管不同的评价人可能会因为各种偏差得出不确切的结论，但多人评价所得出的综合性结果却通常比单个人的评价更可信、更有效。有的公司则进一步运用360度考核的方法，即由员工的上司、下属、同事及服务对象同时对其评估，把各方面的考核结果综合起来，作为对这个人的考核。这样可以进一步保证考核结果的全面、客观和公正，但操作起来较为复杂。

（二）确定考核周期和考核方法

考核周期的确定与考核的目的、企业的实际情况、被考核者在企业中的职位和报酬的发放等因素有关。比如，生产制造型的企业会按照生产周期进行考核，工程公司会按照项目周期进行考核……同时，对于企业中高层的考核的周期通常是半年或一年，而对于普通员工的考核，周期通常要短一些，如按月或按日考核。事实上，除去一些生产性很强的企业，在理想状况下，绩效考核以不设置周期为宜。因为绩效考核在本质上就应当被融入日常的管理中去，管理者天天都在履行考核的职能。管理就是考核，考核就是管理。

至于绩效考核方法的选择，也不是越复杂越好，企业需要根据自身的条件和管理经验来作出选择。具体的方法将在第三节中详细介绍。

（三）数据收集

很多公司的绩效考核之所以失败，就是因为员工觉得考核没有依据，太过主观。数据收集的目的就是要在绩效实施的过程中为考核收集"证据"，力图做到客观、公正。从这个意义上来说，绩效的实施环节是为下一个环节——"绩效考核"准备信息。收集和记录员工的绩效信息的必要性主要体现为以下几点。

1. 提供绩效评估的事实依据

作判断必须要有充足的证据，特别是在绩效评估的时候，管理者将一个员工的绩效评定为"优"、"良"、"中"、"差"，其依据在哪里？应该要靠事实说话。事实越充分，评估结果便越有说服力，也越能为员工所接受。

2. 提供绩效改进的有利依据

在绩效实施的过程中，管理人员要帮助员工发现问题、解决问题、提高绩效，但当管理者指出员工存在的问题时，并不能只是笼统地说"做得不好"或哪方面"需要改进"，管理者需要结合具体的事实，这样员工才能更清楚地认识到自己目前的差距，并清楚应该如何改进。比如，管理者希望一个服务员改善对顾客的态度，那么他就可以举出一个事实来说明："我们一直要求对顾客热情周到，对顾客的疑问要给予耐心地解释，但你上次……是什么原因呢?"通过这种方式,员工可以清楚地认识到自己的问题。

3. 发现优秀绩效和不良绩效产生的原因

任何事物的发展都有其规律性,在收集到足够多的绩效信息尤其是突出的绩效表现事件后,管理人员可以从中总结出:绩效好的员工和绩效差的员工在日常工作表现中存在什么差异,这一方面可以为员工们树立优秀的标杆,另一方面也有利于发现绩效差异产生的原因,从而对绩效不良的员工对症下药。

总之,绩效信息的收集在绩效管理中发挥着重要的基础作用。信息的收集是一项细致、系统的工作,为了保证评价的公正、客观,管理人员必须重视对绩效信息的收集工作。具体的收集方法包括:

(1) 观察法。即管理人员直接观察员工在工作中的表现并形成记录。

(2) 工作记录法。员工在完成工作的时候按照工作规定填写原始记录或日志,如财务记录、生产记录等,这些记录可以反映员工工作目标的完成情况。

(3) 关键事件法。就是对员工在工作中特别突出或异常失误的情况进行记录。对关键事件的记录有利于管理人员对下属的突出业绩进行及时的激励,对下属存在的问题及时反馈和纠正。

(4) 相关人员反馈法。管理人员不可能完全靠自己的观察留意和收集信息,由于员工在工作的过程中有相当多的时间是和其他相关人员接触,因此要注意让相关人员提供信息,如客户、项目小组成员、相关部门的主管和员工等。

需要注意的是,尽管数据的记录和收集要以绩效为核心,但并非员工的所有绩效信息都需要收集,管理人员要有所选择。一般来说,在绩效管理的计划阶段,管理人员已和员工一起确定了关键绩效指标,在绩效实施时所要收集的信息就要和关键绩效指标密切相关。另外,信息收集的目的绝不是为了给员工"秋后算账",因此管理人员在记录员工出现的失误或绩效不良的事实时,应当及时向员工指出,并且帮助员工改进。

四、绩效反馈与面谈

传统的绩效考核往往在考核实施之后就宣告结束,员工不知道自己的考核结果或者是只知道考核结果,却不了解自己在哪些地方做得好、哪些地方需要进一步改善,从而导致员工的绩效始终停留在一个水平上。而现在,考核加入了绩效反馈这一环节。绩效反馈的目的就是要让员工了解自己的工作情况,肯定员工所取得的成绩,确认仍然存在的问题,并在查清造成这些问题的原因的基础上,制定出解决这些问题的行动计划。绩效反馈最主要的方式是绩效面谈,这一点将在本章第四节详细介绍。

五、绩效结果应用

(一) 在人力资源管理各环节中的用途

绩效考核的结果可以作为工资等级晋升(降)和绩效工资发放的直接依据,与薪酬制度接轨;记入人事档案,作为确定职等晋升、职位调配、教育培训和福利等人事待遇的参考依据；作为调整工作岗位、脱岗培训、免职、降职、解除或终止劳动合同等人事安排的依据。表 8-2 列举了绩效考核结果在人力资源管理各个环节中应用的比例。

表 8-2　绩效考核结果在人力资源管理各个环节中的应用比例

项目	百分比
工资	85.6
绩效反馈	65.1
培训	64.3
晋升	45.3
人力资源规划	43.1
解聘	30.3
研究	17.2

资料来源：孙健敏.2004.组织与人力资源管理.北京：华夏出版社：258.

组织通过绩效考核，发现绩效突出、素质好、有创新能力的优秀管理人员和员工，对于这部分员工要通过岗位轮换、特殊培训等方式，从素质和能力上对其进行全面培养，在班子调整补充人员时，优先予以提拔重用；对于绩效考核成绩不太理想的员工，要找出被考核者素质与任职岗位之间的差距，按照组织的经营方针与长远发展战略对管理人员的要求，设计并实施有针对性的培养计划，及时提高管理人员的能力和水平；对那些绩效不能达到要求、能力改进并不明显的员工，要考虑是否有其他合适的岗位比原岗位更能发挥其作用……通过对员工职业发展的考虑，使工作绩效、工作能力或行为方式与员工个人的职业前景互为连接，从而强化员工提高绩效和能力的意识，促使所有员工努力提高能力，完成绩效目标。也就是说，针对不同的目的，要考虑绩效考核的不同方面。将韩非子所讲的"论功行赏，量能授官"用在这里是最恰当的。为了更好地对绩效不同表现者予以管理，可参考图 8-2 所示的人才矩阵模型。

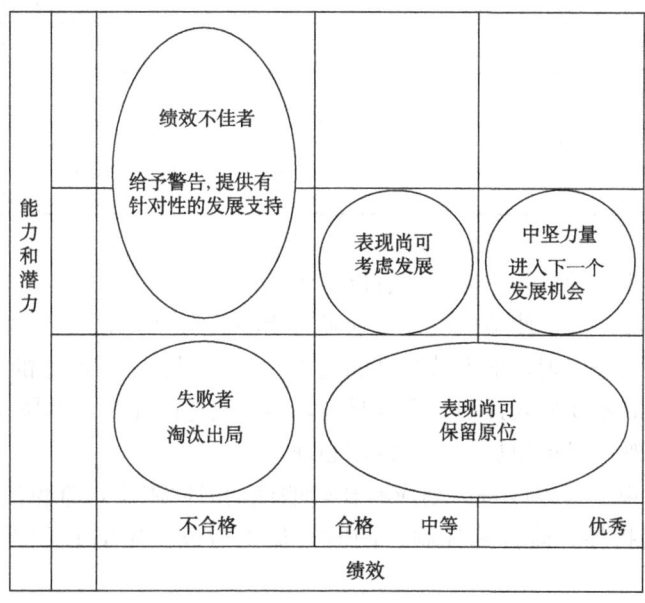

图 8-2　人才矩阵模型

（二）制定绩效改进计划

根据反馈面谈达成一致的改进方向，制定绩效改进目标、个人发展目标和相应的行动计划，并落实在下一阶段的绩效目标中，从而进入下一轮的绩效考核循环。也许有人会说，我们连绩效考核这一环节都做不好，要做好完整的绩效管理岂不更难？其实，管理问题一般是系统问题，依靠"头痛医头，脚痛医脚"的方法往往不能奏效，需要采取系统的方法予以解决。绩效管理系统作为一个完整的管理过程，如果只是把精力花在绩效考核上，确实难以见到成效。同时，绩效管理的目的不仅仅是作为确定员工薪酬、奖惩、晋升或降级的标准，员工能力的不断提高以及绩效的持续改进才是与根本目的，而实现这一目的的途径就是绩效改进。

通过对员工的绩效考核结果分析，找出员工有待发展提高的方面，并制定出在一定时期内完成的系统提升计划，就是绩效改进计划。这一计划的内容聚焦于工作绩效和工作能力的改进与提高。绩效改进计划通常是在管理人员和员工进行充分沟通之后，由员工自己提出，管理者予以确认而制定的，其内容通常包括绩效改进项目、改进原因、目前的水平和期望的水平、改进方式及达标期限。表8-3是一个绩效改进计划的范例。管理人员应承诺在员工进行绩效改进的期间为其提供各种尽可能的帮助。

表8-3 绩效改进计划（举例）

姓名：王× 部门：×部 直接主管姓名：李×× 制定时间：2008年12月25日

改进项目：沟通技能	目前水平：2.5分	期望水平：3.5分
改进原因：与客户沟通是市场开发人员的基本能力，目前本人在这一方面有比较大的欠缺		
改进措施	评估时间	
1. 向沟通能力较好的张×请教沟通方法	2009年1月15日	
2. 参加"提升沟通能力"的培训	2009年2月15日	
3. 阅读《有效的沟通》这一本书	2009年3月1日	
……	……	

在制定绩效改进计划时，应该注意以下要点：

（1）切合实际。为了使绩效改进计划确实能够被执行，在制定绩效改进计划的时候，要本着这样三条原则，即容易改进的优先列入计划、不易改进的列入长期计划、不急于改进的暂时不要列入计划。也就是说，容易改进的先改，不易改进的后改，循序渐进，由易至难，以免使员工产生抵制心理。

（2）时间约束。绩效改进计划应有比较明确的时间限定，避免流于形式，这样也利于管理者的指导、监督和控制，同时给员工造成一定的心理压力，使其认真对待。

（3）具体明确。列入绩效改进计划的每一项内容，都要十分具体、可操作、可衡量，尤其是绩效改进措施，比如，要改进新员工的沟通能力，可以建议他们读一些相关的书籍，然后与同事交流一下自己的学习体会，或听有关的讲座等。

第三节　绩效考核的方法

一、关键绩效指标

关键绩效指标（key performance indicator，KPI）与平衡记分卡、目标管理法一样，都是系统化的绩效考核技术。关键绩效指标是基于企业经营管理绩效的系统考核体系。我们可以从以下三个方面来深入理解关键绩效指标的具体含义。

（1）关键绩效指标是用于考核和管理被考核者绩效的可量化的或可行为化的标准体系。从本质上说，关键绩效指标是一个标准化的指标体系。

（2）关键绩效指标是指那些对组织战略目标有增值作用的绩效指标。这就是说，关键绩效指标是连接个体绩效与组织战略目标的一个桥梁。

（3）通过在关键绩效指标上达成的承诺，员工和管理者就可以进行绩效目标、工作表现、绩效评价以及未来发展等方面的沟通。

关键绩效指标与企业绩效管理的关系，就是企业的绩效管理要立足于关键绩效指标，关键绩效指标为企业的绩效管理提供基础性的数据，这些数据信息是客观的，不受其他人为因素的影响。为企业建立关键绩效指标体系，其意义主要表现在：

（1）作为公司战略目标的分解，关键绩效指标的制定有利于落实公司的战略目标和突出管理重点；

（2）通过关键绩效指标的牵引，个人目标、部门目标与企业目标之间保持一致，从而保证企业的长足发展；

（3）关键绩效指标体系可以准确传递市场压力，使工作聚焦、责任到位、赏罚分明；

（4）关键绩效指标为绩效管理提供了透明、客观、可衡量的依据与导向。

为了建立一套有效的关键绩效指标体系，我们可以遵循以下几个步骤来进行设计，见图8-3。

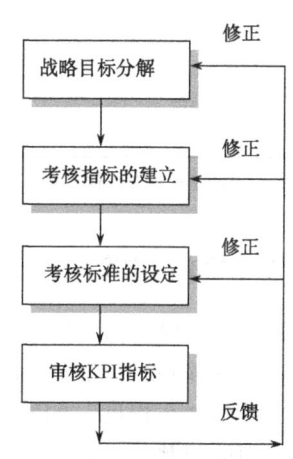

图8-3　关键绩效指标体系的设计流程

1. 企业战略目标分解

由于员工的工作行为最终是以实现企业战略目标为导向的，所以部门和员工个体的关键绩效指标的制定都要源于对企业总体战略目标的回顾与分解。在具体施行分解操作时，首先需要企业高层明确公司的总体战略目标，然后由企业的中高层将战略目标分解为主要的支持性子目标，进而再由直线经理根据相应的子目标确立部门的业务重点，即本部门的关键绩效领域，并在此基础上确定部门和个人的绩效目标，也即在考核周期内所要达到的对企业战略目标有增值作用的工作产出。

2. 考核指标的建立

在确定了工作产出之后，我们需要确定从哪些具体项目去衡量工作产出，也就是确立考核的指标。很多经理人认为，在对绩效进行考核时，数量化的指标最好，然而并不是所有的工作产出都可以数量化，如管理人员的工作绩效。通常来说，关键绩效指标主要有四种类型：数量指标、质量指标、成本指标和时限指标。表8-4列出了常用的关键绩效指标的类型、一些典型的实例，以及通过什么渠道获得评价这些指标的信息。

表 8-4 绩效指标的类型

指标类型	典型举例	证据来源
数量指标	产量 销售额 利润增长率	业绩记录 财务数据
质量指标	破损率 合格率 准确率	生产记录 上级考核 客户考核
成本指标	单位产品的成本 投资回报率	财务数据
时限指标	送达及时性 到市场时间 供货周期	同级考核 客户考核

资料来源：付亚和，许玉林.2006.绩效管理.上海：复旦大学出版社.

3. 考核标准的设定

考核标准的设定与考核指标的确立密不可分，二者基本同时完成，它们是关键绩效指标体系的核心组成部分。考核指标解决的是"考核什么"的问题，考核标准解决的是"考核到什么程度"的问题，也就是我们通常所关注的做得"怎样"、"完成多少"等方面的问题，二者尽管密切相关，但还是具有概念上的严格区别。

当绩效指标确定之后，设定绩效的考核标准相对来说就会容易一些。对于可以量化的关键绩效指标，其标准设定是客观的，管理者需要做的只是与员工充分沟通，使设定的标准具有挑战性、激励性且可以被员工接受。而对于难以量化的指标，管理者在设定标准时，则需要尽可能地使标准能够操作化。表8-5是一个关键绩效指标和考核标准制定的示例。

表 8-5 关键绩效指标和考核标准制定的示例

被考核对象：销售副总经理		
KPI 考核指标	考核标准	数据来源
销售额	1. 绩效目标值为____万元，达到目标，得分为 70 分； 2. 每低于目标值 1%，从 70 分中减 5 分，销售额低于____万元，此项得分为 0； 3. 每高出目标值 1%，以 70 分为基数加 5 分，100 分封顶	销售部
销售计划完成率	1. 绩效目标值为____%，达到目标，得分为 70 分； 2. 每低 1%，从 70 分中减 5 分，完成率低于____%，此项得分为 0； 3. 每高 1%，以 70 分为基数加 5 分，100 分封顶	销售部
销售回款率	1. 绩效目标值为____%，达到目标，得分为 70 分； 2. 每低 1%，从 70 分中减 5 分，回款率低于____%，此项得分为 0； 3. 每高 1%，以 70 分为基数加 5 分，100 分封顶	销售部
解决问题时间	1. 未及时解决：0~30 分； 2. 超出预期时间解决：30~60 分； 3. 在预期时间内解决：60~80 分； 4. 远低预期时间解决：80~100 分	销售部 物流运营部 总经理办公室
执行力	1. 对上级下达任务总是执行缓慢：0~30 分； 2. 对上级下达任务少数执行缓慢：30~60 分； 3. 对上级下达任务偶尔执行缓慢：60~80 分； 4. 对上级下达任务总是及时执行：80~100 分	销售部 总经理办公室
部门纪律	1. 部门纪律基本有序，时有违纪现象发生：0~30 分； 2. 部门纪律基本有序，偶尔有违纪现象发生：30~60 分； 3. 部门纪律有序，无违纪现象发生：60~80 分； 4. 部门纪律过硬，从未有违纪现象发生：80~100 分	销售部 人力资源部
客户满意率	1. 绩效目标值为____%，达到目标，得分为 70 分； 2. 每低 1%，从 70 分中减 5 分，客户满意率低于____%，此项得分为 0； 3. 每高 1%，以 70 分为基数加 5 分，100 分封顶	销售部 人力资源部

4. 审核 KPI 指标

关键绩效指标体系建立之后，还需要对照企业的实际战略目标对其进行审核。这是因为，一方面任何指标体系的建立都不是一蹴而就的，另一方面 KPI 的设计人员或者从外部聘请的咨询专家对本企业的内部情况很可能了解得不全面、理解得不透彻，造成所设计出的 KPI 指标有可能不够合理或可操作性差。这就需要企业在执行之前和执行的过程中，对所设计的 KPI 体系进行审核和修订。审核过程中，可以重点关注以下几个方面：

（1）关键绩效指标是否是可观察、可操作的？

（2）不同考核者运用同一个绩效指标进行考核，是否能够取得大体一致的考核结果？如果不能，那说明要么是指标本身没有清晰反映员工的工作任务，要么是标准界定不够清晰。

（3）关键绩效指标是否能够覆盖被考核者工作目标的主要方面？这其实是在考察

我们所抽取的关键绩效指标的代表性和解释力。在审核 KPI 的时候，需要对工作说明书、员工的工作职责与目标进行重点回顾。

（4）关键绩效指标是否体现了服务于客户的意识？这里的客户包括企业外部的真正客户和企业里有业务协作关系的内部客户。

（5）关键绩效指标所对应的标准系是否具有区分度或弹性空间？也就是说，这些标准能否有效区分开绩效不合格者、合格者、良好者和卓越者。

二、平衡记分卡

平衡记分卡（balanced score card，BSC）是美国哈佛商学院卡普兰和诺顿教授提出的一种建立在客户基础上的计划和程序提升系统，旨在推动组织的变革。它的核心思想就是通过财务（financial）、客户（customers）、内部经营过程（internal business progress）、学习与成长（learning and growth）四个方面的指标之间相互驱动

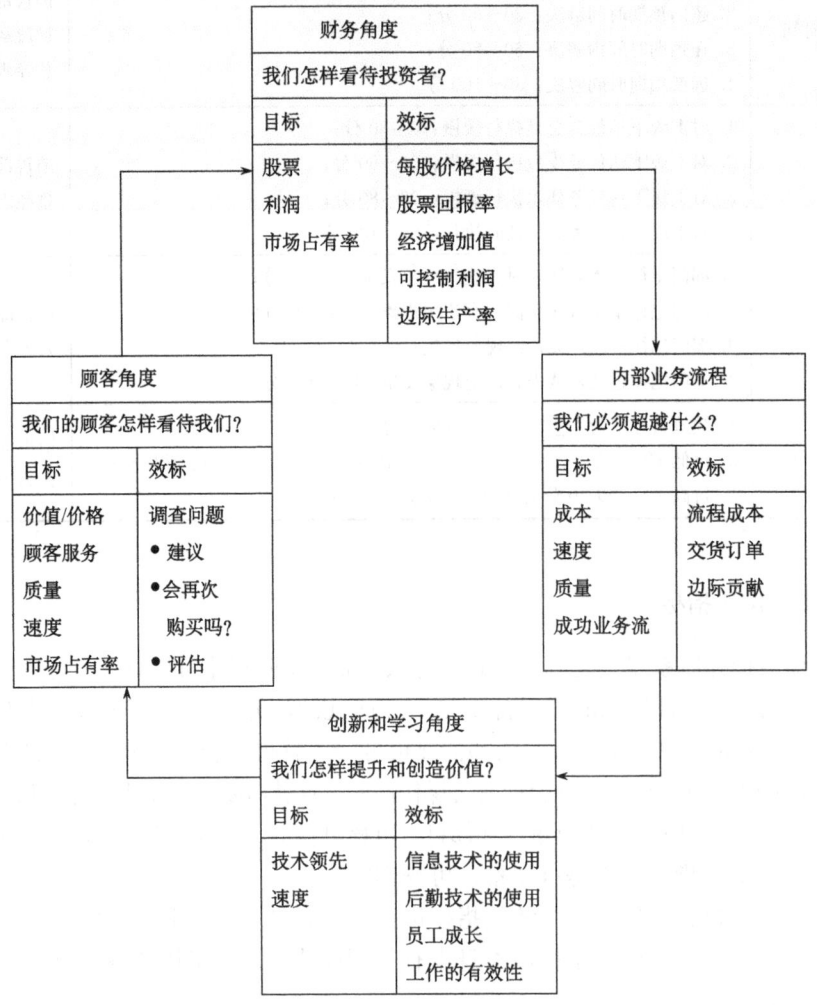

图 8-4　平衡记分卡的主要内容

的因果关系（cause-and-effect links）展现组织的战略轨迹，实现绩效考核-绩效改进以及战略实施-战略修正的目标。在组织与成员就组织战略进行沟通、提供反馈、指导员工行为达到目标的过程中，平衡记分卡扮演了最主要的角色。平衡记分卡的主要内容如图 8-4 所示。

平衡记分卡可以在不同的层级上使用。整个组织、子公司甚至在单个员工层次上，都可以使用"平衡记分卡"。不论在何种层次，平衡记分卡方法都涉及确认业务运作的组成部分，为其设定目标，然后寻找方法衡量这些目标的进步。战略层次的平衡记分卡很容易分解成个人层次的记分卡。这些个人和团队记分卡通过组织的个人绩效回顾来强化，评估的依据是记分卡中目标和效标（进一步细化目标的指标）的达成情况。

在实际运用中，要正确对待平衡记分卡实施时投入成本与获得效益之间的关系。平衡记分卡的四个层面是彼此连接的，要改善财务方面首先要改善其他三个方面，要改善就要有投入，所以实施平衡记分卡首先出现的是成本而非效益。更为严重的是，效益的产生往往滞后较长的时间，使投入与产出、成本与效益之间有一个时间差，这可能是 6 个月，也可能是 12 个月，或者更长。因而，使用平衡记分卡往往会出现客户满意度提高了、员工满意度提高了、效率也提高了，可财务指标却下降了的情况。关键的问题是在实施平衡记分卡时一定要清楚，对非财务指标的改善所投入的大量资金，在可以预见的时间内，可以从财务指标中收回，不要因为实施了 6 个月没有效果就丧失信心了，应该将眼光放得更长远些。

阅读材料 8-1　学习与成长维度指标运用中的问题①

学习与成长维度指标是平衡计分卡四个维度考核指标中的一个重要考核维度。在平衡计分卡的四个考核维度中，财务评价是企业的最终目的，顾客评价是关键，内部运营过程评价是基础，学习与成长维度反映企业改进与创新的能力、员工的能力及企业在人力资源方面的投资。其中，学习与成长维度指标的改善对企业财务方面的影响较为间接和缓慢，而且其改善过程也是四个维度中最漫长的。但是，学习与成长维度是其他三个维度的驱动因素，学习和成长能力为企业的长期成长和进步提供动力源泉，为前三个方面取得业绩突破提供推动力量。

在实际运用中，学习与成长维度比较抽象。有些企业在设计指标时不知该如何下手，不知哪些指标能够反映出它的特性。而且，学习与成长维度指标的某些方面类似于一般考核方法中的能力考核，定性指标较多，且列出的指标有些不易收集，难以评价。由于这些难点，有的企业在应用平衡计分卡时，干脆就放弃了对学习与成长维度的考核。实际上，平衡计分卡只是提供

---

① 本书作者根据于惠萍、孙健敏发表在《中国人力资源开发》2008 年第 8 期上的文章改编而成。

了一个思考的框架或者战略分析的思路。各个企业在具体应用中，应当根据自身特点设计与企业战略、技术和文化相适应的平衡计分卡。在设计学习与成长维度指标时，通常要从员工能力、企业创新能力和企业信息系统建设等方面来考虑，但各个公司的指标可能将这几方面都包括在内，也可能只考核其中的某一方面。这取决于企业自身的具体情况，包括企业战略、业务特点、发展阶段、员工素质、管理水平、企业文化等。

本案例详细介绍了某商业集团如何根据自身情况对这一维度的指标进行设计的过程。本案例中，H集团公司下属的三家商业公司战略各不相同，其他三个维度的考核指标也各不相同，但它们的学习与成长维度指标是相同的。对此，可以这样解释：学习与成长维度处于平衡计分卡因果关系图中的最底部，是其他三个维度的驱动因素，它所考察的是最基本的要素。对于同一家（集团）公司的不同业务单元或分公司，它们处在相同的企业文化、公司环境中，有相同的基本业务能力要求。因此，在这个维度上，它们有更多的共性，可以有相同的考核指标。

H集团是一家多元化、跨地域、员工逾万人的大型企业集团，零售业为其基础产业。H集团最先开发的A购物中心连续多年位居全国零售百强，在购物中心运作成功的基础上，集团又先后开发了B、C两个大型购物商场。三个商场档次定位不同，可以形成互补。

H集团在对各商场实施绩效考核一年后，发现考核指标存在不少问题。主要表现为：考核指标单一，只注重财务指标，三个不同公司的考核指标都一样，没有考虑它们之间的差异性。因此，集团决定根据平衡计分卡制定新的绩效指标体系。集团人力资源部根据各商场的战略、市场定位和所处的发展阶段（各公司的战略目标见表8-6），从财务、顾客、内部流程三个维度为三个公司总经理制定了不同的考核指标。

表8-6 H集团下属三家公司的战略目标

公司	市场定位	发展期	战略目标
A	中高档	成熟期	延长成熟期，保持竞争优势
B	中档	成长期	占领市场，获得社会认可
C	高档国际名牌	创立期	逐步增加市场认知度和市场份额

对于学习与成长维度指标，集团虽然考虑了员工能力、企业创新能力和企业信息系统建设等几个方面，但人力资源部经过反复研究，认为根据目前集团的实际情况，适合考核的是各商场总经理的组织领导能力和学习创新能力，并且对三家公司设定共同的考核指标。

那么，怎样才能考核各公司总经理的这些能力呢？许多企业在对这些能力进行考评时，通常会将其划分为很强、强、一般、差、非常差五个等级，或者用量表法对不同能力的表现作出描述，而根据不同的等级对其进行打分,则主要依据直接领导的主观判断。

H集团试图寻找一些新的指标。这些指标可以通过一定的方法进行量化,获得量化信息,通过考核这些指标反映总经理的组织领导能力和学习创新能力,以确保对被考核人员的评价客观、公正。而且,这些指标要满足战略目标、企业文化、行业特点和企业管理的需要,即具有价值性,同时又要具有可操作性。根据上述原则,经过反复思考和设计,H集团确定了下列指标。

(1) 各类大型活动的组织效果。集团每年组织元旦晚会、运动会、元宵节灯展等大型活动,这些活动似乎与公司的经营无关,但多年的组织经验表明,这些活动对于增强企业的凝聚力非常有效。根据每年组织的结果发现,往往越是经营效益好的公司,越重视这类活动。这类活动的投入并没有影响公司开展正常业务,反而活跃了员工的生活,增强了员工的团队意识,使员工的情绪高涨,调动了员工的积极性。考察大型活动的组织效果,可以反映出总经理对企业文化的认识、对大型活动的组织能力。

(2) 企业形象维护。商业公司的形象非常重要,直接影响到商场的经营状况。塑造商场良好的社会形象是总经理应有的意识和应尽的职责。新闻媒体对商场的正面宣传报道,可以反映总经理在这方面所做工作的效果。

(3) 组织落实集团各项规章制度的成效。为规范管理,集团陆续出台了各类规章制度。在实际工作中,发现有些公司没有很好地执行集团制度,影响了管理水平的提高。为保证规范管理,需要检查各项规章制度的落实情况。

(4) 内部培训学习。近年来,集团针对中高级管理人员组织了一些培训,在培训过程中,发现了不少问题。加强对培训的考核,不仅可以提高培训效果,而且可以激发高级管理人员参与培训授课的热情。

(5) 外部培训考察。外部培训考察是为了保证外派培训的效果,避免外出培训流于形式,同时对自费参加各类培训的管理人员予以鼓励。

(6) 工作创新。创新是H集团在激烈的商业竞争中获得成功的重要因素。把创新作为一项考核内容,并且是加分项、没有上限,意在鼓励各公司在今后的发展中不断创新,从工作的各个方面、各个层次进行创新。

以上所设计的指标可以根据具体的工作结果或工作记录进行评价,从而将抽象的能力水平反映出来。各项指标的具体考核评分办法见表8-7。

表8-7 H集团学习和成长维度指标考评办法

指标	考核内容	考核评分方法
组织领导能力	各类大型活动的组织效果	任职公司在集团组织的大型活动(集团运动会、元旦晚会、灯展等)中,获团体第一名奖励5分/次,第二名奖励3分/次,第三名奖励2分/次,全年没有获得过奖励的扣减5分 由集团企划传播部提供考核依据

续表

指标	考核内容	考核评分方法
组织领导能力	企业形象维护	(1) 新闻媒体对所在公司有正面宣传报道（由企划传播部组织的企业形象宣传和公司组织的促销宣传不列入），奖励5分/次； (2) 全年度没有一次正面宣传报道，扣减5分； (3) 负面曝光，扣减10分； 由集团行政管理部提供考核依据
	组织落实集团各项规章制度的成效	(1) 对集团的各项规章制度，每违反一次，扣减10分； (2) 对认真贯彻执行集团规章制度的，全年度没有违反记录的，奖励20分； 由集团各部门对集团相关制度的执行情况进行检查记录，年终将结果报告人力资源部
学习创新能力	内部培训学习	(1) 积极参加集团组织的培训活动，奖励3分/次；未参加的，扣减3分/次； (2) 培训考试不合格，扣减10分/次； (3) 在本公司或集团的培训中积极参与授课的，每次奖励10分； 由集团人力资源部提供考核依据
	外部培训学习	(1) 对集团安排的外出培训或考察，学习后，须提交学习报告，同时，奖励5分/篇报告；没有报告的，扣减10分/次； (2) 对自费参加培训或考察的人员，奖励10分/次； 由集团商业管理部和人力资源部共同提供考核依据
	工作创新	在工作中提出的新思路或新方法被采纳，奖励10分/次； 由集团相关部门确认

由于能力的提高需要一个过程，所以学习与成长维度的考核只在年终进行。这是与其他三个维度考核的不同之处，并且这一项是对总经理本人的考核，只与总经理本人的绩效工资挂钩。

从H集团关于学习与成长维度指标的设计过程可以看出，其所设计的六项具体指标是在学习与成长的思想指导下，根据集团的战略目标、商业公司的经营特点、企业文化和企业管理需要进行设计的。它主要考核经理人的组织领导能力和学习创新能力，并对其能力进行量化、评估和明确引导，这样就把平衡计分卡中的学习与成长环节落到了实处。

三、360度反馈

360度反馈，也称全方位评价或多源评价。传统的绩效评价，主要由被评价者的上级对其进行评价；而360度反馈则由与被评价者有密切关系的人，包括被评价者的上级、同事、下属和客户等，分别匿名对被评价者进行评价。被评价者也对自己进行评价。然后，由人力资源部的专业人员收集关于被评价者的评价结果，并对比其自身的自我评价向被评价者提供反馈，以帮助被评价者提高能力水平和改进业绩。作为一种新的系统考核方法，360度反馈评价得到了广泛应用。

360度反馈评价的重点在于，围绕目标员工尽可能全面地收集多方评价观点，其潜在作用包括：

（1）要求员工提供反馈，促进了组织的参与；

（2）强化了领导的优良绩效，运用一套多个评定者系统，上级就可以承担起更重要的角色，如绩效指导者，而不是简单地作为绩效的判断者；

（3）增进了员工对领导反馈的兴趣；

（4）在领导者和他们的下级、同事、顾客和上级之间促成良好沟通；

（5）领导行为的改善；

（6）将组织文化向更具参与性和开放性的方向变革；

（7）在正式的绩效考核中更多地关注输入；

（8）综合性强，因为它集中了多个角度的反馈信息；

（9）信息质量可靠；

（10）通过强调团队和内部、外部顾客，推动了全面质量管理；

（11）从多个人而非单个人那里获取反馈信息，可以减少偏见对考核结果的不良影响；

（12）从员工周围的人那里获取反馈信息，可以增强员工的自我发展意识。

但360度反馈评价仍然有其自身的缺点，如在收集信息、整理信息和提供反馈的过程中，为了保证评价者的匿名性和结果的保密性，花费的管理精力将比较多。同时，由于来自不同方面的意见可能会发生冲突，在综合处理来自各方的反馈信息时仍然会比较棘手。因此，有人提出360度反馈评价主要应该服务于员工的发展，而不是对员工进行人事管理、如提升、工资确定或绩效考核等。因为实践证明，当用于不同的目的时，同一评价者对同一被评价者的评价也会不一样；反过来，同样的被评价者对于同样的评价结果也会有不同的反应。当360度反馈评价的主要目的是服务于员工发展时，评价者所作出的评价会更客观和公正，被评价者也更愿意接受评价的结果。当360度反馈评价的主要目的是进行人事管理、服务于员工的提升和工资确定时，评价者就会考虑到个人利益得失，所作的评价相对来说难以客观公正；而被评价者也会对评价者的准确性和公正性产生怀疑，在这种情况下，运用360度反馈评价有可能不如由上司直接进行评价。

四、目标管理法

目标管理法（management by objectives，MBO）是以工作成果为依据来对员工绩效进行评价的方法，是目标管理原理在绩效评估中的具体运用。在目标管理系统中，要求上下级一起来确定具体的、有一定难度的客观目标。在整个评估期间，管理者对被考核者进行绩效考核的依据和标准就是事先制定的绩效目标。另外,管理者在整个绩效管理过程中,会不断通过反馈的方式来监控雇员实现目标的过程。

具体来说,目标管理法的实施步骤是:①确定组织目标;②确定部门目标;③讨论部门目标;④对预期工作成果进行界定;⑤进行工作绩效评价;⑥提供绩效反馈。

需要指出的是,在制定绩效考核标准时通常要遵循以下原则:

(1) 遵循 SMART 原则,即所确定的目标要"具体"(specific)、"可度量"(measurable)、"可达到"(attainable)、"现实性"(realistic) 和"时限性"(time-bound)。

(2) 所制定的目标要简洁明了、重点突出。过于分散和复杂的目标会让员工在执行过程中感到无所适从。

(3) 制定目标时要充分沟通、达成共识。在确定员工的年度、季度、月度目标时,直线经理一定要和员工进行充分沟通,倾听员工的理解和看法,这样才能使制定出来的目标得到充分的认同,从而被有效执行。

(4) 所制定的目标要有足够的激励性。也就是说,让员工"跳一跳才能够得着",过低的目标缺乏激励和挑战,过高的目标又容易使员工丧失信心。

五、行为法——基于员工行为的考核方法

(一) 关键事件法

该方法由美国学者弗兰纳根(Flanagan)和波拉斯(Baras)共同创立。关键事件法是管理者在绩效实施阶段,通过对员工的工作行为和结果的观察,记录下每位员工表现出来的非同寻常的良好行为或非同寻常的不良行为或事故,以此作为对员工进行考核的依据。例如,一个门卫发现一个存有重要文件的文件柜忘记上锁,于是他报告给保安人员,然后保安人员立刻采取措施补救了可能发生的意外事件,这就是一个成功的关键事件。再如,办事员没有将加急邮件立即寄出,而是将其与其他普通邮件放在一起,延误了邮寄时间,这就是一个失败的关键事件。在实施这种方法对员工进行考核时,考核者应时刻对被考核者的行为进行密切观察,一旦发现关键事件发生,就立即记录在案,正如前面所提到的那样。关键事件是管理者在员工实施绩效的阶段中应该重点收集的信息。

关键事件法通常可以作为其他绩效评估方法的有效补充,因为它有很多优点:

(1) 它为管理人员向下属员工解释绩效评价结果提供了一些确切的事实证据;

(2) 由于这些关键事件记录是在一个相当长的时间段里(整个绩效实施阶段)积累起来的,而不仅仅是针对员工最近一段时间的表现,所以比较具有说服力;

(3) 一份动态的关键事件记录可以清楚地展示员工是如何消除不良绩效的。

关键事件法常常被用作等级评价技术的一种补充,因为它在认定员工特殊的良好表现和劣等表现方面是十分有效的,而且对于制定改善不良绩效的规划也是十分方便的。但就其本身来说,在对员工进行比较或作出与之相关的薪资提升决策时,可能不会有太大用处。

（二）行为定位等级法

这是一种基于关键事件法的量化的评定方法，它将关于绩效的特别优良或特别劣等的关键事件描述加以等级量化，从而将描述性关键事件评价法和量化等级评价法的优点结合起来。

建立行为定位等级评定表的步骤是：

(1) 选定绩效考核因素，并对其内容进行界定；

(2) 获取关键事件，可以由对工作比较熟悉的人来提供；

(3) 将关键事件分配到评定要素中去；

(4) 让另外一组人对关键事件重新进行审定和排序，然后将两组一致的关键事件保留下来，作为最后的关键事件；

(5) 对关键事件进行评定，保证关键事件与为其分配的要素和等级相匹配。

表 8-8 列举了一个关于对员工发现、解决问题能力进行评估的行为定位量表。

表 8-8 行为定位量表（举例）

评价要素		发现、解决问题的能力
要素定义		在工作中发现问题，并利用一切方法使问题得以解决，保证工作顺利进行的能力
要素等级	5	提出系统性解决方案：在工作中，能够及时地发现问题，并很快触及问题的实质；能够提出多个可替代的解决方案，从中选出最优方案，并能指出潜在的风险，使问题得以圆满解决
	4	提出多个备选方案：在工作中，能够及时发现问题，并能触及问题的实质；能够提出多个可替代的解决方案，在他人的指导和帮助下可以确定最优方案
	3	提出单一解决方案：在工作中，能够发现问题，在他人的指导和帮助下能够触及问题的实质；能够提出解决方案，但不能保证这是最佳的解决方案
	2	借助帮助提出单一解决方案：在工作中，能够发现存在的问题；在他人的指导和帮助下能够提出解决方案
	1	借助帮助发现问题：在工作中，经过他人的指导和帮助能够发现存在的问题

（三）行为观察评价法

行为观察评价法是行为定位等级法的一种变异形式，也是从关键事件中发展出来的一种绩效评价方法。但是，行为观察评价法与行为定位等级法的区别在于，行为观察评价法并不排斥那些不代表有效绩效和无效绩效的非关键行为，相反，它采用了这些事件中的许多行为来更具体地界定构成有效绩效的必要行为。同时，行为观察评价法并不是要评价哪一种行为更好地反映了员工绩效，而是要求管理者对员工在评价期内表现出来的每一种行为的频率进行评价，最后将所得的评价结果进行平均，然后得出总体的绩效评价等级。

行为观察评价法易于将高绩效者与低绩效者区分开来，提高了客观性，而且便于提供反馈，因此很容易被使用。该方法的一个例子见表 8-9。

表 8-9　行为观察评价法（举例）

克服变革的阻力

1. 向下属描述变革的细节：
几乎从来不　　1　　2　　3　　4　　5　　几乎常常如此

2. 解释为什么必须进行变革：
几乎从来不　　1　　2　　3　　4　　5　　几乎常常如此

3. 与员工讨论变革会给员工带来何种影响：
几乎从来不　　1　　2　　3　　4　　5　　几乎常常如此

4. 倾听员工的心声：
几乎从来不　　1　　2　　3　　4　　5　　几乎常常如此

5. 在使变革成功的过程中请求员工的帮助：
几乎从来不　　1　　2　　3　　4　　5　　几乎常常如此

6. 如果有必要，会就员工关心的问题定一个具体的日期来进行变革之后的跟踪会谈：
几乎从来不　　1　　2　　3　　4　　5　　几乎常常如此

总分数＝_____

很差	尚可	良好	优秀	出色
6～10	11～15	16～20	21～25	26～30

六、图表评定法

图表评定法是考核绩效中最简单也是最常用的工具。这种评定法有多种具体形式。一种是列出需要考核的特质，如执行能力、服从能力等，同时给出评价等级，三等或五等（从"不令人满意"到"杰出"）；也可以把特质变成具体行为，如按时完成领导交给的任务、保证工作质量等，相应的每种行为都有评价等级。每个员工根据评价要素进行逐项评价。有的企业在实际运用中进一步把每一个等级转换为实际分数，在进行工作绩效评价时，首先针对每一位员工从每一项评价要素中找出最能符合其绩效情况的分数，然后将每一位员工所得到的分值加总，即得到其最终的工作绩效评价结果。

表 8-10 是一个典型的图表评定量表范例。图表评价法操作起来比较简单，但由于等级之间的区分缺乏足够明确的标准，评估时对考核者的依赖性较大，主观色彩比较重。

表 8-10　图表评定量表（举例）

评价要素	等级	分数	评价事实依据或评语
1. 质量：所完成工作的精确度、彻底性和可接受性	A	100～90	
	B	90～80	
	C	80～70	
	D	70～60	
	E	60 以下	
2. 生产率：在某一特定的时间段中所生产的产品数量和效率	A	100～90	
	B	90～80	
	C	80～70	
	D	70～60	
	E	60 以下	

续表

评价要素	等级	分数	评价事实依据或评语
3. 工作知识：时间经验和技术能力以及在工作中所运用的信息	A	100～90	
	B	90～80	
	C	80～70	
	D	70～60	
	E	60以下	
4. 勤勉性：雇员上下班的准时程度、遵守规定的工间休息/用餐时间的情况以及总体的出勤率	A	100～90	
	B	90～80	
	C	80～70	
	D	70～60	
	E	60以下	
5. 独立性：完成工作时不需要监督和只需要很少监督的程度	A	100～90	
	B	90～80	
	C	80～70	
	D	70～60	
	E	60以下	

评定标准：
A——杰出　B——很好　C——好　D——需要改进　E——不令人满意

七、比较法

（一）交替排序法

交替排序法是根据某些工作绩效评价要素将员工由"最好"到"最差"加以分等的方法。一般而言，由于把"最好"与"最差"的员工加以区分，比单纯分等来得容易，因此"交替"分等更容易被人们所接受。具体操作时，首先将所有要考核的下属名单列出来，再把不够熟悉的员工从名单内删除；然后，在同一表格上对员工依据所列评价要素进行判定，将表现最好的员工的名字放在最高的位置，最差者放在最低的位置，如此互相交替分等，直至所有员工评定完毕，如表8-11所示。

表8-11　交替排序法（举例）

评价所依据的要素：_____

1. _____　11. _____
2. _____　12. _____
3. _____　13. _____
4. _____　14. _____
5. _____　15. _____
6. _____　16. _____
7. _____　17. _____
8. _____　18. _____
9. _____　19. _____
10. _____　20. _____

针对你所要评价的每一种要素，将所有雇员的姓名都列举出来。将工作绩效评价最高的雇员姓名列在第 20 行的位置上；将评价最低的雇员姓名列在第 1 行的位置上；然后将次最好的雇员姓名列在第 19 行的位置上；将次最低的雇员姓名列在第 2 行的位置上。将这一交替排序继续下去，直到所有的雇员都被排列出来。

（二）配对比较法

配对比较法可使交替排序法更为有效，其做法是将每一位员工按照所有的评价要素与其他员工进行两两比较。

假如有五名员工 A、B、C、D、E 接受考核，首先列出如表 8-12 所示的表格来，然后根据每个评价要素，将每名员工与其他所有员工进行两两比较。

表 8-12　配对比较法（举例）

评价要素：工作主动性						
姓名	A	B	C	D	E	分数
A		1	0	1	1	3
B	0			0	1	0	1
C	1	1		1	1	4
D	0	0	0		0	0
E	0	1	0	1		2

如表 8-12 所示，在"工作主动性"这一要素上，如果 A 比 B 好，则在 A 行 B 列记"1"分；反之，如果 A 比 C 差，则在 A 行 C 列上记"0"分。最后，每人的得分加总即是该员工在"工作主动性"这一要素上的得分。依此类推，考核者需要将每个要素都比较一遍，最后得出每位员工的综合考核得分。

这种方法的优势在于得到的考核结果更加可靠，但是它适合于人数不多的组织，否则这将是一件非常烦琐的工作。

（三）强制分布法

强制分布法按照公司管理者想要达到的员工分布曲线效果进行评定，即事先确定员工在每一个绩效等级上所占的比例，如 15％表现上等，20％表现中上等，30％表现中等，20％表现中下等，15％表现下等，然后按比率把员工分布到各个等级上去。

该评价方法通常是这样操作的：首先根据每一种评价要素对每一位员工进行单独评价，然后根据员工的评价结果按比例把他们强制分配到各个绩效等级上去。实施强制分布法的主要目的就是在员工之间形成更大的绩效等级差别，避免评价结果的"居中趋势"，这样就比较容易发现那些工作真正优秀的员工。

这种方法的假设是，所有小组都有优秀、一般、较差的员工分布。具体到各个部门，比例可以有一定的浮动。当部门员工人数比较少时，可以将同一机构中的几个部门捆绑在一起进行绩效评价。强制分布法会迫使管理者根据分布规则的要求而不只是雇员的个人绩效将他们进行归类。需要指出的是，如果部门中优秀员工很多，这种方法就不太适合，否则会挫伤员工的工作积极性，甚至会导致优秀员工的流失。

八、绩效考核中的问题及误差

由于绩效考核工具本身会存在一些不足，再加上考核者在考核实施过程中的主观因素，绩效考核结果不可避免地会出现一些偏差，使结果不够客观公正。全面了解可能出现的问题和偏差，是纠正和避免问题和偏差的前提。绩效考核过程中通常会遇到的一些问题及解决方式如下。

（一）考核标准不明确

这是造成工作绩效评价工具失效的常见原因之一。比如，对于表8-9图表评定量表来说，看上去似乎很客观，但它却很可能导致不公正的评价。这是因为该表对于每一评价要素的解释是开放式的。比如，不同的考核者对于什么是"杰出"、"好"、"不令人满意"等绩效标准可能存在较大的理解差异。结果有的考核者评价标准低，有的则评价标准高，这样即便是评价同一名员工，也可能因为评价者不同，得出相去甚远的结论。显然，这样的结论是缺乏公平性的。

解决这种问题最好的办法是用一些描述性的语言对考核标准加以界定。比如，可以在考核表前面首先对"杰出"、"好"等评价等级作出简要说明。"杰出"指在各个方面的绩效都十分突出，并且明显比其他人的绩效优异得多；"很好"指工作的大多数方面明显超出职位的要求，工作是高质量的，并且在考核期一贯如此；"好"指工作称职，达到了工作绩效标准的要求；"需要改进"指在工作的少数方面存在缺陷，需要进行改进；"不令人满意"指工作总的来说无法让人接受，必须立即加以改进。如果可能的话，最好能进一步就每一评价要素的等级区分作出说明。比如，关于教师的课堂教学技巧，"杰出"指能够使用多样化的教学方法，引导学生进行创造性的思考，提高学生的自我学习能力；"很好"指能够将具有关联性的问题前后联系起来讲解，使学生形成完整的知识体系；"好"指讲解问题时清楚明了、重点突出；"需要改进"指讲课枯燥，对稍有难度的问题讲不清楚；"不令人满意"则指经常讲错一些重要概念等。

（二）晕轮效应

晕轮效应指的是人们在对其他人作出评价时，如果对他人的某一方面评价较高或较低时，往往会导致对此人的所有其他方面都评价偏高或偏低。在绩效考核中，这种情况也经常发生，比如，管理者对下属的某一绩效要素（如与其他人相处的能力）评价较高，那么他往往会对此人的所有其他绩效要素（如工作质量）也评价较高；反之，当管理者特别讨厌下属的某个缺点（如迟到），他就倾向于认为这个人的其他工作表现也很差。在实践中解决这一问题的有效办法是，对考核者进行相关培训或辅导，让考核者了解到可能出现的晕轮效应，以便督促考核者有意识地去避免这一问题的出现。

（三）居中趋势

居中趋势意味着所有员工不管干得好坏，都被简单地评定为"中"的等级。比如，评价等级是从第 1 到第 7 等级，那么他们很可能既避开较高的等级（第 6 级和第 7 级），也避开较低的等级（第 1 级和第 2 级），而把他们的下属都评定在第 3、第 4 或第 5 等级上。这样的结果势必导致严重的平均主义，过于集中的评价结果会使绩效考核工作失去意义。同时，这样的考核结果对企业作员工晋升、薪酬激励等决策时的参考价值也很小。避免这种情况发生的一个有效方法就是采用比较评定法，由于这种方法需要考核者在员工之间作出比较、排序甚至绩效结果区间的强制分布，因而会有效避免居中趋势。

（四）偏松或偏紧倾向

有些管理者在绩效考核时，总是倾向于对下属员工的绩效作出过高或者过低的评价，就像有些老师向来就愿意给学生高分，而有些老师向来就只给学生较低的分数一样。这种情况使得不同考核者对员工的考核结果之间不具有可比性，从而使考核结果显失公平。考核偏松型错误产生的原因多半是由于评估者不想得罪人、怕影响与被评估者的私人关系，或是担心被评估者将来借机报复等，从而会对被评估者作出过于宽松的评价；而考核偏紧型错误产生的主要原因是评估者自己心中的标准非常高，或是评估者为了鞭策被评估者，把低评价作为负激励的一种手段，而忽视了对正常评估标准的把握。

对于这种考核偏见的处理办法主要有两个：一是对考核者进行有针对性的辅导培训，指出个别考核者过松或过严的缺陷，协助其纠正；二是采取多个考核者对同一员工进行考核，综合平均多个考核者考核结果的办法。

（五）评价者的个人偏见

被考核者之间的个人差异（主要是指年龄、种族和性别这一类个人特点方面的差异）有时候也会影响他们所得到的评价，甚至会导致他们所得到的评价大大偏离被考核者的实际工作绩效。比如，研究者发现，在绩效考核中存在一种稳定趋势，即年纪大的员工在"工作完成能力"和"发展潜力"等方面得到的评价一般都比年轻人要低；高绩效的男性员工得到的评价显著高于同样是高绩效的女性员工得到的评价。这些结果是由人们对老年人和女性员工的偏见引起的，造成这种偏见的原因是传统的社会价值观在起作用，人们总是不愿意对老年人和女性员工的成绩予以肯定，而理所当然地将他们归于能力欠缺和低绩效的行列。事实证明，这种对年龄和性别的偏见将极大地影响考核结果的公平性，是考核者应该尽力避免的。

（六）员工过去的绩效状况

员工过去的绩效状况也会影响他们当前所得到的绩效评价等级。这种历史事件所造成的误导可能会以几种不同的形式表现出来，比如，有时候考核者可能会全面地高估一个一贯低绩效的员工的绩效改善状况；相反，也可能会将一个一贯绩效表现较好的员工的绩效下滑程度看得过于严重；而在某些情况下，尤其是当下属的行为变化十分缓慢时，考核者对被考核者的行为变化又有可能过于不敏感。之所以会有这些不准确的评价，主要是由于各个员工的绩效水平起点不同，考核者已经对每位员工的绩效情况产生了一定的先入为主的印象，而这些印象往往又深深地植根于考核者的心中，一旦形成就难以改变。

（七）绩效考核中的政治因素

近年来，一些关于绩效评估系统的调查表明，绩效评估结果的不准确性更多地来自于评估者的因素，而非客观绩效不清楚。梅斯和艾伦（Mays，Allen，1977）认为，组织政治的概念可以很好地解释这种现象。众所周知，政治行为和权力的利用会影响很多的组织决策，这种决策也包括组织中的绩效评估。在一定的环境条件下，为了保证高积极性的工作团队氛围或者是避免给下属造成负面结果，经理人会根据利害关系来操纵绩效考核结果。克里夫兰和墨菲（Cleveland，Murphy，1992）将上级在绩效评估时避免低评的原因归纳为五个，它们是：①为了给外界留下一个好团队、好经理的印象；②获得组织给予的奖励；③塑造一个好上司的形象；④避免给下属员工带来负面的结果和质疑；⑤避免他人的质疑。

国内学者吴铮、孙健敏在对6个企业49名中高级管理人员进行访谈后发现，绩效评估中出现"高评"的因素有七个，它们分别是：①维持或提升下属表现；②特殊前提下对弱者的照顾；③心理慰藉，补偿下属；④避免冲突，不做恶人；⑤部门家丑不可外扬；⑥考虑下属所拥有的关系资源；⑦估计绩效结果，进入员工档案。在一般情况下，出现"低评"的现象很少，但也有三个原因会导致"低评"：①为了触动下属，引起关注；②树立权威，提出警示；③给予低评，促其离职。

绩效评估中的诸多政治因素也给人们带来了很多启示。既然绩效评估中的政治因素在中外企业都广泛存在，那么对于政治因素就不应一味回避，而应加以合理利用。对于管理者而言需要强调的是，在绩效考核中恰当运用政治行为是为了企业战略目标的实现，同时也要考虑员工能力素质的提升，而不是为了个人和小团体私利，只有这样的政治行为才是为企业和员工所认可的。

总而言之，既然考核的过程中容易出现这么多的问题，如何才能避免这些问题的发生呢？有以下几点可以注意：

首先，要弄清楚在绩效评价过程中容易出现的问题是什么，并有意识地加以避免；

其次，要充分考虑各个绩效考核工具的长处和劣势，正确地选择绩效评价工具，必要时可以考虑几种工具的综合使用；

再次，要慎重挑选考核者并对考核者进行相关培训，如要挑选正直、公正的考核者，同时要对考核者如何避免晕轮效应、居中趋势以及偏松/偏紧倾向进行培训；

最后，要排除一些外部因素对绩效评价的影响，比如，外部经济环境对企业运营的影响、考核时间的约束性、员工流动率的状况等。

第四节 绩效反馈面谈

一、绩效反馈面谈的意义

一个完善的绩效管理系统到绩效考评这个环节不是结束而是刚刚渐入佳境,如果后期的工作不能及时跟进,或者不尽心去做,那么前面的工作成效就会大打折扣。绩效考评结束后的一段时间内,员工的心情都不会平静,那些担心绩效考评结果会对自己不利的员工将坐卧难安,因为他们不敢确定绩效考评的结果对他们会意味着什么,是被降职、减薪还是被解雇?这些与员工切身利益密切相关的问题在没有答案之前,肯定会给员工的心理造成严重的负担,降低员工的工作效率。这种情绪蔓延开来,更会严重影响员工的士气。

在这样的环境下,组织一次成功的绩效反馈面谈将对绩效考评起到积极的促进作用,使绩效考核真正发挥作用。绩效面谈的目的主要有以下三个:

(1) 让员工了解上个考核周期中的考核结果,作为改进其今后工作的依据;

(2) 给下属提供一个良好的沟通机会,了解下属工作的实际情况和困难,并让员工确信企业可以给予他们所需要的帮助;

(3) 共同讨论下属未来一个考核周期内的发展规划和目标,确定企业、主管、员工个人的绩效改进行动计划。

二、面谈准备

要想使面谈达到想要的效果,一定要在面谈开始之前做好充分准备。具体来说,至少需要做好三件事。

1. 管理者的心理准备和资料准备

面谈之前,一要充分了解所面谈员工的性格特点、工作状况,充分估计到下属在面谈中可能表现出来的情绪和行为,准备可能的应对策略;二是要进行数据、资料的整理和分析工作,如职位说明书、绩效考核表、计划总结、日常记录等。在面谈前,管理者对有关资料应谙熟于胸,用科学的数据、事实来证明自己的观点。

2. 让员工作好准备

只有经理本人作准备是不行的,面谈是经理和员工两个人共同完成的工作,只有双方都作了充分的准备,面谈才可能取得成功。经理应至少提前一周通知员工,让员工有充分的时间调整自己的心理、审查自己的工作,包括阅读他们自己的工作描述、分析自己工作中所存在的问题、准备需要提出的问题和意见等。

3. 选择面谈的时间和地点

应该找一个对双方来说都比较方便的时间来进行面谈,以便在比较宽松自由的条件下进行充分交流。面谈地点也应当选择相对安静的地方,以免受到电话或来访者的打扰。通常情况下,与像办公室普通职员和维护人员这样从事简单劳动的员工面谈,一般不超过1小时,而与管理人员进行的面谈则常常要花2~3个小时,这要根据员工从事工作性质的不同灵活掌握。

三、进行绩效面谈

1. 营造良好的面谈氛围

为了使面谈能够达到预期的效果,在面谈开始时,应首先对下属的辛勤工作予以肯定,使下属放松心情,建立彼此相互信任的关系。

2. 说明面谈的目的

向员工讲清楚面谈的主要目的,要做到开门见山和开诚布公。

3. 告知考核的结果

管理者要简明、直接、清晰地告诉被考核者的绩效评定结果,并利用事先搜集的资料证据对员工进行解释说明。具体操作时,管理者可以采取先扬后抑的做法:首先,肯定员工的优点,希望其继续保持和发扬;其次,指出员工的存在的缺点和不足之处;最后,表示对员工的今后的表现充满信心。在谈话中,注意不要泛泛而谈,而是要拿出具体的证据来支持结论。

4. 请下属自述原因,管理者听取意见

要共同解决问题,必须是双方交流的过程,管理者应该给下属充分的表达机会,才能有效地了解下属的问题和想法。让下属阐述自己观点的同时,管理者要注意鼓励下属自己分析问题的原因,并帮助其进行诊断和决策。

5. 制定绩效改进计划

经过双方讨论,对下一个阶段的工作目标达成一致意见,与下属一起制定详细的、操作性强的绩效改进计划,并对每一项计划标注具体的时间要求,给下属一定的压力。

6. 结束面谈

一般来说,在双方对绩效评估中的各项内容基本达成一致意见之后,就可以结束面谈了。结束面谈时,要表达出对下属的信心和信任,避免对立和冲突。如果双方就某些问题争执不下,管理者可以建议将其作为双方回去继续思考的问题,留作下一次面谈时需要沟通的内容。

7. 整理面谈记录,向上级主管报告

面谈结束后,管理者应该及时整理面谈记录,并作出面谈总结,向上级主管汇报。汇报之后,管理者应该随时追踪下属绩效改进计划的落实情况。

本章小结

1. 绩效考核又称绩效评估或绩效评价，它通过系统的方法、原理来评定和测量员工在职务上的工作行为和工作效果。也就是在工作一段时间或工作完成之后，对照工作说明书或绩效标准，采用科学的方法，检查员工对职务所规定的职责的履行程度以及员工个人的发展情况，对员工的工作结果进行评价，并将评定结果反馈给员工的过程。

2. 绩效管理是通过对雇员的工作进行计划、考核、改进，最终使其工作活动和工作产出与组织目标相一致的过程。它是关于个人和组织绩效的一个系统思路，包括所有围绕提高绩效所采用的方法、制度、程序等。

3. 绩效管理的过程通常被看做是一个循环，这个循环分为五步：绩效计划、绩效实施、绩效考核、绩效反馈与面谈、绩效结果的应用（包括将结果应用于人力资源管理各环节和绩效改进计划）。

4. 系统的和非系统的绩效考核方法，其中，系统的考核方法主要有关键绩效指标、平衡记分卡、360度反馈、目标管理法等；非系统的考核方法包括图表评定法、交替排序法、强制分布法、行为定位等级法等。每一种评价方法都有其优缺点，在评价过程中，应该注意避免的问题包括考核标准不明确、晕轮效应、居中趋势、评价标准掌握偏紧或偏松，以及评价者的个人偏见等。

5. 绩效反馈面谈也是绩效管理中的一个重要环节，组织一次成功的绩效反馈面谈将对绩效考评起到积极的促进作用，使绩效考核真正发挥作用。在进行绩效反馈面谈时，应该提前做好充分的面谈准备，并遵循一定的步骤。

中英文对照关键词

绩效考核 performance appraisal
绩效管理 performance management
绩效计划 performance planning
绩效指标 performance indicator
绩效标准 performance standard
绩效反馈 performance feedback
绩效面谈 performance interviews
任务绩效 task performance

周边绩效 contextual performance
关键绩效指标 key performance indicator
平衡记分卡 balanced score card，BSC
目标管理 management by objectives，MBO
360度反馈 360 degree feedback
关键事件法 critical event methods
行为定位法 behavioral anchoring methods

复习思考题

1. 什么是绩效考核？什么是绩效管理？它们有什么区别和联系？
2. 绩效考核的目的、功能、原则分别是什么？
3. 绩效管理的基本流程是什么？

4. 绩效考核主要有哪几种方法？请至少说出四种以上绩效考核方法的优缺点。
5. 绩效面谈主要有哪几种类型？如何进行有效的绩效面谈？
6. 什么是绩效目标设计的 SMART 原则？

案例分析题

台升家具有限公司的绩效管理

台升家具有限公司是亚太地区最具规模的家具制造业集团，该公司在东莞投资 1.5 亿元，占地 400 多亩，现有员工近 6000 人，家具年销售额近 2 亿美元。该公司人力资源部总经理认为，公司之所以有今天的成果，成在管理，其中公司的绩效管理措施功不可没。

公司在管理上有一个很正规的"三联单"式的 MBO（目标管理）计划书，每个员工每月都要与其直接经理沟通，共同确定自己下个月的工作目标（逐项量化），并对上个月的完成情况进行打分。最后形成的这一套一式三份的计划书由员工本人、直接经理和人力资源部各执一份。MBO 的评估结果与当月奖金直接挂钩，如果 MBO 所列的各项目标全部完成，该员工即可得到相当于其基本工资 40% 的奖金。

该公司实施 MBO 绩效考核制度已有四年，并且一直在不断完善。最初实行这项考核制度时，MBO 计划书只反映对每一项任务完成情况的打分。从 2006 年开始，公司要求员工对当月 MBO 表中所列每个项目的完成情况都作一个小结，附在其 MBO 计划书之后。这样就能更具体地了解员工做了什么、完成情况怎样，而不只是得到一个抽象的数字得分。人力资源部给每个员工都建立了一个 MBO 档案，存放其每月的 MBO 计划书和过程总结报告，这样不仅有利于高层经理和人力资源部掌握并比较各部门的人员业绩，而且也便于了解每个员工的成长和对公司的贡献。

这种考核方式从理论上来说固然很好，但实际操作起来是不是过于烦琐呢？执行过程中员工有没有抵触和意见？公司在刚开始实行 MBO 考核时，确实存在一些阻力，那为什么能够一直贯彻下来呢？这得益于充分的沟通和公司绩效考核指标自身的特点。

第一，公司把全年的总目标、季度目标、月度目标都向全体员工宣讲，每个部门也把各自的部门目标与员工充分沟通。增强员工对任务目标的了解和认可程度，而不是简单地自上而下压任务。

第二，公司的 MBO 考核指标有三个特点：一是可持续的；二是通过努力可以达到，既不是一伸手就能够到，也不是高不可及；三是可以量化。台升公司的考核指标可以分为两类：质量和超越。比如，财务人员每个月都要做财务报表，那么按时完成财务报表就是你要达到的质量；你这个月完成的任务是整个年度目标的 10%，如果你本月做到了 15%，这就是超越。虽然每个人的工作不雷同，但是每做一件事情都要有助于整个目标的达成。

从流程来看，台升公司的绩效管理分为以下四个部分：绩效计划、绩效监控、绩效考核和绩效反馈。

绩效计划：公司很重视绩效计划的制定，除了以任务完成为核心的MBO计划书，还包括一些辅助计划，如能力提升计划、工作态度与服务质量改善计划等。在制定绩效目标计划时，管理者会与员工一起就考核期间该做什么、为何做、如何做、需要做到什么程度、何时做完等问题进行充分的讨论沟通，并达成共识。

绩效监控：在制定绩效计划之后，管理者在实施过程中，通过各种手段了解员工的工作状况，与员工进行不断的绩效沟通，预防和解决考核周期内发生的各种问题。台升公司的监控主要有三种方式，第一，要求员工提供工作报告；第二，面谈；第三，部门内不定期地召开绩效评审会议。

绩效考核：员工的考核主要包括业绩贡献、工作态度、业务能力等方面。公司对不同人员的考核侧重点不同，如对操作人员重在业绩考核，对管理人员重在工作态度和能力考核。

绩效反馈：考核完成之后，人力资源部会向每位员工提供结果反馈，并将考核结果作为绩效奖金调整、晋升和培训的依据。如果管理者发现某员工成绩很差，便会与其进行面谈，分析存在的问题和原因。绩效面谈后，下一个考核周期内业绩还没有提升，则会对该员工进行调整甚至解雇。

几年来，公司通过基于MBO的严格绩效管理，降低了生产成本，使企业的业绩和员工的工作效率得到持续提升，现已成为珠江三角洲地区家具行业的龙头。

案例分析思考题：
1. 台升公司基于MBO的考核制度有何特点？
2. 该绩效考核方式存在哪些问题？请提出改进意见。

➤ 参考文献

付亚和，许玉林．2006．绩效管理．上海：复旦大学出版社

赫尔曼·阿吉斯．2008．绩效管理．刘昕译．北京：中国人民大学出版社

加里·德斯勒．1999．人力资源管理．刘昕，吴文芳等译．北京：中国人民大学出版社

雷蒙德·A诺伊等．2001．人力资源管理：赢得竞争优势．刘昕译．北京：中国人民大学出版社

潘海腾．2002．CE考核秘籍．企业改革与管理，(3)

孙健敏．2003．组织与人力资源管理．北京：华夏出版社

孙健敏，焦长泉．2002．对管理者工作绩效结构的探索性研究．人类工效学，(9)

吴铮，孙健敏．2006．绩效评估中的政治因素．经济与管理研究，(2)

武欣．2002．绩效管理实务手册．北京：机械工业出版社

于慧萍，孙健敏．2008．学习与成长考核指标的比较研究与应用．中国人力资源开发，(8)

周文霞．2004．人力资源管理．北京：中国城市出版社

Atwater L E, Brett J F, Charles A C. 2007. Multisource feedback: lessons learned and implications for practice. Human Resource Management, 46 (2)

Becker B E, Cardy R L. 1986. Influence of halo error on appraisal effectiveness: a conceptual and empirical reconsideration. Journal of Applied Psychology, 71 (4)

Cleveland J N, Murphy K R. 1992. Analyzing performance appraisal as goal-directed behavior. *In*: Ferris G, Rowland K. Research in personnel and human resource management. Greenwich, CT: JAI Press

Mayes B T, Allen R W. 1977. Toward a definition of organizational politics. Academy of Management Review, (10)

Spangenberg H H. 1992. A systems approach to performance appraisal in organizations. Paper Presented at the 25th International Congress of Psychology, Brussels, Belgium

Woehr D J. 1992. Performance dimension accessibility: implications for rating accuracy. Journal of Organizational Behavior, 13 (4)

第九章
薪酬管理

学习目标
- 理解薪酬的概念与构成
- 了解影响和决定薪酬的要素
- 了解薪酬管理的基本原则
- 掌握薪酬设计的过程
- 掌握常见的职位评价方法
- 了解几种常见的整体薪酬计划

人力资源管理 Human Resource Management

引导案例

国不泰！君何安？国泰君安天价薪酬引发的争论[①]

国内一家媒体近期披露了一条令人震惊的新闻：在2008年证券业全面退守、千万股民深度被套的情况下，国内最大券商国泰君安去年的薪酬福利支出却比年初预算猛增了57%，薪酬及福利费用高达32亿元，"超额完成发钱任务"12亿元，人均薪酬高达100万元。消息来自于国泰君安总裁去年年底给所有员工发送的《工作总结报告》。

然而，从公司年度主要业务预算完成情况统计表来看，证券投资部2008年亏损达1.44亿元，完成率为-9%。并且，国泰君安很多普通员工表示去年并没有拿到100万元的收入，那么高达32亿元的薪酬及福利费用到哪里去了呢？一位券商分析师表示，普通员工拿不到那么多，背后可能就是都被公司高管拿走了。

这一典型案例反映了国有控股企业所普遍存在的以下问题：第一，无法分清确定高管薪酬的因素；第二，人们无法判断高薪是不是合理、是不是其竞争实力的货币表示；第三，某些高管自己给自己定性定价，是一个体制性缺失的问题。

市场对国泰君安平均百万年薪的质疑和讨论仍在进行中。人们关心的是，在国泰君安的新闻曝光之后，该事件会有怎样的走向？还会有类似不合时宜的天价年薪的新闻出现吗？该建立怎样的管理体系来监管这种天价高薪？如何真正实现高管的年薪与其经营业绩挂钩？如何兼顾薪酬的内部公平及外部公平？

第一节 薪酬的基本概念

薪酬（compensation）作为组织的关键战略领域，不仅对组织实现战略目标有至关重要的影响，而且与组织吸引求职者、留住员工以及员工最佳绩效行为的表现有着直接的关联。薪酬同时也是一个经济问题，随着薪酬支出在组织运营成本中所占比例的不断递增，组织必须能够在人工成本的控制与薪酬对员工的吸引力和激励性上取得平衡。由于这些原因，薪酬体系的理念和目标必须与组织的文化、外部环境及组织的发展战略相匹配。

薪酬的结构通常包括三个独立的部分：一是基础性薪酬，这是薪酬支出中比例最

---

① 根据新闻1+1.2009-02-06.国不泰！君何安；四川在线，http://www.sina.com.cn，2009年2月9日；中国证券网-上海证券报，http://www.sina.com.cn，2009年2月9日改编而成。

大的部分；二是激励性薪酬，如奖金、红利等；三是间接性薪酬，如法定的员工福利支出及其他灵活性的福利支出。

一、什么是薪酬

薪酬，是指员工因为雇佣关系的存在而从组织那里获得的各种形式的经济收入、有形服务和福利，也包括无形收入，如组织认可、培训和开发的机会及晋升等。薪酬实质上是组织和员工之间的一种交易。员工为组织付出自己的劳动，组织为员工提供货币的或非货币的报酬（米尔科维奇，2002）。

二、薪酬的作用

薪酬既是组织对员工提供的收入，同时也是一种成本支出。无论对员工还是对组织，这种经济交换关系都至关重要。因此，薪酬的作用可以从员工和组织两个角度进行分析。

（一）薪酬的功能——员工角度

（1）经济保障功能。如上所述，薪酬是组织对员工所提供的智慧和劳动力的价值回报。组织通过员工来创造产品和服务，员工通过自己的智力和体力付出获取报酬，这是一种契约关系。在市场经济条件下，薪酬是绝大多数员工的主要收入来源，为员工及其家庭提供了基本的生活保障。同时，员工还可以将部分薪酬用于学习和培训，以提高职业技能，实现劳动力的价值增值和再生产。因此，薪酬水平的高低不仅直接影响员工及其家庭的生活质量，还影响员工的智力和劳动技能的增值。

（2）激励功能。薪酬作为员工和组织之间有形契约的一种载体，对员工的工作行为、工作态度及工作绩效会产生很大的影响。"吸纳、维系、激励优秀员工是现代薪酬制度设计的战略性目标"（曾湘泉，2005）。工资低或者不公平容易导致员工"不满意"，"即使在我们所有比较现代化的激励手段（如工作丰富化）面前，金钱仍然是毫无疑问的最重要的激励因素"（德斯勒，2001）。因此，薪酬制度是否合理对员工的工作积极性具有极其重大的影响。

（3）吸引和留住人才。有竞争力的薪酬制度，对于吸引和留住组织的核心人才具有经济性杠杆作用。尽管不同层次的员工有不同的需求，有形的货币收益并不是被所有员工视为第一重要的职业因素，但毫无疑问，有吸引力的薪酬首先能引起职场人士的关注。

（4）员工价值的一种识别因素。在市场经济条件下，薪酬水平的高低往往被视为员工个人价值和职业成功的一种社会信号，员工及社会会以这种信号来认定员工自身的社会价值和其在组织中的位置。实际上，组织只会对那些能为其带来较大贡献的优秀人才支付较高的报酬。

（二）薪酬的功能——组织角度

（1）控制运营成本。薪酬支付对于任何组织来说都是一笔很大的支出，尤其在服务业，薪酬总额往往会占到总成本支出的 **80%** 以上。因此，组织支付给员工的薪酬总额将直接影响其经营成本、扩大再生产的能力和市场竞争力。组织既要对贡献大的员工支付有吸引力的报酬以吸纳和激励他们，同时又要控制人工成本的支出，通过为作出不同贡献的成员设计不同的薪酬水平和薪酬组合，达到有效控制运营成本的目标。

（2）促进组织发展战略的实现。战略薪酬计划应该有助于推动组织战略目标的实现，引导员工关注生产力和竞争力而非资历或"关系"，正如企业的人员甄选、社会化和培训能够帮助员工培养企业所希望看到的行为，薪酬体系同样能够激励员工表现出组织需要的行为方式，并强化这种行为方式。

（3）对员工的激励导向性作用。薪酬不仅能对员工的工作态度和工作行为产生很强的引导作用，而且会对他们的绩效产出、出勤率、组织归属感及满意度产生直接影响。从组织角度而言，薪酬实际上向员工传递着一种信号：哪些行为是组织希望的、什么样的工作方式是组织鼓励的、组织用什么方式来鼓励这些行为和方式；反之亦然。如一些企业实行的收益分享计划（gain-sharing plan），就是一种团队导向、鼓励员工参与、个人收益与组织长期绩效挂钩的群体激励办法，它借助于绩效管理指标的设计对理想的员工行为进行奖励，有效促进团队绩效水平的提高。

阅读材料 9-1 变革管理——IBM 公司的薪酬体系与发展战略紧密相连[①]

当《财富》杂志公布 1993 年度"最受尊敬的雇主"排名之后，他们发现 IBM 公司已经一落千丈了。在不到 10 年的短短时间里，IBM 公司从连续 3 年排名第一一下子跌落到第 234 位。就在那一年，美国运通公司的高级管理人员洛·乔斯特纳（Lou Gerstner）接任了 IBM 公司的首席执行官，并开始带领 IBM 公司实施组织战略转型，使 IBM 公司重新回到了高绩效企业的行列。在这一战略转型的过程中，公司的薪酬体系发挥了什么作用？据 IBM 公司加拿大分公司的全面薪酬项目主管帕姆·奥德姆（Pam Odam）的观点："鉴于每年我们要为全球所有员工支付几十亿美元的薪酬和福利费用，何况我们的业务正在经历一场重大的转型，我们需要重新认真地审视一下我们开展的每一件工作，看看这些工作是否真正支持了我们的关键业务战略，是否真正反映了今天的劳动力队伍不断发生变化的发展趋势。"

乔斯特纳和他的高层管理团队为 IBM 公司制定了新的业务发展战略。新的业务战略着重强调以下三点：获胜、执行、团队。

现在面临的挑战是要找到一种能够把员工和组织新的发展战略有机联系起来的方式。应该向员工传递什么样的信息？员工每天来公司上班，这一新

---

① 苏珊·E 杰克逊，兰德尔·S 舒勒. 2006. 管理人力资源. 北京：中信出版社.

的业务战略对他们而言究竟意味着什么？意识到员工需要一个明确的答复之后，IBM公司在人力资源管理体系各个方面的设计、执行和沟通上都作出了重大改变。进行这些变革的主要目的是为了达成以下三个目标：

(1) 让员工与组织的发展战略保持一致，并为他们指引正确的方向；

(2) 让员工接受组织新的业务发展战略，并培养他们的忠诚感；

(3) 提供一种测评工作结果的方法。

公司薪酬管理体系的一个重大变革是，把员工的工作技能及具备的工作能力作为决定员工基本工资和年度薪酬增加水平的主要依据。IBM公司的新战略要求员工掌握新的工作技能。新的薪酬体系鼓励员工开发这些新的工作技能，而且一旦员工真正掌握了这些技能，公司就会向其提供报酬。企业经营的成功状况也部分决定了员工的薪酬水平。为支持IBM公司的文化转型，公司还特意策划了灵活的福利制度，如容许员工穿便装上班，虽然穿便装上班在美国企业已经是一件非常普遍的事情了，但是对于像IBM公司这样已经习惯于传统的蓝衣服、白衬衣制服的企业来说，这种改变并不是一件容易的事情。

在乔斯特纳为IBM公司指明新的发展方向的5年之后，IBM公司的股票价值增长了5倍，在《财富》杂志公布的"最值得尊敬的雇主"排名也上升到了第69位。当然，变革还没有结束，正如奥德姆所说："我们就像在一个旅程上，我们的目标是每天都要取得进步。"

三、薪酬管理的原则

薪酬管理是组织内部管理的关键，必须体现组织文化和价值观的本质内涵，因此，薪酬管理应该满足以下几个原则。

1. 公平原则：薪酬需要实现外部公平、内部公平和员工公平

外部公平感来自于员工本人的薪酬与在其他企业从事同样或类似工作的员工所获得的薪酬之间的比较，如果这一比较结果有差异，员工就会产生不公平感，尤其当自己的所得低于外部他人的所得时，这种不公平感可能驱使员工作出跳槽的决定。所以，组织往往会注意借助市场薪酬调查来避免员工产生强烈的外部不公平感。内部公平感来自于员工将自己的薪酬与组织内不同职位之间的薪酬进行的对比。这种比较如果给员工带来了不公平感，可能会影响到他们的总体工作态度、组织承诺及业绩产出。员工的公平感来自于员工将本人薪酬与那些在相同组织相同或相近职位的员工薪酬之间的比较。此外，薪酬管理过程和薪酬政策的实施也会影响员工对组织薪酬制度公平性的看法，过程公平往往能给员工带来更大的公平感。

2. 竞争原则：组织提供的薪酬水平在人才市场上有吸引力

要满足薪酬的竞争性，一般来说，组织需要对所需要吸纳的人员提供不低于市场平均水平的薪酬。如果一个组织中所需要吸纳人才的薪酬水平低于市场平均水平，人才市场中真正有能力的人往往不会选择这个组织。同时，该组织往往也无法留住组织中已有的该类人才。

3. 激励原则：薪酬应体现出职位对组织贡献的大小

多劳多得，少劳少得，这是分配的基本原则，也就是激励原则。这个原则实际上是期望通过报酬来激发员工的工作积极性，提高员工对组织的贡献。对组织有贡献的员工可以获得更多的薪酬，而贡献小的员工应该获得更少的薪酬，不能搞平均主义，要真正体现按贡献分配。

4. 从实际出发的原则：薪酬的制定要考虑到各种内外因素

要考虑各种限制因素，如经济发展水平和劳动生产率、劳动力市场的供求状况、政府的政策调节、居民生活费用和物价变动、当地平均的收入水平、企业支付能力、工作本身的差别、员工自身的差别、组织文化及薪酬分配形式等。薪酬管理一定要具有组织特色，适应企业发展的需要。

四、薪酬的结构

薪酬的构成，根据是否以货币为直接支付方式，可划分为以货币形式支付的直接薪酬（如薪水、工资、奖金、保险及福利等）和非货币形式支付的间接薪酬（如带薪休假、组织认可、晋升及自我提高的机会等）（德斯勒，2001；杰克逊，舒勒，2006）。

向员工支付直接薪酬通常包括两种方式：根据工作时间支付和根据绩效支付。前者即为计时工资，如蓝领工人按照出勤天数和工作小时计领工资。根据绩效支付又分为计件工资和佣金制，计件工资是把员工生产的产品数量与他们获得的薪酬相挂钩的方法；佣金制经常被用来对营销类人员进行业绩支付，根据销售额的不同制定不同的佣金提取基数，用以对绩优者进行奖励和激励。

福利是一种固定的劳动成本，包括国家法定福利和企业自愿福利两部分。国家法定福利是国家强制性要求企业必须为员工提供的各种保障（养老保险、失业保险、工伤保险、医疗保险、住房公积金和法定节假日休假等）；企业自愿福利是企业为员工自主提供的服务和额外津贴（法律咨询、心理咨询、员工服务、教育补助等）。福利通常不与员工绩效和技能水平挂钩，许多普遍性的福利措施是组织的所有成员都可以享受到的，当然这也取决于组织对福利的控制。如果组织将福利作为一种奖励制度来设计，那么同样能起到一定的激励作用。

直接薪酬和间接薪酬对于不同员工的重要性是不同的。有些员工看重的是经济性回报，而有些员工则更看重组织对自己工作的认可、同事及上司之间信任、和谐的工作环境或学习提高的机会等。因此，创建有利于职业成长和技能开发的机制，营造信任及鼓励创新的文化环境，对于员工来说也是具有吸引力的无形资产。

五、薪酬的影响因素

影响一个组织薪酬体系的因素有很多，大体上可以分为战略、职位、资质、绩效及市场五种因素。

（一）战略

战略直接决定薪酬支付的总体水平、结构和方式。首先，只有联系组织战略的薪酬水平才能吸引到适合组织发展的人才；其次，只有符合组织战略发展的薪酬政策才能促使组织达成生产经营目标；再次，基于战略的薪酬政策可以帮助组织赢得竞争优势。

1. 企业发展阶段与薪酬体系

不同的发展阶段需要有不同的竞争战略，战略性薪酬需要随着组织发展阶段的变迁而调整，并为不同阶段的竞争战略服务。表 9-1 列举了企业不同发展阶段的薪酬体系。

表 9-1　企业不同发展阶段的薪酬体系

企业发展阶段		初创阶段	快速成长阶段	成熟阶段	衰退阶段
薪酬竞争性		强	较强	一般	较强
薪酬刚性		小	较大	大	较大
薪酬构成	基本工资	低	较高	高	较高
	绩效奖金	较高	高	较高	低
	福利	低	较高	高	高
	长期薪酬	高	较高	高	低

资料来源：方振邦，陈建辉．2004．不同发展阶段的企业薪酬战略．中国人力资源开发，(1)：56～59.

1) 创业阶段

创业阶段企业需要优秀的管理、生产和销售人才，但企业产品和服务的质量一般不稳定，生产成本高，品牌效应低，市场份额也较低。由于公司本身的知名度不大、吸引力较低，因此，依靠具有竞争性的薪酬吸纳人才是常见的做法。为减轻企业的财务负担，很多企业采取缩小基本工资和福利所占的比重、扩大绩效工资所占比重的做法。此外，很多企业也采用股权分红的方式吸引优秀的管理、生产和销售人才，因此，激励工资部分所占比重往往也很大。

2) 快速成长阶段

随着企业业务的迅猛增长和品牌知名度的提高，企业的市场份额开始快速扩张，企业内部各项管理制度不断完善和走向正轨，需要大量高级的管理、技术和销售人才加盟，以适应这种快速发展的需要。这时，采取有外部和内部竞争力的薪酬策略有助于适应企业快速扩张对人才的需求。

3）成熟阶段

处于成熟阶段的企业经营战略往往以维持利润和保护市场占有率为目标，因此薪酬策略旨在鼓励新技术开发和市场开拓，使基本薪资处于平均水平，奖金所占比例较高，福利处于中等水平。

4）衰退阶段

处于衰退阶段的企业往往会调整其发展战略或投资于新的业务领域。为加强成本控制并支持新领域的发展，企业往往采取低端的薪酬策略，并将奖金发放与成本控制相结合，在严格控制成本的同时实现战略阵地的转移。

2. 企业战略与薪酬战略选择

不管企业处于何种发展阶段，吸引优秀人才和留住骨干员工都是人力资源管理的核心问题之一。科学合理的薪酬体系能有效地吸引优秀人才和留住骨干员工，为此，企业需根据竞争战略确定合理的薪酬水平。企业薪酬战略一般有以下三种选择：

（1）市场领先战略。即企业支付给员工的薪酬高于市场上的大多数竞争者，从而使企业更具有吸引和保留人才的竞争能力，这种薪酬策略有利于促进差别化战略目标的实现。

（2）市场滞后战略。即企业支付给员工的薪酬低于市场上的大多数竞争者，这种薪酬策略有利于促进低成本战略目标的实现。

（3）市场匹配战略。即企业紧跟市场薪酬水平，这种薪酬策略可能有利于差别化战略目标的实现，但不利于低成本战略目标的实现。

（二）职位

职位是工作职责和任职资格相类似的一组岗位簇。例如，"会计"这一职位可能包含了四个岗位并分别由四人承担：成本会计、固定资产会计、税收核算会计及应收账款核算会计。职位以职责为中心，反映出它对公司的价值和贡献。

不同职位有不同的特征，它通过工作要求、工作责任、工作条件和胜任条件等的不同表现出来，这种特征差异是组织在设计薪酬制度时必须考虑的客观因素。一般来说，工作责任越大、工作对技能和任职资格的要求越高、工作条件越差、工作内容越复杂的职位，对薪酬的要求也越高。因此，根据职位特征确定薪酬水平是职位评价法的基本思想，其评价结果往往与该职位任职人员的基本工资有直接关系。

（三）资质

资质是员工之所以能产生优秀绩效的各种个人特征的集合，它反映出不同员工之间专业水平、知识技能、个性与内驱力等的差异。因此，资质是判断一个人能否胜任某项工作的出发点。当然，资质最后必须体现在能带来优秀绩效的行为上，如果员工资质很好，但是没有实际行动或行动的意愿，那么资质就不能为企业带来实际的价值。资质体现了员工之间的差异,所以在绩效薪酬体系中也应该考虑和评估员工的资质因素。

员工是否胜任工作,往往与其知识、能力和意愿紧密联系。因此,评价员工的资质,可以从知、能、愿三方面进行。

知识(知),指个人在某一特定领域拥有的事实型与经验型信息。

能力(能),指一个人拥有完成某件事情的实际本领和技能。

态度(愿),指一个人的动机、态度或情感状态以及动机与个性特征等。

假如一个员工仅仅拥有知、能、愿中的一项或两项要素,他可能很难胜任某项工作。比如,如果我们把篮球比赛中的扣篮作为某项工作任务布置给某人,他知道扣篮的各种动作技巧(知),也很愿意完成扣篮(愿),但却没有相应的弹跳能力(能),那么他就不可能在篮球比赛中完成扣篮动作;再如,篮球明星迈克尔·乔丹在一场比赛中,因为害怕受伤或者太过于疲劳而不愿意扣篮(愿),那么即使他拥有扣篮的能力(能)和经验(知),以这场比赛为衡量,他也不能胜任他的工作。

(四)绩效

对绩效的重视程度是一项重要的薪酬决策依据,"它直接影响着员工的工作态度和工作行为"(米尔科维奇,2002)。绩效也是衡量员工对组织所作贡献的关键因素。因此,薪酬水平应该能直接、明显地反映绩效水平的高低,从而鼓励先进、鞭挞落后,使绩效低的员工努力改进工作方法,提高绩效。奖励绩优薪酬通常表现为设计绩效工资和激励工资等方面的报酬项目。

(五)市场

市场薪酬水平为组织制定薪酬策略提供了宏观的外部参照。市场对公司制定薪酬策略的影响主要表现为:首先,薪酬水平的高低与该地区的劳动力市场供求密切相关。当劳动力市场中某一类人才供大于求时,会带来他们整体工资水平的下降;反之,当这类人才是供不应求的稀缺性资源时,他们就可以获得更高的薪酬。其次,由于对劳动力的需求是对产品需求的一种派生,薪酬支付不可避免地会受到产品市场价格的影响。如果企业产品供不应求、商业利润丰厚,那么企业将愿意也有能力支付较高水平的薪酬;反之,如果企业产品竞争乏力、供大于求,出于低成本考虑,降低薪酬水平、减少雇用甚至采取裁员等极端措施也是很有可能的。

此外,市场因素还需要考虑地区经济发展水平、行业因素以及政府法规的影响。

第二节 薪酬体系设计

如上所述,一套有效的薪酬管理体系能够帮助组织吸引和留住优秀员工。要想达到这一目的,就必须充分考虑外部劳动力市场的客观情况,在综合考虑外部市场、内部公平和任职者资质的基础上,确定薪酬给付体系。为此,薪酬调查是必不可少的第一步。

一、薪酬调查

所谓薪酬调查（pay survey），就是针对某个职位或某个地区，对一定范围内的组织中该职位的薪酬水平所进行的调查。薪酬调查，可以提供市场上某个职位或某个地区薪酬总体状况和水平的分布情况。

为了充分利用薪酬调查的数据和资料，同时降低调查成本，首先应确定需要对哪些职位作薪酬调查。一般来说，当组织的薪酬支付模式是以能力为基础时，所选择的代表性职位应当能充分体现工作所需的能力要素；当组织的薪酬支付模式是以技能为基础时，所选择的代表性职位应该包括可供鉴别的技能水平（杰克逊，舒勒，2006）。当然，还有更多的企业以组织中常见的职位作为代表性职位。无论如何，进行薪酬调查之前，需要明确的是：

（1）哪些职位需要作薪酬调查？
（2）这些职位的计薪要素是能力、技能还是其他？
（3）选择低端、中端、高端中的何种劳动力市场作调查？
（4）作哪个/些行业的薪酬调查？调查这些行业中何等组织规模及经营水平的企业？
（5）除组织自己进行调查外，是不是有必要采取其他途径获取信息？
（6）信息之间如果存在差异，如何验证、取舍？
（7）调查一次是否足以收集到所需的信息？如需要，怎样整合多次调查的不同结果？

需要注意的问题是：搜集信息的渠道并非只有亲自调查，一些专业机构或媒体也会定期公布关于典型职位平均工资的数据，可以将其作为参考。

阅读材料 9-2　国内薪酬调查的现状及存在的问题[①]

1. 政府部门的薪酬调查

这一类调查往往是由国家有关部委会同各级地方劳动保障部门和统计部门，抽调专门人员从事的全国或本地区各行业各企业及职位薪酬水平情况调查。政府将依据调查结果制定工资宏观调控政策和工资指导线、城镇居民最低生活保障线等。这类薪酬调查中最有代表性的例子是1997年劳动与社会保障部在全国各省、自治区、直辖市开展的"企业人工成本抽样调查"和1998年劳动与社会保障部在全国14个大中城市开展的"劳动力市场工资价位抽样调查"。此外，北京、上海、南京、广州、苏州等地近年来也对本地区各行业企业及职位进行了薪酬调查。

在1999年出版的、劳动与社会保障部规划财务司编写的《中国大中城

---

① 根据孙健敏2002年发表在《人力资源》上的文章改编。

市劳动力市场工资价位》一书中，公布了上述两个由劳动与社会保障部组织的调查的部分结果。从公布的内容来看，这两项调查有如下特点：

（1）涵盖范围广。"劳动力市场工资价位抽样调查"涵盖了全国14个大中城市、39个不同行业和76个不同岗位，每个城市抽取40个有代表性的独立核算单位，其中，国有单位24个，城镇集体单位9个，股份制和外资企业7个，涉及50多万名从业人员。公布的"企业人工成本抽样调查"则涵盖了全国各省（自治区、直辖市）23 885个制造业企业和15 269 000名从业人员。如此大的规模是其他各类薪酬调查无法相比的。

（2）内容分类细致。两项调查结果分类十分细致，分类标准除了地区、行业和岗位之外，还包括企业的技术等级、行政级别、企业类型、所有制类型，劳动者的年龄、工龄、性别和学历等诸多细类。

（3）各部分可比性强。由于各地劳动与社会保障部门和企业的劳资部门均执行相对统一的指标体系，且各个分类标准的定义清晰，被调查者对于调查内容的认识分歧很小，因此所提供的数据有很强的可比性。

（4）结果可靠。调查由各地的劳动与社会保障部门执行，被调查的企事业单位的劳资部门配合填写，数据来源比较规范可靠。全部调查方案由国家统计局批准，数据的整理由专门的统计人员进行，造成误差的可能性小。

然而，我们也必须指出这类调查的不足：

（1）这类调查的主要目的是为政府决策服务，调查结构和执行过程均体现了较强的行政计划体制的色彩。公布的结果只是一小部分，大部分的结果没有公布，而且对调查的设计、执行及统计结果的意义缺乏说明。

（2）调查只是集中在工资水平方面，对于其他形式的薪酬没有涉及，因此很难描述各地区各行业职工的实际收入水平。

（3）数据的处理方法很简单，仅仅是算出平均数或比例而已，没有作进一步的统计分析。

2. 管理咨询机构的薪酬调查

国内很多管理咨询机构都在进行薪酬福利方面的调查。在调查的形式和规模上，它们一般都采用国际通行的会员制，即会员单位有义务按照咨询机构拟定的调查表提供本企业翔实的数据，同时有权利无偿享用最终的全部或大部分汇总、统计和分析结果。相对于政府机构的职位薪酬调查而言，商业运作的咨询机构都集中于对三资、外资、私营企业或驻华代表处进行薪酬调查。

这些机构进行的薪酬调查及其最终分析结果一般具有以下特点：

（1）调查范围比较集中，区域性较强。这些调查大多集中在中国的少数几个特大城市，而且主要限于外资企业，调查结论对于企业了解地区内和业内平均薪酬状况有较大的参考价值。

（2）调查职位主要集中在一些非生产性的通用职位，如市场营销、人事管理、秘书等。还有一些职位名称是由外资企业或代表处的习惯而来，如首席执行官。

(3) 不仅关注工资水平,还涉及其他薪酬形式。调查内容除了工资之外,还包括股票期权、培训计划、退休及医疗待遇、住房方案、出差津贴等。

(4) 既注重薪酬水平,又注重趋势分析。多数调查报告都强调分析近期加薪的频度、幅度差异及其前景预测。

(5) 调查的主要服务对象是企业的人力资源管理部门。调查除了报告各地区各行业的薪酬状况外,还探寻人力资源管理面临的共性问题,对人力资源管理者提供一般性建议。

然而,这些调查也存在如下不足:

(1) 调查的透明度低。对公众公开的内容只是调查结果的一小部分,调查设计过程、样本信息、调查问卷、调查技术等涉及调查信度和效度的部分一般均不公布,人们无法了解这些调查的可信程度。

(2) 统计方法仍然比较简单。除了平均数和比例之外,一般没有别的统计指标来支持调查结论。

(3) 调查指标定义不统一,调查结果可比性不高。仅"年薪"这个指标,各个调查的定义就有很大差距,导致不同的调查结果不能直接作比较。

3. 媒体进行的薪酬调查

目前对薪酬调查比较热衷的媒体主要是人才网站,如中华英才网、中国人力资源开发网等。这类调查的共同特点如下:

(1) 大多采用在线调查方式。参与调查者以不记名的方式提交自身薪资情况,同时分享其他参与调查者提供的信息的处理结果。

(2) 调查的内容比较全面。个人需提交的资料包括年龄、学历、工作经验、目前任职行业、在该行业总共任职时间、目前的税后年薪、外语水平、职业资格证书等详细内容。

(3) 调查的主要服务对象是求职者。网站举办此类调查的目的一般是为了增加点击率,调查内容比较贴近求职者,如各行业平均薪酬水平大排名、个人跳槽前后薪酬水平的比较,等等。而且,网站对调查结果有生动的评论和建议,比较能够吸引网民。

这一类调查的主要缺点如下:

(1) 可靠程度低。在线不记名的调查方式使得参与调查者不必提供个人薪酬的真实情况,而且由于缺乏直接指导,参与者对各个指标的理解不一致,容易导致报告的数据失真。

(2) 样本没有代表性。调查的主持者无法决定样本来源,使得随机参与调查的少数人员无法代表所在群体的平均状况。最典型的例子就是,在中华英才网的调查参与者中,计算机从业人员的比例大大高于其他行业人员,男性参与者的比例是女性的 2.5 倍。

(3) 调查的商业气息仍然较重。大多有价值的结果都不对公众公开,需

要购买。

(4) 统计方法简单。中华英才网声称将数据交给了瑞臣营销咨询有限公司进行专业化分析处理，但是至少从对外公布的结果来看，仍然只使用了平均数和比例两种方法，没有运用更复杂的相关分析之类的统计方法。

4. 学术研究机构组织的薪酬调查

这一类调查的例子不多，调查的范围也不大，一般与有官方背景的机构联合进行。比较典型的是广州劳动管理协会和中山大学社会发展研究所联合进行的广州市国有（集体）企业职工薪酬调查分析报告，调查涉及200多家各种类型的企业和1000多个工种。

5. 其他机构组织的薪酬调查

比如，猎头公司、某些企业的人力资源部门也进行薪酬调查，主要目的是服务于特定的客户群体。这种调查的范围一般比较小，而且公众不易得到调查结果。

对于一个规范的薪资市场来说，市场上已经形成了一套标准的职位称谓，与市场充分接轨的企业其职位称谓也基本上依据市场标准，可采用职位称谓作为薪资市场调查的主要依据。然而，对于目前市场化时间较短的中国企业来说，其职位称谓明显缺乏规范性。因此，高质量的薪资市场调查一定要对职位的职责及其复杂程度等方面进行确认，在标准统一的基础上再进一步展开调查。美国的薪酬调查制度相对比较规范，可供我国企业借鉴。表9-2是一薪酬调查示例。

表 9-2　薪酬调查表（节选）

调查企业的名称＿＿＿＿＿＿＿
地址＿＿＿＿＿＿＿＿＿＿　行业＿＿＿＿＿＿＿＿＿＿
数据完成人：姓名＿＿＿＿＿＿＿＿　职务＿＿＿＿＿＿＿
1. 所调查企业的主要产品（或劳务）的简要描述：＿＿＿＿＿＿＿
2. 雇用量：
公司、部门或工厂的员工总量
小时工
豁免领薪者①＿＿＿＿＿＿＿
非豁免领薪者＿＿＿＿＿＿＿
3. 总量增长和结构调整：
(1) 在过去的12个月中，企业中下列各类人员的数量是否有所增长？
小时工　　　　＿＿＿没有＿＿＿有 总量或% ＿＿＿日期＿＿＿
豁免领薪者　　＿＿＿没有＿＿＿有 总量或% ＿＿＿日期＿＿＿
非豁免领薪者　＿＿＿没有＿＿＿有 总量或% ＿＿＿日期＿＿＿

---

①　全报酬（非豁免报酬）体系：美国的一种薪酬体系，在这一薪酬体系中，所有员工都被认为是按月或按年来支付薪酬，这样就不存在按小时支付报酬和按月/年支付报酬的员工的区别。

续表

(2) 在同一时期，是否进行过结构调整？

小时工　　　　　　＿＿＿没有＿＿＿　有 总量或%　＿＿＿　日期＿＿＿

豁免领薪者　　　　＿＿＿没有＿＿＿　有 总量或%　＿＿＿　日期＿＿＿

非豁免领薪者　　　＿＿＿没有＿＿＿　有 总量或%　＿＿＿　日期＿＿＿

4. 成绩增长：

(1) 在一段时间内，企业是否因增长工资而维持成绩增长？

小时工　　　　　　＿＿＿没有＿＿＿　有

豁免领薪者　　　　＿＿＿没有＿＿＿　有

非豁免领薪者　　　＿＿＿没有＿＿＿　有

(2) 如果没有，上期的工资增长有多少？

小时工　　　　　　＿＿＿＿＿＿＿＿＿

豁免领薪者　　　　＿＿＿＿＿＿＿＿＿

非豁免领薪者　　　＿＿＿＿＿＿＿＿＿

(3) 如果有成绩增长预算，它的情况是：

　　　　　　　　　成绩　　　　加薪　　　　总计

小时工　　　　　　＿＿＿％　　＿＿＿％　　＿＿＿％

豁免领薪者　　　　＿＿＿％　　＿＿＿％　　＿＿＿％

非豁免领薪者　　　＿＿＿％　　＿＿＿％　　＿＿＿％

(4) 目前预算年度多长？

大致从＿＿＿＿＿＿＿＿到＿＿＿＿＿＿＿

5. 是否有工会：

6. 生活费用：

是否发放生活费用福利？　　　　是＿＿＿　不是＿＿＿

如果发，数额多少？适用于哪些群体？＿＿＿＿＿＿＿＿＿＿

7. 某些员工群体是否有工资增值机制？没有＿＿＿　有＿＿＿

如果有，是哪些群体？增值的频率和数额是多少？＿＿＿＿＿＿＿
＿＿＿＿＿＿＿＿＿＿＿＿＿＿＿＿＿＿＿＿＿＿＿＿＿＿＿＿＿

8. 企业的工资是按年度还是按固定日期增长？

　　　　　　　　　年度日期　　　固定时期　　　日期

小时工　　　　　　＿＿＿＿＿　　＿＿＿＿＿　　＿＿＿＿＿

豁免领薪者　　　　＿＿＿＿＿　　＿＿＿＿＿　　＿＿＿＿＿

非豁免领薪者　　　＿＿＿＿＿　　＿＿＿＿＿　　＿＿＿＿＿

9. 其他可能有助于解释工资状况的信息：＿＿＿＿＿＿＿＿＿＿＿
＿＿＿＿＿＿＿＿＿＿＿＿＿＿＿＿＿＿＿＿＿＿＿＿＿＿＿＿＿

资料来源：加里·德斯勒. 2001. 人力资源管理. 刘昕译. 北京：中国人民大学出版社.

二、职位评价

（一）职位评价的方法和技术

职位评价（job evaluation）的目的在于确定一种职位的相对价值。它是对各种职位进行正式的、系统的相互比较的过程，通过这一过程可以确定一种职位相对于其他职位的价值，据此确定薪酬水平（德斯勒，2001）。通过职位评价，可以在很大程度上确定组织内部不同职位应得报酬的相对合理性，解决薪酬的"内部平衡"问题。

职位评价系统一般包括两个内容：一是报酬要素；二是根据这些报酬要素对组织的重要程度确定权重或分值。报酬要素包括组织认定的有价值的工作特征、工作技能、需要承担的责任和风险、工作条件和完成工作任务需要付出的努力等。职位评价的方法有很多种，常见的主要有以下几种。

1. 职位排序法

职位排序法（ranking method）是最早也是最简单的职位评价方法，它依据不同职位的相对重要性而排序。其中一种最常用的方法是让评估者依据自己的经验和判断，对职位的重要性直接排序。职位重要性排序既可以由一个熟悉全部工作职责的人完成，也可以由管理人员和员工代表组成一个委员会来完成。

职位排序的另一种方法是两两对比法。评估者先将所有的职位分别填入表中的行和列，制成两两对比法排序表格（表 9-3），然后利用这一表格，分别把行中的职位与列中的职位进行比较。如果行中的职位比列中的职位重要，便在此格中标"×"。当所有的职位都已比较完毕，把各行中所有的"×"的个数进行加总，根据加总的结果对职位重要性进行排序。这种方法与绩效考核中的配对比较法的原理是一样的，类似于足球比赛中的小组单循环赛。排序的差异可以统一到职位评价的最终结果中去。在职位评估之后，不同职位的工资水平就可以利用下文中所讨论的薪资调查来确定了。

表 9-3　两两对比职位排序表

	资深行政秘书	数据输入员	数据处理员	档案管理员	系统分析员	程序员	总分
资深行政秘书	—	×		×		×	3
数据输入员		—		×			1
数据处理员	×	×	—	×	×	×	5
档案管理员							0
系统分析员	×	×		×	—	×	4
程序员		×		×		—	2

注：如果行中的工作价值高于列中的工作价值，则在单元格内标上"×"。

职位排序法的一个主要缺点是，它不能对每个职位的价值提供精确的计量，因为它只是笼统地将一个职位与另一个职位从整体上进行比较。如果在排序之前让组织高层与评估者一起确定一两个关键评价因素及这些因素的权重，则可以部分地克服这一不足。职位排序法的另一个不足是，最终的排序结果仅仅解释了工作的相对重要性，而无法解释这种重要性的实际差异。职位排序法的最后一个局限性表现在，它仅仅适用于职位较少的组织或机构（如不超过 15 个），对于管理结构复杂、职位众多的组织，职位排序法将变得非常繁杂。因此，职位排序法比较适合于小型组织的职位评价。

2. 职位分类法

职位分类法（job classification）是一种比较简单且得到广泛应用的职位评价方法。运用该方法时，需要对职位按照一定的标准划分为一个个职位群。划分职位群的标准比较灵活，可以根据工作所要求的责任、技能、知识、能力或其他相关因素进行划分，也可将组织内的所有职位进行分级分类，如生产制造类企业的职位可划分为管理类、研发类、销售类和操作类等，每个类别的职位依据对员工的知识技能等要求不同又可以分为不同的等级。

职位分类法与职位排序法一样，具有简单、易于理解和操作等优点。当组织出现新的工作岗位时，就可以按照固有的格式将它编入对应的类别，当原有的工作要求发生变化时，也可以很方便地作出适当的调整，而且由于它是对职位类别的差异性而不是对单个职位的差异性进行解释，因此组织就可以根据不同的职位类别而不是具体的职位来确定薪酬水平，这样有助于恰当地区分不同种类的职位对于组织的重要性程度。职位分类法的另外一个优点是，无论一个组织采用何种职位评价方法，最终还是要将职位划分到不同的等级之中，而职位分类法则直接将各种职位划分到不同的类别之中，省去了进行评价的过程。职位分类法的不足之处是：第一，这种方法仍然属于非量化的评价，因而不能为职位评价结果的后续应用提供更直观和量化的信息；第二，对职位进行分类需要有一定的标准，并且需要职位评价人员有很强的判断力，才能将组织中众多的职位归入各个类别。

3. 计点法

计点法（point method）是一个定量的职位评价系统，它通过计算与一项职位有关的各要素总分值来确定该职位的相对价值。建立一套这样的评价系统是一项非常复杂的工作，首先要在比较职位说明书的基础上确定评价要素，再由企业战略决定这些要素的重要性并赋予其适当的权重，最后由一个职位所对应的要素分值总和来得出它相应的职位价值。

表 9-4 列出了美国工业管理协会给出的一个薪酬要素点数表的范例，表中所列出的每一个要素都被分为五个等级，但是，一个要素所分的等级多少可以根据权重的大小以及定义与区分的难易程度进行增减。

计点法是现阶段通常使用的职位评价方法，它的优点很明显：第一，通用性好。由于计点法采用的是要素分解式的评价方法，因此能够克服不同职位类别间因工作性质不同而难以比较的障碍。每个类别都可以寻找出若干"付酬要素"，并分配适当的权重。例如，管理职位和业务职位难以直接比较，但只要对它们的付酬要素分别进行比较，那么管理职位和业务职位的点数就具有可比性了。第二，比较客观。与职位排序法和职位分类法相比，计点法以量化的形式进行评判，并且对每类职位都可以设置多项评判要素。由于各项要素的评价误差会相互抵消，因此最终评价结果的主观成分会大幅度下降。而且，由于计点法在操作中一般要求选取标准职位进行复检比较，因

表 9-4 美国工业管理协会的薪酬要素点数表

项目	因素	1级	2级	3级	4级	5级
技能	工作知识	14	28	42	56	70
	经验	22	44	66	88	110
	独创性	14	28	42	56	70
努力	健康要求	10	20	30	40	50
	智力和视力	5	10	15	20	25
职责	设备或过程	5	10	15	20	25
	原料或产品	5	10	15	20	25
	他人的安全	5	10	15	20	25
	他人的工作	5	10	15	20	25
工作	工作条件	10	20	30	40	50
	危险性	5	10	15	20	25

而更能保证评价方案的合理性和科学性。第三，稳定性较强。设计和形成一个有效的评价方案，通常需要花费相当的时间和精力。因此，一旦方案被确认可行后，往往要求它在一定时期内稳定地发挥作用。计点法能够做到这一点。这是因为，计点法抓住了每个职位的付酬要素，即使出现新的职位或原有职位重新排列组合，方案仍然适用，不必再系统地将它们与其他同类职位进行重新分类比较。

4. 要素比较法

与计点法类似，要素比较法（factor comparison）也是在要素相互比较的基础上完成职位评价的，但是它与计点法的不同之处在于，被评价职位的报酬要素是与组织中作为评价标准的关键职位的报酬要素进行比较的。关键职位可以定义为对薪酬设定非常重要且在劳动力市场上广为人知的职位，如具有以下特点的职位：①对于员工和组织都非常重要；②具有稳定的工作内容；③被选中用于作薪酬调查的职位；④在组织中普遍存在。

在选定关键职位以后，根据薪酬调查的结果，为关键职位的每个报酬要素赋予相应的权重和分值，最后将待评价职位与关键职位在每一个报酬要素中进行比较，确定该工作在每个要素中的薪酬水平，并将其加总得到这项工作应得的薪酬水平。

采取要素比较法对职位进行评价时，为提高评价过程的客观公平性，通常组织会选出一个评价委员会，对关键职位（通常确定为几个或十几个）的标准进行排序，并为每个报酬要素确定权重和项目分值。因此，这种方法尽管比较科学，但由于操作过程过于复杂而使其实际应用性不强。

（二）职位评价的主要步骤和注意事项

不管是组织自己还是聘请外部专家作职位评价，组织内部都要组建一个合适的评价委员会，来支撑和推进整个职位评价的过程。事实证明，一个好的委员会有助于降

低员工对评价过程的焦虑和怀疑。职位评价一般按照以下几个步骤进行:

(1) 收集有关工作信息,其主要信息应来源于工作说明书。

(2) 选择职位评价人员,组成职位评价委员会。

(3) 使用职位评价系统对工作进行评价。由专家设计并讲解职位评价的原理和方法以及临时职位评价委员会的工作方法,根据专家意见设计职位评价方案框架,经由临时职位评价委员会讨论确认后执行。

(4) 评价结果回顾。当所有职位评价结束后,将结果综合在一起评论,以确保结果的合理性和一致性。

进行职位评价需要注意以下几个方面:

(1) 需要与组织成员进行公开和正式的沟通。沟通的根本目的是让员工接受评价过程和最终评价结果,这就需要为员工提供公开、诚实、足够的信息。

(2) 职位评价所评价的是职位本身,而不是"人"。作职位评价时,经常容易犯的一个错误是将职位评价与现任人员联系在一起。事实上,不管哪个员工来担任这个职位,该职位相对于组织中其他职位的价值在短期内是相对不变的,职位评价需要确定的是该职位对于组织的价值,因此需排除现任人员因素的干扰,坚持"对事不对人"的原则。

(3) 对评价结果进行纵向和横向的统筹性比较。在评价初期,组织高层和职位评价人员一起确定组织中的代表性职位;职位评价初步完成后,需要对评价结果进行总体比较和统筹,以保证评价结果的合理性和内部公平性。

(三) 将类似职位归入同一工资等级

如果公司规模较大,拥有成百上千的职位,就应该按照职位评价所评定的结果(如职位评价的分数)、困难程度、重要性、责任及性质等条件,把相似的工作归入各个工资等级 (pay grade)。决定薪酬等级时,要考虑如下因素:

(1) 公司的规模,规模越大,等级越多。

(2) 每一职位群所含的职位种类越多、范围越广,所需等级就越少。

(四) 确定每一工资级别所表示的工资水平:工资曲线

工资曲线 (wage curve) 反映每个点集中各职位的当前工资率同各职位的点值或序列等级之间的关系,是职位评价点值与工资之间关系的线性表达,即将工资与职位评价的点数直接挂钩。市场工资线描述了竞争者为类似工作支付的典型工资的多少,并且还可以推断在工资调查中没有覆盖的工作。

在使用工资曲线来对工资结构作出决策之前,要注意几个问题:

(1) 必须根据数据日期之后的工资变化和生活成本的提高对调查数据作出相应调整,因为数据反映的是过去一段时间的情况。

(2) 薪酬设计者必须根据数据信息作出判断,从而预测将来薪酬体系实施时可能发生的工资水平和生活成本的变化。

(3) 可以针对竞争对手的特点,将组织的竞争方式,如匹配型或领先型或滞后型，反映在工资曲线上。

在进行薪酬设计时，有个专用术语叫做 25 分位、50 分位、75 分位，意思是说，假如有 100 家公司（或职位）参与薪酬调查，薪酬水平按照由低到高排名，它们分别代表着第 25 位排名（低位值）、第 50 位排名（中位值），以及第 75 位排名（高位值）。一个采用 75 分位策略的公司，需要雄厚的财力、完善的管理、过硬的产品来支撑。因为薪酬是刚性的，降薪几乎不可能，一旦企业的市场前景不妙，过高的人员成本将加重企业的经营负担。

（五）确定薪酬浮动幅度

薪酬浮动幅度（range width or spread）是指为每一个水平的薪酬等级建立一个垂直的薪酬区间（或基本薪酬水平浮动范围）。如图 9-1 所示，301～650 这个薪点范围对应的薪酬等级的最高工资水平为 21 000 元，最低工资水平为 16 500 元，也就是说，处于这个薪酬等级的员工的薪酬水平范围为 16 500～21 000 元。薪酬浮动幅度的中点一般与市场工资水平持平，各组织可以根据自身情况在市场工资线上下制定适当的最高和最低工资。

薪酬浮动幅度的设计要根据员工的职位特点和职位等级而定。一般来说，职位对员工要求越灵活、职位等级越高，薪酬浮动的范围也越大。因为这样可以让员工看到，即使由于高层职位稀缺而不能提升职位，也能够获得相应的薪酬增长。

（六）设计等级重叠（range overlap）

重叠是指不同薪酬等级之间薪酬水平相同的部分。重叠设计并非必需，很多组织也采用各相邻的薪酬等级间首尾相连的连续性结构。但是，重叠设计的好处是可以使低薪酬等级的员工因业绩优秀而获得与高薪酬等级的员工同样水平的报酬，从而实现与划定薪酬浮动幅度相类似的激励作用。同时，即便处于较高薪酬等级的员工，假如绩效较差，组织也可以对这些员工灵活地实现低薪给付，这样就可以弥补由于薪酬等级划分错误或提升失误所造成的成本损失。

目前，很多组织在设计薪酬结构时，将多个薪酬等级合并成几个跨度范围更大的薪酬水平范围，人们将其形象地称为"宽带薪酬制"。这种做法适应了知识经济时代组织扁平化、工作灵活性等特点，是一种比较宽松、灵活的管理制度创新，有助于员工的跨职能流动和全面职业发展。这种新方法虽然并不适用于每个组织，但它将作为现有薪酬结构设计方法的有益补充而不断发展和完善，有些组织可以考虑在某类员工（如从事研发、管理等注重知识和能力的员工）中采取这样的措施，以更好地开发其潜能。

三、管理薪酬体系

薪酬体系初步建立后，需要继续进行监督、评价、修正和控制，从而保证系统无故障运行。

内部公平性、外部公平性和员工公平性这些概念是理解薪酬体系的控制和评价背

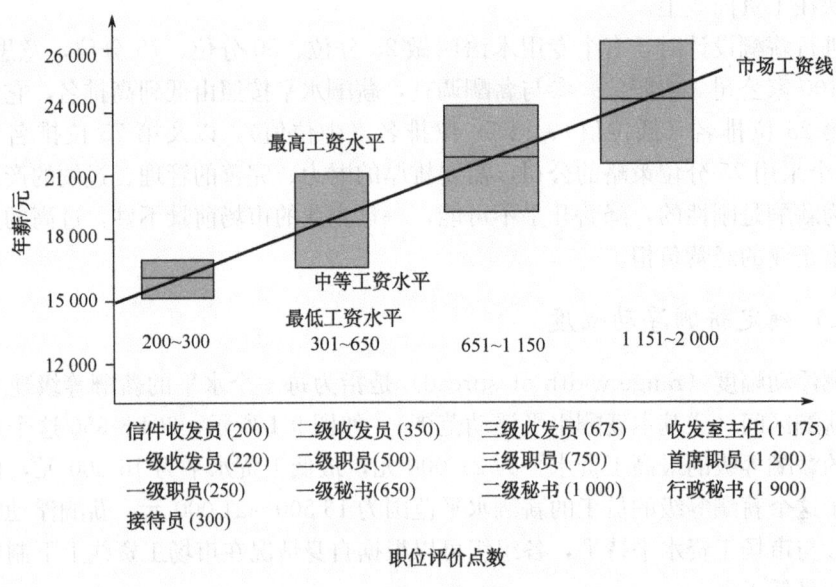

图 9-1　薪酬结构的确定

后的逻辑基础。因为薪酬体系的目的是吸引和留住员工，并激励员工按照组织所期望的行为方式工作，所以收集证明组织能否达到这些目标的数据是十分有意义的。很多组织通过计算流动率和其他离退职的统计数据、获取离职面谈的信息等多种方法来评价员工对于薪酬和其他组织因素的态度。所有这些手段都能够提供信息，来验证组织的薪酬体系是否达到了它的目标。但是应该看到，薪酬不是影响组织吸引、保留和激励员工的唯一因素，因此，需要对评价方法和评价结果的使用进行谨慎考虑、合理评价、合理使用。

第三节　薪酬模式

概括地说，薪酬有四种常见的模式，分别是基于职位的薪酬模式、基于资质的薪酬模式、基于绩效的薪酬模式和基于技能的薪酬模式。

一、基于职位的薪酬模式

基于职位的薪酬模式（job-based pay mode）是最传统的薪酬支付模式，我们在本章第二节中所讲的薪酬设计方法大多基于这种模式。表 9-5 是一个典型的基于职位的薪酬模式例子。

这种薪酬模式，主要根据职位在组织内的相对价值为员工付酬。不同职位对知识、技能有不同的要求，承担职责的大小也不一样，所以不同职位对于组织的贡献程度是不同的。因此，每个职位任职者对组织的贡献和重要程度也不同，员工应根据其所在职位领取报酬。在这种薪酬模式下，员工工资的增长主要依靠职位的晋升。因此，组织中的导向性行为是：遵从等级秩序和严格的规章制度，努力获得晋升机会，

注重人际网络关系的建设，为获得职位晋升采取政治性行为。

表 9-5　基于职位的薪酬模式（举例）

工资级别	职位列举	薪酬水平/元
……	……	……
14	制造部部长	3 000
13	质量部部长、技术支持部部长	2 800
12	人力资源部部长、财务部部长	2 600
11	制造部调度	2 200
10	质量部主管、薪酬主管	2 000
9	会计、培训管理员	1 600
……	……	……

资料来源：田效勋．2003．薪酬模式设计．企业管理，（10）．

基于职位的薪酬模式的优势主要体现为：第一，与传统按资历和行政级别的付酬模式相比，基于职位的薪酬模式采取同岗同酬的方式，内部公平性比较强；第二，薪级随职位的晋升而升级，调动了员工努力工作以争取晋升机会的积极性。基于此，进行工作分析、规范职位管理体系、进行职位评价、加大职位分配的比例、适当拉开纵向和横向差距，是国内很多组织有必要完成的基础性管理工作。

这种薪酬模式也面临着挑战：第一，如果组织没有为员工设计职业发展通道，就有可能出现如果绩效很优秀的员工长期得不到晋升，那么他/她的收入水平就很难有较大提高，从而影响员工工作的积极性；第二，组织中人才的作用增大，不同资质的员工会使职位表现出不同的价值。这种基于职位的薪酬模式体现不出不同任职者在资质上的差异，不利于员工的自我成长和组织人力资源整体素质的提高。因此，在组织必须根据不同的人采取个性化的薪酬政策的今天，基于职位的薪酬模式只能为组织设计战略性薪酬体系提供一种基础参照。

二、基于资质的薪酬模式

基于资质的薪酬模式（competency-based pay mode）是另一种重要的薪酬模式，这种模式将人的资质作为确定工资等级结构的主要依据，不同的资质决定了报酬的高低。

资质（competency），又称"胜任特征"、"胜任力"或"才干"等，它是驱动员工产生优秀绩效的各种个人特征的集合，反映的是通过不同方式表现出来的员工的专业知识、专业技能、个性与内驱力等。

根据资质支付薪酬，首先需要区分资质等级或差异，建立一套对资质进行分层分类的体系，如任职资格体系，以员工在工作中所需要的知识、能力及态度为标准。具体资质模型的建立方法，可以参阅本书第一章的有关内容。

这种薪酬模式适合于知识型或技能型员工，在一定程度上可以避免所有员工走

"管理独木桥"和"多了一个平庸的管理者,少了一名优秀的技术人员"的现象。

基于资质的薪酬模式的优点在于:第一,鼓励员工注重自身资质的提升,员工资质的不断提升,使企业能够适应多变的环境,增强企业的灵活性;第二,鼓励员工朝专业化发展,而不是鼓励员工追求行政级别的提升;第三,员工的收入与个人的资质相关,而与行政职务的关系不大,容易吸引和稳定专业技术人才。

基于资质的薪酬模式的不足之处在于:第一,界定和评价资质不是一件容易做到的事情,对专业化的评价技术要求较高,管理成本也较高;第二,对已达到技能顶端的人才如何进一步地激励,也是一个需要突破的管理难点。

三、基于绩效的薪酬模式

基于绩效的薪酬模式(performance-based pay mode),即指根据绩效的优劣确定薪酬。绩效是员工工作能力、知识、行为与态度在业绩上的综合性体现。因此,绩效薪酬可以引导员工行为与组织目标的统一,具有很强的公平性、灵活性和激励性。据美国薪资协会的一项调查,52%的被调查者认为他们制定了业绩导向的具有激励性的薪酬计划(小舍曼,2001)。

但是,基于绩效的薪酬模式同样存在下列问题:

第一,对于员工而言,基于绩效的薪酬模式存在风险,绩效不稳定,收入将随之变动。

第二,绩效与能力、行为及态度并不完全对等,短期业绩有时也并不符合组织战略的需要。因此,基于绩效的薪酬模式的关键是设置与组织发展战略相一致的绩效衡量指标,并能有效地将团队绩效与个体绩效结合起来。

第三,绩效产生的原因是多方面的,有时与个人之间的关系并不那么直接,市场、环境、组织系统、工具设备、同事合作等都是影响绩效的重要因素。因此,全面质量管理运动的倡导者爱德华·戴明(W. Edward Deming)甚至声称,"人与人之间所存在的绩效差异几乎全都是由他们身处其中的那些工作系统本身制造出来的,而不是由人们自己制造出来的"。

第四,很多常规工作和基础工作并不直接与绩效相联系,因此很难用绩效来衡量。

第五,这种薪酬模式有可能导致机会主义和实用主义,追求短期绩效所带来的薪酬及其他待遇,不利于组织的长远发展。

四、基于技能的薪酬模式

技能工资,又称多技能工资、知识工资,是指企业员工的薪酬比例及构成是以其所掌握的知识、技能的广度和深度为基础的。技能工资的雏形可见于中世纪行会制的学徒制,学徒在升到工匠、从工匠再升到作坊主之前,必须证明他们拥有从事该行业工作的能力。

技能工资依据员工实际运用技能的状况而支付薪酬,因此为越来越多的企业所采纳,这与传统的以职位为基础的薪酬支付模式有着全然不同的管理哲学思想,它把传

统的以工人的报酬支付为核心的薪酬管理模式，转向对许多种类的专业技术人员的价值评价（Gupta，1992）。具体地说，基于技能的薪酬模式（skill-based pay mode）具有以下优势：①与劳动者的价值观相适应；②有利于提高人员安排的灵活性；③支持越来越常见的扁平型的组织结构；④有利于组织安排精干人员，避免人力资源的闲置和浪费；⑤促使生产率水平在质和量上得到进一步提高；⑥进一步拓宽了组织对提高知识和技术的奖励方式；⑦鼓励团队参与，增进员工对业务的理解；⑧对组织创造高质量的成果更加有利，带来了较高的生产率。正因如此，越来越多的企业开始采用这种模式进行薪酬制度的设计。但就实践效果来看，这种模式也存在一些实施效果并不理想的状况，究其原因，是很多企业忽视了要想成功实施技能工资制必须具备的一些关键条件。

第一，首先要考虑的是行业特点。多数研究表明，技能工资在制造业比服务业更有可能成功。具体来说，技能工资在以下几类制造业行业中有比较高的使用率：一是运用连续流程生产技术的行业，如食品加工业；二是运用大规模生产技术的行业，如电子行业、汽车及其零部件制造行业，以及计算机生产行业等；三是运用单元生产或小批量生产技术的行业，如加工工业等。

第二，重视员工的培训和发展、参与式和注重授权的组织文化，也是技能工资制度成功的重要条件。组织应该具备培养员工的传统，同时在设计和实施技能工资制的过程中，需要从员工那里获得充分的信息反馈及建议。

第三，企业战略。首先，实施技能工资制应该有一个共同的战略目标，如提高组织生产率和灵活性等。其次，技能工资与战略的匹配程度。当技能成为企业战略的强调因素和核心竞争力的来源时，基于技能的薪酬模式是非常合适的。最后是企业的竞争战略。研究表明，成功实施技能工资制度的公司战略更倾向于通过降低成本来保持市场份额，成为最有效率的竞争者。

第四，扁平化的组织结构也有利于企业实行技能工资制度。在扁平化的组织中，员工会将注意力从职位晋升和地位提高转向对技能的学习、运用和扩充，这正是实施技能工资制所必需的基础。

第五，员工类型。在实践中，技能工资制主要应用于对专业技术人员（如微软）和生产人员（如宝洁）工资的制定，对其他人员也可将技能工资作为工资结构的一个部分，但是所占比例较小。另外，企业中员工的个人特征也是实行技能工资所应该考虑的问题。一般来说，具有高成就动机、重视个人成长和自我实现及具备自我管理能力的员工更欢迎技能工资。最后，需要考虑技能本身。从工作性质上看，技能工资制适用于在深度技能、广度技能和垂直技能上得分比较高的职位类型。

第六，实施技能工资还要求企业具备较为完善的评价体系。这种评价体系包括三个方面：一是技能评价的主体，通常由企业资深专业人员、人力资源部人员和外聘专家共同组成；二是技能评价要素，指工作中需要用到的、对工作绩效起直接作用的技能；三是技能评价等级，等级不宜过多，也不宜过少。

除了上面四种常见的薪酬模式以外，还有诸如基于市场的薪酬模式、基于年功的薪酬模式等。但正如我们所分析的，没有一种薪酬模式是完美无缺的，同样，也没有一个薪酬模式是毫无价值的。对于不同组织中的不同人员和不同职位,我们可根据企业发展战略、职位价值、员工素质、绩效管理及市场因素等综合性因素,采取不同薪酬模式的组合运用。在 20 世纪 90 年代,尽管世界 500 强企业中的 70% 主要采用基于职位的薪酬模式,但也有 50% 的企业至少在部分人员中实行了基于能力素质的薪酬政策,还有 14.6% 的企业实行了以业绩为中心的绩效工资制(蒙迪,诺埃,1998)。

第四节 整体薪酬激励计划

整体薪酬激励计划可以促进团队成员间的合作精神,同时也可以增加团队压力,防止或减少个别员工工作标准与团队标准不一致的情况,整体激励甚至还可以节省行政费用和时间。

目前使用的整体薪酬激励计划主要基于两种理念:一是以节约成本为基础;二是以分享利润为基础。

一、斯坎伦计划

斯坎伦计划(Scanlon plan)的目的是在不降低产出的前提下降低劳动力成本,是组织对在成本降低方面作出贡献的员工进行奖励的一种激励计划,它由约瑟夫·斯坎伦在 1937 年首先提出。斯坎伦计划与其他激励计划的最大不同在于,它强调员工的权利——组织更乐于将员工看成是合伙人而不仅仅是完成任务的劳动工具,这是一种新的经营哲学理念,也是更为人性化和有重大现实意义的管理模式。它消除了管理人员和员工之间的严格差别,代之以合作与信任、认可与鼓励以及"大家都是在为同一个组织服务、为共同的目标奋斗"的理念。

斯坎伦计划积极寻求机会对有助于降低生产成本的建设性创意进行奖励。该计划规定,当劳动成本占该成本所产生的销售额的比率低于某一特定标准时,组织和员工就可以共同分享节约所得。例如,假如每月的劳动成本是销售总额的 40%,那么这就意味着当销售额是 20 万元时组织要承担 8 万元的成本,假设采纳并实施某个员工或员工集体建议后,销售额是 25 万元,但劳动成本降低到了 7 万元,而按照原标准比率,劳动成本支出应为 10 万元,那么这项建议就为组织节省了 3 万元,这 3 万元就成为组织奖励员工的基数。奖励办法通常是扣除成本备用金后,25% 归组织、75% 在员工中分配。斯坎伦计划实现了组织和员工的知识共享,员工参与组织管理决策的热情高涨,而且愿意尝试新的工作方式,更乐于接受新的技能训练,以提高工作能力。

为了保持这样的局面,斯坎伦计划需要更有效的管理和更严格的设计安排,它有四项最基本的原则:①一致性。这意味着组织要将目标或任务明确地阐述给员工,使员工的参与和组织的目标紧密联系。②能力。组织实施斯坎伦计划是基于对员工的能力有较高层次的期望,管理者假设员工在计划的驱使下会产生变革的需要,并具备改善工作过程的愿望和基本能力。③参与。为使员工更好地了解建议的流程,组织要设立专门的建议委员会，员工提出改进的建议上交到这些建议委员会中，再由委员会从中挑选合适的建议提交管理高层决策，其功能主要是把握建议计划的实际运行和评估活动。④公平。组织的成功并不是某一个人或某一个群体的功劳，而是建立在员工、客户和投资者三方共同努力的基础上，他们会共同分享这一计划的成果。

在这项计划问世后的50多年时间里，人们放弃它的次数与采用它的次数几乎一样频繁。该计划的问题是：由于所生产的产品结构、价格及工人工资对成本节约额有很大影响，因而工人很可能付出了很大努力，但结果还是不理想，因而奖金数额达不到激励性效果的水平，从而影响了员工的积极性。同时，由于奖励是以工资的一定比例来计算的，所以可能会扩大员工之间的收入差距，增加不公平感。

因此，该奖励计划比较适用于组织规模较小而产品线及成本较为稳定的公司。员工参与计划的程度、管理班子的积极态度、公司采用斯坎伦计划的时间长短、员工们积极而现实的态度以及高层管理人员的关心程度，都与斯坎伦计划的成败密切相关。因此，必须在事前做好周密的计划，同时配合良好的管理制度和劳资关系，方案才能更加顺利地实施。

二、拉克计划

拉克计划（Rucker plan）的奖金分派计划与斯坎伦计划类似，也是建立在员工参与的基础之上，也有一个以增加的价值为基础的奖金制度，但它不像斯坎伦计划那样激进，因而常常受到那些试图改变传统的管理风格，而又希望通过逐步引入员工参与来实现这一目标的公司青睐（Ost，1989）。拉克计划与斯坎伦计划不同点在于，它的价值增加制度是使员工从节省与生产相关的材料和供应品中获利。拉克计划也设立了一个储蓄基金，以备在生产率较低的年份发放，如果储蓄基金当年没有用完，在年末就会以另外的奖金形式发放给员工。

成功的激励计划可以为组织带来很多重要的成果。但在决定是否应为获得这些成果而设计并实行一个奖金分配计划时，必须考虑很多因素。首先，确定哪些员工参与奖金分配是很重要的；其次，需要花足够的时间来确定奖励的标准和计算方式，这些标准和计算方式必须简明，以便于实施、便于向组织成员解释，同时又要保证组织能够准确地奖励那些组织所期望的行为主体；最后，还需要说明奖金总额中有多大比例将被分配给符合条件的员工以及奖励的频率等问题。一旦制度设计完毕，组织最好能够在员工出现组织所期望的行为之后尽快地予以奖励(Dantico，Sipari，1991)。

三、收益分享计划

收益分享计划（gain-sharing plan）旨在鼓励多数或全体员工共同努力以达到公司的战略目标，同时在员工和公司之间分享成本削减所带来的额外收益。这部分额外收益可以是额外的利润，也可以是额外的产出。

收益分享部分的分发可以按月份、季度、半年或年度进行，具体情况取决于高层的管理理念和对工作业绩的衡量方式。额外收益的分配越经常，员工对奖励的感受度越高。

运用这一计划需要注意的问题是：计划实施成功与否在很大程度上取决于员工的参与程度，同时也要有高层的承诺和支持，只有充分信赖员工，鼓励员工勇于提出意见，注重员工和组织之间的积极合作，才能有更好的效果。

事实上，斯坎伦计划是收益分享计划的早期形式。与利润分享计划相同，收益分享计划也鼓励员工在以个人绩效为导向的报酬计划下追求更大范围的目标，但收益分享计划更强调对员工进行个人奖励。

四、利润分享计划

利润分享计划（profit-sharing plan）的设计思想是，如果组织利润达到并超过了预先设定的最低水平，员工们就可以获得奖金，奖金数量是超额利润的某个百分比。这种制度是以组织利润作为调节员工薪酬的杠杆，也就是在组织利润的基础上为员工支付一定数量的即期或延期薪酬的计划活动。这意味着组织的盈利水平决定员工的薪酬水平，组织的利润越高，员工获得的额外收益也就越多；反之亦然。但员工基本薪资的构成和总体水平不会因组织的利润水平而受到影响。因此，不管组织处于盈利还是亏损状态，员工都可以获得既定数量的基本薪资，以维持自身生存和发展的需要。

利润分享计划的目的是通过将代表组织绩效的利润指标用一定的方式在员工中分配，为员工提供享受组织收益的机会。更为重要的是，它鼓励员工更多地从组织的角度去思考问题，引导员工从对自己利益的关注转移到对组织利益的关注，培养员工的主人翁意识和合作意识，提高员工的义务感和责任感，塑造团队精神。例如，惠普公司是利润分享计划的忠实推行者，它认为这种计划是提高生产率的一个有力工具，当利润达到一定目标时，中层管理者和白领员工都可以获得现金奖励。

实施利润分享计划，组织必须考虑三个方面的问题：第一，员工分享利润的比例；第二，分配方式；第三，支付形式。一般组织在制定利润分享计划时，会明确一个具体的利润分配总额，如员工可以分享利润的5%~50%。接下来，组织会决定如何在员工中实现公平分配，通常的做法是平均发放（每位员工的利润份额相同）或者基于员工的基本薪资以一定的比例进行发放。

从这种分配方式中可以看出，利润分享计划关注的重点主要是对员工合作成果的认同和团队工作方式的肯定，它与员工的个人绩效和个人贡献并没有多大联系。所以，从提升员工个人绩效的角度看，这个计划的作用不是很大。

至于支付方式，常见的是采取现金现付制或递延制或二者相结合的方式。分享的利润可以在财政年度里直接付给员工，即现金计划，也可以延期支付，如把钱纳入退休、死亡或养老基金中，这样可以积累到较高的数额，为员工增添保障。在某些国家，员工离开公司时若尚未退休，则这笔奖金不会发给员工，这就对员工的跳槽形成了约束。

利润分享计划的优点：一是它能促使员工更加关心组织，激励员工以实现组织目标为己任；二是组织可以在不增加固定成本的情况下，为员工提供养老金和其他福利，因为这些费用只发生在获利的当年，当组织经营困难时，劳动力成本自然就会降低。该计划的不足之处在于：第一，很多时候，组织的利润影响因素有许多是员工无

法控制的,因此可能未必有意料中的激励作用;第二,付出努力与获得奖励之间的时间差距太大,而支付利润的周期长短对员工的士气有着明显的影响;第三,有时员工了解利润分享计划有难度,因为组织利润等数据并不是每一个员工都有机会了解的;第四,很多员工认为延期利润分享计划会使他们的福利和养老金失去保障。针对利润分享计划的不足,有些企业将利润分享计划设计成只有工资上升而没有下降的机制,以降低风险,但这样又无法达到降低劳动力成本的目的。

收益分享计划和利润分享计划的区别在于:收益分享计划是按照公司收入制度的某一计算办法来分配报酬,使用某一群体或组织的绩效衡量因素;而利润分享计划是根据公司利润制定计算方法来分配报酬,可以用现金支付或以股权代替现金,使用的是组织层面上的绩效衡量因素。

五、员工持股计划

员工持股计划(employee stock ownership plan)是一种长期的激励方式,由美国律师路易斯·凯尔萨在20世纪50年代提出。员工持股计划在国外获得了令人瞩目的发展,特别是对高科技企业产生了革命性的影响,被称作"静悄悄的革命"。在美国的实证调查表明,实行员工持股计划的企业与同类企业相比,劳动生产率高出1/3,平均利润率高出50%,平均工资高出25%~60%。员工持股计划与风险资本还被认为是带动硅谷高速成长的两部"发动机"。

员工持股计划是向员工提供组织股票所有权的计划。选择这种计划的组织一般是上市公司,也包括内部发行股票的组织,这是目前在激励员工方面应用最普遍的员工所有权形式,"是一种新型的财产组织形式"(李果等,2002)。通过员工持股,组织试图建立一种所有权的企业文化,让员工掌控象征组织财富的股票,真正地承担合伙人的义务,股票拥有者在参与维护股东权益的决策中,从心理上也更能感受到他在组织中的所有者身份,股票能够实现员工地位和角色的彻底转变。此外,员工还能因为持有股票而获得财务和税收上的优惠,股票的升值能够增加员工的收益,实现物质上的激励。员工持股已经成为组织融资结构中不可或缺的一部分,甚至组织会用它来应对股票市场的风险和恶意收购,等等。

在美国,员工持股计划的形式是组织建立一个专门的员工持股计划信托基金委员会,每年会依据一定的比例给予员工一定的股权,信托委员会把股票存入员工的个人账户,在员工离开组织或者退休时,他们可以将股票出售给组织。如果组织是上市公司,他们还可以在公开市场上出售。因为依据美国的股票法律,这种形式的持股员工可以获得税收方面的优惠,所以它更像为员工提供了退休福利的一种方式。在我国,由于长期以来并没有明确的法律法规对员工持股的管理和运作进行指导、规范,对员工持股计划还停留在摸索和尝试阶段,因此没有一种普遍适用的形式。

从根本上讲,员工持股计划是蕴涵于企业内部的利益调整机制,这种机制为资本所有者和劳动者之间建立起了一种新型的利益关系。在共同利益的基础上,激发员工和企业一起关注企业的经营和发展,它的目的不仅在于建立起一种利益分配机制,更在于为企业引入一种新的动力机制。因此可以说,员工持股计划本身就是现代企业制度的重要组成部分。

当然，员工持股计划还必须有配套的约束机制。分享计划的激励是基于责任的激励，为此必须在持股对象、持股额、持股权力、持股责任等方面设置控制点，通过"金饭碗"来吸引和激励优秀的人才，通过"金手铐"来留住人才，通过让员工关注公司的持续发展、关注自身业绩和能力的不断提高，使员工以业绩换持股，从而有制约地使员工持股成为一种投资而不是投机行为。表9-6列举了员工持股方案对组织、员工和股东的主要优点。

表 9-6　员工持股方案对组织、员工和股东的主要优点

组织	员工	股东
允许使用税前资金偿还债务	优惠的纳税待遇	为出售股票提供预设的市场
加速现金流动	允许员工占用公司份额	为将股份作为固定资产出售设定价值
为公司股票预设购买者	为员工提供一项资本利得的来源	维持公司的控制权
保护公司免受固定资产问题的困扰		公司不必运用大量资金购置固定资产
能为公司带来避税的收益		能够获得政府担保贷款的优先权

资料来源：戴昌钧. 2005. 企业管理研究新进展. 上海：上海三联书店.

员工持股计划的激励力度大于其他报酬形式，主要原因在于：第一，它是一项长期性的回报计划；第二，其回报具有不确定性；第三，激励的倾斜力度较其他方式大，特别有利于实现组织向那些为公司创造价值的部门和员工倾斜。需要注意的一点是，员工持股一定要有预留机制，以保持对新员工和老员工不断创新与创业的牵引和激励。

六、股票期权计划

股票期权计划是指企业的所有者在企业经营者的经营业绩达到一定的要求时，使其在一定时期内可购得或奖励其适当数量企业股份的一种长期奖励方式。如果股票价格上涨，股票期权的持有人将行使权力以约定的价格购入股票，实现获利；如果价格下跌，股票期权的持有人将放弃购买股票。股票期权计划（stock option plan）可分为非激励型股票期权（non-qualified stock option，NQSO）和激励型股票期权（incentive stockoption，ISO）两种。

股票期权计划与员工持股计划的不同之处在于：员工持股计划面向企业全体员工，而股票期权计划面向的只是企业的少数高层经营者。

根据麦肯锡的一项调查，对于中层管理人员而言，股票期权计划是个简单的权宜之计，对高层管理人员而言，却是最简单明智的长期激励计划。该调查认为，成功的股票期权计划应该做到：

（1）绩效衡量标准与持股人的财富增长而不是与股息增长所带来的收入有关。

（2）建立明确的目标水平体系，并向计划参与者详细阐明。

（3）根据环境状况，对目标进行调整。若市场需要，绩效标准也可改变。

在过去的几年中，股票期权计划的使用有了惊人的增长，尤其是在高科技公司，如微软等。微软的首席执行官雷格·玛菲（Greg Maffei）称股票期权计划的使用"效果非常好"。1986年以来，以平均每年60%速度增长的股价给了员工极大的激励和好处，而且使员工愿意在工资削减的情况下继续为微软工作，这降低了微软的薪水费用。1996年微软还通过使用股票期权计划减少了3.52亿美元的税务负担（Jereski，1997）。

本章小结

1. 薪酬是组织对自己的员工为组织所作贡献的一种回报。薪酬在补偿劳动消耗、吸引和留住人才、保持员工良好的工作情绪和合理配置人力资本这四个方面发挥着作用。薪酬的管理应该满足公平性原则、竞争性原则、激励性原则和从实际出发的原则。影响薪酬体系设计的因素有很多，大体上可以分为战略、职位、资质、绩效及市场五种因素。

2. 薪酬体系设计包括薪资调查、确定每个职位的相对价值、将类似职位归入同一工资等级、确定每一工资级别所表示的工资水平、确定薪酬浮动幅度、设计等级重叠、管理薪酬体系等几个步骤。

3. 职位评价系统一般包括两个内容：一是报酬要素；二是根据这些报酬要素对组织的重要性程度确定权重分配方案。常见的主要有职位排序法、职位分类法、计点法和要素比较法。现在使用最多的是计点法。

4. 薪酬有三种常见模式，分别是基于职位的薪酬模式、基于资质的薪酬模式和基于绩效的薪酬模式。除此之外，还有诸如基于市场的薪酬模式、基于年功的薪酬模式等。

5. 没有一种薪酬模式是完美无缺的，同样，也没有一个薪酬模式是毫无价值的，具体采取哪种薪酬模式要根据组织的实际情况确定。

6. 几种整体薪酬激励计划：斯坎伦计划、拉克计划、收益分享计划、利润分享计划、员工持股计划及股票期权计划等。

▎中英文对照关键词▎

薪酬 compensation
薪资调查 salary survey
职位评价 job evaluation
职位排序法 ranking method
职位分类法 job classification
计点法 point method
要素比较法 factor comparison
工资等级 pay grade

工资曲线 wage curve
薪酬浮动幅度 range width or spread
等级重叠 range overlap
基于职位的薪酬模式 job-based pay mode
基于资质的薪酬模式 competency-based pay mode
技能工资 skill-based pay
斯坎伦计划 Scanlon plan

人力资源管理 Human Resource Management

拉克计划 Rucker plan
收益分享计划 gain-sharing plan
利润分享计划 profit-sharing plan
员工持股计划 employee stock ownership plan

股票期权计划 stock option plan
非激励型股票期权 non-qualified stock option
激励型股票期权 incentive stock option

复习思考题

1. 什么是薪酬？一般来说，薪酬包含哪些内容？公平合理的薪酬体系对组织有哪些作用？
2. 进行职位评价的方法主要有哪些？请详细描述这些方法的实施要点。
3. 设计薪酬体系的步骤和要点分别有哪些？
4. 常见的薪酬模式有哪几种？分别有什么优缺点？
5. 比较收益分享计划和利润分享计划的异同。

案例分析题

国企高管薪酬如何管控？[①]

国企高管薪酬问题向来是个敏感话题。2004年6月，国资委出台《中央企业负责人薪酬管理暂行办法》来规范高管薪酬，而对于在此之外的国有金融企业的监管办法则处于相对空白状态，相关管理很不到位。近年来，接连爆出国企负责人薪酬过高的情况，大部分都属于银行、证券、保险等国有金融企业。据2007年的公开数据测算，金融国企高管年薪高出央企同行均值27倍。因此，不少专家表示，管控国企尤其是金融国企负责人的薪酬势在必行。

如何管控国企高管的天价薪酬，政府、学界、媒体及民众纷纷支招。

政府1：人保部正制定所有行业国企高管薪酬规范

2009年2月18日，据人力资源和社会保障部知情人士透露，一部涵盖所有行业国有企业的高管薪酬总规范正在紧锣密鼓地制定中。"人保部正在会同相关部委，集中力量制定这一规范"，该人士表示，"这一规范将成为全国所有国有企业高管薪酬的指导性意见，并于'两会'前上交给国务院审批。高管与职工薪酬水平将考虑控制在10～12倍，人保部将从总体着眼、从行业入手，并考虑各行业国有企业的特点来制定，规范对象将覆盖所有行业的国企高管。"

---

① 资料改编自：扬子晚报．2009-02-09．http：//www.sina.com.cn；成都商报．2009-02-19．http：//www.sina.com.cn，千龙网每日经济新闻．

该意见经国务院审批后，国资委将在这一总规范的精神下，对其直属中央企业的高管薪酬制定细则。"金融、烟草、邮政等行业，将由财政部、人保部进一步制定细则。财政部和人保部将相互配合，研究制定政策"，该人士表示，"金融类国企高管的薪酬管理，将率先规范、重点规范。一方面是考虑目前的经济形势，另一方面也考虑到金融类高管薪酬过高这一点。"

规范后的国企高管的薪酬增长速度不能超过企业绩效增速。"如果高管依靠资深才智与工作热情，为企业带来很高的绩效，那么他从中提取一小部分后得到的薪酬，即使高些也是合理的"，该人士说，"我们要防范的，就是没有贡献或贡献不够的薪酬虚高。"

政府2：财政部发文征意见，基本年薪取决于两个因素

财政部下发的《金融类国有及国有控股企业负责人薪酬管理办法（征求意见稿）》，是《国有企业负责人薪酬管理办法》的重要组成部分，该征求意见稿建议金融国企负责人年薪由基本年薪和绩效年薪组成。其中，基本年薪应取决于两个因素：第一，公司的职位等级（由企业资产、业务范围、业务领域广度等决定）；第二，所在企业、所在行业、所在地区的在职职工工资水平加权平均后乘以5；份额更大的绩效年薪主要取决于财政部对企业考核的结果，还有净利润的变动情况。其中，2/3的绩效年薪以现金的形式发放，1/3是中长期股权激励，而股权激励的细则将另行制定。

《国有企业负责人薪酬管理办法》将金融类国企按行业分为银行业、保险业、证券业和金融控股公司四大类金融企业，并对其进行盈利能力指标、经营增长指标、资产质量指标以及偿付能力指标的考核，对金融企业建立起标准统一的考评体系。财政部拟分行业统一测算并发布全国金融企业各项评价指标的标准值。

在考评结果上，绩效薪酬评价结果以85分、70分、50分和40分作为类型判定的分数线，分为优（A）、良（B）、中（C）、低（D）和差（E）五种类型。评价得分达到85分（含）以上的评价类型为优（A），评价得分在40分以下的评价类型为差（E）。

"其实（高管）绩效薪酬如何跟考评结果挂钩的问题是比较好解决的，最大的难度在于基本薪酬水平如何确定，以及绩效与基本薪酬比例的确定"。上述人士表示，各方面意见的统一尚需时间。

对于国有企业当中的非金融企业，即由国资委管控的央企，参与制定《国有企业负责人薪酬管理办法》的官员表示："变动不是很大。"

政府3：保监会亮剑，向脱离国情的高薪说"不"

2008年12月11日，中国保监会正式发布《关于保险公司高级管理人员2008年薪酬发放等有关事宜的通知》（以下简称《通知》）。《通知》表示，坚决防止脱离国情、行业发展阶段和公司实际发放过高薪酬。《通知》虽然明确指向中国人民保险集团公司、中国人寿保险（集团）公司、中国再保险（集团）股份有限公司、中国保险（控股）有限公司和中国出口信用保险公

司五家国有保险公司，但也在文尾对于其他中资股份制保险公司提出"也要依照本通知精神，加强对高级管理人员薪酬工作的管理"的要求。

根据《通知》的要求，各家保险公司在2008年确定高管薪酬方案时，必须符合我国国情、符合我国保险行业目前的发展阶段，并且符合保险公司自身的实际经营状况。如果按照上述要求，保险业2009年的高管薪酬将可能出现整体下降。

《通知》还要求，保险公司应规范高管人员的职务消费，严格禁止违规发放薪酬，包括对本公司及各子公司高级管理人员薪酬发放工作的领导和管理，认真履行公司内部决策程序，做到程序合法。

中国保监会还在上述暂行办法中明确表示，公司负责人年度薪酬增长率应低于公司薪酬增长率。同时，如果公司负责人在其他单位兼职，包括各类补贴、股权、红利等应上缴公司。

《中央企业负责人薪酬管理暂行办法》中另外一个被量化的要求是，公司负责人绩效薪金的30%需延期至离任（无任期的按三年）审计后支付。对于任期内经营业绩出现负增长的，酌情扣减该任期的延期绩效薪金。

《通知》旨在重申和加强《中央企业负责人薪酬管理暂行办法》对保险公司的约束，但却首次明确表示暂时停止实施股权激励和员工持股计划。"在国家对金融企业股权激励和员工持股政策颁布之前，各公司不得实施股权激励或员工持股计划。"

此前，中国平安保险公司员工持股的合法化，并创造集体造富"神话"后，保险业界对于员工持股计划颇为钟情，已经有多家保险公司提出过员工持股的计划，而现在多家金融机构类公司的股权激励计划被财政部叫停，其中也包括中国人寿和中国财险在内，都已暂停其H股股权激励。

学界：危机当头重塑形象，修补薪酬制度很有必要

对于《国有企业负责人薪酬管理办法》实施的效果，有业内专家表示："文件只是提供了一项政策依据，具体的实施效果还要看各部门执行的情况。"

中央财经大学中国银行业研究中心主任郭田勇教授则表示："金融国企高管的平均工资比非金融国企的高管工资要高，这一现象有它存在的合理性，因为从整体效益方面来看，金融国企的效益确实比非金融国企要好。"郭田勇同样认为，《国有企业负责人薪酬管理办法》实施的效果可能不大好，因为高管薪酬始终得与公司的绩效挂钩。

另一不愿具名的专家则表示，国有金融企业确实具有特殊性，但问题的关键还在于"身份"，即企业负责人是选择公务员身份，还是选择职业经理人身份。不能既享受高薪，又不对企业的盈亏负责，在这个前提下来探讨高管薪酬和业绩增长才具有合理性。

上述专家还提出，在经济下行的背景下，对现有薪酬制度进行修补极为必要，薪酬过高的金融国企高管们出于社会责任主动降薪，会成为树立形

象、提升社会影响的好机会。

媒体：限薪不能靠自觉，而需要靠制度

随着次贷危机的恶化，美国、德国、韩国及日本等国纷纷对高管采取限薪措施，国内一些企业的高管也开始主动降薪。2009年1月14日，三一集团实际控制人、董事长梁稳根郑重向董事会提出申请"2009年只领1元年薪"，被讨论通过，同时，全体董事降薪90%，集团高管降薪50%，其中总裁向文波的年薪从55万元降至5.5万元。随后，一些上市公司纷纷作出类似声明。不久，上汽集团等9家上海国有大型企业高层率先带头减薪，并缩减差旅费、会务费等开支。所有这些降薪之举，都是基于自觉而非制度。

自觉永远是靠不住的。必须有制度，这种制度是系统的、刚性的，而非简单的"通知"之类的位阶较低，且象征意义大于实际意义的人治符号。在国泰君安证券曝出人均年薪100万元的新闻之后，中国版的"限薪令"随之登场，财政部向有关单位印发了《金融类国有及国有控股企业负责人薪酬管理办法（征求意见稿）》，其中规定，国有金融企业负责人最高年薪为税前收入280万元人民币。

与美国"限薪令"不同的是，中国版"限薪令"被不少人质疑为"涨薪令"，因为280万元的上限过高。公开资料显示，2007年中行、工行、交行、建行等14家金融上市公司的企业负责人年薪都没有达到这个数字。280万元的上限是否意味着这些企业的高管薪酬有相当大的上调空间？而且，《金融类国有及国有控股企业负责人薪酬管理办法（征求意见稿）》中规定的，只是高管现金收入的一部分。按照国际惯例，金融机构高管收入中的一个重要组成部分是中长期激励收益（以马明哲为例，其天价薪酬中有高达4132万元的收入是来自于年度奖金及长期奖励首期首次支付），而财政部的《金融类国有及国有控股企业负责人薪酬管理办法（征求意见稿）》并未对这一部分进行限制，这意味着中国版"限薪令"不仅难以达到限薪的效果，甚至可能造成负面的激励作用。这恐怕是有关部门没有想到的。

限薪之路并不平坦，尤其在我们这个相关制度缺位的国家，无论是大权在握的政府官员，还是处于垄断地位的国企高管，都有自我加薪的动力，而制度的缺位又使得这种加薪之举屡屡在几乎无阻力的情况下顺利进行。而在美国，为了抑制公务员工资的过快增长，防止公务员以权谋私，专门制定了《联邦工资比较法》，明确地对公务员的工资标准和分级加薪作出规定，同时也严格禁止不合理收入。类似这样的法律还有德国的《联邦工资法》、日本的《一般职工工资法》等，这是发达国家公务员工资增长速度和调整频率落后于国内，因而被称之为"普通职工"的根本原因。

既然我国的许多国企负责人享受行政级别对待，他们是否也应该受到此类法律的制约呢？

限薪必须依靠刚性的制度来完成，否则，就容易陷入一种人治的循环，甚至演绎出越限越高的闹剧。

公众舆论调查结果

舆论肯定高薪制度主要是为了吸引人才，不能一棍子打死，但必须尽快建立透明的监督机制，使薪酬和能力、业绩真实对等；民意还期待对垄断企业高管不仅要限薪，更要限权。

2009年2月，《中国青年报》社会调查中心通过腾讯网对2496人进行的一项调查显示：

- 82.3%的人已在关注财政部的"限薪令"，其中48.7%的人表示"非常关注"。
- 80.3%的人认为应该建立对国企高管的责任追究机制，决策者应为错误埋单；45.6%的人认为还需对亏损企业高管的年薪作出限薪细则。
- 90.5%的人支持给金融高管的年薪定上限，9.5%的人持相反态度。38.9%的人认为"限薪令"体现了政府和企业节俭务实、共渡难关的决心。
- 65.1%的人期望国企高管薪酬透明化，保障公众的知情权；52.1%的人认为高管的薪酬应与他们的责任、风险、贡献相匹配；50.7%的人认为政策性规定难有约束力，制约高管高薪还得靠立法；45.6%的人认为"限薪令"之外更要完善收入分配体系。
- 91.3%的人支持在全国推广上海国企高层带头减薪的做法，其中57.3%的人表示"非常支持"。
- 55.1%的人认为"限薪令"不能仅限于金融类国企。

金融危机形势下应该对哪些人限薪？公众给出的排序是：所有国企的高管（80.6%）；公务员年终双薪和四大节日费用（62.9%）；金融国企高管（62.9%）；应限制车补、实物福利、一些项目经费等职务消费（60.9%）；上市公司高管（49.9%）。

- 46.6%的人赞同苏海南的观点，认为限薪不是根本办法，应对高薪制度彻底改革，限薪更要限权。

此外，公众还建议：国企高管目前的薪酬计算很复杂，应规范其绩效考核，形成有效监督（47.7%）；国企高管是靠垄断维持高薪的，应放开市场的行政垄断（44.0%）；国企高管限薪的关键是改变薪酬决定程序（31.0%）。

案例分析思考题：
1. 高管薪酬的确定需要考虑哪些因素？
2. 高管薪酬应如何计量？

参考文献

常荔. 2005. 技能工资理论依据及实施条件. 经济管理，(11)

戴昌钧. 2005. 企业管理研究新进展. 上海：上海三联书店

董克用，叶向峰. 2003. 技能工资实施中应注意的几个问题. 中国人力资源开发，(3)

方正邦,陈建辉.2004.不同发展阶段的企业薪酬战略.中国人力资源开发,(1)
加里·德斯勒.2001.人力资源管理.刘昕译.北京:中国人民大学出版社
李果,黄继刚,王钦.2002.员工持股制度理论与实践.北京:经济管理出版社
刘小禹,孙健敏.2006.技能工资在我国制造业企业中实施的可行性.中国人力资源开发,(9)
麦克纳·E,比奇·N.1998.人力资源管理.北京:中信出版社
乔治·T米尔科维奇.2002.薪酬管理.第六版.北京:中国人民大学出版社
苏珊·E杰克逊,兰德尔·S舒勒.2006.管理人力资源.欧阳袖,张海容等译.北京:中信出版社
孙健敏.2002.国内薪酬调查的现状及存在的问题.人力资源,(2)
田效勋.2003.薪酬设计模式.企业管理,(10)
韦恩·蒙迪,罗伯特·诺埃.1998.人力资源管理.北京:经济科学出版社
亚瑟·小舍曼.2001.人力资源管理.大连:东北财经大学出版社
曾湘泉.2005-05-21.薪酬体系设计新技术应用.中国人力资源调研网
Dantico J,Sipari S.1991.Gainsharing:consider a plan for all reasons.HR News,February:12
Gupta N, et al.1992,Survey-based prescriptions for skill-based pay.ACA Journal,(Fall):48~58
Jereski L.1997.Found money.The Wall Street Journal,May 13:101~104
Ost E.1989.Gain sharing's potential.Personnel Administrator,July:92~96

第十章
员工福利

学习目标
- ●理解员工福利的内涵与特点
- ●了解员工福利的类型
- ●了解员工福利的影响因素
- ●了解员工福利的发展趋势
- ●掌握员工福利计划的内容
- ●学会编制福利计划

人力资源管理 Human Resource Management

引导案例

惠普辞退孕期女工获支持[①]

某女士怀孕期间被惠普公司辞退,遂向劳动仲裁机构提出申诉。劳动仲裁要求资方(惠普公司)支付其当月工资。对此,双方表示不满意,互相将对方告上法庭。北京市朝阳法院于2009年7月6日对外公布,惠普公司在一审中胜诉,无须支付该女士工资及补偿金。

该女士称,她与惠普公司的劳动合同到2009年年底到期。2008年5月29日,她因怀孕向公司申请休息被拒绝。同年6月28日她在加拿大生产,回国后得知6月25日惠普公司已与她解除劳动合同。

惠普公司称,该女士2008年4月7日开始一直处于休年假和病假状态,均获批准。直到2008年5月29日,公司收到该女士的邮件,表示其欲2008年6月1日至7月31日期间休无薪假。因为没有医院相关诊断证明,公司没有批准,并通知其在6月2日到岗,但她一直未到岗。惠普公司按照公司规定认定该女士为旷工,遂与她解除劳动合同。

法院经审理认为,该女士在未经准假的情况下自行离岗,构成旷工,用人单位可与其解除劳动合同,且无须支付经济补偿。同样,该女士在2008年6月份未向惠普公司提供劳动,惠普公司也无须向该女士支付这期间的劳动报酬。

你认为惠普公司应该向这位女士提供经济补偿吗?

随着社会经济条件的变化、权利意识的觉醒、人的需要的高级化和多样化,社会公众对员工福利的关心日益上升;同时,员工福利作为现代企业全面薪酬体系的一个有机组成部分,充分体现了"以人为本"的管理思想和理念。近年来,福利成本在企业总成本中所占比重不断增长,员工福利已不再是"小额优惠"。在美国,1995年每个全日制员工的福利开支为14 659美元,比1983年的7000美元增加了一倍多(U S Chamber of Commerce,1996),员工福利管理也不再是企业人力资源管理中可有可无的议题,其重要性正日益上升。

第一节 员工福利概述

一、员工福利的定义、发展及特点

(一)员工福利的定义

员工福利(employee benefits)可以从广义和狭义两个层次进行定义。

[①] 根据《新京报》2009年7月7日的报道改编。

广义的员工福利包含三个方面:第一,指企业员工作为国家的合法公民而享受政府的公共福利和公共服务;第二,作为企业成员,享受企业的集体福利;第三,除工资外,企业为员工及其家庭提供的各种实物和服务形式的福利。

狭义的员工福利,是指企业为满足劳动者的生活需要,在工资收入以外,向员工及其家庭成员所提供的待遇,包括物质福利、带薪休假、专项服务等。狭义的员工福利又称为劳动福利或者职业福利。

(二) 员工福利的形成与发展

在国际上,员工福利的发展经历了三个阶段:早期发展阶段(企业自我管理时期)、成熟发展阶段(市场经营管理时期)和综合发展阶段(政府介入后与社会保障协调发展时期)(杨燕绥,2003)。

(1) 早期发展阶段。19世纪后半期,产业工人和资本家之间的矛盾日益加深,工厂里的暴力事件层出不穷,工人罢工事件时有发生。19世纪80年代中期以来,改革雇佣关系的呼声越来越高,一些思想开明的企业家自觉采用了一些员工福利措施,如在公司设置洗澡堂和餐厅,提供公司自己的医疗保健服务,甚至派公司的福利代表到员工家中嘘寒问暖,提供营养和卫生方面的咨询等。

(2) 成熟发展阶段。20世纪30年代以来,西方国家的员工福利事业得到了迅速发展。以美国为例,第二次世界大战期间,美国对工资实行了冻结政策,企业为了争夺稀缺的劳动力,纷纷向员工提供优厚的福利待遇,作为一种规避战时工资冻结的手段。与此同时,负责工资和物价管理的政府部门对这种变相的工资增长,也采取了比较宽容的态度。因此,这一时期员工福利事业发展很快。1929~1975年,美国企业的福利支出占劳动成本的比重,从3%上升到了30%(宿春礼,2003)。

(3) 综合发展阶段。进入20世纪后期,政府的态度开始影响企业员工福利计划的建立和管理。可以说,现代的员工福利计划体现了个人、企业和政府三者利益的结合。

在我国,新中国成立后使用了"职工福利"这个概念,它的内涵和外延与"员工福利"相同。我国的福利制度是在政府的直接规划、指导和参与下建立起来的,发放的形式和数量由政府决定,具有很强的平均主义色彩。

(三) 员工福利的特点

员工福利作为企业报酬的一种重要形式,主要有以下特点:

(1) 集体性。绝大部分的员工福利是由企业员工集体消费的,除去少部分福利形式针对某个特定的群体以外,员工福利的主要形式是举办集体福利事业(如员工食堂、俱乐部等),员工主要通过集体消费或共同利用公共设施的方式分享员工福利。

(2) 均等性。员工福利是企业支付给员工的外在性间接报酬,员工在履行了劳动义务之后,都享有企业各种福利的平等权利。换句话说,员工福利的享受与员工个人的工作绩效不直接挂钩或根本无关,员工是作为企业的某种组织成员的身份而享受有关福利待遇的,具有一定的机会均等和利益均沾的特点。

(3) 补充性。员工福利是对按劳分配的补充。在按劳分配制度下,由于员工个人劳动能力、个人贡献以及家庭负担的差异，不可避免地会造成部分员工生活困难、个人消费品的需要难以满足的现象。员工福利可以在一定程度上缓解员工生活富裕程度的差别，作为工资的补充解决员工的生活困难。

（4）有限性。员工福利仅仅是对员工生活有限的、特定的需求的满足，不能像工资一样满足员工的基本需求（宿春礼，2003）。

（5）补偿性。员工福利是对员工所提供的劳动的一种物质补偿，是对员工工资收入的一种补充形式，当然，享受这一权利的前提是履行了劳动义务。

（6）差别性。在不同的企业之间，由于经济条件的限制，各个企业向员工提供的福利待遇会有所差别；即便在同一企业中，在某些福利项目上，也会因员工个人的劳动贡献不同而有所不同。

二、员工福利的类型

按照不同的依据可以将员工福利划分为多种类型。例如，以给付方式为依据，可将其划分为货币型福利、实物型福利及服务型福利；以员工福利发挥的功能为依据，又可将其划分为劳动条件福利、生活条件福利和人际关系福利。下面，我们按照福利制度是否具有强制性而将其划分为强制性福利和自愿性福利。

（一）强制性福利

强制性福利又称法定福利，是国家通过立法强制实施的员工福利政策，主要有两大类：社会保险和休假制度。

1. 社会保险

社会保险（social security）就是国家通过立法手段建立的，旨在保障劳动者在遭遇年老、失业、疾病、伤残、生育以及死亡等风险和事故，暂时或永久丧失劳动能力，或者有劳动能力无劳动机会进而丧失生活来源的情况下，通过国家立法手段，运用社会力量，保障劳动者能够享受国家或社会给予的物质帮助，维持其基本的生活水平的一种制度。

从社会保险的定义我们不难看出，社会保险主要包括养老保险、失业保险、医疗保险、工伤保险和生育保险几大类。

1）养老保险

养老保险（endowment insurance）是国家为劳动者建立的老年收入保障机制，是员工在达到退休年龄、退出劳动领域或者丧失劳动能力等情况下应该享有的权利，包括经济、医疗以及社会服务等方面的措施。我国现阶段采取的是社会统筹和个人账户相结合的养老保险制度，劳动者在退休以后按月领取一定数额的养老保险金。此外，这部分福利还包括员工去世后，员工的家人可以得到一笔抚恤金，当员工丧失工作能力时也可以领取一定的补贴费。

2）失业保险

失业保险（unemployment insurance）是指员工在非自愿性失业——由非本人原

因引起的失业——的情况下，在失业后的一段时间内能够获得一定数额的津贴或者补助。国际劳工组织第 44 号公约规定，无论是津贴还是补助，支付期应为每年至少 156 个工作日，在任何情况下也不能少于 78 个工作日（孙光德，董克用，2000）。失业保险福利是一种经济性补偿，用以弥补非自愿性失业的员工在失业期间所损失的部分收入，目的是通过向非自愿性的暂时失去工作的劳动者提供基本生活保障，为其尽快重新就业创造条件。其基本待遇是失业保险金及失业医疗救助金等的支付（康春燕，2002）。

3）医疗保险

医疗保险（medical treatment insurance）是指按照强制性社会保险的原则，通过国家立法，由国家、企业和个人共同集资建立医疗保险基金，当个人接受医疗服务时，由社会医疗保险机构提供医疗费用补偿的一种社会保险制度。

1998 年，国务院颁布了《关于建立城镇职工基本医疗保险制度的决定》，形成了现阶段我国职工医疗保险制度的基本框架，确定了基本医疗保险"低水平、广覆盖"的基本原则，确定了基本医疗保险的覆盖范围、统筹层次和缴费比例，明确了基本医疗保险实行社会统筹和个人缴纳相结合以及相应的基金来源和使用范围。医疗保险制度的建立和推行，保障了现阶段处于企业改革和结构调整中的员工的利益。

4）工伤保险

工伤保险又称职业伤害保险（workers' compensation insurance），是对在工作中受伤致残或因从事有损健康的工作患职业病而丧失劳动能力的劳动者，以及对因工伤死亡的员工的遗属（通常是无生活来源的）提供的物质帮助。工伤保险实行"无过失补偿"原则，即意外事故的发生，无论劳动者是否存在粗心大意或者操作上的失误，均可获得收入补偿。此外，工伤保险费只由企业或者雇主缴纳，员工个人不承担费用。工伤保险的范围包括工伤事故和职业病。

5）生育保险

生育保险（maternity insurance）是指通过国家立法筹集基金，对因处于生育子女期间而暂时性丧失劳动能力的妇女给予一定补偿的社会保险制度，主要包括经济补偿、医疗服务和生育休假福利等。一般而言，生育保险的内容包括：

产假。即给予生育女职工不在工作岗位的时间期限，具体时间依各国法律有所不同。

生育津贴。即在产假期间，对于生育女职工的工资收入给予一定数额的经济补偿。

医疗服务。即女职工自怀孕后享受的一系列医疗保健和治疗服务的费用由生育保险承担。

2. 法定休假

1）公休假日

公休假日是劳动者工作满一个工作周之后的休息时间。我国实行每周 40 个小时工作制，劳动者的公休假日为每周两天。按《中华人民共和国劳动法》第 38 条规定，用人单位应当保证劳动者每周至少休息一天。

2）法定休假日

法定休假日即法定节日休假。我国节假日包括元旦、春节、国际劳动节、国庆节、清明节、端午节、中秋节和国家法律规定的其他休假节日。《中华人民共和国劳动法》规定，法定休假日安排劳动者工作的，应支付不低于工资的300%的劳动报酬。除《中华人民共和国劳动法》规定的节假日外，企业可以根据实际情况，在与员工协商的基础上，决定放假与否以及加班工资。

3）带薪休假

《中华人民共和国劳动法》第45条规定，国家实行带薪年休假制度。劳动者连续工作一年以上的，享受带薪年休假。企业可以根据员工的服务期限、资历等条件给予不同的时间和费用进行休假，探亲假就属于此种类型。表10-1列出了美国一些高科技公司所提供的带薪休假。

表10-1 美国一些高科技公司提供的带薪休假

公司	休假长度	资格
Adobe Systems	3星期带薪休假	5年
Advanced Micro Devices	2个月带薪休假	7年（某些阶层的员工）
Apple Computer	6星期带薪休假	5年
Autodesk	6星期带薪休假	4年
英特尔	8星期带薪休假	7年
微软公司	8星期带薪休假或者补偿现金	7年（高层重要员工）
Silicon Graphics	6星期带薪休假	4年
Storage Dimensions	2星期带薪休假	4年
Sybase	6星期带薪休假	5年
Tandem Computers	6星期带薪休假	4年
3Com	4星期带薪休假或2星期双薪休假	4年

资料来源：Judith Harkham Semans. 1997. Taking off from the hi-tech grind. HR Magazine, September：129.

（二）自愿性福利

自愿性福利又称企业福利，是指由企业自主建立的、为满足职工的生活和工作需要，向员工及其家属提供的一系列福利项目。企业福利计划比法定福利计划种类更多，选择更加灵活，在这里我们只简要介绍以下几种。

1. 企业年金

企业年金又称企业补充养老保险，是企业及其职工在依法参加基本养老保险的基础上，自愿建立的补充养老保险。它与法定强制的社会基本养老保险和个人商业储蓄养老保险共同构成了我国养老保险制度体系的"三大支柱"。社会基本养老保险用于保障员工的基本生活，其替代率只有50%（高收入者的替代率更低），企业年金作为社会基本养老保险的必要补充，属于员工个人所有，用于保障职工在退休后仍然能够维持原有的生活水平。对于员工而言，企业年金是一种延期收入。

企业年金与基本养老保险制度相比，具有以下五个特点：

第一，基本养老保险制度一般是政府强制实施的、统一的养老金计划，管理机构的经费纳入财政预算由政府统一安排和管理。企业年金计划一般由企业自愿决定是否建立，并自主选择管理和运营模式。

第二，养老金是公共产品，而企业年金属于私人产品，因此，政府对企业年金一般不直接承担责任。政府对企业年金的作用主要表现在立法、税收政策和监管三个方面。

第三，基本养老保险筹资模式一般采取现收现付制，通过代际赡养来提供养老保障，而企业年金则大多采用积累制，实行个人保障。

第四，基本养老保险基金由政府机构管理和运营，保值增值的手段通常是银行储蓄和购买国债；企业年金主要通过资本市场，如各种金融机构来运作，投资手段更加多样化。

第五，基本养老保险制度注重公平原则，收入再分配的色彩突出；而企业年金更注重效率原则，在企业内部人力资源战略中是具有激励机制的福利手段。

2. 人寿保险

多数人寿保险以团体人寿保险（group life insurance）的形式出现，这对于企业和员工都有好处：企业可以享受法律上的税收优惠政策，而员工作为一个群体可以以较低的保险费率购买相同的养老保险。多数情况下，组织会支付全部的基本保险费用（在美国约占雇主的79%）（米尔科维奇，2002），附加人寿保险的费用则由雇员自己承担。

3. 住院、医疗和伤残保险

这主要是指企业向员工提供某种稳定的住院、医疗和伤残保障，目的是为减少员工由于生病或意外事故造成的医疗费用支付损失，进而保障员工的基本生活，这种福利形式和人寿保险一起构成了几乎所有福利方案的基础（德斯勒，1999）。这种保险属于商业保险的范畴，一般采取团体购买的形式，而且该保险适用于全体员工，不考虑员工之间工龄和健康状况的差异。

4. 补充医疗保险

补充医疗保险是企业在参加城镇基本医疗保险的基础上，国家给予政策鼓励，由企业自主举办或参加的一种补充性医疗保险形式。其主要形式有：①商业医疗保险机构举办；②社会医疗保险机构经办；③大集团、大企业自办。

按规定参加各项社会保险并按时足额缴纳社会保险费的企业，可自主决定是否建立补充医疗保险。补充医疗保险基金，用于企业按规定参加当地基本医疗保险，对城镇职工基本医疗保险制度支付以外，由职工个人负担的医药费用进行适当补助，以减轻参保职工的医疗费负担。企业补充医疗保险费在工资总额4%以内的部分，企业可直接从成本中列支，不再经同级财政部门审批。企业补充医疗保险办法应与当地基本医疗保险制度相衔接。企业补充医疗保险资金由企业或行业集中使用和管理，单独建账,单独管理,用于本企业个人负担较重的职工和退休人员的医疗费补助,不得划入基本医疗保险个人账户,也不得另行建立个人账户或变相用于职工其他方面的开支。

5. 教育资助

教育资助是一种通过一定的教育或培训手段提高员工素质和能力的福利计划,通常体现为对企业的员工提供教育资金援助,这也是很多企业实行的一项福利措施。

教育资助分为两种:一种是对那些自觉参加专业培训课程或学位班的员工,在其保证一定工作时间及获得较为优秀的学习成绩的情况下,酌情根据其学业的完成情况为其提供部分学费或全部学费的报销。一般来说,如果员工通过自费培训拿到学历,就可以得到培训费用的全额报销。通过这种方式,企业既可以鼓励员工提高学习和自我开发的积极性,又能够切实提高他们为企业服务的本领和技能。另一种则是在企业内部进行培训。许多企业会举办面向全体员工的讲座和研讨会,帮助员工提高包括专业技能、与人沟通合作的技能、创新与应变能力等在内的多种能力,以确保整个企业的人力资本增值。

6. 员工援助计划

员工援助计划是由企业组织为其成员设置的一项系统的、长期的服务项目,旨在解决员工及其家人的心理和行为等问题,促进员工个人成长,提高组织绩效,实现组织目标。员工援助计划的内容丰富多彩,涉及工作压力、心理健康、危机事件、职业生涯发展、健康生活方式、法律纠纷、理财问题、减肥和饮食紊乱等多个方面,但是,它的核心内容还是解决员工及其家人的心理和行为问题。

员工援助计划20世纪20年代起源于美国,60~70年代得到社会的广泛认可和应用,80年代随着经济全球化的发展被引入欧洲及其他地区,并且被发达国家的多年实践证明是解决企业员工心理健康问题的最好方法。近年来,员工援助计划逐渐被引入我国,成为人力资源管理的新理念。

7. 生活福利

为了适应员工紧张工作和生活的需要,越来越多的企业开始提供一些方便员工生活的福利,具体包括以下内容:

(1)免费工作餐。很多企业包括大多数国有企业为员工提供免费的工作午餐,或者创办自己的食堂,发放固定的午餐补助。

(2)提供交通服务或交通补贴。例如,企业派班车接送员工上下班,为员工报销交通费用等。

(3)住房福利。由于为员工提供住房福利已成为吸引和挽留员工的重要方法,因此,提供住房福利已经成为各企业普遍采用的福利趋势。提供住房福利的形式主要为现金津贴、房屋贷款、个人储蓄计划、利息补助计划,以及提供公司公寓、宿舍等。

大多数企业目前采用的仍然是现金津贴的方法,即每月提供数量不等的现金。还有一些企业在住房贷款方面为员工提供福利。例如,上海贝尔公司的员工队伍年龄普遍年轻化，大部分员工正值成家立业之时，购房置业成为他们的迫切需要。在上海房价昂贵的情况下，上海贝尔公司及时推出了无息购房贷款的福利项目，而且在员工工作满规定期限后，此项贷款可以减半偿还，这一做法既为年轻员工解了燃眉之急，也使为企业服务多年的员工得到回报，加深了员工和企业之间长期的情感契约。

（4）购车福利。目前，一些效益好的企业通常为公司高层提供购车的福利项目。这一福利的推出，一方面缓解了公司的用车压力，另一方面也通过这一形式达到了留住关键人才的作用。例如，方太厨具公司通过为高层管理人员提供无息购车贷款的形式帮助员工解决用车的问题。

（5）文娱体育设施。许多高科技企业通过在公司内部设立文娱体育场所为员工提供福利，或者由公司包办年卡，借助专业的文娱体育设施，为员工提供文娱体育场所。

三、员工福利的作用

深得人心的福利，比高薪更能有效地激励员工。高薪只是短期内人才资源市场供求关系的体现，而福利则反映了企业对员工的长期承诺。正因如此，众多在企业中追求长期发展的员工更认同福利而非仅仅是高薪。适当的福利管理，不但可以减少组织的营运成本，还能提高员工的满意度和忠诚度。具体来讲有下列几个方面。

1. 增加企业招募的优势，吸引企业外部优秀人才

求职者在决定是否加入一家企业时，其考虑的因素多半是公司的知名度、工作本身是否具有挑战性与薪资福利，等等。在对1000名美国人所进行的盖洛普民意测验中，75%的人认为在决定是否选择一个工作时，健康保险、退休金、度假和其他福利是重要的。在1991年，只有70%的人认为这些福利是非常重要的，而在1990年这个数字只有57%[①]。

据2005年中国人力资源开发网进行的"2005年中国企业员工福利保障现状调查"结果显示，72.33%的被调查者认为货币性福利更有激励作用。2007年，中国南方人才市场、广州人力资源协会、广州市人才研究员、南方人才网四大权威机构联合发布的2007年广东地区人才市场薪酬福利调查报告显示，福利的多元化与个性化越来越得到广东地区企业的重视，特别是非经济性报酬的福利对员工的吸引和激励作用最大。

因此，企业只有妥善做好福利规划，提供丰富多样、富有吸引力和竞争力的福利，才能有效增加企业的招募优势，吸引更多的外部人才。

2. 减轻员工税赋的负担，增加员工实际收入

每年公司员工的调薪幅度总是众所瞩目的焦点，然而加薪是否真的会增加员工的年度净所得？加薪代表的是员工所得的增加，然而加薪难免会有预算上的限制，而且

---

① Karr A R. 1991. Benefits keep growing at least in importance to workers. The Wall Street Journal，(17)

员工可能因为加薪造成年度所得税率向上调整,反而增加了赋税负担,造成实际收入的下降。企业若从员工赋税的减少着手规划员工福利,也就是所谓的薪资福利化,就可以切实提高员工的收入水平,充分满足员工所需。

3. 加强核心员工的留任意愿

根据 20-80 定律,企业 20% 的核心员工创造了企业 80% 的利润,组织内部资源分配应该向这部分核心员工倾斜。建立一套符合企业特性又有所侧重的福利规划,为员工提供个性化的福利方案,体现组织对员工的关心与爱护,并为员工提供较大的自主权利,可以增强员工的满意度、归属感并提升员工的士气,从而更好地留住核心员工。

4. 树立良好企业形象,传递企业文化和价值观

现代企业已经不再是单纯的商业组织,企业的任务不再是单纯地向社会提供产品并获得利润。企业还需要履行诸多的社会责任,员工福利就是其中很重要的一项。员工福利可以体现企业的管理特色,传递企业对员工的关爱,创造大家庭式的工作氛围和组织环境,获得较高的员工认同度;也会在社会大众中树立良好形象,有利于企业的长远发展。

阅读材料 10-1 上海贝尔公司的薪酬福利政策[①]

面对中国科技行业人才短缺、员工流失率居高不下的现象,上海贝尔公司的员工流失率却能长期保持在5%左右的良性水平,从而为其在激烈的市场竞争中构筑了一个坚实的人才高地。

上海贝尔公司的工资水平在上海并非拔尖,它是如何吸引人才、留住人才的呢?上海贝尔公司总裁谢贝尔公司一语道破:一切源于公司激励性的福利政策!

高薪只是短期内人才资源市场供求关系使然,而福利则反映了企业对员工的长期承诺。在涉及公司的整个薪酬架构时,上海贝尔公司以优厚的福利以及富有竞争力(而非顶尖水平)的工资为基础,并致力于做好以下几项工作。

(一) 将员工培训作为福利薪酬的一种形式

对于企业来说,通过培训能够提高员工的工作绩效,传递公司的经营理念,提高企业的凝聚力;而作为员工,通过培训可以不断更新知识技能,使自己的市场价值不断增值,这也是众多企业在培训员工方面投入巨资、员工

---

① 仇雨临.2004.员工福利管理.上海:复旦大学出版社.

对自己进入企业后能接受的培训也十分看重的相通之处。

在上海贝尔公司的整个福利架构中，培训是重中之重。上海贝尔公司形成了一整套完善的员工体系。新员工进入上海贝尔公司后，必须经历为期一个月的入职培训，接下来是为期数月的上岗培训；转为正式员工后，根据不同的工作需要，员工还需接受在职培训，包括专业技能和管理专项培训。

上海贝尔公司还鼓励员工接受继续教育，如 MBA 教育，以及博士、硕士学历教育，并为员工负担学习费用。另外，上海贝尔公司的各类技术开发人员、营销人员都有机会前往上海贝尔公司设在欧洲的培训基地和开发中心工作，少数有管理潜质的员工还会被公司派往海外的名牌大学深造。各种各样的培训项目提高了公司对各类专业人士的吸引力，也极大地提高了在职员工的工作满意度和对公司的忠诚度。

（二）将绩效评估与福利政策挂钩

福利作为一种长期投资，管理上的难点在于如何客观地衡量其效果。在根据企业的经营策略制定福利政策的同时，必须使福利政策能促使员工去争取更好的业绩。否则，福利就会演变成平均主义的大锅饭，不但起不到激励员工的作用，反而会助长员工不思进取、坐享其成的消极工作习惯。

在上海贝尔公司，员工所享有的福利和工作业绩密切相连。不同部门有不同的业绩评估体系，员工的绩效评估结果决定他所得奖金的多少。为了鼓励团队合作精神，员工个人的奖金还与其所在团队的业绩挂钩。

在其他福利待遇方面，上海贝尔公司也是在兼顾公平的前提下，以员工所作出的业绩贡献为主，尽力拉大档次差距，其目的在于激励广大员工力争上游，从体制上杜绝福利平均主义的弊端。

（三）将与员工沟通作为设计福利薪酬的前提

卓有成效的企业福利需要和员工达成良性的沟通，要真正赢得员工的心，公司首先要了解员工内心的需求。

上海贝尔公司的福利始终设法满足员工变动的需求。上海贝尔公司员工队伍的年龄结构平均仅为 28 岁，大部分员工正值成家立业之年，购置房业是他们的首选事项。

在上海房价奇高的情况下，上海贝尔公司及时推出了无息购房贷款的福利项目，为员工在购房时助一臂之力。在员工工作达到规定期限后，此项贷款可以减半偿还。如此一来，既替年轻员工解了燃眉之急，也使为企业服务多年的资深员工得到了应有的回报，无形中加强了员工和公司之间的心理契约。

当公司了解到部分员工通过其他手段已经解决了住房，有意于消费升级、购置私家轿车时，上海贝尔公司为这部分员工推出购车的无息专项贷款。公司如此善解人意，员工当然投桃报李，对公司的忠诚度也由此得到大幅提升。在上海贝尔公司，与员工的沟通是公司福利工作的一个重要组成部分，详尽的文字资料和各种活动可使员工对公司的各种福利耳熟能详，同时公司也鼓励员工在亲朋好友间宣传上海贝尔公司良好的福利待遇。

公司在各类场合也尽力详尽地介绍公司的福利计划，使各界人士对上海贝尔公司优厚的福利待遇获得充分的了解，以增强公司对外部人才的吸引力。

第二节　员工福利计划与管理

一、员工福利计划的设计

员工福利计划（employees benefits plan，EBP），是指企业对所实施的员工福利进行的规划和安排，也就是对员工福利各个模块的设计。

企业在设计员工福利计划时，要考虑企业的外部因素和内部因素。企业的外部因素主要包括国家的法律法规和相关政策、社会物价水平、劳动力市场状况以及竞争对手的福利状况；企业的内部因素包括企业的发展阶段、经济实力以及员工的需求、绩效和工作年限等员工个人因素。综合考虑上述内、外部因素之后，企业需要明确一些基本问题，这些问题也就构成了员工福利计划的基本内容。

（一）企业为什么要向员工提供福利

也就是企业向员工提供福利的目的何在，不同的目的决定了员工福利计划的内容和实施形式。一般而言，如果企业的目的在于保障和提高员工的生活水平，那么福利的内容应倾向于实物和服务，可以参考当地的生活水平确定；但是如果企业的目的在于建立有竞争力的薪酬体系，那么福利的水平就需要参考整个行业的市场水平，而不是仅仅局限于本地区的水平。

（二）企业向员工提供哪些福利

也就是福利的具体内容有哪些。福利的具体内容决定了员工的满意度，因此企业在圈定福利内容时一定要充分考虑本企业职工的需求情况，避免出现"出力不讨好"的局面。

企业向员工提供哪些福利是由多种因素决定的。首先，企业在提供福利时要清楚自己的经济实力及雇佣需要，既结合本企业的实际情况，又能够体现福利的导向性。不顾自己的经济实力而盲目扩大员工的福利范围，只会使企业背上沉重的成本负担。与此同时，由于员工群体的差别，他们希望享受的福利待遇也会有所不同，企业要根据现有员工队伍状况和希望吸引的员工类型，合理设置员工福利项目，这样做不但有助于提高员工的满意度，也有利于控制成本。

其次，企业要对社会现实，尤其是对竞争对手的福利状况有清楚的了解。在了解社会现实的基础上，企业需要对本企业福利计划的竞争力作出判断，进而提出改善措施。

最后，还要对将来有良好预期。由于员工福利的刚性，企业在设立新的福利项目时尤需谨慎。要充分考虑这些福利项目是否具有长期存在的必要和企业的承受能力。这样一方面可以避免不必要的成本增加，另一方面也可以增强企业福利的竞争性和持续性。

传统上，企业向员工提供的福利大都是固定的，也就是向所有员工提供相同内容的福利，这种做法操作简单，管理成本较低。但由于不同的员工有不同的需要，简单划一地向所有员工提供一样的福利显然不能适应不同员工的需要，不仅会引起员工的不满，也可能会造成企业成本的不必要增长。随着企业对福利管理认识的深入，越来越多的企业开始放弃传统的福利管理办法，转而采取相对灵活的管理方案，允许员工在福利内容和数量上有较大的选择余地。近年来，一种"弹性福利计划"引起了管理界和企业的关注。这种计划在福利内容和数量的灵活性方面有很多可取之处，我们将在本章后面的小节当中对其进行详细论述。

（三）企业向员工提供什么水平的福利

企业整体福利水平是高于、等于还是低于市场平均水平，这里面需要决定两个层次的内容：一是确定企业整体的福利水平；二是确定员工个人的福利水平（仇雨临，2004）。

员工福利水平的设计与企业的战略和经济实力高度相关，高水平的福利有助于提升企业薪酬的竞争力，吸引优秀人才，提高员工满意度，降低离职率。但是，这种福利水平的成本相比其他竞争对手较高，会给企业的经营和管理造成一定的压力，因此高水平的福利是以企业良好的财务状况为基础的。

与市场水平大致相等的福利，简化了福利的决策过程，市场水平是多少，企业的福利就定为多少，降低了决策的难度，同时较低的福利支出，也减轻了企业经营的压力。但是，这种福利水平的市场竞争力不强，而且由于需要监控市场福利水平的变动情况，无形中增加了福利管理的成本。

低于市场水平的福利，其优点是显而易见的，可以降低企业的福利成本，从而降低人力成本。但是这种福利水平的缺点同样明显，由于不具有竞争力，很难吸引到优秀的人才，同时自身的员工队伍也很难保持必要的稳定。因此，这种福利水平多数情况下只在企业陷入困境时才实行，很少有企业主动采用这种福利水平。

（四）企业向哪些员工提供福利

虽然福利具有集体性和均等性，但是并不意味着所有的福利措施都是针对每一名员工的。不同的福利项目有各自的特点，其对象也就不尽相同。此外，为了增加福利的激励作用，现在越来越多的企业对员工享受福利的条件作出了限制和规定，开始实行差异化的员工福利，那么具体的对象问题也就随之产生了。

在决定不同员工享受福利的数量方面，有一些比较成形的做法可供企业参考：

（1）以工龄为标准。员工福利待遇与工龄挂钩，随工龄增加。一些福利只有在员工为企业服务达到一定年限时才能享受。

（2）以员工对企业的重要性和贡献为标准。对企业贡献大的员工，享受较高的福利待遇。在 LG 中国公司，每个人的培训机会是不均等的，其策略是"让有能力的人先培训"，很多课程都是专门为"核心人才"设立的。

（3）以是否在职为标准。在职员工享受的福利，退休职工和因经济不景气而被临时解雇的员工则不必享受。

（4）以每周工作时间为标准。全日工享有的福利，半日工、临时工则不必全部享受。

（五）员工福利成本由谁承担

员工福利成本的负担，原则上可以有三种选择：一是完全由企业负担；二是由企业和员工共同负担；三是完全由员工负担，但是第三种方法在实际当中很少出现。

企业完全负担福利成本，员工可以享受税收上的好处，管理也比较简单。但员工可能会因为福利来得容易而不去珍惜，造成福利使用的浪费；同时，由于企业成本较大，甚至可能会影响正常的生产，所以完全由企业负担福利成本可能会使企业利益受损。

企业和员工共同负担福利成本，员工可以更好地理解和认识企业为自己的福利所作的贡献，会提高员工对企业的忠诚感和认同感，也更加注意福利的使用，节约开支。但由于员工自己支付了部分福利费用，却没有得到税收方面的好处，总体福利成本反而会上升。

另外，还有一些福利，由于使用的人较少，费用昂贵，不宜由企业负担。企业本着为员工服务的原则，采取了员工缴纳费用、企业代为购买的做法。这种做法使员工有了"家"的感觉，但同时也增加了福利管理的难度。

二、员工福利管理

员工福利管理是指为保证员工福利能够在既定的轨道上良性发展，实现福利计划的预期效果，采取各种措施和手段对员工福利的实施和发展进行控制、调整。员工福利管理是企业各项管理活动中必不可少的一部分，为企业实现福利计划的预期目标和结果提供制度保障和人员保障，是企业各种管理手段在员工福利系统的综合运用。

（一）员工福利管理的基本目标

从员工福利管理的定义，我们可以归纳出员工福利管理的基本目标，即通过控制和调节员工福利的发展过程，保证员工福利能够按部就班地发展，实现各个阶段的目标。

（二）员工福利管理的原则

从管理角度看，为提高资源的使用效率，更好地为人力资源管理目标服务，对员工福利的管理必须充分重视以下原则。

1. 合理、必要原则

在我国，公司一般都设有为建立员工生活福利设施而提取或筹集的员工福利基金，所以，成本上限也就成为员工福利计划当中不可能回避的问题。员工福利设施的建立和服务的提供只能在规定的成本范围内得以解决，因此，福利费用的管理务求以最小的费用达到最大的效用。为了达到这一目的，必须废除一些没有实际效果的设施和制度，按照经济高效的要求建立设施和制度。在合理性之外，还要考虑必要性的问题，应当对员工的需要有充分的了解，并采取相应的措施。福利的提供要适度：福利过少，无法满足员工的需要，会引起员工的不满；滥发没有必要的福利，则会在福利设置上显出"恩赐"的色彩，导致员工反感，同时也会增加企业的经营成本，对企业造成压力。

2. 量力而行的原则

企业首先是作为营利性组织而存在的，其首要目标是实现经济利润。利润无法实现，履行社会责任就会有心无力，员工福利根本无从保证。因此，企业在设置福利项目时，必须结合自身的经济实力，在增加福利支出和降低成本之间作出合理的选择。如果不顾短期利益而使企业陷入困境，企业的长期利润就无法实现，优厚的员工福利也就只能是一种短期现象。

3. 统筹规划的原则

福利设施和大型福利活动常常需要大量的资金，而且员工福利同工资一样，具有可升不可降的"刚性"，一旦形成并被员工接受，就难以简单地缩小和废除。因此，要充分考虑各种条件，从长计议，有计划、有组织地开展活动和开发设施，将短期和长期合理有效地结合起来。

建立员工福利时，要统筹考虑员工福利同社会保障等其他社会福利的关系。中国很多企业通常有"企业办社会"的倾向，企业建立员工生活所需的各种设施，使企业成为独立于社会环境之外的一个"小社会"。在这种"小社会"形成的同时，企业也承担了巨大的经济负担。这种倾向是很不可取的。合理的做法是谋求企业与社会福利的共同发展：一方面，在保障成本对企业自身有利的情况下充分利用社会已有资源；另一方面，企业还可以将自己的福利设施向社会开放。这样既树立了企业的良好形象，也可以在一定程度上收回福利成本。

4. 公平的群众性原则

公平的群众性原则即福利应以全体员工为对象，体现公平精神。员工只要符合企业的相关规定条件，就有权享有其合理合法的福利。如果缺乏这种公平性，员工福利将会引起员工的质疑和不满，也会影响其对企业的忠诚。

（三）员工福利计划的实施

员工福利计划的实施，主要需要做好三个方面的工作：首先，要做好福利政策和计划方案的宣传沟通工作；其次，应按照既定的福利政策和计划，审查员工资格，向不符合条件的申请者作出解释；对审查合格的申请者，应为其或协助其办理相关手续，帮助员工获得自己应享有的福利待遇。最后，注意节约开支，降低福利成本。

1. 员工福利计划的宣传及沟通

员工福利对员工产生激励作用的大小，主要取决于员工对福利价值的认可程度，而有效的沟通是提高员工认可度的关键。据芝加哥 AON 咨询公司就员工对公司福利认可度的一项调查表明，有效的福利沟通比优厚的福利本身更为重要。其中，良好的福利沟通与员工认可度的关联系数为 0.38，与健康计划的关联系数为 0.22，与员工养老金的关联系数为 0.26。这充分说明，使福利更贴近员工最有效的途径就是福利沟通。因此，企业有必要设计一种完善的福利沟通模式，一方面，告诉员工他们会享受哪些福利待遇；另一方面，告诉员工他们享受的福利待遇的市场价值到底有多大。

下面是一些有关福利沟通方面的建议：

第一，编写、印发福利手册，详细讲述本企业福利的基本内容、享受福利待遇的条件和费用承担等问题。

第二，定期向员工公布有关福利的信息，包括福利计划的适用范围和水平，同时收集同行业其他企业的福利制度，完善本企业的福利计划，结合其他企业的现实向员工介绍本企业的福利制度，扩大关于企业薪酬竞争力的讨论范围。

第三，应有专门的机构（可以是常设的，也可以是临时的）定期开展讨论会，收集员工对福利管理的不解之处，并及时给予解答，避免由于沟通不畅而出现的矛盾。

第四，建立网络化的福利管理系统，在公司组建的内部局域网上发布福利信息，也可以开辟专门的福利板块，与员工进行福利问题的双向交流，从而减少由于沟通不畅导致的种种福利纠纷和福利不满。

2. 审查和帮助员工获得福利待遇

一般情况下，员工会根据公司的福利政策和制度向公司提出享受福利的申请，而企业需要对这些申请进行审查，即对企业是不是实施了某种相关的福利计划，该员工是不是在福利计划的范围内，以及该员工应享受什么水平的福利进行审核。

员工申请享受规定的福利待遇时，福利管理者应该首先审查申请者是否符合享受福利待遇的条件。向不符合条件的申请者作出解释，避免由于沟通不畅造成误会；对经过审查合格的申请者，管理者应为其或协助其办理手续，使其能充分享受规定的福利待遇。

3. 节约开支，降低福利成本

随着福利的增长，如何降低福利成本已成为每个企业不可回避的一个重大问题。

为了提高福利服务效率、减少浪费，许多企业也进行了一些改革。采取的手段主要有：

（1）由员工自己承担一个规定数额的费用，只有员工的支出超过这个规定数额时才开始享受福利。

（2）由员工承担部分购买福利的费用。

（3）规定员工个人享用福利的上限。

（4）对不同的员工区别对待。

（5）认真审查员工申请享受福利的条件，严格控制福利享用的条件。

（6）实行员工福利成本控制政策，即将企业福利成本控制在一个合理的范围内，并根据这一成本预算提供福利项目。

（7）与福利的提供者进行认真的谈判和协调，降低购买福利的成本，审查医院或其他服务单位收费的合理性，或将计划实施方案进行竞争性投标（米尔科维奇，2002）。

（四）员工福利管理中存在的问题

由于福利的大规模发展不过是 20 世纪 60 年代以后的事情，再加上福利本身的独特性，所以在福利管理方面，企业还存在着如下许多问题。[①]

1. 企业和员工对福利的认识存在一些混乱

在实践中，企业应该给予员工何种福利、员工应该享受何种福利，双方的认识都很模糊。

从企业方面，企业的员工福利能否满足员工？员工的哪些福利需要应当由企业来满足？如何保持企业福利政策的连贯性？企业应当在福利项目中承担多大的成本？福利政策制度对于企业经营目标的支持程度如何？这些问题始终困扰着企业，在大多数情况下，企业实际上只是在被动地制定福利方案，对这些福利方案实施的合理性及其实施效果并不清楚。

从员工的角度来说，员工只知道自己对于某些福利存在需求，但并不清楚企业是否应当满足自己这方面的需求。另外，由于福利条款及其操作过程的复杂性，许多员工都只是遇到生病、残疾、被解雇或者退休时，才真正开始对福利计划感兴趣。大多数员工对企业所提供的福利的种类、期限以及适用范围也往往一知半解。此外，员工对自己享受的企业福利的价值到底有多大，根本不清楚也不关心。

2. 福利成本和效用配比不当

不可否认，福利成本对于任何一个企业来讲都是一笔巨大的支出，但这笔支出的作用究竟怎样呢？这在理论上仍然存在争议，实际操作中的答案也并不乐观。福利成本在企业中会存在两个方面的问题，一方面可能存在福利总成本过高的问题，另一方

---

① 〔美〕约翰·特鲁普曼. 2002. 薪酬方案：如何制定员工的激励机制. 上海：上海交通大学出版社：102～106.

面还存在企业的福利成本增长过快的问题。一种情况是某种福利在实施之初，企业没有预见到福利发展到一定阶段后会给企业带来非常高的成本，因而，初期设计福利时没有考虑到未来的风险，导致未来企业愈加不堪重负。另一种情况是环境变化导致的，比如，医疗成本的飞速上升很可能导致企业在维持原有福利水平的情况下，必须缴纳的保险费大规模上升。员工没有感受到所获得医疗服务本身的价值有任何变化，因而不会对企业心存感激。这样，企业就陷入了福利成本的负担之中。而从员工角度来看，员工普遍认为福利是自己应得的一种权利，而福利待遇又一直没有改变，所以他们对企业也不会心存感激。企业则会明显地感到自己的付出没有得到回报。

3. 行政管理上的复杂性

由于企业及员工对福利机制都很陌生，加上福利管理本身的复杂性，所以在具体执行时，存在管理不力或是管理过头的倾向。当具体问题没有出现时，企业和员工都不清楚这项福利方案应该如何执行；一旦问题出现，又会出现无先例可循、手忙脚乱的现象。

4. 缺乏针对性和灵活性

传统的福利制度诞生于一个传统的年代，针对的是传统的工作模式和家庭模式，而当前的社会发展已经导致工作方式和家庭模式发生了巨大的变化。劳动力队伍构成的变化，不同文化层次、不同收入层次的员工对于福利的需求也有了较大的差异。而传统的福利制度固定、死板，难以满足员工多样化和个性化的需求。

第三节 弹性福利计划

一、弹性福利计划的含义

弹性福利计划（flexible benefits plan）又称为自助式计划、自助餐式福利等，即每个员工在企业设定的年度福利总额范围内，自行选择福利项目的福利计划形式。因此，弹性福利计划并非一项福利内容，而是一种福利方案。在实际操作中，员工在规定的时间和现金范围内，有权按照自己的意愿，从企业提供的福利项目（"菜单"）中选择并组合适合自己的福利"套餐"，他们享受的福利待遇将随着自身生活的改变而改变。

弹性福利计划起源于 20 世纪 70 年代美国一些企业的"咖啡馆计划"，该计划允许员工在他们的健康和其他福利之间作出某种选择。自 20 世纪 90 年代以来，弹性福利计划在全球范围内兴起。这种福利制度不仅强调员工福利的个性化和选择的灵活性，而且非常强调员工参与的过程。

二、弹性福利类型

1. 附加型弹性福利

附加型弹性福利就是指在现有的福利项目之外，再提供一些福利措施或提高原有福利的标准，供员工自己选择。例如，原来的福利项目包括住房资助计划、带薪休假、交通福利等。企业在实行弹性福利计划时，在执行上述原有福利的基础上，额外提供附加福利，如人寿保险、培训、法律咨询等。

2. 核心加选择型弹性福利

在采取核心加选择型弹性福利计划时，员工的福利由两部分构成：核心福利和弹性选择福利。核心福利是所有员工都享有的基本福利，这部分福利不属于可选择的范畴；弹性选择福利包括所有可以自由选择的福利项目，并附有购买价格。员工所获得的福利限额，一般是未实行弹性福利制时所享有的福利，如果总值超过了拥有的限额，差额可以折发现金。

3. 弹性支用账户

弹性支用账户是指员工可以从其税前收入中拨出一部分款项作为自己的"支用账户"，并以此账户选购各种福利措施。拨入该账户的金额不必缴纳个人所得税，因此对员工极具吸引力，但是手续比较烦琐。为了保证"专款专用"，账户中的金额如果在本年度没有用完，余额归公司所有，既不能来年使用，也不能以现金的形式返还员工。而且，已经确定的认购福利款项不得挪作他用。

4. 福利"套餐"

这种类型的弹性福利是由企业同时推出不同的、固定的福利组合，每一种组合所包含的福利项目和优惠的水准都不一样，员工只能自由选择某种福利组合，而不能选择每种组合所包含的内容。企业一般根据本企业员工的背景情况（如年龄结构、婚姻状况、住房需求等）规划此种弹性福利制度。

除了上述四种主要的弹性福利制度的类型以外，还有一种被称为"选择型弹性福利"的类型，这种类型的福利计划是在原有固定福利的基础上，提供几种项目不等、程度不同的福利组合。这些福利组合有的价值要高于原有的固定福利，有的则低于原有的固定福利。如果员工选择了较高价值的福利组合，就要扣除一部分直接薪酬作为补偿；如果员工选择了较低价值的福利组合，则可以得到其中的差额部分，但是员工必须对所得差额纳税。

三、弹性福利计划的优缺点

（一）弹性福利计划的优点

（1）弹性福利计划便于雇主管理和控制成本。弹性福利计划通常在每个福利项目之后标示其金额，这样可以使员工了解每项福利和成本间的关系，使员工有所珍惜，并方便雇主管理和控制成本。

（2）减轻福利规划人员的负担。在企业中，规划福利制度的人员必须绞尽脑汁地设计各种福利，但常常还得不到员工的认可。而由员工自选，员工较不易抱怨。

(3) 增加员工的稳定性及留住优秀员工。弹性福利计划富有灵活性和自由选择性,可以满足不同员工的需要,使员工感受到自身的权利和价值,增强员工对企业的情感承诺。

(二) 弹性福利计划的缺点

虽然弹性福利计划有很多优点,但它也存在着某些局限性:

(1) 管理比较复杂。由于员工自主选择,每个人的信息可能差别很大,管理和核算的工作量和难度都加大了,福利的管理成本也会上升,如果处理不慎,甚至可能引起员工的抵制。

(2) 员工缺乏专业知识,作为消费者,其选择有时不尽合理,可能会因为只注重眼前利益或未经仔细考虑,以致选择了不实用的福利项目,影响了员工的长期利益。

(3) 存在"逆选择"的问题(宿春礼,2003)。所谓"逆选择"就是指理性的"经济人"没有作出利润最大化的选择,而是选择了非利润最大化的情况。在弹性福利计划中,员工很可能为了享受福利金额的最大化而选择了并非自己最需要的福利内容,这样做的结果是企业的福利成本可能并没有节约多少。

(4) 很难形成规模效益。由于员工各取所需,其选择难免分散,但是有一些员工福利是需要规模才能够得以实现的,如员工食堂、集体旅游等,这些福利在弹性福利计划下就不容易实现。

阅读材料 10-2　ICL 的弹性福利计划①

ICL 是美国一家大型信息技术公司。"除非你是自营职业者,你或许就要重视公司福利的价值",ICL 的就业指导凯瑟琳·特纳(Catherine Turner)在解释 ICL 最近采用的弹性福利方案的原因时说,"我们最初的目标是双重的。一方面,我们想找到一种向个人通告福利内容的工具;另一方面,我们想给人机会去选择他们想要的福利"。

在各种中心小组帮助识别一揽子福利计划应该包括哪些福利项目之后,该方案于 1997 年展开。ICL 的方案允许员工选择较高的薪金加较低的一揽子福利计划。该方案包括的福利有养老金计划、人寿保险、医疗保险、节假日时间的买卖、牙科保险、危险疾病计划以及托儿津贴等。对享有的所有福利权利的计算,公司是依据员工本应获得的薪金进行的,弹性福利方案没有改变总收入在福利上的支出比例。

先给试点小组两个月的时间去作出选择,然后要求试点小组签约。"最普遍的选择",特纳说,"是提高了养老金的积累率,滥用节假日的人不太

---

① 〔美〕劳埃得·拜厄斯,莱斯利·鲁.2002.人力资源管理.北京:华夏出版社:334.

多。实际上更多的员工是出售节假日而不是购买——大多数人的问题是寻找时间去休假。"公司在4月公布了对其英国所有员工的弹性福利计划,在最早的试点小组中,超过90%的员工签署了弹性方案。

本章小结

1. 作为薪酬的补充部分,员工福利受到企业越来越多的重视。员工福利,是指企业为满足劳动者的生活需要,在工资收入以外,向企业员工及其家庭成员所提供的待遇,包括物质福利、带薪休假、专项服务等。狭义的员工福利又称为劳动福利或者职业福利。

2. 在国际上,员工福利的发展经历了三个阶段:早期发展阶段(企业自我管理时期)、成熟发展阶段(市场经营管理时期)和综合发展阶段(政府介入后与社会保障协调发展时期)。

3. 员工福利的基本特点是集体性、均等性、补充性、有限性、补偿性和差别性。

4. 按照福利制度是否具有强制性,可以划分为强制性福利和自愿性福利。

5. 员工福利对于企业吸引企业外部优秀人才,减轻员工税赋负担,增加员工实际收入,加强核心员工的留任意愿,树立良好企业形象,传递企业文化和价值观具有重大意义。

6. 员工福利计划是指企业对所实施的员工福利进行的规划和安排,也即对员工福利各个模块的设计。企业在设计员工福利计划时,要考虑企业的外部因素和内部因素。

7. 员工福利管理是指为了保证员工福利能够在既定的轨道上良性发展,实现福利计划的预期效果,采取各种措施、手段对员工福利的实施与发展进行控制和调整。

8. 20世纪70年代开始,西方发达国家的一些企业开始针对员工的不同需求提供不同的福利内容,弹性福利模式逐渐兴起并成为福利管理的一个发展趋势。

中英文对照关键词

员工福利 employee benefits
社会保险 social security
养老保险 endowment insurance
失业保险 unemployment insurance
医疗保险 medical treatment insurance
工伤保险 workers' compensation insurance
生育保险 materity insurance
员工福利计划 employees benefits plan
弹性福利计划 flexible benefits plan

复习思考题

1. 员工福利的定义是什么？从强制性和非强制性的角度，员工福利可以分为哪几种？
2. 什么是员工福利计划？其主要内容是什么？
3. 什么是员工福利管理？其基本原则有哪些？
4. 什么是弹性福利计划？弹性福利计划的基本类型有哪些？弹性福利计划的优缺点各有哪些？

案例分析题

动态学习公司的新福利计划①

动态学习公司是由詹妮弗·蒙戴兹和梅尔·哈德森创立的，该公司主要为"自由学习者"——在家中学习商业课程的人，以网页、光盘以及课本等形式提供与企业管理有关的继续教育课程。

动态学习公司仅仅为雇员提供法定的福利，这些福利包括参加纽约事业保险计划、社会保障以及工伤保险（这些保险都由为公司提供盗窃和火灾保险的同一家承包商提供）。詹妮弗、梅尔以及他们各自的家庭提供资金支持健康和人寿保险。

詹妮弗看到了公司在福利和服务方面有几个不对头的地方。首先，她想知道，与本公司类似的其他公司的经验是否表明，企业通过提供健康保险和人寿保险，能够更容易雇用到雇员以及降低雇员的流动率。詹妮弗还注意到，公司没有带薪休假和病假方面的福利政策。不过，公司有一种不成文的规矩，即雇员在工作一年之后可以得到一周的休假。可是公司对于在一些特殊日子里是否向雇员支付薪资的政策不统一：有些时候，一个在工作岗位上刚刚工作了2～3周的雇员也能在上述这样一个特殊的日子里得到全额薪资；然而有些时候，那些已经在公司工作了半年甚至是更长时间的雇员却只能得到当天的一半薪资。没有人知道公司到底将哪些节假日作为公司的"带薪"节假日。詹妮弗知道，现在必须把这些政策统一起来。

她还考虑是否应当建立某种形式的退休计划。尽管目前雇员都是20多岁，但是她认为像401（K）（雇员向计划中缴纳他们税前薪资的一部分，公司也在一定的上限范围内按一定的比例进行配套缴费）这样的计划有助于培养雇员对公司的忠诚度，而这是她和梅尔一直以来都希望在动态学习公司的团队中能够培养起来的东西。然而，梅尔对此却不是很确定，他的观点是，如果这些福利计划不能导致公司销售额的快速上

---

① 〔美〕加里·德斯勒.1999.人力资源管理.北京：中国人民大学出版社.

升,那么这些计划就等于烧钱。现在他们希望你(他们的管理咨询顾问)来帮助他们决定应该怎么做。

案例分析思考题:

1. 根据本章的学习内容,为动态学习公司拟定一份关于带薪休假、病假和带薪节假日的福利政策指南。

2. 对于动态学习公司来讲,为雇员提供健康保险、住院保险计划的优缺点各有哪些?

3. 从竞争对手以及其他相关信息来源的角度,你认为动态学习公司是否应该为雇员建立一个 401(K)计划或其他福利计划?如果公司准备建立,请你为公司拟定一个这样的计划。

▶ 参考文献

郭俭峰. 2002. 实施员工福利计划应当注意的几个问题. 上海保险,(9)

郭席四. 2000. 论建立我国企业补充养老保险制度. 经济问题,(4)

加里·德斯勒. 1999. 人力资源管理. 北京:中国人民大学出版社

康春燕. 2002. 失业保险制度的国际比较与借鉴. 甘肃行政学院学报,(3)

劳埃得·拜厄斯,莱斯利·鲁. 2002. 人力资源管理. 北京:华夏出版社

雷蒙德·A 诺伊,约翰·霍轮拜克等. 2001. 人力资源管理——赢得竞争优势. 第三版. 北京:中国人民大学出版社

仇雨临. 2004. 员工福利管理. 上海:复旦大学出版社

米尔科维奇·T. 2002. 薪酬管理. 北京:中国人民大学出版社

宿春礼. 2003. 现代公司员工福利计划方案设计. 北京:中国财政经济出版社

孙光德,董克用. 2000. 社会保障概论. 北京:中国人民大学出版社

杨燕绥. 2003. 员工福利计划及其对中国市场的挑战. 中国金融半月刊,(24)

约翰·特鲁普曼. 2002. 薪酬方案:如何制定员工的激励机制. 上海:上海交通大学出版社

Bohlander G,Snell S. 2004. Managing human resources(3rd). Thomson Learning

Karr A R. 1991. Benefits keep growing at least in importance to workers. The Wall Street Journal,(17)

Levering R,Moskowitz M. 1998. The 100 best companies to work for in America. Fortune,(January 12):129

Semans J H. 1997. Taking off from the hi-tech grind. HR Magazine,(9)

U S Chamber of Commerce. 1996. Employee benefits. Washington,D C

第十一章
劳动关系管理

学习目标

- ●理解劳动关系的含义、属性和分类
- ●了解劳动法与劳动合同法与人力资源管理的关系
- ●掌握劳动合同的内容和签订注意事项
- ●熟悉劳动关系终止的条件
- ●掌握劳动争议处理的注意事项和基本程序

引导案例

合同未办终止手续，劳动关系是否终止[①]

小张是智力四级残疾人，1992年3月开始在Z国有企业做计划外临时工。2000年1月，小张与Z企业签订了为期一年的劳动合同，期满后又续订了五年。在合同履行期间，小张多次因病住院，有证据的住院天数达411天，加上小张是残疾人，不能胜任岗位工作，合同期满后，Z企业不再与小张续订合同，但也未办理合同终止手续。之后，企业安排小张做临时工工作，但仍发放合同制工人工资至2006年5月，同年6月开始改发临时工工资。2008年6月，Z企业解除了与小张的临时工关系。小张不服，向所在市劳动仲裁委员会申请仲裁，要求与Z企业续订劳动合同。仲裁结果为，Z企业在合同期满后依法终止合同并无不当，同时，裁决由Z企业妥善解决合同终止后小张的有关待遇。仲裁结果合理吗？

只要个体加入某个组织，成为某个组织的成员，就必然会涉及劳动关系的相关问题。本章着重介绍劳动关系的一些基本概念、劳动关系的建立和终止，以及劳动争议的处理。

第一节 劳动关系的基础知识

一、什么是劳动关系

（一）劳动关系的含义

劳动关系（labor relations）是指雇主与雇员在从事劳动的过程中所建立的社会经济关系的总称，它是现代社会生产和生活中人们相互之间最重要的关系之一。在我国，雇主一般指用人单位，包括企业、个体户、事业单位等，而雇员一般指劳动者。从广义上看，任何劳动者与任何性质的用人单位由于从事劳动而形成的社会关系都属于劳动关系。从狭义上看，现实经济生活中的劳动关系是指依照国家劳动法律法规规范的劳动法律关系，即双方当事人是因为一定的劳动法律规范所规定的权利和义务而联系在一起的，双方权利和义务的实现是由国家强制力来保障的。劳动法律关系的一方——劳动者，必须加入某个用人单位，并参加该单位的生产劳动，遵守该单位内部的规章制度；而另一方——用人单位，则必须为劳动者提供一定的工作条件，并根据劳动者的劳动数量或质量为其支付报酬，从而满足和改善劳动者的物质生活和文化生活需要。

---

① 根据http://www.chinavalue.net/Media/Article.aspx?ArticleId=35880的资料改编而成。

(二) 劳动关系的属性[①]

1. 平等性与隶属性

在劳动合同签订之前以及劳动关系续签期间，劳动者与用人单位可以就劳动条件问题进行协商。就此而言，劳动者没有服从用人单位的义务，即体现了劳动关系的平等性。在签订劳动合同之后，劳动者必须从属于用人单位，履行劳动合同所规定的义务，通过为用人单位提供职业性劳动来换取各种报酬，这体现了劳动关系的隶属性。

2. 对等性与非对等性

劳动关系的对等性是指劳动者与用人单位在维持劳动关系期间所承担的责任和义务是相互对应的。例如，只要劳动者为用人单位提供劳动，用人单位就必须为劳动者支付报酬，否则，后者可以免除履行相应的义务。然而，在某些情况下，即使一方没有履行某一义务，另一方仍不能免除履行相应的义务，也就是说，劳动关系双方所履行的义务并非总是对等的。例如，即使用人单位没有对家庭困难的劳动者提供特殊照顾，后者仍然要为前者按质按量地提供劳动。因此，对等性与双方利益的相互交换有关，而非对等性与伦理道德的要求有关。

3. 法律性、经济性与社会性

劳动关系一般是通过受法律约束的劳动合同来体现的。劳动者为用人单位提供劳动，不仅可以换取各种报酬，而且还可以从工作中获得自尊、体面、满意感、成就感和归属感等。因此，劳动关系既具有法律性和经济性的特征，又具有社会性的特征。

4. 政府的调节干预性

劳动关系所涉及的问题主要是经济社会利益的问题。在解决此类问题时，别人是无法替代的，只能由当事人自主处理。然而，市场经济追求效率、忽视公正等固有的弱点，使得双方当事人自主处理劳动关系问题在执行上有相当的难度。为了维护劳动关系的协调与稳定，市场经济国家，特别是我国的劳动关系更强调国家干预，如国家的劳动立法干预，政府通过三方协商机制进行的调节和干预等。三方协商机制是指政府同劳动者和用人单位双方通过协商、合作来维护劳动关系。例如，促进集体谈判和工人参与制度的建立和实施，为劳动争议提供调解和仲裁服务，积极调解重大劳动争议，等等。

5. 劳动关系中劳动者的相对弱势性

劳动关系的对等性要求劳动关系应当体现双方权利和义务的平衡。然而，一般情况下，用人单位掌握着生产资料和管理大权，劳动者在劳动过程中必须接受用人单位

[①] 程延园．2007．劳动关系学．第二版．北京：中国人民大学出版社：10，11．

的管理监督，这在一定程度上要求劳动者进行人身自由权利的让渡，从而使劳动者处于从属地位。因此，在录用、解雇以及确定就业条件和劳动条件时，用人单位大多处于优势和主动地位，特别是当劳动力供大于求时，劳动者的弱势地位更加凸显。

（三）劳动关系的分类

就劳动关系的规范程度而言，劳动关系可分为规范劳动关系、事实劳动关系和非法劳动关系。规范劳动关系是指依法通过订立劳动合同而建立的劳动关系；事实劳动关系是指未订立劳动合同，但劳动者已经为用人单位提供有偿劳动，在事实上已成为用人单位成员的劳动关系；非法劳动关系是指用人单位招用不合法的人员参加劳动，或者不合法的用人单位招用劳动者等情况。

就实现劳动过程的方式而言，劳动关系分为两类：直接实现劳动过程的劳动关系和间接实现劳动过程的劳动关系。前者是指签订合同的单位与劳动者建立劳动关系后，劳动者直接为签订合同的单位提供劳动，并从其处获取报酬，这是当前出现较多的一类劳动关系；后者是指建立劳动关系后，签订合同的单位通过劳务输出或借调等方式安排劳动者为其他用人单位劳动，但仍从签订合同的单位获取报酬，这是目前逐年增多的一种劳动关系，即如图11-1所示的劳务派遣（labor dispatch）。

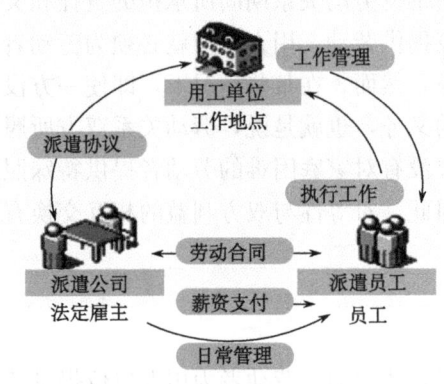

图11-1 劳务派遣示意图

就劳动关系的具体形态而言，劳动关系可分为常规形式（正常情况下的劳动关系）、停薪留职、放长假、待岗、下岗、提前退养和应征入伍等形式。其中，常规形式的劳动关系又包含两类劳动关系：集体劳动关系和个别劳动关系。

阅读材料 11-1 可口可乐公司涉嫌严重侵害派遣工利益[①]

2008年12月14日晚，由大学生组成的社会调查小组，在中央民族大学发布《可口可乐调查报告》，称可口可乐公司严重侵害派遣工利益。报告称："可口可乐中国系统存在大量的派遣工和其他非正式工，这些工人干着最危险、最苦、最累的工作，工作时间最长，工资却最低，而且还被拖欠甚至克扣。"

据介绍，调查始于2008年7月，北京、广州、杭州三地9名大学生参

---

① 本书作者根据2008年12月15日《第一财经日报》、12月16日中国经济网、12月18日《第一财经周刊》等有关媒体的报道改编而成。

与了调查活动。调查小组成员以普通打工者的身份进厂打工,并通过各种方式对可口可乐公司装瓶厂及其供应商进行了调查。

"人数多,工作时间长,工资低"是这份报告反映的主题。这份长达28页的报告调查了可口可乐公司在中国内地的5家装瓶厂和4家供应商。调查反映出最严重、最集中的问题在派遣工方面,5家可口可乐公司装瓶厂都存在大量的派遣工。

参与调查的大学生表示,根据他们的调查,很多派遣工在可口可乐公司装瓶厂的工作时间都在2年以上,最长甚至达10年。很多工作岗位都是长期性、基础性而非临时性、辅助性的岗位,如流水线上的装瓶、转瓶、检瓶、灌浆、标签等以及包装、叉车、司机,等等。

报告援引可口可乐公司广州装瓶厂为例,派遣工在6、7、8三个月的工作时间分别为318.5小时、312小时、318.5小时,每月工作时间为29天。调查发现,有4家装瓶厂派遣工人旺季每月加班都在100小时以上,惠州厂派遣工人加班甚至达150小时,远远高于法定的36小时。可口可乐公司装瓶厂存在工伤事故频发、非法收取进厂介绍费、随意解雇工人等问题。

报告认为,可口可乐公司把需要大量成本、风险最高、最麻烦的工作岗位转嫁给劳务派遣公司,这是可口可乐公司逃避法律和社会责任的表现。报告援引一位湖南籍派遣工的话:"我们就是可乐厂的牺牲品,这里太不公平了,可乐厂就是故意把我们甩给东区(劳务派遣公司)的。"

这份报告亦指出,没有发现在正式工方面有违法或非常不公平的事情发生。正式工的待遇和工作条件还算可以。工资最低的都有近2000元/月,正式工的工作都比较轻松,每月休息10天,并且"福利非常好,厂里如果不提供住宿,就有住宿补贴,上下班一般都有班车接送。节假日会有礼品,还会组织旅游"。

参与调查的大学生对可口可乐(中国)公司提出"在中国内地的装瓶厂和供应商必须遵守中国的劳动法规,特别是为工人提供合格的职业安全保障措施"等五点要求。

派遣工与劳务派遣公司签订劳动合同,就成为劳务派遣公司的员工。在法律上,劳务派遣公司属于用人单位,可口可乐公司装瓶厂属于用工单位。《中华人民共和国劳动合同法》(以下简称《劳动合同法》)第66条规定:"劳务派遣一般在临时性、辅助性或者替代性的工作岗位上实施。"报告指出,按照上述条款,调查的上述5家可口可乐公司装瓶厂都严重违反《劳动合同法》。5家装瓶厂都大量、长时间地使用派遣工,有些厂的派遣工数量甚至占到生产工人的90%以上。

被调查的可口可乐公司数家装瓶厂2008年12月13日发表声明。杭州中萃食品有限公司表示,公司大部分雇员都是长期用工,签有符合国家法规的劳动合同;鉴于饮料行业的季节性要求,公司通过第三方劳务公司提供少部分派遣工作为补充,但比例未超过雇员总数的43%。

广东厂和惠州厂则表示,工厂并不存在拖欠和拖延工资发放的情况,员工的每月基本工资均超过最低工资标准。

可口可乐(中国)公司表示,我们将与大学生进行主动沟通,让他们能够掌握有关可口可乐公司中国系统合法劳动用工情况的更多事实。

劳务派遣或人才派遣服务可以通过为公司提供灵活的用人方案,提高其商业运作效率及组织管理的弹性。一些公司会通过劳务派遣的形式降低人力成本,提升公司的财报业绩。派遣员工以及其他弹性制员工在发达国家中普遍存在。人力资源公司万宝盛华估计派遣员工在发达国家约占公司总用工人数的20%。

(四)劳动关系与劳务关系、个别劳动关系与集体劳动关系

1. 劳动关系与劳务关系

劳务关系(service relations)是劳动者与用工者根据口头或书面约定,由劳动者向用工者提供一次性的或者特定的劳动服务,用工者依约向劳动者支付劳务报酬的一种有偿服务的法律关系,即劳动者在用工者授权或指示的范围内从事生产经营活动和其他劳务活动,用工者给劳动者支付劳动报酬的权利和义务关系。家教、勤工助学、保姆、业余兼职、退休人员返聘等情况下的法律关系均为劳务关系。

相对于劳动关系而言,劳务关系具有如下特征:劳动者和用工者具有平等性,没有隶属性。雇佣关系的产生、履行、变更和终止没有管理与被管理的隶属关系,而是平等的;劳务关系的产生、履行、变更和终止均以当事人意愿为主导,国家不干预;劳务关系主要出现在流通领域,而不是社会劳动过程中所发生的关系。此外,劳动关系由包括《中华人民共和国劳动法》在内的劳动法律规范所调整,只有在劳动法没有规定的情况下,才可适用《中华人民共和国民法通则》;而劳务关系则由民事法律规范所调整,主要适用《中华人民共和国民法通则》和《中华人民共和国合同法》。以劳动关系为内容的劳动争议纠纷案件,并不排除把用人单位的规章制度作为处理依据;而以劳务关系为内容的一般民事纠纷案件则不能。劳动关系中的一方应是符合法定条件的用人单位,另一方只能是自然人,而且必须是符合劳动年龄条件,且具有与履行劳动合同义务相适应的能力的自然人;劳务关系主体类型较多,如可以是两个用人单位,也可以是两个自然人。法律法规对劳务关系主体的要求不如对劳动关系主体的要求那么严格。

2. 个别劳动关系和集体劳动关系[①]

1)个别劳动关系

个别劳动关系(individual labor relations)是劳动关系的基本形态,是指劳动者

---

① 程延园. 2007. 劳动关系学. 第二版. 北京:中国人民大学出版社:8~10.

个人与用人单位通过口头或书面的劳动合同来确定和规范双方的权利、义务。首先，劳动关系一经确立，劳动者的人身自由权利在一定程度上让渡给用人单位，因此要遵守用人单位的规章制度，服从用人单位的指挥和安排，接受用人单位的监督和检查，甚至是制裁，这体现了人格上的从属性。例如，劳动者要遵守用人单位的工作时间安排和节假日规定等；在劳动过程中应该对自己的工作行为负责；有义务接受用人单位从口头批评到开除解雇等不同程度的惩罚。其次，劳动者的劳动并不是为自己，而是从属于他人，为实现他人的目的而劳动，从而获得报酬，即表现出经济上的从属性。

2）集体劳动关系

个别劳动关系使劳动者处于相对弱势的地位，劳动者与用人单位之间难以平等协商。集体劳动关系（collective labor relations）是在个别劳动关系的基础上形成的，劳动者个人意志通过劳动者团体表现出来，劳动者行使结社权，组成工会，由工会代表劳动者与用人单位交涉劳动过程中的事宜，从而克服个体劳动关系的内在不平衡性，实现劳动者的自我保护，平衡和协调劳动关系。这种劳动关系主要采用集体谈判和集体协议的方式。因此，集体劳动关系具有两个特点：第一，独立自主性。集体劳动关系的主体，即工会与用人单位或雇主组织之间不存在相互隶属或附属的关系，而是一种对等关系，可以平等交涉。第二，明确的团体利益。工会的目的在于促进劳动条件的改善和提高劳动者的经济地位。所以，发达国家一般都规定，凡是对劳动者有直接监督管理权限的雇主代表，包括经理、人事主管等，均不得参加工会。

二、劳动关系的主体

狭义地讲，劳动关系的主体是指劳动关系的参与者，一方是员工或劳动者以及工会组织，另一方是雇主或用人单位以及雇主组织。广义地讲，政府也是劳动关系的主体。

1. 员工

员工（employee），也称为雇工、雇员、劳工等，是指本身不具有基本经营决策权力却从属于这种权力的工作者。员工包括蓝领工人、医务工作者、职员、教师、社会工作者、中产阶级的从业者和基层管理者，不包括自由职业者和自我雇佣者。

2. 工会

工会（trade unions）是由劳动者组成的，其目的是通过集体谈判来维护和改善劳动者的就业条件、工作条件、工资福利待遇以及社会地位等权益。作为劳动者群体的代表，工会是市场经济中劳动关系的重要组成部分，它决定了劳动者在劳动关系中的权益是否能够得到保护，其组织程度以及地位和作用的发挥，反映出劳动者群体的成熟程度。

3. 雇主

雇主（employer），也称雇佣者或用人单位，是指组织中使用雇员进行有组织、有目的的活动,并向雇员支付工资报酬的法人或自然人。雇主在我国是一个新概念,在现行的劳动立法中并没有使用这一概念,而是普遍采用"用人单位"这一说法。

4. 雇主组织

随着工会组织的发展壮大,雇主组织也逐渐发展起来。雇主组织(organization of employers)是指由雇主或用人单位依法组成的,代表和维护雇主利益,并努力调整雇主与雇员以及雇主与工会之间关系的团体。雇主组织的主要任务是与工会或工会代表进行集体谈判,在劳动争议处理程序中向其成员提供支持,通过参与同劳动关系有关的政治活动、选举和立法改革,如建议修改劳动法等来间接影响劳动关系。

5. 政府[①]

政府(government)在劳动关系的运作过程中扮演着重要的角色,它通过立法机关制定法律介入和影响劳动关系,从而保护劳动者的基本权利。政府要起到促进集体谈判与雇员参与的作用,能为劳动者提供包括职业培训、就业服务和失业保险等就业保障。当出现劳动争议时,政府通常作为中立的第三方来提供调解和仲裁服务,使劳资双方能够平等协商或谈判。另外,政府还是公共部门的雇佣者。公共部门的雇员包括政府与地方公务人员,在某些国家还包括公用事业部门的雇员。政府作为公共部门的雇主应该提供合法、合理的劳动条件,以模范雇主的身份参与和影响劳动关系,使之成为私营部门劳动关系的"样板"。

三、劳动关系的实质[②]

劳动关系主要研究与雇佣行为管理有关的问题。劳动关系的本质是管理方与劳动者个人及团体之间产生的,由双方利益引起的,表现为合作、冲突、力量和权利等关系的总和,它受到一定社会的经济、技术、政策、法律制度和社会文化背景的影响。

劳动关系双方要实现各自的目标,就要共同合作,遵守双方共同制定的规则。双方通过集体协议或劳动合同,甚至心理契约来约定双方的权利和义务。同时,由于双方的利益、目标和期望常常会出现分歧,甚至背道而驰,因而冲突往往是不可避免的。例如,劳动者罢工、旷工、怠工、抵制、辞职等行为;用人单位关闭工厂、惩罚、解雇等行为。劳动关系双方是合作还是冲突,取决于双方力量的大小。力量是影响劳动关系结果的能力,决定了相互冲突的利益、目标和期望的表现形式。在劳动关系中,管理方还享有决策权力,即管理方拥有权威,可以对劳动者进行指挥和安排,从而影响劳动者的行为表现。

---

① 程延园. 2002-12-10. 政府在劳动关系中的角色思考. 中国劳动保障报,(第 3 版).
② 程延园. 2007. 劳动关系学. 第二版. 北京:中国人民大学出版社:4,5.

阅读材料 11-2　劳动合同与心理契约[①]

劳动合同规定了劳动者及用人单位的权利和义务，用来约束双方的劳资关系。而心理契约是员工对雇佣关系中彼此对对方付出与获得的一种主观心理约定，其核心成分是雇佣双方内隐的不成文的相互责任。二者主要有以下区别：①劳动合同是外显的，心理契约是内隐的。劳动合同明确规定了员工的工作内容，而心理契约是一种双方所诉求的期望或心理允诺，只可意会，不可言传。②劳动合同是客观的，心理契约是主观的。劳动合同是合同双方都能看明白的白纸黑字的约定，是一种客观依据；而心理契约是一种主观感觉，是契约主体对双方之间交换关系的理解，其内容因人、因时、因地而异。③劳动合同简单枯燥，心理契约复杂丰富。劳动合同一旦签订立即生效，并不因合同主体一方主观意愿的改变而改变；而心理契约没有固定的内容和形式，弹性余地大，并会随着企业内外环境的变化而变化。④劳动合同带有交易性质，心理契约具有纯洁性。例如，就心理契约而言，员工到企业工作除了获取报酬之外，还有获得工作经验、提升个人能力、获得终生职业生涯发展以及实现自己人生价值的愿望；而企业同样以服务社会为己任，以追求社会效益与经济效益为价值取向。

四、劳动关系的外部影响因素

影响劳动关系的因素有两个方面：一是就业组织本身的因素；二是外部的环境因素，详见图11-2。其中，经济环境如经济增长快慢、经济是否景气等，技术环境如

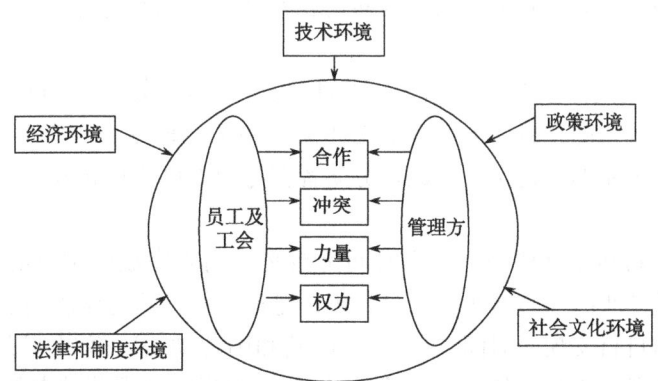

图11-2　劳动关系的外部影响因素示意图

资料来源：程延园．2007．劳动关系学．第二版．北京：中国人民大学出版社：28．

[①] 彭移风，宋学锋．2008．劳动合同与心理契约．企业管理，(4)：35～38．

机械化的程度、技术革新的速度等，政策环境如下岗人员的再就业培训政策、最低工资标准政策等，社会文化环境主要指各国各地区的风俗习惯、主流价值观等。

第二节 劳动关系的建立与终止[①]

一、劳动关系的建立

根据《劳动合同法》第 7 条的规定，用人单位自用工之日起与劳动者建立劳动关系。该法第 10 条第一款和第三款规定，建立劳动关系应当签订书面的劳动合同。用人单位和劳动者在用工之日前签订劳动合同的，劳动关系自用工之日起建立。由此，劳动关系的建立是以用工之日为标志的。双方可以按照约定享受权利和履行义务，接受劳动法律、法规的约束。因此，劳动合同的签订对劳动关系的正常建立是必不可少的。

（一）劳动合同的主要内容

为确保劳动者和用人单位双方的合法权益不受侵犯，我们首先需要明确劳动合同（labor contracts）的主要内容，也即劳动合同的主要条款，其中包括法律规定的必备条款和双方约定的补充条款。

1. 必备条款

（1）用人单位的名称、住所和法定代表人或者主要负责人，以及劳动者的姓名、住址和居民身份证或者其他有效身份证件号码。为了明确劳动合同中用人单位和劳动者的主体资格，确定劳动合同的当事人，劳动合同中必须具备这些内容。

（2）劳动合同期限。即双方当事人相互享有权利、履行义务的时间界限，一般由劳动者的工作岗位、工作内容、劳动报酬等因素决定。同时，它会影响劳动关系的稳定性。合同期限不明确，则无法确定合同终止时间，无法给付劳动报酬和经济补偿，从而引发劳动争议。

（3）工作内容和工作地点。如果劳动合同没有明确约定这些项目，用人单位将可以自由支配劳动者，随意调整劳动者的工作岗位和工作地点，改变工作环境和条件，这可能导致劳动关系的不稳定。因此，劳动者在与用人单位建立劳动关系时有权知悉这两项内容。

（4）工作时间和休息休假。工作时间是指必须用来完成所担负的工作任务的时间，如工作制是 8 小时还是 6 小时、是日班还是夜班等。休息休假是指劳动者按规定不必进行工作而自行支配的时间。《中华人民共和国劳动法》第 38 条规定："用人单位应当保证劳动者每周至少休息一日。"休息休假的规定根据劳动者的工作地点、工作种类和性质、工龄长短等各有不同。

---

① 本节内容主要根据以下文献改编：黎建飞．2007．劳动合同法热点、难点、疑点问题全解．北京：中国法制出版社：247．

(5) 劳动报酬。即劳动者提供劳动后所获得的回报，主要包括用人单位的工资水平、工资分配制度、工资支付办法、加班加点工资、津贴补贴标准、奖金分配办法、工资调整办法、试用期及病、事假等期间的工资待遇、特殊情况下职工工资（生活费）支付办法等。

(6) 社会保险。社会保险是政府通过立法强制实施，由劳动者、劳动者所在工作单位或社区以及国家三方面共同筹资，帮助劳动者及其亲属在遇到年老、疾病、工伤、生育、失业等风险时，能防止收入的中断、减少和丧失，保障其基本生活需求的社会保障制度。社会保险由国家成立的专门性机构进行基金的筹集、管理及发放，不以营利为目的，一般包括医疗保险、养老保险、失业保险、工伤保险和生育保险。

(7) 劳动保护、劳动条件和职业危害防护。劳动保护是指用人单位为了防止劳动过程中的安全事故，如矿井作业的瓦斯爆炸、建筑施工发生的高空坠落等事故，采取各种措施来保障劳动者的生命安全和健康。劳动条件主要是指用人单位提供必要的物质和技术条件，如必要的劳动工具、机械设备、工作场地等。职业危害是指劳动者在劳动过程中因接触职业性有害因素，如粉尘、放射性物质和其他有毒、有害物质等而对生命健康产生的危害。

2. 可备条款

对于某些事项，法律不作强制性规定，由当事人根据意愿选择是否在合同中约定，劳动合同缺乏这种条款不影响其效力，这些条款被称为法定的可备条款。

(1) 试用期。试用期是指对新录用的劳动者进行试用的期限。用人单位与劳动者可以在劳动合同中约定试用期的期限、试用期期间的工资以及试用期内解除劳动合同等事项，但不得违反《劳动合同法》第19条、第20条以及第21条的有关规定。

(2) 培训。企业应根据本单位的实际情况，对员工进行上岗、在岗、转岗、晋升、转业等培训，并保证培训经费和其他培训条件。员工应按照国家规定和企业安排参加培训，自觉遵守培训的各项规章制度，并履行培训合同规定的各项义务。

(3) 保守商业秘密。在激烈的市场竞争中，任何一个企业生产经营方面的商业秘密都十分重要。因此，用人单位可以在合同中就保守商业秘密的具体内容、方式、时间等与劳动者约定，防止自身商业秘密的泄露。

(4) 补充保险和福利待遇。补充保险是指用人单位与劳动者自行约定，在参加并按时足额缴纳基本保险费的前提下，根据自身的经济承受能力为劳动者建立的一种保险，如补充医疗保险、补充养老保险等。福利待遇如住房补贴、通信补贴、交通补贴、子女教育等。

（二）劳动合同的类型

根据《劳动合同法》第12条，劳动合同分为固定期限劳动合同、无固定期限劳动合同和以完成一定工作任务为期限的劳动合同。

(1) 固定期限劳动合同。指用人单位与劳动者明确约定固定的合同起始和终止时间的劳动合同。劳动合同期满，劳动关系即告终止。如果双方协商一致，还可以续订劳动合同，延长期限。固定期限的劳动合同可以是较短时间的，如半年；也可以是较长时间的，如10年。

（2）无固定期限劳动合同。是指用人单位与劳动者协商一致，约定不确定的终止时间的劳动合同。订立无固定期限劳动合同后，劳动者可以长期在一个单位或部门工作。但无固定期限劳动合同并非"铁饭碗"、"终身制"，只要出现《劳动合同法》规定的情形，不论用人单位还是劳动者，都有权依法解除劳动合同。这种合同适用于保密性强、技术复杂、需要保持人员稳定的工作岗位。它一方面有利于维护用人单位的经济利益，减少频繁更换核心员工带来的损失；另一方面也有利于员工实现职业的稳定发展。

（3）以完成一定工作任务为期限的劳动合同。是指用人单位与劳动者约定，以某项工作的完成为合同期限的劳动合同。某一项工作或工程开始之日，即为合同开始之时，此项工作或工程结束，合同即告终止，如完成某项科研任务、承包工程项目、季节性的临时用工等。合同双方当事人在合同履行期间建立的是劳动关系，劳动者要加入用人单位的工会，遵守用人单位的内部规章制度，享受用人单位的工资福利和社会保险等待遇。这种劳动合同实际上属于固定期限的劳动合同，只不过表现形式不同。

阅读材料 11-3　大学生"零工资"就业需谨慎①

2006年，某网站企业来了一名刚毕业的大学生小李，她表示愿意"零工资"在网络编辑的岗位做试用工。企业出于小李的诚恳，便答应了她的请求，但要求小李签订一份协议，"乙方李某在甲方某网站从事网络编辑工作，不发工资，试用期三个月"。然而，出于同情，企业并未真正按照协议所规定的"零工资"进行操作，而是每月给小李800元的伙食费和交通补助。两个月后的一天，小李不小心滑倒，脚腕骨裂，治疗费和医药费花费5000多元。期间，公司曾去看望并给予1000元的营养补助。小李痊愈后，拿着诊断书和治疗费用单要求公司报销却遭拒绝。事后，小李找到当地劳动争议仲裁委员会申请仲裁。公司老板拿出最初签订的协议，试图证明公司与小李之间并非雇佣关系。但是，仲裁机关认定该协议无效，要求公司赔偿小李相关医药费，还要为其补交三个月的社会保险。根据劳动关系的判断标准，实习生的身份是学生，与实习单位之间不存在劳动关系，而已经毕业的大学生是自然人，企业要按照《劳动合同法》的规定向其支付报酬。由此，"零工资"劳动合同的约定是无效的。

---

① 王晓慧. 2009. 学生可选"零工资"，企业不可"零支付". 新财经，(2)：23～26.

(三) 签订劳动合同的注意事项

根据《中华人民共和国劳动法》①的规定，签订劳动合同应注意以下几个问题：

第一，签订劳动合同要遵循平等自愿、协商一致的原则，不得违反法律、行政法规的规定。也就是说，劳动合同双方应出于本人的意愿，由双方协商达成一致意见后，以平等的身份签订劳动合同。

第二，签订劳动合同既要遵守法律和行政法规，又要结合实际。如不能在合同中规定工伤自理、女职工不得生育等条款，否则，合同自签订之日起就成为无效或部分无效的合同。再如，《中华人民共和国劳动法》规定平均每周工作时间不超过40小时，每日工作时间不超过8小时，因此，双方当事人可以根据实际情况，通过协商来决定每天工作时间的长短。

第三，劳动合同应当以书面形式签订，其内容除了必备条款外，还可以包含可备条款。对于不同形式的劳动合同，要注意各自签订的条件和注意事项。如固定期限劳动合同要有明确的终止日期，无固定期限劳动合同则必须规定终止或变更合同的条件。

第四，合同内容要简繁结合，合同的语言表达要明确、易懂。例如，对法律、行政法规已有明确规定的内容，可以简单地写明按照某项规定执行即可；对于没有具体规定而又容易产生争议的内容，需要双方协商约定。再如，依法签订的劳动合同是受法律保护的，涉及当事人的权利、责任和义务，因此，语言表达和用词上必须通俗易懂、清晰明确。

二、劳动关系的终止

劳动关系的终止通常涉及劳动合同的终止或解除。从狭义上讲，劳动合同终止（termination of labor contracts）是指劳动合同的双方当事人对合同所规定的权利和义务都已经完全履行，且任何一方当事人均未提出继续保持劳动关系，因而终止劳动合同的法律效力。劳动合同终止之后，双方不再执行原劳动合同中约定的事项，但是，如用人单位在合同终止前拖欠劳动者的工资，劳动合同终止后劳动者仍可依法请求法律救济。广义的劳动合同终止包括劳动合同的解除。劳动合同解除（discharge of labor contracts）是指劳动合同订立后，尚未全部履行权利和义务之前，劳动者和用人单位由于某些原因而提前结束劳动关系的行为，如劳动者单方主动提出解除劳动合同。

(一) 劳动合同终止与解除的区别

首先，从特征来看，劳动合同终止主要取决于法律上规定的合同终止条件或当事人双方共同约定的事由，其自治程度多一点，一般是可以预见的；而劳动合同解除更取决于当事人是否主动提出解除劳动合同，只是一种可能性，一般不可预见，在解除

---

① 法律出版社法规中心. 2006. 中华人民共和国劳动法注释本. 北京：法律出版社：32.

劳动合同时受法律约束的程度较高，并体现了对劳动者的倾斜保护。

其次，从劳动关系结束的条件来看，劳动合同终止是依法定或约定履行完双方的权利和义务后自然终止的；而劳动合同解除是指劳动合同当事人在没有履行完劳动合同的情况下，劳动合同订立时所依据的情形因某种主观或客观的原因发生了重大变化，致使原来的劳动关系无法维持下去。

最后，从法律后果来看，除用人单位被依法宣告破产或被吊销营业执照等之外，劳动合同终止时用人单位不用支付经济补偿金；而劳动合同解除后，用人单位除进行损害赔偿外，一般还必须向劳动者支付经济补偿金。

（二）劳动合同终止的条件

（1）劳动合同期满。这主要适用于固定期限劳动合同和以完成一定工作任务为期限的劳动合同。劳动合同期满后，除依法续订和依法延期的情况以外，劳动合同自然终止，双方的权利和义务结束。根据劳动保障部的规定，劳动合同的终止时间，应当以劳动合同期限最后一日的 24 时为准。

（2）劳动者已开始依法享受基本养老保险待遇。不管劳动者是否达到退休年龄，只要其开始享受基本养老保险待遇，劳动合同即终止。如提前退休或因病完全丧失劳动能力而享受基本养老保险待遇的情形。

（3）劳动者死亡，或者被人民法院宣告死亡或失踪。在这种情况下，劳动合同的一方主体客观上丧失劳动能力，无法履行劳动合同，因此劳动合同终止。

（4）用人单位被依法宣告破产。根据《企业破产法》的规定，用人单位一旦被依法宣告破产，就进入破产清算程序，用人单位的主体资格即归于消灭，因此劳动合同归于终止。

（5）用人单位被吊销营业执照、责令关闭、撤销或者用人单位决定提前解散，这四种情况均会导致用人单位的劳动合同主体资格消灭，劳动合同因无法继续履行而不得不终止。

（6）法律、行政法规规定的其他情形。为了保持劳动合同终止制度的统一性和排除劳动合同终止的地方独特性等情况，《劳动合同法》没有授权地方政府制定劳动合同终止制度。

（三）劳动合同解除的条件

1. 用人单位单方解除劳动合同的条件

用人单位可以因为劳动者的因素而解除劳动合同，也可以因为外部因素而解除劳动合同。但两种情况下都必须满足一定的条件。

（1）劳动者因素导致的用人单位单方解除劳动合同。根据《劳动合同法》第 39 条的规定，劳动者有以下情形之一的，用人单位可以解除劳动合同：①在试用期间被证明不符合录用条件的；②严重违反用人单位规章制度的；③严重失职，营私舞弊，给用人单位的利益造成重大损害的；④劳动者同时与其他用人单位建立劳动关系，对完成本单位的工作任务造成严重影响，或者经用人单位提出，拒不改正的；⑤因欺诈、胁迫的手段或者乘人之危，使对方在违背其真实意愿的情况下订立或者变更劳动合同的情形，致使劳动合同无效的；⑥被依法追究刑事责任的。

(2) 用人单位因客观情况变化而解除劳动合同。根据《劳动合同法》第 40 条的规定，有下列情形之一的，用人单位提前 30 日以书面形式通知劳动者本人或者额外支付劳动者一个月工资后，可以解除劳动合同：①劳动者患病或者非因工负伤，在规定的医疗期满后不能从事原工作也不能从事由用人单位另行安排的工作的。②劳动者不能胜任工作，经过培训或者调整工作岗位，仍不能胜任工作的。不能胜任工作是指不能按要求完成劳动合同中约定的任务或者同工种、同岗位人员的工作量。但是，用人单位不得故意提高定额标准，使劳动者无法完成工作。③劳动合同订立时所依据的客观情况发生重大变化，致使劳动合同无法履行，经用人单位与劳动者协商，未能就变更劳动合同内容达成协议的。如自然条件、企业迁移、被兼并、企业资产转移等，使原劳动合同不能履行或不必要履行的情况。

2. 用人单位不得解除劳动合同的规定

《劳动合同法》第 42 条规定，劳动者有下列情形之一的，用人单位不得依据《劳动合同法》第 40 条、第 41 条的规定单方解除劳动合同：①从事接触职业病危害作业的劳动者未进行离岗前职业病健康检查，或者疑似职业病病人在诊断或者医学观察期间的。②在本单位患职业病或者因工负伤并被确认丧失或者部分丧失劳动能力的。③患病或者非因工负伤，在规定的医疗期内的。④女职工在孕期、产期、哺乳期的。⑤在本单位连续工作满 15 年，且距法定退休年龄不足 5 年的。⑥法律、行政法规规定的其他情形。用人单位不得解除劳动合同的规定包含两个方面的含义：一是这些规定禁止用人单位单方解除劳动合同，但并不禁止劳动者与用人单位协商一致后解除劳动合同；二是这些规定表明，即使劳动者具备了本条规定的六种情形之一，用人单位仍可以根据《劳动合同法》第 39 条的规定解除劳动合同。

3. 劳动者单方解除劳动合同的条件

根据《劳动合同法》第 37 条规定，劳动者提前 30 日以书面形式通知用人单位，可以解除劳动合同。劳动者在试用期内提前 3 日通知用人单位，可以解除劳动合同。同时，《劳动合同法》第 38 条也规定，用人单位有下列情形之一的，劳动者可以解除劳动合同：①未按照劳动合同约定提供劳动保护或者劳动条件的。②未及时足额支付劳动报酬的。③未依法为劳动者缴纳社会保险费的。④用人单位的规章制度违反法律、法规的规定，损害劳动者权益的。⑤因本法第 26 条第一款规定的情形致使劳动合同无效的。⑥法律、行政法规规定劳动者可以解除劳动合同的其他情形。用人单位以暴力、威胁或者非法限制人身自由的手段强迫劳动者劳动的，或者用人单位违章指挥、强令冒险作业危及劳动者人身安全的，劳动者可以立即解除劳动合同，不需事先告知用人单位。这两条规定赋予劳动者单方解除劳动合同的权利。《劳动合同法》除了规定劳动者要提前 30 日以书面形式通知用人单位以外，没有对劳动者的单方解除权作出其他任何限制性规定。与前面的用人单位单方解除权相比，法律赋予用人单位的单方解除权比赋予劳动者的单方解除权要小得多、弱得多。

第三节 劳动争议的处理

一、什么是劳动争议[①]

劳动争议（labor dispute）又叫劳动纠纷，在资本主义体制中又称劳资争议或劳资纠纷，是指依法建立劳动关系的用人单位与劳动者之间，因劳动权利和义务问题产生分歧而引起的争议。

1. 劳动争议的特征

劳动争议与劳动关系有关，因而具有如下特征：①劳动争议的主体一方为用人单位，另一方必须是劳动者，劳动争议是在劳动关系存续期间发生的；②劳动争议的内容与劳动权利义务有关，如劳动就业、劳动合同、劳动报酬等引起的争议。因此，用人单位之间、劳动者之间、用人单位与没有与之建立劳动关系的劳动者之间、不是因劳动权利义务所产生的劳动主体间的争议，均非劳动争议。

2. 劳动争议的分类

常用的劳动争议分类方式有以下几种：①按照员工一方当事人涉及的人数多少，可分为集体争议（3人以上）和个人争议（3人以下）。集体争议也叫利益争议，往往是雇主或雇主团体与雇员团体所发生的利益方面的争议；个人争议也叫权利争议，主要是单个雇主与各个劳动者之间所发生的法律规定的权利上的争议。②按照劳动争议的客体，可分为履行劳动合同争议、开除争议、辞退争议、辞职争议、工资争议、保险争议、福利争议、培训争议，等等。

3. 劳动争议的受理范围

根据《中华人民共和国劳动法》、《企业劳动争议处理条例》[②]及有关规定，劳动争议的受理范围包括：①因确认劳动关系发生的争议；②因订立、履行、变更、解除和终止劳动合同发生的争议；③因除名、辞退和辞职、离职发生的争议；④因工作时间、休息休假、社会保险、福利、培训以及劳动保护发生的争议；⑤因劳动报酬、工伤医疗费、经济补偿或者赔偿金等发生的争议；⑥法律、法规规定的其他劳动争议。

---

① 法律出版社法规中心．2006．中华人民共和国劳动法注释本．北京：法律出版社：68．
② http://www.gov.cn/ziliao/flfg/2005-08/06/content_20937.htm．

阅读材料 11-4　2009年劳动争议趋势预测[①]

2008年是我国劳动争议集中爆发的一年。从北京市的统计情况看，1~9月，该市劳动争议部门共受理劳动争议案件32 954件，同比增长103.8%。由于金融危机对我国经济的影响可能进一步扩大，因此，2009年我国劳动争议会出现一些新的趋势。

趋势一：劳动争议案件总体数量仍将保持较大幅度增长。从2008年前11个月全国劳动争议案件的受理情况来看，案件数量逐渐增加，临近年底则呈加速上升趋势。广东省梅州市劳动争议仲裁委员会在2008年上半年受理的劳动争议案件共390件，而下半年则达到905件。同时，部分企业特别是劳动密集型中小企业在2008年年底生产经营困难，面临减产、停产或关闭的困境，劳动者失业尤其是农民工大规模返乡现象突出。若此类问题处理不慎，2009年将出现更多的劳动争议。

趋势二：劳动关系、劳动报酬、社会保险成争议热点。拖欠工资、拒付加班费、非法解除劳动关系、不缴或少缴社会保险费是目前普遍存在的违法用工行为，因此，劳动争议也主要集中于此。据北京市海淀区劳动保障局行政执法受理服务中心统计，2008年1~8月，该中心接待劳动关系争议案件占总数的20.97%，劳动工资争议案件（未含加班费争议）占17.53%，社会保险争议的案件占49.85%。

趋势三：《劳动合同法》的执行呈地方化、空洞化趋势。2009年劳动维权可能撞上三大"拦路虎"。一是企业主不负责任的欠薪逃逸行为。例如，2008年7~11月，宁波市两级法院受理的因企业倒闭、企业主逃逸引发的借贷纠纷、劳资纠纷等案件1386件，比上半年上升了39.72%。二是一些地方劳动争议仲裁机构、司法机关人为设障。劳动争议案件不断增多，上述机构可能为减轻工作压力而在立案阶段采取一些行政手段，减少案件的受理数量。三是一些地方政府的阻力。2009年面临着严峻的经济形势，地方政府可能会加大对企业的扶持力度，干预劳动者维权。

趋势四：群体性劳动争议呈上升趋势，部分地区劳资关系有失控风险。2009年，企业经营风险变大，不依法用工及不执行劳动标准的情况会更多，劳动者的劳动报酬、社会保险等实体权利将会受到更大的侵害，群体性劳动争议事件可能会大量发生，从而形成范围更广、影响更大的社会矛盾。

---

① 朱茂林. 2008-12-30. 2009年劳动争议趋势预测. 半月谈.

二、劳动争议的原因分析[①②]

（一）企业方面的原因

（1）用人单位经营管理不善，拖欠、减少或难以支付劳动报酬是劳动争议案件多发的根本原因。例如，较多劳动密集型企业受金融危机影响，较大规模地裁员、减薪，甚至出现老板出逃、欠薪等情形，从而引发劳动争议案件增多。工作环境的不稳定呈持续状态，必然会有更多的劳动者走上维权之路。

（2）企业缺乏明晰的现代企业制度。企业产权制度的改革和现代企业制度的建立必然带来劳动关系的调整，如企业改革力度的加大所引发的劳动合同变更、解除，劳动者下岗、内退、买断工龄等问题，都可能引发劳动争议。

（3）经济形式的多元化，特别是外资、私人企业的用人机制不规范，重效益轻权益，也是当前导致劳动争议案件激增的原因之一。

（二）劳动者方面的原因

在《劳动合同法》、《劳动争议调解仲裁法》等法律出台前后，劳动者自身也发生了很大变化。

（1）各项法律出台前，劳动者维权意识普遍不高，对有关劳动法律、法规、规章缺乏了解。同时，迫于劳动就业压力过大，劳动用工基本是买方市场，劳动者对用人单位的一些明显违反劳动法律、法规的行为不敢提出异议，任由用人单位侵犯自身的合法权利，以致埋下劳动争议的隐患。

（2）各项法律出台后，劳动者维权意识普遍增强，这是劳动争议案件多发的直接原因。各项法律的相继出台，缩短了劳动争议仲裁的时间，延长了申诉时效，使劳动者有更多的时间去准备仲裁和诉讼。劳动保障部门以各种形式加大了宣传力度，提高了劳动者对这两部法律知识的知晓率，增强了劳动者的维权意识。

（三）执法部门工作不到位以及体制改变

为保障劳动者的合法权益，构建和谐社会，国家在劳动保障方面制定的法律法规、部门规章及规范性文件之多，是其他法律部门难以企及的。但是，劳动保障行政部门在劳动者不知道维权的正常渠道的情况下，没有充分履行劳动保障法规文件等赋予的职责，致使一些小的纠纷没得到处理，酿成大的劳动争议。劳动争议案件诉讼成本的下降也是劳动争议案件数量增长过快的重要原因之一。劳动争议案件仲裁已取消收费，提起民事诉讼只收取10元受理费（若是简易程序审理只需5元），上诉也只收取10元。费用的降低使得经济相对困难的劳动者有能力维权，同时也可能产生滥诉的现象，导致仲裁和司法资源的浪费。

---

① 吴洲平．2009-03-05．劳动争议案件的成因特点与争议．http：//www.dffy.com．东方法眼．
② 曹廷中．2006-12-19．劳动争议案件骤增的原因分析及预防对策．重庆市第五中级人民法院网站．

三、劳动争议的处理

(一) 劳动争议处理的注意事项

根据《中华人民共和国劳动法》第 78 条规定,"解决劳动争议,应当根据合法、公正、及时处理的原则,依法维护劳动争议当事人的合法权益。"第 77 条还规定:"调解原则适用于仲裁和诉讼程序。"由此,处理劳动争议应该注意以下几点。

1. 调解为先

调解是处理劳动争议的基本手段,它不仅是调解委员会的工作,而且贯穿于劳动争议处理的全过程。调解在仲裁程序上表现为,仲裁委员会受理争议案件后可以先进行调解,在调解不成的情况下应尽快进行裁决,而在作出裁决前的任何阶段都可以进行调解。

2. 以事实为依据,以法律为准绳

劳动争议首先要查清真相,要有机结合劳动争议处理机构的调查取证和当事人的举证。查清真相后,应当依照法律法规进行调解、仲裁和审判。处理争议的程序要依法,处理的结果要合法,不得侵犯社会公共利益和他人的利益。

3. 遵守当事人在法律上一律平等的原则

用人单位与劳动者在申请和参加调解、仲裁和诉讼时,享有同等的权利,如时效相同、有权陈述事实、进行辩论和举证、不服仲裁裁决可向法院起诉等。这就要求调解委员会、仲裁委员会、人民法院在处理劳动争议案件时,对任何一方当事人都应一视同仁。

4. 做到及时处理

及时处理要求各级部门在处理劳动争议案件的过程中,必须依法及时行使权利、履行职责,否则就要承担相应的法律责任。而当事人也应及时申请调解或仲裁,超过法定时间将不予受理。例如,调解委员会调解争议不能超过 15 天;仲裁委员会受理争议案件不应超过 5 天,仲裁不能超过 60 天;人民法院审判不应超过 6 个月。

(二) 劳动争议处理的方式

劳动争议主要由劳动争议调解委员会、劳动争议仲裁委员会以及人民法院等部门协助处理。《中华人民共和国劳动法》②第 77 条规定,"用人单位与劳动者发生劳动争议,当事人可以依法申请调解、仲裁、提起诉讼,也可以协商解决";第 79 条规

---

① 法律出版社法规中心.2006.中华人民共和国劳动法注释本.北京:法律出版社:53.
② 法律出版社法规中心.2006.中华人民共和国劳动法注释本.北京:法律出版社:35~94.

定,"劳动争议发生后,当事人可以向本单位劳动争议调解委员会申请调解;调解不成,当事人一方要求仲裁的,可以向劳动争议仲裁委员会申请仲裁。当事人一方也可以直接向劳动争议仲裁委员会申请仲裁。对仲裁裁决不服的,可以向人民法院提出诉讼"。

因此,劳动争议的处理方式主要有以下几种。

(1) 协商 (negotiation)。协商是指争议双方采取自治的方法解决纠纷。在实践中,通过协商解决纠纷的情况非常多、效果很好,但是协商不是处理劳动争议的必经程序。

(2) 调解 (mediation)。调解是指第三者或中间人,如企业劳动争议调解委员会、依法设立的基层人民调解组织或者在乡镇、街道设立的具有劳动争议调解职能的组织,参加争议处理过程,并提出合理建议,促使劳动关系双方达成协议。当事人申请劳动争议调解既可以书面申请,也可以口头申请。调解分为自愿调解和强制调解,自愿调解是当事人一方或双方自愿申请的调解,强制调解是依法律规定由调解者出面进行的,不以当事人自愿与否为条件。

(3) 仲裁 (arbitration)。仲裁是劳动纠纷的一方当事人将纠纷提交至劳动争议仲裁委员会进行处理的程序。该程序既具有灵活快捷地调解劳动争议的特点,又具有强制执行的效力,是劳动争议处理的中间环节,也是诉讼的前置程序。也就是说,当事人遇到劳动争议不能直接向人民法院起诉,而应该先进行仲裁。当事人申请劳动争议仲裁后,可以自行和解;达成和解协议的,可以撤回仲裁申请。仲裁庭在作出裁决前,应当先行调解。调解成功的应制作调解书;调解不成或者调解书送达前,一方当事人反悔的,仲裁庭应当及时作出裁决。

劳动争议仲裁委员会收到仲裁申请之日起 5 日内,认为符合受理条件的,应当受理,并通知申请人;对于不符合受理条件的、不予受理的,应当向当事人说明理由。对劳动争议仲裁委员会不予受理或者逾期未作出裁定的,申请人可以就该劳动争议事项向人民法院提起诉讼。仲裁庭裁决劳动争议案件,应当自劳动争议仲裁委员会受理仲裁申请之日起 45 日内结束。案情复杂需要延期的,经劳动争议仲裁委员会主任批准,可以延期并书面通知当事人,但是延长期限不得超过 15 日。逾期未作出仲裁裁决的,当事人可以就该劳动争议事项向人民法院提起诉讼。

(4) 诉讼 (litigation)。劳动争议诉讼是指劳动争议当事人不服劳动争议仲裁委员会的裁决结果,在规定的期限内向人民法院起诉,人民法院的民事审判庭依照民事诉讼程序,依法对劳动争议案件进行审理的活动。根据《中华人民共和国劳动法》第83条规定:"劳动争议当事人对仲裁裁决不服的,可以自收到仲裁裁决书之日起 15 日内向人民法院提起诉讼。一方当事人在法定期限内不起诉,又不履行仲裁裁决的,另一方当事人可以申请人民法院强制执行。"劳动争议审判实行两审终审制。争议当事人对一审判决不服的,可以在法定期限内上诉,二审判决属终审判决,具有法律效力。由此可见,诉讼程序具有较强的法律性和程序性,作出的判决也具有强制执行力。劳动争议诉讼是处理劳动争议的最终程序,它通过司法程序最终彻底地解决劳动争议。人民法院参与处理劳动争议,从根本上将劳动争议处理引上了法制轨道,这不

仅有利于保护当事人的诉讼权,监督仲裁委员会的裁决也有利于有效执行生效的调解协议、仲裁方案和法院判决。

(三) 通过劳资合作减少劳动争议

实际上,一旦发生了劳动争议,即使通过法律手续来解决问题,对于企业和员工来讲都是某种程度的损失。因此,最好的方式是防止劳动争议的发生。通过改进人力资源管理来缓解甚至减少劳动争议,是20世纪80年代以来西方企业普遍采用的策略(Foulkes,1986;Flood,Turner 1993),也就是所谓的劳资合作(labor-management cooperation)策略。

劳资合作是指雇主在企业经营管理过程中,充分听取或考虑员工或工会的意见,员工在企业管理中主动参与决策,以主人翁的意识完成自己的本职工作。劳资双方同心同德,为了一个共同的目标而携手并进。在合作过程中,管理层不仅要肯定员工参与的权利,而且要积极地鼓励及回报员工的参与行为。同样,员工不但要认同企业,而且要以自己的努力和负责的态度尽力提高自己的工作质量和数量。经过努力合作带来的结果,由劳资双方共同分享,这就是劳资合作模式的基本思想。

劳资合作策略可以概括为以下几种类型:

参与策略。其目的在于提高劳动生产率,提高工作和生活质量,增加员工与管理层尤其是高层管理者的互动和交流。达成这些目的的管理策略包括经常举办劳资双方参加的会议,鼓励员工参与企业组织的各种活动,尤其是活跃业余生活的活动,提倡团队合作。

团结策略。这种策略的目的在于增加员工的忠诚度,吸引和留住员工,降低员工的流失率。可采用的策略包括雇佣的安全性、利润分享计划、员工持股计划(ESOP)、内部晋升、员工参与决策等。

减少摩擦策略。其目的在于减少劳资对立气氛,降低发生争议的可能性,使劳资矛盾消灭在萌芽状态。可以采用的策略包括正式沟通、员工投诉和合理化建议制度、人力资源专业人员主动管理、主动征求和听取员工的意见、管理者直接与员工对话等。

多元主义策略。目的在于取得共识、促进沟通、促进和谐。可以采用的策略包括集体协商、签订集体协议、多组织群体活动、以团队或小组的形式设计工作任务、促进和谐的工作关系等。

投资策略。目的在于提高劳动生产率,激发员工的工作积极性,提升士气,增加员工对企业的认同感和归属感。可以采用的策略包括教育和训练、以各种方式开发员工的潜能、增加人力资本。

公平报酬策略。目的在于减少争议,促进员工的积极性。可采用的策略包括绩效工资、明确的工资制度和政策、定期调薪、加大奖励的力度等。

安全工作环境策略。目的在于减少事故,降低成本,增加员工的向心力和凝聚力。可采用的策略包括定期为员工进行健康检查,定期保养和检查设备与工作环境,保持工作环境的安全、舒适和整洁。

机会主义策略。目的在于降低成本。可采用的策略主要是不主动采取任何措施，随机应变。

实际上，从20世纪70年代开始流行的品管圈，到80年代的工作生活质量，都是围绕劳资双方建立和谐的劳动关系、促进劳资双方的合作而提出的不同管理措施。劳资合作是一种价值原则，其基本理念在于企业把员工视为最重要的资源，相信员工具有责任感且值得信任，有能力并愿意付出劳动。劳资合作通过各种不同的员工参与方案，借助员工参与及努力来达到组织的目标。

总体而言，劳资合作具有以下特征：

第一，企业的经营和发展是资方与劳方的共同责任。

第二，劳资合作必须借助于员工的参与才能实现。

第三，劳方与资方应把对抗力量转换成合作力量，最终转化为组织的发展动力。

第四，劳资合作所带来的成果应该公平分享。

Cooke（1990）认为，劳资合作是一种劳资关系模式，建立在劳资双方共同追求更大效益的目标上，在追求过程中，劳资双方采用协商、参与管理的方式，齐心协力，充分考虑对方的利益和需求，以达成共同认可的目标。Cooke的思想主要包含七个要素，分别是合作结构、工会的相对力量、公司的相对力量、合作的强度、劳资关系的改变、组织的限制，以及公司绩效的改进。这七个要素之间的关系如图11-3所示。

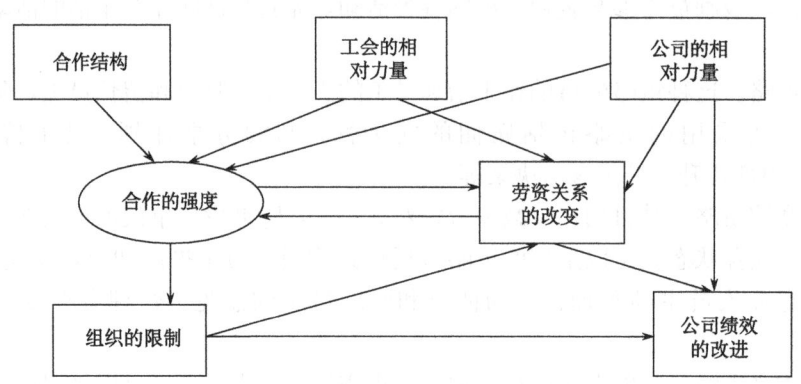

图11-3 劳资合作对劳资关系及组织绩效的影响模式

资料来源：Cooke W N. 1990. Labor-management cooperation: new partnerships or going in circles? Kalamazoo, MI: W. E. Upjohn Institute.

阅读材料 11-5 美国的劳动争议处理机制①

美国负责劳动争议处理工作的联邦机构有两个：国家劳动关系委员会和

---

① 戴大贵. 2008-12-09. 美国的劳动争议处理机制. 江苏商报，(第14版).

联邦仲裁调解局。但是在实践中,大部分劳动者与雇主之间所产生的各种争议,并不需要由正式的机构处理,其最具特色之处在于劳动争议仲裁的民间化趋势。具体来说,美国在劳动争议处理模式上主要具有以下特点:

首先,充分发挥劳资关系双方的自主性,注意将争议解决在基层。1978年美国国会通过了专门法案,提供资金,由联邦调解调停署负责指导地方,帮助企业建立劳资关系协调委员会,做好预防劳资争议的工作。

其次,针对不同类型的劳资争议,分别采取不同的处理方法。美国没有专门的劳资争议处理法,对劳资争议的处理方法很不统一,往往从讲求实效的目的出发,由各种劳资争议处理机构自行制定处理程序。

最后,劳动仲裁不是解决劳动争议的必经程序。仲裁权是解决劳动争议的方式之一,而不是必经程序。当事人一般在协商不成,或双方已约定选择仲裁的情况下,才会到仲裁部门申诉。美国的劳动仲裁体制、人员构成等都与我国有许多不同之处。由于其不是必经程序,且收费较高,因此仲裁部门的压力并不大。

本章小结

1. 本章主要围绕劳动关系的有关知识进行介绍。劳动关系是指雇主与雇员在实现劳动的过程中建立的社会经济关系的总称,其主体包括雇员、工会、雇主、雇主组织以及政府。

2. 劳动关系的本质是管理方与劳动者个人及团体之间产生的,由双方利益引起的,表现为合作、冲突、力量和权利等关系的总和,它受到一定社会的经济、技术、政策、法律制度和社会文化背景的影响。劳动关系的建立是以用工之日为标志的,自用人单位招用劳动者从事劳动合同约定的工作之日起,劳动关系随即确立,而劳动合同的签订对劳动关系的正常建立是必不可少的。

3. 劳动关系的终止主要包括劳动合同的终止和劳动合同的解除,二者各有其成立的条件。劳动关系的协调很重要的一点是要处理好劳动争议。劳动争议又称劳动纠纷,在资本主义体制中又称劳资争议或劳资纠纷,是指依法建立劳动关系的用人单位(含个体工商户)与劳动者(含学徒、帮工)之间,因劳动权利和义务问题产生分歧而引起的争议。劳动争议主要由企业、劳动者、法律体制等三方面的因素引起。要解决劳动争议,可以采用协商、调解、仲裁以及诉讼等方式。

▎中英文对照关键词 ▎

劳动关系 labor relations
劳务关系 service relations
劳资合作 labor-management cooperation
集体劳动关系 collective labor relations

工会 trade unions	政府 government
雇主组织 organization of employers	劳动合同终止 termination of labor contracts
劳动合同 labor contracts	劳动争议 labor dispute
劳动合同解除 discharge of labor contracts	协商 negotiation
劳务派遣 labor dispatch	仲裁 arbitration
个别劳动关系 individual labor relations	调解 mediation
员工 employee	诉讼 litigation
雇主 employer	

复习思考题

1. 什么是劳动关系？劳动关系的主体有哪些？
2. 劳动关系的实质是什么？
3. 劳动合同包括哪些内容？
4. 用人单位终止劳动合同的条件有哪些？
5. 用人单位解除劳动合同的条件有哪些？
6. 什么是劳动争议？
7. 劳动争议产生的原因是什么？应该如何处理？
8. 什么是劳资合作？劳资合作有哪些特征？
9. 根据所学内容，你对2008年出台的《劳动合同法》有何看法？

案例分析题

三亚出租车司机维权，权益受损是根本[①]

"罢工了，所有出租车都不能上路"；"再开就砸车"！2008年11月10日上午9点，海南三亚市政府门前云集了几百辆出租车，百名出租车司机集体罢运，试图找回被侵犯的权益。

在三亚市的一些重要路口，一些愤怒的出租车司机三五人一组，设置了检查点，阻拦仍在运营的出租车。在通向国家级旅游度假区亚龙湾的路口，也都有司机设岗。"要干一起干，心不齐怎么行？"一位参与罢工的出租车司机说。事发当天，三亚警方为迅速控制事态发展，将21名涉嫌违法人员强制带离现场，传唤至公安机关进行审查。11日上午，警方又传唤了7人。官方也曾一度表示，罢运事件中可能有黑恶势力参与，但事后调查显示，被控制的28人中，27人为出租车司机。11月14日下午3点，在三亚市图书

---

① 刘炎迅. 2008-11-19. 聚焦出租车司机维权事件：权益受损成罢运导火索. 中国新闻周刊.

馆召开的最后一次沟通会上，当着2000多名出租车司机的面，官方提出的解决方案中没有提及是否支持成立具有高度自治色彩的司机行业工会或协会。11月15日，当三亚市出租车公司将多收的承包金退还后，除了依旧被刑拘的那20多位司机外，其他司机都已经恢复日常的营运工作。这20多名司机被处以5~15日不等的行政拘留处罚。他们被认定为此次罢运事件的核心组织人员。双方直至11月17日下午4点疏散时止仍未进行接洽。司机们谁也不愿透露组织者是谁，都说是跟着别人在闹。

1. 两难的合同

此次罢工的直接诱因仍是承包金问题。在三亚，每辆出租车每月要背着5226~7490元的承包金；同期，北京市为5148元/月，海口市为5200元/月。2008年2月28日，三亚市政府决定：从2008年1月1日起，该市全程、联弘、道路、通宝、中益、天行六大出租车公司单车月承包金统一调整为旺季（当年10月至次年3月）5800元，淡季（当年4月至9月）4800元，月平均为5300元，且已含车辆保险及各项代缴费用。政策刚开始生效的前一两个月，大部分公司都降低了承包租金。但两家公司以"降租后的新合同样本没有出台"为理由，一直没有按照决议降租。由于降租后的新合同样本迟迟没有出台，所有司机都没有签订2008年的承包合同。2008年11月初，六家公司"不约而同"地制定了几乎一模一样的新合同样本，其中租金是按照市政府降租后的决议执行的。但附加条件让司机无法忍受，其中矛盾最集中的一条就是将原来5年的承包期改为1年。

如果按照新合同版本——每年一签，再过一个多月，当年的合同就满了。届时，他们这些司机们又要到公司送"礼金"来争取明年的合同，不然就面临失业。而如果司机不同意签订新合同，就要按照之前没有调整租金的老合同执行。出租车公司还给司机们下了"最后通牒"，"必须在5天之内作出决定，要么签新合同，要么签老合同，不然就按弃约处理"。"我可是交了好处费的啊！"还剩下3年多承包期的张振明说。他交了12万元押金，还向公司交了7.5万元好处费，业内俗称"户钱"——这钱没有发票，去向是个谜。

2. 行业协会：六名公司老总担任常务理事

"没人来为我们出头。"联弘出租车公司的司机马越说，"听说工会可以帮助职工维护权益，但我们没有。"天行公司总经理郑培桂坦言，2008年4月29日，他们公司召开了首届工会成立大会，公司355名员工的80名代表选举产生了工会第一届委员会领导机构。这"不仅填补了三亚市出租车行业建会工作的空白，也是市交通系统基层企业成立的第一家工会组织"。而对于那些没有工会的出租车公司的司机，出租车行业协会成为另一个可能提供帮助的中间机构。但从2008年年初开始，前来协会反映问题的司机得到的答复都是"我们会找相关部门沟通和协调"，然后，便是漫长的等待。

"我们只是个民间团体，没有什么权力，也很无奈。"该协会秘书长黄波说。该协会成立于1994年，初衷是做好桥梁纽带作用，维护会员的合法权益，会员并非司机个人，而是以公司的名义。"只要会员公司有什么诉求，我们会代为上陈"，更多的司机则分散着直接去找相关部门投诉和上访。

到11月初，该行业协会终于综合了不断来访的司机的诉求，草拟了一份报告，上交给交通局等相关部门。11月6日，交通局在接到行业协会的那份报告后，结合不断来访的零星个案，决定在明日酒店召开座谈会，参与此次会议的有交通局官员、公安局和行业协会负责人，以及每个公司选出的1名司机代表。当天下午，在交通局的5楼再次召开协调会，每个公司的正副队长参与。"我们也参与了。"黄波说。但这个被司机们寄予希望的会议开到第4天，依旧没有任何结果，而距离公司留给司机们的最后通牒的时间，只剩下一天了。

"他们是在拖延时间，我们不相信了。"司机马越说。这是当时的哥们的一个普遍心理。行动开始了，主要是有一部分最愤怒的人开始罢运。司机江成礼坚持认为，一直不管事的行业协会此时突然出面，其实就是帮着公司来拖延司机，"这个行业协会说到底是为老板们说话的"。该协会的常务理事都是由六家公司的老总担任，日常的经费开销也仰仗着公司。秘书长黄波坦言："日常工作只有4个人，一个主席（曾经的交通局官员担任），一个秘书长，一个财务员，还有一个工作人员。想管太多的事情几乎力不从心。"没有工会，行业协会又实际不作为，司机们只能依靠自己的力量。

3. 维权的冲动，政府的反馈

对于出租车司机、出租车公司和政府来说，"罢运"维权付出了比较大的代价：部分车辆被砸，政府多名官员被撤职，三亚旅游城市的形象也受到了很大影响。三亚市主管交通的副市长郭保红说，"罢运事件司机固然有些冲动，但问题的根子还是有关官员没有做好，给三亚这个国际旅游城市留下大大的阴影。"罢运事件进行到第5天即11月14日，三亚交通局党委书记李明德、局长陈治邦、分管道路交通的副局长易治军三位主要负责人引咎辞职。这是三亚市首次启动问责制，他们也是三亚首例因突发性公共事件而引咎辞职的党政官员。2008年11月13日，中华全国总工会办公厅发出通知，推进出租车企业组建工会。帮助企业建立健全职代会制度、平等协商集体合同制度，畅通职工参与企业民主管理、民主监督的渠道。但组建工会在法律上有个问题——中国的工会法虽然赋予职工"依法参加和组织工会的权利"，却又有诸多限制。按照该法的规定，中国工人是无法组织和参加非"中华全国总工会及其各工会组织"系统外的任何工会团体的。因此，即便真的成立了司机所要求的那个协会，它能真正代表劳方的利益吗？

案例分析思考题：

1. 三亚出租车司机罢工的深层原因是什么？
2. 根据《中华人民共和国劳动法》，三亚出租车司机能否建立自己的工会组织？

3. 政府在此次劳动争议中发挥了什么作用？还有哪些欠缺之处？

➤ 参考文献

曹廷中. 2006-12-19. 劳动争议案件骤增的原因分析及预防对策. 重庆市第五中级人民法院网站

程延园. 2002-12-10. 政府在劳动关系中的角色思考. 中国劳动保障报，（第3版）

程延园. 2007. 劳动关系学. 第二版. 北京：中国人民大学出版社：4～29

戴大贵. 2008-12-09. 美国的劳动争议处理机制. 江苏商报，（第14版）

法律出版社法规中心. 2006.《中华人民共和国劳动法》注释本. 北京：法律出版社：32～68

黎建飞. 2007. 劳动合同法热点、难点、疑点问题全解. 北京：中国法制出版社：146～248

刘炎迅. 2008. 聚焦出租车司机维权事件：权益受损成罢运导火索. 中国新闻周刊，（397）

彭移风，宋学锋. 2008. 劳动合同与心理契约. 企业管理，（4）：35～38

王晓慧. 2009. 学生可选"零工资"，企业不可"零支付". 新财经，（2）：23～26

吴洲平. 2009-03-05. 劳动争议案件的成因特点与争议. http://www.dffy.com，东方法眼

赵新社. 2009. 劳务派遣是《劳动合同法》的毒瘤吗？瞭望东方周刊，（278）

朱茂林. 2008-12-30. 2009年劳动争议趋势预测. 半月谈

Cooke W N. 1990. Labor-management cooperation: new partnerships or going in circles? Kalamazoo, MI: Upjohn Institute for Employment Research

Flood P, Turner T. 1993. Human resource strategy and the nonunion phenomenon. Employee Relations, 15（6）

Foulkes K F. 1986. How top nonunion companies manage employees. In: Foulkes K F. Strategic human resource management: a guide for effective practice. Englewood Cliffs, NJ: Prentice-Hall

附录 1
工作适应性评价

你喜欢自己的工作吗？你觉得自己适合做现在的工作吗？可能很多人没有想过这些问题。现在你可以借助这份问卷来了解一下自己，看看现在的工作对你来说是否合适。

这份问卷是由多个问题组成的，每个问题描述的是工作中可能存在的一种情况。请根据你工作中的实际情况诚实回答，如果你的工作中存在这种情况，就选择"是"；如果你的工作中没有这种情况，就选择"否"。

1. 你与同事和睦友好吗？
2. 你钦佩领导的品行吗？
3. 你认为自己得到的报酬与所做的工作是否相称？
4. 你认为最近你有增加工资的可能吗？
5. 你认为如果你努力工作的话能升到现在你的领导的位置上吗？
6. 你会在工作中想办法减少工作量而得到同样的结果吗？
7. 你的领导会欣然接受你的建议吗？
8. 你在上司生病时会代理其职务吗？
9. 你的同事会在你忙不过来时帮你忙吗？
10. 你的下属或同事对你的命令会乐意去执行吗？
11. 你的上级曾同你一起商量过工作计划吗？
12. 你的下属或同事对你尊敬吗？
13. 你想得到一个领导职务吗？
14. 你有业余爱好吗？
15. 你觉得你的才干在日渐荒废吗？
16. 你曾被任何一种特别的工作吸引过吗？
17. 你在结束工作时会觉得筋疲力尽吗？
18. 你喜欢与家人谈论你的工作吗？
19. 你喜欢你的家人对你的工作表示兴趣吗？
20. 你与家里人在一起时会忘掉所有的工作吗？
21. 你有以后的工作计划吗？
22. 你现在的工作是否符合你以前的计划？
23. 你最近有获得奖励的可能吗？
24. 你最近因为其他的事情而请过假吗？
25. 你的领导有没有说你工作不投入？

计分方法：15、16、17、20、24、25 题答"否"的，每题得 2 分。其余题答"是"的，每题得 2 分。

把你的得分加起来。

总分为 35~50，说明你现在的工作非常适合你。只要你努力，就一定会干出成绩。

总分为 20~35 分，说明你的工作基本适合你，但你的兴趣可能在别处。

总分为 10～20 分，说明你的工作不太适合你，最好再找别的事情做。

总分为 10 分以下，问题就比较严重了。或者工作特别不适合你，或者你心理上有问题。

附录 2
操作岗位工作分析观察表（节选）

部门（车间）_____ 观察人姓名_____ 填表日期_____

一、岗位

1. 岗位名称 _____

2. 产品名称及岗位类型_____

3. 工序名称 _____

4. 岗位在工序中的作用（位置）及其重要性
A. 一般岗　　B. 关键点　　C. 质控点　　D. 关键质控点

5. 具体工作任务_____
_____
_____

6. 上道工序_____ 下道工序_____

二、设备与产品（工艺装备）

1. 所用设备：

设备名称	自动	手动	半自动

2. 所用模具名称：_____

三、身体动作

1. 工作姿势　　A. 站　　B. 坐　　C. 蹲
　　　　　　　D. 走（a. 空走　b. 搬物直走　c. 需弯腰搬物、走）
　　　　　　　（注：工作需要移动一米以上定义为走）

2. 手脚灵活性 _____ 高 1 2 3 4 5 低

3. 体力负荷

体力负荷	项目	负重/千克	行动距离/米	次数	备注
	拿				
	搬				
	推拉车辆				
	用吊具				

注：请将所推拉的车辆名称填入该行的备注栏中。

四、心理活动

1. 眼、手协调 _____ 高 1 2 3 4 5 低
2. 视力要求 _____ 好 1 2 3 4 5 差
3. 触摸 _____ 需要　　　不需要
4. 记忆 _____ 强 1 2 3 4 5 弱　记忆量 _____ 个
5. 分析 _____ 高 1 2 3 4 5 低
6. 观察 _____ 高 1 2 3 4 5 低　指标量 _____ 个
7. 注意力 _____ 集中 1 2 3 4 5 分散
8. 紧张程度 _____ 高 1 2 3 4 5 低

注：请观察员在第 4 项"记忆"后的横线上填入具体的记忆量，在第 6 项"观察"后的横线上填入需要观察的指标数量。

五、工作环境与条件

1. 空气 _____ 清新　　污浊
2. 油污 _____ 有　　　无
3. 粉尘 _____ 大　　　小
4. 液体 _____ 无害　　有害
5. 气体 _____ 无害　　有害
6. 噪声 _____ 大　　　小　　　无
7. 温度 _____ 适宜　　不适宜
8. 通风 _____ 好　　　不好
9. 照明 _____ 明亮　　暗淡
10.
11.
……

六、差错类型与影响程度

一次差错可能对企业造成的损失：
A. 10 元以下/次　　　B. 11～100 元/次　　　C. 101～1000 元/次
D. 1001～10 000 元/次　E. 10 000 元以上/次　　F. 其他
……

附录3
企业人力资源管理有效性评价表

以下问题都是有关企业的人力资源管理职能或人力资源部门的工作的，请人力资源部门负责人或分管人力资源管理的副总填写。每个问题的下面都给出了多个选项，请在符合你们企业实际情况的选项上画"○"。

1. 企业在进行战略规划时会咨询人力资源管理部门的意见吗？
   A. 从不　　　B. 很少　　　C. 有时　　　D. 经常　　　E. 总是
2. 人力资源管理部门的建议对最终的决策产生了任何影响吗？
   A. 从不　　　B. 很少　　　C. 有时　　　D. 经常　　　E. 总是
3. 人力资源部门的角色具有主动性吗？
   A. 从不　　　B. 很少　　　C. 有时　　　D. 经常　　　E. 总是
4. 部门提出不受欢迎的意见要冒风险吗？
   A. 从不　　　B. 很少　　　C. 有时　　　D. 经常　　　E. 总是
5. 你能举出多少个具体事例证明人力资源管理对企业取得的战略成功作出了贡献？
   5.1 人力资源整体工作　A. 没有　B. 1～2个　C. 3～5个　D. 6～7个　E. 7个以上
   5.2 工资制度　　　　　A. 没有　B. 1～2个　C. 3～5个　D. 6～7个　E. 7个以上
   5.3 员工招聘　　　　　A. 没有　B. 1～2个　C. 3～5个　D. 6～7个　E. 7个以上
   5.4 管理人员开发　　　A. 没有　B. 1～2个　C. 3～5个　D. 6～7个　E. 7个以上
   5.5 培训　　　　　　　A. 没有　B. 1～2个　C. 3～5个　D. 6～7个　E. 7个以上
   5.6 继任制度　　　　　A. 没有　B. 1～2个　C. 3～5个　D. 6～7个　E. 7个以上
   5.7 其他　　　　　　　A. 没有　B. 1～2个　C. 3～5个　D. 6～7个　E. 7个以上
   （注：对7个子问题的回答得分取平均值，为第5题的得分）
6. 人力资源部的每项工作是否都具有明确的战略和政策？
   A. 不是　　　B. 有些是　　　C. 基本是　　　D. 大多数是　　　E. 是
7. 这些战略和政策是否根据具体的企业战略制定？
   A. 不是　　　B. 有些是　　　C. 基本是　　　D. 大多数是　　　E. 是
8. 上一次对所有人力资源政策和战略进行检查是什么时候？
   A. 不知道　　B. 很多年前　　C. 2～3年前　　D. 去年　　　E. 今年
9. 经常进行这样的检查吗？
   A. 不是　　　B. 很少　　　C. 有时　　　D. 经常　　　E. 总是
10. 高级管理人员参与这些检查工作吗？
    A. 不参加　B. 偶尔参加　C. 有时参加　D. 经常参加　E. 总是参加
11. 其他部门的经理参与这些检查吗？
    A. 不参加　B. 偶尔参加　C. 有时参加　D. 经常参加　E. 总是参加
12. 是否有为人力资源管理活动制定的绩效评估标准？
    A. 完全没有　B. 基本没有　　C. 有一些　　D. 大部分　　E. 全部都有
13. 这些标准是根据企业需要制定的吗？
    A. 完全不是　B. 基本不是　　C. 有些是　　D. 基本是　　E. 完全是
14. 你知道人力资源管理活动的成本吗？

A. 不知道 　　B. 很少 　　　C. 知道一些 　　D. 知道很多 　　E. 全部知道

15. 你对人力资源管理活动花在企业关键项目上的时间进行过计算吗？
 A. 从来没有 B. 很少 　　　C. 有时 　　　D. 经常 　　　E. 总是

16. 企业对培训等人力资源管理工作进行过评估吗？
 A. 从来没有 B. 很少 　　　C. 有时 　　　D. 经常 　　　E. 总是

17. 在指定人力资源部预算时如何确定工作的优先顺序？
 A. 没有计划 B. 随心所欲 　C. 根据情况需要
 D. 根据领导指示 　　　E. 根据企业需要

18. 企业各类不同人力资源活动是否为首先满足企业需要而进行相互协调？
 A. 不是 　　B. 很少 　　　C. 有时 　　　D. 经常 　　　E. 总是

19. 作为雇主，你的企业如何？
 A. 不知道 　B. 很差 　　　C. 还可以 　　D. 很好 　　　E. 最佳雇主

20. 企业人力资源绩效评估结果与竞争对手相比情况如何？
 A. 不知道 　B. 很差 　　　C. 一样好 　　D. 好一点 　　E. 更好

21. 与世界顶级企业相比情况如何？
 A. 不知道 　B. 很差 　　　C. 一样好 　　D. 好一点 　　E. 更好

22. 其他部门经理是否认为人力资源管理部门是出色的战略合作伙伴？
 A. 不是 　　B. 偶尔 　　　C. 有时 　　　D. 经常 　　　E. 总是

23. 人力资源部门是否参与企业重大决策的制定过程？
 A. 不是 　　B. 偶尔 　　　C. 有时 　　　D. 经常 　　　E. 总是

24. 人力资源管理专业人员是否熟悉企业的核心业务？
 A. 不熟悉 　B. 有点熟悉 　C. 说不准 　　D. 基本熟悉 　E. 非常熟悉

25. 业务部门在遇到人员管理问题时是否主动寻求人力资源部门的帮助和支持？
 A. 从来不 　B. 偶尔 　　　C. 有时 　　　D. 经常 　　　E. 总是

26. 人力资源部推动的活动是否得到业务部门的积极配合或响应？
 A. 从来没有 B. 偶尔 　　　C. 有时 　　　D. 经常 　　　E. 总是

计分方法：

选 A 得 0 分；

选 B 得 1 分；

选 C 得 2 分；

选 D 得 3 分；

选 E 得 4 分。

最高得分为 26×4＝104（分），最低得分为 0 分。

一般得分在 50 分以上可以评价为合格。得分在 80 分以上可以评价为很好。

附录 4
最佳人力资源管理实践评价表

对以下的每个问题，用"符合、说不准、不符合"进行评价。

1. 雇佣的安全性：向员工承诺不随意解雇、保障员工的工作作为正式劳动合同的内容之一。

2. 招聘中严格的选拔制度：慎重挑选合适的人员，追求卓越、爱学习、不断提升自己、不需要监控的人。

3. 高工资：高工资可以吸引更多的求职者，使组织有更大的选择余地，其隐含的意义是重视人才。

4. 奖励性工资：对良好的绩效表现，可以通过临时性的奖励工资给予鼓励。

5. 员工所有制：缓和劳资冲突；鼓励员工从长期角度考虑公司利益。

6. 信息分享：完成工作所必需的所有信息公开化。

7. 参与和授权：鼓励决策分权，扩大员工参与，可以提高员工的满意度和生产率。

8. 自我管理团队：减少对个人的依赖，同时可以提高员工的参与程度。

9. 培训与技能开发：对培训和开发的大量投入；鼓励员工培训后使用他们的新技能。

10. 多种技能与工作轮换：通过变换工作节奏、工作任务、完成工作所接触的人，增加工作的趣味性和吸引力。工作设计尽可能简单，可以不断改进。

11. 从长计议：着眼于长期目标，不追求短期利益。人力投资不如设备投资见效快。

12. 结果导向的绩效评估：及时了解组织进展情况和目标达成情况；强化对目标的认同。

13. 完善理念体系：明确的理念可以引导员工的行为，提高人们的坚持性。

如果对 10 个以上的问题回答是肯定的，就说明这个组织的人力资源管理实践可能带来组织的高绩效。